프랙티컬 C#
관용구, 정석, 패턴으로 배우는
C# 프로그래밍 테크닉

프랙티컬 C#
관용구, 정석, 패턴으로 배우는
C# 프로그래밍 테크닉

지은이 이데이 히데유키

옮긴이 김범준

펴낸이 박찬규 엮은이 이대엽 디자인 북누리 표지디자인 아로와 & 아로와나

펴낸곳 위키북스 전화 031-955-3658, 3659 팩스 031-955-3660

주소 경기도 파주시 문발로 115 세종출판벤처타운 311호

가격 28,000 페이지 516 책규격 188 x 240mm

1쇄 발행 2018년 01월 10일

2쇄 발행 2021년 01월 14일

ISBN 979-11-5839-086-0 (93000)

등록번호 제406-2006-000036호 등록일자 2006년 05월 19일

홈페이지 wikibook.co.kr 전자우편 wikibook@wikibook.co.kr

JISSEN DE YAKUDATSU C# PROGRAMMING NO IDIOM/JOSEKI & PATTERN by Hideyuki Idei

Copyright © 2017 Hideyuki Idei

All rights reserved.

Original Japanese edition published by Gijutsu-Hyohron Co., Ltd., Tokyo

This Korean language edition published by arrangement with Gijutsu-Hyohron Co., Ltd.,

Tokyo in care of Tuttle-Mori Agency, Inc., Tokyo through Botong Agency, Seoul.

KOREAN language edition published by WIKIBOOKS PUBLISHING CO., Copyright © 2018

이 책의 한국어판 저작권은 Botong Agency를 통한 저작권자와 독점 계약으로 위키북스가 소유합니다.

신저작권법에 의해 한국 내에서 보호를 받는 저작물이므로 무단 전재와 복제를 금합니다.

이 책의 내용에 대한 추가 지원과 문의는 위키북스 출판사 홈페이지 wikibook.co.kr이나

이메일 wikibook@wikibook.co.kr을 이용해 주세요.

이 도서의 국립중앙도서관 출판시도서목록 CIP는

서지정보유통지원시스템 홈페이지(http://seoji.nl.go.kr)와

국가자료공동목록시스템(http://www.nl.go.kr/kolisnet)에서 이용하실 수 있습니다.

CIP제어번호 CIP2017035466」

프랙티컬 C#

관용구, 정석, 패턴으로 배우는 C# 프로그래밍 테크닉

이데이 히데유키 지음 / 김범준 옮김

위키북스

대부분의 초보 프로그래머들은 'C#의 기본적인 문법은 어느 정도 이해했지만 지금 알고 있는 문법을 어떻게 적용하고 프로그램을 어떻게 만들어야 할지 잘 모르겠다.'라는 고민을 가지고 있을 것입니다. 이 책은 C#을 이제 정석으로 공부하려고 하는 독자를 위한 책입니다.

C#의 문법을 이해한 것만으로는 프로그램을 작성할 수 없습니다. 지금 해결하려고 하는 문제의 순서를 생각하고 여기에 이용할 데이터의 구조를 생각한 후에 이를 C# 코드로 작성하는 기술이 필요합니다. .NET 프레임워크에 마련돼 있는 다양한 클래스를 활용하는 방법도 알아둬야 하고 C# 코드를 나중에 변경하기 쉽게 작성하기 위한 지식도 필요합니다.

이런 기술을 습득하는 지름길은 현장에서 이용되는 '관용구', '정석', '패턴'을 학습하는 것입니다. 이 패턴을 잘 기억하는 것이 고수가 되는 지름길인 것입니다. 잠깐 영어 회화에 대해 생각해 봅시다. 예를 들어, '생활영어 회화'라는 책이 있다고 하겠습니다. 쉽게 말해서 이 책은 생활영어의 패턴을 모아놓은 것에 지나지 않습니다. 생활영어의 상급자용 책이 있다고 해도 이 책 역시 기능에 따른 '패턴'을 조합한 것이라고 할 수 있습니다.

따라서 이 책에서는 이해하기 어려웠던 객체지향에 관한 내용을 다시 확인하는 과정에서 출발합니다. 그리고 현장에서 사용되는 '관용구/정석'을 중심으로 해서 C#에 포함된 편리한 기능을 사용하는 방법, 데이터를 다루는 방법, 프레임워크를 이용하는 방법을 알기 쉽게 풀어서 설명함으로써 독자가 C# 프로그래밍에 익숙해질 수 있게 합니다. 그리고 이 책이 무미건조한 패턴집이 되지 않도록 이 책에서 알게 된 문법을 어떻게 적용할지, 어떻게 프로그래밍할지, 왜 프로그램을 그렇게 작성해야 하는지에 관해서도 최대한 자세히 설명합니다. 이것이 이 책의 가장 큰 특징이라고 말할 수 있습니다.

프로그래밍의 고수가 되는 또 한 가지 중요한 것은 작은 프로그램이라도 자신의 힘으로 작성해 보는 것입니다. 이것을 여러 번 해봐야 합니다. 매번 비슷한 프로그램이라도 괜찮습니다. 어쨌든 많은 코드를 작성해 보는 것이 중요합니다. '충분히 이해할 때까지 진도를 나가지 않겠어'라고 생각하는 사람은 프로그래밍 실력이 늘지 않습니다. 어쨌든 손을 움직여서 관용구와 정석을 머리에 넣습니다. 그리고 이 일을 반복하는 것입니다. 그러면 마법의 주문처럼 어렵게 생각됐던 코드가 자신의 내면에서 소화되고 그것이 어떤 의미를 가지는지, 그리고 왜 그렇게 쓰는지를 알게 될 것입니다.

영어 교육에서 '배우지 말고 익숙해져라'라고 말하는 것처럼 이렇게 하면 '이 경우는 그때 그 데이터 구조를 사용하자', '이 관용구를 사용하자', '이런 클래스를 만들자' 등이 머릿속에 저절로 떠오르게 될 것입니다. 그래서 이 책에서는 각 장의 마지막 부분에 연습 문제를 게재했습니다. 이 책에서 학습한 관용구와 정석을 활용해 자신의 힘으로 문제를 풀어보기 바랍니다.

***

이 책을 읽기 위해 C#의 모든 문법을 알고 있어야 하는 것은 아닙니다. C#을 배우기 시작한 단계에서 모든 문법이 머릿속에 들어 있다는 것은 말도 안 됩니다. 모르는 문법이 나오면 그때마다 찾아보고 당황하지 말고 조금씩 알아가면 됩니다. 초보자가 이해하기 어려울 것 같거나 익숙하지 않을 것 같은 문법은 칼럼이나 주석을 통해 최대한 설명했으므로 참고하기 바랍니다.

그리고 이 책은 '현장'의 관점에서 집필했습니다. 내용에 있어 타협하지 않고 쓴 글이므로 어느 정도 경험을 갖춘 독자에게도 충분히 참고할 만한 책이라고 자부합니다.

독자 여러분이 이 책을 활용해 더욱 실력을 기르고 프로그래밍하는 즐거움과 C#의 장점을 알게 된다면 필자로서는 그 이상 바랄 것이 없습니다.

2017년 1월
이데이 히데유키

이 책의 대상 독자와 구성

대상 독자

C#의 기본적인 문법(대입, 조건분기, 반복, 클래스 등)을 알고 있는 프로그래밍 초보자가 이 책의 대상 독자입니다.

대상으로 하는 C# 버전

C# 3.0에서 C# 6.0(C# 7.0에 관해서는 일부 주석에서 설명합니다)

이 책의 구성

다음과 같은 준비 편, 기초 편, 실전 편, 고급 편이라는 4부로 구성돼 있습니다.

준비 편

객체지향 프로그래밍의 기초와 LINQ의 기초를 설명합니다.

기초 편

문자열이나 배열, 리스트, 딕셔너리, 날짜 등등 대부분의 프로그래밍에서 데이터를 다루는 방법과 각종 데이터 구조를 설명합니다.

실전 편

파일 처리나 데이터베이스 처리, XML, JSON 처리와 같이 더욱 실전에 가까운 내용을 다룹니다.

고급 편

더욱 상위 레벨에 해당하는 내용을 배웁니다. 특히 17장에는 객체지향 프로그래밍을 더욱 깊이 이해하기 위해 꼭 알아야 할 내용이 담겨 있습니다.

마지막 두 개의 장에서는 읽기 쉽고 유지보수하기 쉬운 코드를 작성하기 위한 여러 가지 지침을 설명합니다. 이 지침도 더욱 좋은 코드를 작성하기 위한 관용구와 정석, 패턴이라고 할 수 있습니다.

이 책을 읽는 방법

처음부터 순서대로 읽어가는 것을 전제로 하고 있습니다. 이미 알고 있는 부분에 대해서도 한 번 훑어보고 지나가는 것이 좋습니다. 새로운 것을 발견하게 될 수도 있기 때문입니다. 도중에 어렵다고 느껴지는 부분이 있다면 해당 부분을 나중에 읽기로 하고 계속 앞으로 진행하기 바랍니다. 어느 정도 진행된 단계에서 해당 부분을 다시 읽는 것이 좋습니다.

이 책에 게재한 예제 코드에 관해

게재한 코드가 좋은 코드인지 나쁜 코드인지 시각적으로 금방 파악할 수 있도록 예제 코드에 ✖ 표시와 ▲ 표시를 붙였습니다. 각각 다음과 같은 의미가 있습니다.

- ✖ 표시: 작성하면 안 되는 코드. 나쁜 코드를 나타냅니다.
- ▲ 표시: 가능하면 작성하지 않는 것이 좋은 코드. 더욱 좋은 작성법이 존재하는 코드
- 표시가 없는 것: 필자가 추천하는 코드

예제 코드(코드 번호가 매겨진 것)는 다음 사이트에서 내려받을 수 있습니다.

- http://wikibook.co.kr/practical-csharp

조판 관례

이 책에서 주목해야 할 용어와 설명은 굵은 고딕체 문자로 표시했고 예제 코드 안에서도 해당 부분을 굵게 표시했습니다.

그리고 예제 코드 안에서 괄호로 표시한 부분은 본래 한 줄에 써야 하지만 지면 관계상 두 줄로 나눈 것(원래는 한 줄에 끝까지 연결된다)을 나타냅니다.

연습 문제의 해답

연습 문제를 자신의 힘으로 해결하는 것이 좋을 것 같아 해답은 게재하지 않았습니다. 연습 문제의 해답(프로그램 코드)도 이 책의 홈페이지에서 내려받을 수 있습니다.

줄바꿈 스타일과 들여쓰기

이 책에서는 중괄호({})를 각 줄의 끝에 배치했습니다. C#에서는 일반적으로 중괄호를 행의 시작 부분에 배치합니다. 왜 이렇게 다른 방법을 채택했는지에 대해 이야기하자면 필자는 중괄호를 각 행의 끝에 배치하는 쪽이 프로그램의 구조를 제대로 반영할 수 있다고 생각하기 때문입니다. 그리고 겉보기에도 줄 수가 적어 보이기 때문에 모니터에 더욱 많은 정보가 표시된다는 장점도 있습니다. 화면을 스크롤하는 횟수가 줄면 그만큼 효율적으로 프로그램을 읽을 수 있습니다. 중괄호를 줄 끝에 붙이는 규약에 거부감이 있는 사람도 있을 것이라고 생각하지만 이 책에서는 이 스타일을 적용했으니 양해하기 바랍니다.

그리고 일반적인 들여쓰기의 폭은 4글자지만 이 책에서는 단순히 지면 관계상 3글자로 들여쓰기 했습니다. 실제로 프로그램을 작성할 때는 4글자로 들여쓰기 바랍니다.

이러한 스타일에 관한 내용은 18장에서 설명합니다.

01 부

C# 프로그래밍
관용구/정석 & 패턴

[준비 편]

01 장 객체지향 프로그래밍 기초 2

1.1 클래스 2
1.1.1 클래스를 정의한다 2
1.1.2 클래스의 인스턴스를 생성한다 4
1.1.3 객체를 이용한다 5
1.1.4 인스턴스는 여러 개 만들 수 있다 6

1.2 구조체 8

1.3 값형과 참조형 9
1.3.1 값형에 대해서 10
1.3.2 참조형에 대해서 11
1.3.3 왜 값형과 참조형이라는 두 가지 형이 필요할까? 13

1.4 정적 멤버와 정적 클래스 14
1.4.1 정적 속성과 정적 메서드 14
1.4.2 정적 클래스 15

1.5 네임스페이스 16

1.6 상속 19
1.6.1 상속이란? 19
1.6.2 is a 관계 20

02 장 C#으로 프로그램을 만들어보자 27

2.1 거리를 환산하는 프로그램 27
2.1.1 첫 버전 28
2.1.2 계산 로직을 메서드의 형태로 독립시킨다 29
2.1.3 프로그램에 기능을 추가한다 31
2.1.4 메서드의 기능을 단순하게 한다 32
2.1.5 클래스로 분리한다 33
2.1.6 클래스를 이용한다 34
2.1.7 정적 메서드로 수정한다 36
2.1.8 정적 클래스로 수정한다 37
2.1.9 상수를 정의한다 38
2.1.10 완성된 소스코드 39

2.2 매출을 계산하는 프로그램   41

2.2.1 Sale 클래스를 정의한다   42

2.2.2 CSV 파일을 읽어 들인다   43

2.2.3 점포별 매출을 구한다   46

2.2.4 집계된 결과를 출력한다   49

2.2.5 초판이 완성됐다   51

2.2.6 메서드를 이동시킨다   53

2.2.7 새 생성자를 추가한다   54

2.2.8 클래스를 인터페이스로 바꾼다   55

2.2.9 var라는 암시형을 활용한다   59

2.2.10 완성된 소스코드   61

03 장 람다식과 LINQ 기초   64

3.1 람다식 이전   64

3.1.1 메서드를 인수로 넘겨준다   64

3.1.2 델리게이트를 사용한다   66

3.1.3 익명 메서드를 이용한다   68

3.2 람다식   69

3.2.1 람다식이란?   69

3.2.2 람다식을 사용한 예   71

3.3 List〈T〉 클래스와 람다식의 조합   72

3.3.1 Exists 메서드   72

3.3.2 Find 메서드   73

3.3.3 FindIndex 메서드   73

3.3.4 FindAll 메서드   73

3.3.5 RemoveAll 메서드   74

3.3.6 ForEach 메서드   74

3.3.7 ConvertAll 메서드   74

3.4 LINQ to Objects의 기초   75

3.4.1 LINQ to Objects의 간단한 예   75

3.4.2 쿼리 연산자   78

3.4.3 시퀀스   80

3.4.4 지연 실행   80

02 부

C# 프로그래밍
관용구/정석 & 패턴

[기초 편]

04 장 기본 관용구 88

4.1 초기화와 관련된 관용구 89
4.1.1 변수의 초기화 89
4.1.2 배열과 리스트 초기화 89
4.1.3 Dictionary 초기화 90
4.1.4 객체 초기화 91

4.2 판정과 분기에 관한 관용구 92
4.2.1 단순한 비교 92
4.2.2 수치가 어떤 범위에 있는지를 조사한다 92
4.2.3 else-if를 통한 다분기 처리 93
4.2.4 체로 걸러 남은 것만을 처리한다 94
4.2.5 bool 값을 판단한다 95
4.2.6 bool 값을 반환한다 95

4.3 반복에 관한 관용구 96
4.3.1 지정한 횟수만큼 반복한다 96
4.3.2 컬렉션에 있는 요소를 모두 꺼낸다 97
4.3.3 List⟨T⟩에 있는 모든 요소를 처리한다 98
4.3.4 적어도 한 번은 반복하는 것 99
4.3.5 루프 도중에 처리를 중단한다 100

4.4 조건 연산자, null 합체 연산자를 사용한 관용구 102
4.4.1 조건에 따라 대입할 값을 변경한다 102
4.4.2 null 합체 연산자 103
4.4.3 null 조건 연산자 103

4.5 속성에 관한 관용구 105
4.5.1 속성 초기화에 관련된 관용구 105
4.5.2 읽기 전용 속성 106
4.5.3 참조형인 읽기 전용 속성 108

4.6 메서드에 관한 관용구 109
4.6.1 가변 인수 109
4.6.2 오버로드는 하지 않고 옵션 인수를 사용한다 110

4.7 그 밖의 관용구 111
4.7.1 1을 더할 때는 증감 연산자 ++를 사용한다 111
4.7.2 파일 경로에는 축자 문자열 리터럴을 이용한다 112
4.7.3 두 개의 요소를 바꾼다 112

4.7.4 문자열을 숫자값으로 변환한다   113

4.7.5 참조형을 형변환한다   114

4.7.6 예외를 다시 던진다   115

4.7.7 using을 사용해 리소스를 정리한다   116

4.7.8 여러 개의 생성자를 정의한다   117

05 장 \ 문자열을 처리한다   122

5.1 문자열을 비교한다   122

5.1.1 문자열끼리 비교한다   122

5.1.2 대/소문자 구분 없이 비교한다   123

5.1.3 히라가나/카타카나 구분 없이 비교한다   124

5.1.4 전각/반각 구별없이 비교한다   124

5.2 문자열을 판정한다   125

5.2.1 null 또는 빈 문자열을 판정한다   125

5.2.2 지정한 부분 문자열로 시작되는지 조사한다   126

5.2.3 지정한 부분 문자열이 포함돼 있는지 조사한다   127

5.2.4 지정한 문자열이 포함돼 있는지 조사한다   128

5.2.5 조건을 만족하는 문자가 포함돼 있는지 조사한다   128

5.2.6 모든 문자가 조건을 만족하는지 조사한다   129

5.3 문자열을 검색하고 추출한다   130

5.3.1 부분 문자열을 검색하고 그 위치를 구한다   130

5.3.2 문자열의 일부를 추출한다   130

5.4 문자열을 변환한다   132

5.4.1 문자열의 앞뒤에 있는 공백을 제거한다   132

5.4.2 지정한 위치부터 임의 개수의 문자를 삭제한다   133

5.4.3 문자열에 다른 문자열을 삽입한다   133

5.4.4 문자열의 일부를 다른 문자열로 치환한다   133

5.4.5 소문자를 대문자로 변환한다
/대문자를 소문자로 변환한다   134

5.5 문자열을 연결하고 분할한다   134

5.5.1 두 개의 문자열을 연결한다   134

5.5.2 문자열 끝에 다른 문자열을 추가한다   135

5.5.3 지정한 구분 문자로 문자열 배열을 연결한다   135

5.5.4 지정한 문자로 문자열을 분할한다   136

5.5.5 StringBuilder를 사용해 문자열을 연결한다   137

5.6 그 밖의 문자열 처리   140

5.6.1 문자열에서 문자를 하나씩 꺼낸다   140

5.6.2 문자 배열로 문자열을 생성한다   140

5.6.3 숫자값을 문자열로 변환한다   141

5.6.4 지정한 서식으로 문자열을 형성한다   143

06 장   배열과 List<T>를 처리한다   147

6.1 이번 장에서 공통으로 사용하는 코드   148

6.2 요소를 설정한다   149

6.2.1 배열 또는 List<T>를 동일한 값으로 채운다   149

6.2.2 배열 또는 List<T>에 연속된 값을 설정한다   150

6.3 컬렉션을 집계한다   151

6.3.1 평균값을 구한다   151

6.3.2 최솟값과 최댓값을 구한다   153

6.3.3 조건에 일치하는 요소를 센다   154

6.4 컬렉션을 판정한다   155

6.4.1 조건에 일치하는 요소가 존재하는지 조사한다   155

6.4.2 모든 요소가 조건을 만족하는지 조사한다   156

6.4.3 두 컬렉션이 같은지 조사한다   158

6.5 단일 요소를 구한다   159

6.5.1 조건에 일치하는 첫/마지막 요소를 구한다.   159

6.5.2 조건에 일치하는 첫/마지막 인덱스를 구한다   160

6.6 여러 개의 요소를 구한다   162

6.6.1 조건을 만족하는 n개의 요소를 구한다   162

6.6.2 조건을 만족하는 동안에만 요소를 구한다   163

6.6.3 조건을 만족하는 동안에는 요소를 건너뛴다   164

6.7 그 밖의 처리(변환, 정렬, 연결 등)   165

6.7.1 컬렉션으로부터 다른 컬렉션을 생성한다   165

6.7.2 중복을 제거한다   167

6.7.3 컬렉션을 나열한다   168

6.7.4 두 개의 컬렉션을 연결한다   169

07 장 딕셔너리 다루기 174

7.1 Dictionary〈TKey, TValue〉의 기본적인 조작 174

    7.1.1 딕셔너리 초기화 174

    7.1.2 사용자 정의형 객체를 값으로 저장한다 175

    7.1.3 딕셔너리에 요소를 추가한다 176

    7.1.4 딕셔너리에서 요소를 꺼낸다 176

    7.1.5 딕셔너리에서 요소를 삭제한다 177

    7.1.6 딕셔너리에 있는 모든 요소를 꺼낸다 177

    7.1.7 딕셔너리에 있는 모든 키를 꺼낸다 178

7.2 딕셔너리 응용 178

    7.2.1 딕셔너리로 변환한다 178

    7.2.2 딕셔너리로부터 다른 딕셔너리를 생성한다 179

    7.2.3 사용자 지정 클래스를 키로 이용한다 179

    7.2.4 키만을 저장한다 181

    7.2.5 키가 중복되는 것을 허용한다 183

7.3 딕셔너리를 이용한 예제 프로그램 185

    7.3.1 Abbreviations 클래스 186

    7.3.2 Abbreviations를 이용한다 189

08 장 날짜와 시간 처리 192

8.1 DateTime 구조체 192

    8.1.1 DateTime 객체를 생성한다 192

    8.1.2 DateTime에 포함된 속성 193

    8.1.3 지정한 날짜의 요일을 구한다 193

    8.1.4 윤년을 판정한다 194

    8.1.5 날짜 형식의 문자열을 DateTime 객체로 변환한다 194

8.2 날짜의 포맷 196

    8.2.1 날짜를 문자열로 변환한다 196

    8.2.2 날짜를 일본식으로 표시한다 197

    8.2.3 지정한 날짜의 연호를 구한다 198

    8.2.4 지정한 날짜에 해당하는 요일의 문자열을 구한다 199

8.3 DateTime을 비교한다 199

8.3.1 날짜와 시간을 비교한다 199

8.3.2 날짜만 비교한다 200

8.4 날짜를 계산한다(기초) 200

8.4.1 지정한 시분초 이후의 시각을 구한다 200

8.4.2 n일 후와 n일 전의 날짜를 구한다 201

8.4.3 n년 후와 n개월 후를 구한다 202

8.4.4 두 시각의 차를 구한다 202

8.4.5 두 날짜의 차이를 구한다 203

8.4.6 해당 월의 말일을 구한다 203

8.4.7 1월 1일부터의 날짜 수를 구한다 204

8.5 날짜를 계산한다(응용) 204

8.5.1 다음 특정 요일을 구한다 204

8.5.2 나이를 구한다 205

8.5.3 지정한 날이 몇 주째에 있는지를 구한다 206

8.5.4 지정한 달의 n번째의 X요일의 날짜를 구한다 207

03 부

C# 프로그래밍
관용구/정석 & 패턴

[실전 편]

09 장 **파일 처리** 212

9.1 텍스트 파일로 입력한다 212

9.1.1 텍스트 파일을 한 행씩 읽어 들인다 212

9.1.2 텍스트 파일을 한꺼번에 읽어 들인다 214

9.1.3 텍스트 파일을 IEnumerable⟨string⟩으로 취급한다 215

9.2 텍스트 파일에 출력한다 217

9.2.1 텍스트 파일에 한 행씩 문자열을 출력한다 217

9.2.2 기존 텍스트 파일 끝에 행을 추가한다 218

9.2.3 문자열 배열을 한번에 파일에 출력한다 219

9.2.4 기존 텍스트 파일의 첫머리에 행을 삽입한다 220

9.3 파일 처리 222

9.3.1 파일이 존재하는지 여부를 조사한다 222

9.3.2 파일을 삭제한다 223

9.3.3 파일을 복사한다 223

9.3.4 파일을 이동시킨다 224

9.3.5 파일 이름을 수정한다 225

9.3.6 파일을 수정한 시간과 만든 시간을 구하고 설정한다 226

9.3.7 파일의 크기를 구한다 227

9.3.8 File과 FileInfo 중 어느 쪽을 사용해야 할까? 227

9.4 디렉터리 처리 228

9.4.1 디렉터리가 존재하는지 여부를 조사한다 228

9.4.2 디렉터리를 생성한다 228

9.4.3 디렉터리를 삭제한다 229

9.4.4 디렉터리를 이동시킨다 230

9.4.5 디렉터리 이름을 수정한다 231

9.4.6 지정한 폴더에 있는 디렉터리의 목록을 구한다 232

9.4.7 지정한 폴더에 있는 디렉터리의 목록을 열거한다 233

9.4.8 지정한 폴더에 있는 파일의 목록을 한번에 구한다 234

9.4.9 지정한 폴더에 있는 파일의 목록을 열거한다 235

9.4.10 디렉터리와 파일 목록을 함께 구한다 235

9.4.11 디렉터리와 파일이 변경된 시각을 수정한다 236

9.5 경로 이름을 처리한다 237

9.5.1 경로 이름을 구성 요소로 분할한다 237

9.5.2 상대 경로로부터 절대 경로를 구한다 238

9.5.3 경로를 구성한다 238

9.6 그 밖의 파일 처리 239

9.6.1 임시 파일을 생성한다 239

9.6.2 특수 폴더의 경로를 구한다 240

10장 정규 표현식을 활용한 고급 문자열 처리 243

10.1 정규 표현식이란? 243

10.2 문자열을 판정한다 246

10.2.1 지정한 패턴에 일치하는 부분 문자열이 있는지
여부를 판정한다 246

10.2.2 지정한 패턴의 문자열이 시작되는지
여부를 판정한다 247

10.2.3 지정한 패턴으로 문자열이 끝나는지
여부를 판정한다   248

10.2.4 지정한 패턴에 완전히 일치하는지
여부를 판정한다   248

10.3 문자열 검색   250

10.3.1 처음에 나오는 부분 문자열을 찾는다   250

10.3.2 일치하는 문자열을 모두 찾는다   251

10.3.3 Matches 메서드의 결과에 LINQ를 적용한다   252

10.3.4 일치한 부분 문자열의 일부만을 꺼낸다   253

10.4 문자열을 치환하고 분할한다   256

10.4.1 Regex.Replace 메서드를 사용해 쉽게 치환한다   256

10.4.2 그룹화 기능을 이용한 치환   258

10.4.3 Regex.Split 메서드를 이용해 분할한다   259

10.5 더욱 수준 높은 정규 표현식   260

10.5.1 수량자   260

10.5.2 최장 일치와 최단 일치   262

10.5.3 역참조 구문   265

11장 XML 파일 처리   268

11.1 예제 XML 파일   268

11.2 XML 파일 입력   270

11.2.1 특정 요소를 구한다   270

11.2.2 특정 요소를 형변환해서 구한다   271

11.2.3 속성을 구한다   271

11.2.4 조건을 지정해 XML 요소를 구한다   272

11.2.5 XML 요소를 정렬한다   273

11.2.6 중첩된 자식 요소를 구한다   273

11.2.7 자손 요소를 구한다   275

11.2.8 익명 클래스의 객체 형태로 요소를 구한다   275

11.2.9 사용자 지정 클래스의 객체 형태로 요소를 구한다   276

11.3 XML 객체를 생성한다   278

11.3.1 문자열로부터 XDocument를 생성한다   278

11.3.2 문자열로부터 XElement을 생성한다   279

11.3.3 함수 생성 기능으로 XDocument 객체를 조합한다   279

11.3.4 컬렉션으로부터 XDocument를 생성한다   281

11.4 XML을 편집하고 저장한다   282

11.4.1 요소를 추가한다   282

11.4.2 요소를 삭제한다   283

11.4.3 요소를 치환한다   284

11.4.4 XML 파일에 저장한다   285

11.5 XML에서 쌍 정보를 다룬다   286

11.5.1 쌍 정보 목록을 XML로 변환한다   286

11.5.2 쌍 정보를 속성의 형태로 저장한다   287

11.5.3 쌍 정보를 읽어 들인다   288

11.5.4 Dictionary 객체를 XML로 변환한다   288

11.5.5 XML 파일로부터 Dictionary 객체를 생성한다   289

12장 **직렬화와 역직렬화**   293

12.1 객체를 XML 데이터로 저장하고 복원한다   293

12.1.1 객체의 내용을 XML 형식으로 저장한다   294

12.1.2 직렬화한 XML 데이터를 복원한다   295

12.1.3 컬렉션 객체를 직렬화/역직렬화한다   296

12.2 응용 프로그램 간에 XML 데이터를 주고받는다   297

12.2.1 XmlSerializer를 사용해 직렬화한다   297

12.2.2 XmlSerializer를 사용해 역직렬화한다   299

12.2.3 XmlIgnore 속성으로 직렬화의 대상에서 제외한다   300

12.2.4 속성으로 요소 이름(태그 이름)을 기본값에서 수정한다   300

12.2.5 XmlSerializer를 사용해 컬렉션을 직렬화한다   301

12.2.6 XmlSerializer를 사용해 컬렉션을 역직렬화한다   304

12.3 JSON 데이터를 직렬화하고 역직렬화한다   305

12.3.1 JSON 데이터로 직렬화한다   305

12.3.2 JSON 데이터를 역직렬화한다   307

12.3.3 Dictionary를 JSON 데이터로 직렬화한다   308

12.3.4 JSON 데이터를 Dictionary로 역직렬화한다   309

13장 엔터티 프레임워크로 데이터에 접근한다 313

13.1 엔터티 프레임워크에 있는 Code First를 이용한다 313

13.2 프로젝트를 생성한다 314

13.2.1 새 프로젝트를 생성한다 314

13.2.2 NuGet으로 엔터티 프레임워크를 설치한다 315

13.3 엔터티 클래스(모델)를 작성한다 317

13.4 DbContext 클래스를 생성한다 318

13.4.1 BooksDbContext 클래스를 생성한다 318

13.4.2 데이터베이스 접속 문자열을 확인한다 320

13.5 데이터를 추가한다 321

13.5.1 데이터를 추가한다 321

13.5.2 작성된 DB를 확인한다 322

13.6 데이터를 읽는다 325

13.7 또 데이터를 추가한다 326

13.7.1 Authors만 추가한다 326

13.7.2 이미 등록된 Author를 사용해 서적을 추가한다 327

13.8 데이터를 수정한다 329

13.9 데이터를 삭제한다 329

13.10 수준 높은 쿼리 330

13.11 관련 엔터티를 한꺼번에 읽어 들인다 331

13.12 데이터 주석과 자동 마이그레이션 332

13.12.1 데이터 주석 332

13.12.2 자동 마이그레이션 333

14장 그 밖의 프로그래밍의 정석 338

14.1 프로세스를 시작한다 338

14.1.1 프로그램을 시작한다 338

14.1.2 프로세스가 끝나기를 기다린다 339

14.1.3 ProcessStartInfo 클래스를 사용해 섬세하게 제어한다 340

14.2 버전 정보를 구한다 341

14.2.1 어셈블리 버전을 구한다 341

14.2.2 파일의 버전을 구한다 342

14.2.3 UWP 패키지 버전(제품 버전)을 구한다 343

14.3 응용 프로그램의 구성 파일을 구한다 343

14.3.1 appSettings 정보를 구한다 344

14.3.2 응용 프로그램 설정 정보를 열거한다 345

14.3.3 독자적인 형식의 응용 프로그램 설정 정보를 구한다 345

14.4 Http 통신 348

14.4.1 DownloadString 메서드로 웹 페이지를 가져온다 348

14.4.2 DownloadFile 메서드로 파일을 내려받는다 348

14.4.3 DownloadFileAsync 메서드로 비동기 처리한다 349

14.4.4 OpenRead 메서드로 웹 페이지를 가져온다 350

14.4.5 RSS 파일을 가져온다 350

14.4.6 매개변수를 주고 정보를 얻는다 352

14.5 ZIP 아카이브 파일을 처리한다 353

14.5.1 아카이브에 있는 모든 파일을 추출한다 354

14.5.2 아카이브에 저장돼 있는 파일의 목록을 구한다 354

14.5.3 아카이브에서 임의의 파일을 추출한다 355

14.5.4 지정한 디렉터리 안에 있는 파일을 아카이브로 만든다 355

14.6 협정 세계시와 시간대 356

14.6.1 현지 시각과 그에 대응되는 UTC를 구한다 356

14.6.2 문자열을 DateTimeOffset으로 변환한다 357

14.6.3 지정한 지역의 시간대를 구한다 358

14.6.4 시간대 목록을 구한다 358

14.6.5 지정한 지역의 현재 시각을 구한다 359

14.6.6 한국 시간을 다른 지역의 시간으로 변환한다 360

14.6.7 A 지역의 시각을 B 지역의 시각으로 변환한다 360

04 부

C# 프로그래밍
관용구/정석 & 패턴

[고급 편]

15 장 LINQ 사용 — 364

15.1 이번 장에서 이용할 서적 데이터 — 364

15.2 입력 소스가 한 개인 경우에 LINQ를 이용하는 법 — 366

15.2.1 어떤 조건 안에서 최댓값을 구한다 — 366

15.2.2 최솟값인 요소를 한 개만 구한다 — 367

15.2.3 평균값 이상인 요소를 모두 구한다 — 367

15.2.4 중복을 제거한다 — 368

15.2.5 여러 개의 키로 나열한다 — 369

15.2.6 여러 요소 가운데 어느 하나에 해당하는 객체를 구한다 — 369

15.2.7 GroupBy 메서드로 그룹화한다 — 370

15.2.8 ToLookup 메서드로 그룹화한다 — 372

15.3 입력 소스가 여러 개 있을 때 LINQ를 사용하는 법 — 373

15.3.1 두 개의 시퀀스를 결합한다 — 373

15.3.2 두 개의 시퀀스를 그룹화해서 결합한다 — 375

16 장 비동기/병렬 프로그래밍 — 380

16.1 비동기 처리와 병렬 처리의 필요성 — 380

16.2 async/await 이전의 비동기 프로그래밍 — 382

16.2.1 스레드를 이용한 비동기 처리 — 382

16.2.2 BackgroundWorker 클래스를 사용한 비동기 처리 — 383

16.2.3 Task 클래스를 이용한 비동기 처리 — 386

16.3 async/await를 이용한 비동기 프로그래밍 — 387

16.3.1 이벤트 핸들러를 비동기로 만든다 — 387

16.3.2 비동기 메서드를 정의한다 — 389

16.4 HttpClient를 이용한 비동기 처리(async/await 응용 예) — 390

16.4.1 HttpClient를 사용한 간단한 예 — 391

16.4.2 HttpClient를 응용한다 — 391

16.5 UWP에서의 비동기 IO 처리 — 393

16.5.1 파일 피커를 사용해 파일에 접근한다 — 393

16.5.2 로컬 폴더에 텍스트 파일을 출력한다 — 394

16.5.3 로컬 폴더에 있는 텍스트 파일을 읽어 들인다   395

16.5.4 앱을 설치한 폴더에서 파일을 읽어 들인다   395

16.6 병렬 처리 프로그래밍   396

16.6.1 PLINQ로 병렬 처리한다   396

16.6.2 Task 클래스를 이용한 병렬 처리   398

16.6.3 HttpClient를 병렬 처리한다   401

17 장 실전 객체지향 프로그래밍   405

17.1 다형성 기초   405

17.1.1 상속을 사용해 다형성을 구현한다   406

17.1.2 인터페이스를 사용해 다형성을 구현한다   408

17.2 템플릿 메서드 패턴   410

17.2.1 라이브러리와 프레임워크   410

17.2.2 텍스트 파일을 처리하는 프레임워크   410

17.2.3 텍스트 파일을 처리하는 프레임워크를 구현한다   412

17.2.4 프레임워크를 이용한다(응용 프로그램 작성)   413

17.2.5 프로그램을 실행한다   416

17.3 전략 패턴   416

17.3.1 거리 환산 프로그램을 다시 생각해본다   416

17.3.2 Converter에 공통되는 메서드와 속성을 정의한다   417

17.3.3 Converter의 구상 클래스를 정의한다   418

17.3.4 거리를 단위 변환하는 클래스를 정의한다   419

17.3.5 객체 생성을 한 곳에서 관리한다   421

17.3.6 프로그램을 완성한다   424

18 장 스타일, 네이밍, 주석   428

18.1 스타일에 관한 지침   429

18.1.1 구조를 들여쓰기에 반영한다   429

18.1.2 괄호를 사용해 정리한다   431

18.1.3 공백을 일관성 있게 유지한다   431

18.1.4 한 행에 모든 것을 넣지 않는다   434

18.2 네이밍에 관한 지침 434

18.2.1 파스칼 표기법과 낙타 표기법을 적절히 사용한다 435

18.2.2 그것이 나타내는 것을 설명하는 이름을 지정한다 437

18.2.3 정확한 철자를 사용한다 438

18.2.4 로컬 변수의 생략형은 오해가 없는
범위 안에서 이용한다 439

18.2.5 로컬 변수이면서 한 문자 변수는 용도를 정한다 439

18.2.6 변수 이름/속성 이름은 명사가 좋다 440

18.2.7 bool 형이라는 것을 알게 해주는 이름을 지정한다 441

18.2.8 메서드 이름에는 동사를 지정한다 441

18.2.9 바람직하지 않은 이름 442

18.3 주석에 관한 지침 445

18.3.1 당연히 알고 있는 것은 주석에 쓰지 않는다 446

18.3.2 클래스나 메서드에 쓰는 주석은 개요를 쓴다 446

18.3.3 코드를 읽어 알 수 없는 정보를 주석에 쓴다 447

18.3.4 잘못된 코드에 주석을 쓰기보다는 코드를 수정한다 448

18.3.5 주석은 필요한 최소한으로 제한한다 449

18.3.6 주석 처리한 코드를 방치하지 않는다 449

18.3.7 겉모습을 중시한 주석은 쓰지 않는다 450

19장 좋은 코드를 작성하기 위한 지침 452

19.1 변수에 관한 지침 452

19.1.1 변수의 스코프는 좁게 정한다 452

19.1.2 매직 넘버를 사용하지 않는다 453

19.1.3 한 변수를 계속 쓰면 안 된다 454

19.1.4 한 변수에 여러 개의 값을 넣으면 안 된다 455

19.1.5 변수 선언은 최대한 늦춘다 455

19.1.6 변수의 개수는 적을수록 좋다 457

19.2 메서드에 관한 지침 458

19.2.1 중첩은 얕아야 한다 458

19.2.2 return 문을 한 개로 정리하려고 애쓰면 안 된다 460

19.2.3 실행 결과의 상태를 int 형으로 반환하면 안 된다 462

19.2.4 메서드는 단일 기능으로 구현한다 463

19.2.5 메서드를 짧게 구현한다 464

19.2.6 만능 메서드를 만들지 않는다 464

19.2.7 메서드 인수의 개수는 적을수록 좋다 465

19.2.8 인수에 ref 키워드를 붙인 메서드는 정의하지 않는다 465

19.2.9 인수에 out 키워드를 붙인 메서드는
　　　　최대한 정의하지 않는다 467

19.3 클래스에 관한 지침 467

19.3.1 필드는 비공개로 지정한다 467

19.3.2 쓰기 전용 속성은 정의하지 않는다 468

19.3.3 연속해서 참조할 때마다 다른 값을 반환하는
　　　　속성을 정의하면 안 된다 469

19.3.4 비용이 드는 처리는 속성이 아닌 메서드로 정의한다 469

19.3.5 객체가 저장하고 있는 다른 객체를 외부에
　　　　노출시키면 안 된다 470

19.3.6 기저 클래스에 유틸리티 메서드를 포함시키면 안 된다 471

19.3.7 속성을 인수 대신 사용하면 안 된다 472

19.3.8 거대한 클래스를 작성하지 않는다 473

19.3.9 new 수식자를 사용해 상속하는
　　　　부모 쪽 메서드를 대체하면 안 된다 474

19.4 예외 처리에 관한 지침 479

19.4.1 예외를 대충 해결하면 안 된다 479

19.4.2 예외를 throw할 때 InnerException을
　　　　삭제해서는 안 된다 481

19.5 그 밖의 바람직하지 않은 프로그래밍 483

19.5.1 const를 오용한다 483

19.5.2 중복된 코드 484

19.5.3 복사/붙여넣기 프로그래밍 484

19.5.4 Obsolete 속성이 붙은 클래스와
　　　　메서드를 계속 사용한다 485

19.5.5 필요없는 코드를 그대로 남겨둔다 485

1부

C# 프로그래밍
관용구/정석 & 패턴

[준비 편]

1장 객체지향 프로그래밍 기초
2장 C#으로 프로그램을 만들어보자
3장 람다식과 LINQ 기초

1장

객체지향 프로그래밍 기초

C#으로 프로그램을 작성한다면 필연적으로 클래스를 정의하고 이용하게 됩니다. 이 책을 읽고 있는 독자는 이미 클래스에 관해 알고 있겠지만 아직 클래스에 충분히 익숙하지는 않을 수도 있습니다. 따라서 이 책의 제목인 '프랙티컬 C#'을 설명하기 전에 일단 클래스를 정의하고 이용할 때 반드시 이해하고 있어야 할 내용과 주의사항을 복습하겠습니다.

1.1 클래스

1.1.1 클래스를 정의한다

'클래스'는 C#으로 프로그래밍할 때 가장 중요한 개념 중 하나입니다. 클래스는 C#으로 객체지향 프로그래밍할 때 기초가 되는 것이므로 이 클래스를 제대로 이해해두는 것이 중요합니다.

일단은 클래스를 정의하는 방법을 살펴보겠습니다.

```
// 상품 클래스
public class Product {
    // 상품 코드
```

```
    public int Code { get; set; }          ←── 속성 정의
    // 상품 이름
    public string Name { get; set; }        ←── 속성 정의
    // 상품 가격(세금이 붙지 않은 가격)
    public int Price { get; set; }          ←── 속성 정의
}
```

위의 코드는 상품을 나타내는 Product 클래스를 정의한 예입니다. Product 클래스에는 Code, Name, Price라는 세 개의 public 속성(공개 속성)[1]이 존재합니다. 이 Product 클래스에 두 개의 public 메서드를 추가해 보겠습니다.

```
public class Product {
    public int Code { get; set; }
    public string Name { get; set; }
    public int Price { get; set; }

    // 소비세를 구한다(소비세율은 8%)
    public int GetTax() {                    ←── 추가한 메서드
        return (int)(Price * 0.08);
    }

    // 세금을 포함한 가격을 구한다
    public int GetPriceIncludingTax() {     ←── 추가한 메서드
        return Price + GetTax();
    }
}
```

클래스에는 데이터 이외에 클래스가 어떤 동작을 하는지를 나타내는 메서드를 정의할 수 있다는 것을 알고 있을 것입니다. GetTax는 해당 상품의 소비세를 구하는 메서드이고 GetPriceIncludingTax는 해당 상품의 세금을 포함한 가격을 구하는 메서드입니다.

GetTax 메서드에서는 세금이 붙지 않은 가격에 소비세 8%를 곱해서 소비세를 구합니다. 이렇게 계산한 결과는 double 형이 되므로 int 형으로 캐스트(형변환)했습니다.

GetPriceIncludingTax 메서드에서는 1.08을 곱하는 것이 아니라 GetTax 메서드에서 구한 소비세를 Price에 더해서 세금을 포함한 가격을 구했습니다.

---

1 C# 3.0부터 도입된 '자동으로 구현된 속성'을 사용해 읽고 쓰기가 가능한 속성을 정의했습니다. 자세한 사항은 문법이 설명된 서적을 참고하기 바랍니다.

이제 Product 클래스에 생성자를 정의해 보겠습니다(예제 1.1).

예제 1.1 Product 클래스

```csharp
public class Product {
    public int Code { get; private set; }        ◀──── set을 private으로 수정
    public string Name { get; private set; }      ◀──── set을 private으로 수정
    public int Price { get; private set; }        ◀──── set을 private으로 수정

    // 생성자
    public Product(int code, string name, int price) {   ◀──── 추가한 생성자
        this.Code = code;
        this.Name = name;
        this.Price = price;
    }

    // 소비세를 구한다
    public int GetTax() {
        return (int)(Price * 0.08);
    }

    // 세금을 포함한 가격을 구한다
    public int GetPriceIncludingTax() {
        return Price + GetTax();
    }
}
```

생성자란 클래스와 이름이 같은 특수한 메서드입니다. 이 예제에서는 상품 코드, 상품 이름, 상품 가격(세금을 뺀)으로 세 개의 인수를 받는 생성자를 정의했습니다. 생성자의 정의에 맞춰 Code, Name, Price 속성에 있는 set 접근자의 권한을 private(비공개)으로 변경했습니다. 이렇게 하면 Product 클래스를 이용하는 쪽에서 생성자를 통하지 않고는 속성값을 설정할 수 없게 됩니다.

1.1.2 클래스의 인스턴스를 생성한다

Product 클래스를 정의했으므로 이제 Product 클래스를 이용하는 코드를 작성하겠습니다. 클래스를 이용하려면 일단 **new 연산자**를 사용해 클래스의 인스턴스를 생성합니다. 인스턴스란 컴퓨터의 메모리상에 확보된 클래스의 실체라고 생각하면 됩니다.

```csharp
Product yakkwa = new Product(123, "약과", 180);
```

위의 예에서 인스턴스를 생성할 때 세 개의 인수를 넘겨줬습니다. 왼쪽부터 상품 번호, 상품 이름, 상품 가격의 순서로 나열돼 있습니다. new를 하면 '약과 객체'가 컴퓨터 메모리 상에 생성됩니다. 이때 호출되는 것이 앞서 정의한 생성자입니다. 그림 1.1에서 컴퓨터의 메모리 내부의 모습을 볼 수 있습니다.

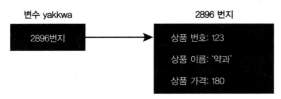

그림 1.1 약과 객체

yakkwa 변수 자체에 상품의 데이터가 들어가는 것이 아니라 상품의 데이터는 다른 곳에 확보되고 yakkwa 변수에는 그곳의 참조(메모리 상에 붙여진 주소)가 저장됩니다. 상품 번호 123번인 '약과 객체'를 yakkwa 변수를 통해 이용할 수 있게 됐습니다.

1.1.3 객체를 이용한다

앞에서 '약과 객체'를 생성했고 이제 해야 할 일은 '약과 객체'를 이용하는 것입니다. 다음 코드는 Product 클래스에 정의돼 있는 Price 속성을 사용해 '약과 객체'의 상품 가격을 꺼내는 코드입니다.

```
int price = yakkwa.Price;
```

변수 이름 뒤에 '.'을 붙인 후 속성 이름을 지정해서 상품 가격을 꺼냈습니다. 이렇게 해서 price 변수에 180이 대입됩니다.

그리고 Product 클래스에는 세금을 포함한 가격이 정의돼 있는데, 다음 코드는 이를 구하는 GetPriceIncludingTax 메서드를 호출하는 예입니다.

```
int taxIncluded = yakkwa.GetPriceIncludingTax();
```

GetPriceIncludingTax 메서드를 호출하면 약과의 세금을 포함한 가격이 계산되어 반환됩니다. 그 결과를 int 형 변수인 taxIncluded에 대입했습니다. taxIncluded에는 194가 대입됩니다.

C#에서는 인수가 없는 메서드를 호출할 때도 괄호를 붙여야 합니다. C# 코드를 읽는 사람은 Product 클래스의 사양을 몰라도 Price가 속성이고 GetPriceIncludingTax가 메서드라는 것을 이 괄호를 보고 금방 알 수 있습니다.

그리고 프로그래머가 독자적으로 정의한 클래스(**사용자 정의 클래스**라고 부릅니다)와 .NET 프레임워크에 정의된 클래스와는 기능에 차이가 있긴 하지만 클래스라는 관점에서 보면 어떤 차이도 없습니다. C#은 둘 다 클래스로 인식하고 완전히 동일하게 취급합니다.

1.1.4 인스턴스는 여러 개 만들 수 있다

하나의 클래스로부터 여러 개의 인스턴스를 생성할 수 있다는 점도 알아둬야 합니다. 다음 코드는 Product라는 하나의 클래스로부터 '약과 객체'와 '찹쌀떡 객체'라는 두 개의 객체를 생성하는 코드입니다(그림 1.2).

```
Product yakkwa = new Product(123, "약과", 180);
Product chapssal = new Product(235, "찹쌀떡", 160);
```

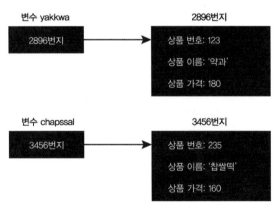

그림 1.2 약과 객체와 찹쌀떡 객체

yakkwa 변수를 통해 '약과 객체'에 접근할 수 있고 chapssal 변수를 통해 '찹쌀떡 객체'에 접근할 수 있습니다.

```
int yakkwaTax = yakkwa.GetTax();
int chapssalTax = chapssal.GetTax();
```

만일 하나의 클래스에 하나의 객체만 생성할 수 있다면 정말 곤란한 일이 벌어질 것이라고 쉽게 상상할 수 있습니다. 컴퓨터의 메모리 안에 하나의 상품밖에 확보할 수 없다면 이런 프로그래밍 언어는 매우 불편해서 사용할 수 없을 것입니다.

[Column] 객체 인스턴스

C#과 같은 객체지향 언어에서는 '객체'와 '인스턴스'라는 용어가 등장하는데 객체와 인스턴스의 차이는 무엇일까요?

일반적으로 '객체지향'이라고 말할 때의 '객체'는 '클래스'와 '인스턴스'라는 두 가지 의미를 포함한 개념을 나타내는데 프로그래밍의 세계에서는 대부분의 경우에 '객체=인스턴스'라는 의미를 갖습니다. 실제로 마이크로소프트의 MSDN 라이브러리에 있는 'C# 프로그래밍 가이드'에서 객체를 설명한 페이지[2]를 보면 '객체를 인스턴스라고도 하며, 명명된 변수나 배열 또는 컬렉션에 저장할 수 있습니다.'라고 설명돼 있습니다.

이 책에서는 클래스로부터 생성된 것을 강조할 경우에는 인스턴스라는 용어를 사용하고 그 밖의 경우에는 객체라는 용어를 사용할 것입니다.

[Column] 코드 스니핏(code snippet)으로 쉽게 속성을 정의한다

마이크로소프트 비주얼 스튜디오(Microsoft Visual Studio)에 마련된 코드 스니핏 기능을 사용하면 속성을 쉽게 정의할 수 있습니다. 사용법은 간단합니다. 속성을 정의할 곳에 prop이라고 입력하고 탭(Tab) 키를 두 번 누릅니다. 그러면 다음과 같이 속성을 표현한 템플릿 코드가 자동으로 편집기에 삽입됩니다.

```
public int MyProperty { get; set; }
```

이때 'int' 부분에 커서가 놓여지는데 이곳에 자신이 정의하고 싶은 속성의 형(예를 들면 string)을 입력하고 탭 키를 두 번 누릅니다. 이번에는 'MyProperty' 부분으로 커서가 이동하는데 여기에 속성 이름(예를 들어 Name)을 입력하고 엔터 키를 누릅니다. 이렇게 해서 속성이 다음과 같이 완성됐습니다.

```
public string Name { get; set; }
```

문장으로 설명했기 때문에 이 기능이 조금 번거롭게 느껴질 수 있으나 실제로 사용해 보면 매우 쉽고 편리한 기능이라는 것을 알게 됩니다. 꼭 사용해보기 바랍니다. 필자는 foreach 문이나 생성자를 만들 때도 코드 스니핏 기능을 이용합니다. foreach 문은 'fore' + 탭 + 탭을 입력하고 생성자는 'ctor' + 탭 + 탭을 입력해서 템플릿 코드를 편집기에 삽입합니다.

1.2 구조체

C#에는 기능이나 작성 방법도 클래스와 매우 비슷한 '**구조체**'라는 것이 있습니다. .NET 프레임워크에도 System.DateTime 구조체, System.TimeSpan 구조체, System.Drawing.Color 구조체와 같이 여러 개의 구조체가 정의돼 있습니다.

구조체도 다음과 같이 new 연산자를 사용해 해당 객체를 생성합니다.

```
DateTime date = new DateTime(2017, 9, 2);
```

사용법도 클래스와 매우 비슷합니다. 구조체에도 속성과 메서드가 있으므로 클래스처럼 이용할 수 있습니다.

```
DateTime date = new DateTime(2017, 9, 2);
int year = date.Year;
// 10일 후를 구한다
DateTime daysAfter10 = date.AddDays(10);
```

그렇다면 구조체와 클래스의 차이는 무엇일까요? 그것은 객체를 메모리 상에 저장하는 방식의 차이입니다. 다음의 예제 1.2에 나온 MyClass 클래스와 MyStruct 구조체가 어떻게 다른지를 그림 1.3에 표시했습니다.

예제 1.2 클래스와 구조체

```
// 클래스
class MyClass {
    public int X { get; set; }
    public int Y { get; set; }
}

// 구조체
struct MyStruct {
    public int X { get; set; }
    public int Y { get; set; }
}
```

---

2 https://docs.microsoft.com/ko-kr/dotnet/csharp/programming-guide/classes-and-structs/objects

```
MyClass myClass = new MyClass { X = 1, Y = 2 };

MyStruct myStruct = new MyStruct { X = 1, Y = 2 };
```

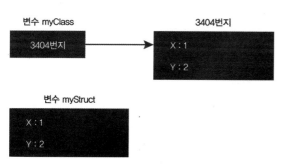

그림 1.3 클래스와 구조체의 차이

클래스는 변수가 있는 곳과 다른 곳에 객체의 영역이 확보되고 변수에는 그 참조가 저장되지만 구조체는 변수 자체에 객체가 저장됩니다[3]. 이것이 클래스와 구조체가 크게 다른 점입니다[4].

1.3 값형과 참조형

C#에서 다루는 형에는 **값형**(Value Type)과 **참조형**(Reference Type)으로 두 가지가 있습니다. C#에 속한 형인 int나 string 뿐만 아니라 .NET 프레임워크에 정의돼 있는 사용자 지정 클래스나 구조체도 형으로 취급됩니다. 물론 프로그래머가 독자적으로 정의한 클래스나 구조체도 형으로 취급됩니다.

C#의 형은 값형과 참조형 중 하나로 반드시 분류됩니다. 구조체는 값형이고 클래스는 참조형입니다. C#에 속한 형 중에서 int, long, decimal, char, byte 등이 값형이고 object, string은 참조형입니다. 이 내용을 표로 나타내면 그림 1.4와 같습니다.

---

3 정확히 말하면 MyClass 객체는 메모리에서 '힙 영역'이라고 하는 장소에 할당되고 MyStruct 객체는 '스택 영역'이라는 장소에 할당됩니다.
4 그 밖에도 구조체는 상속할 수 없다는 제한이 있습니다. 상속에 관해서는 1.6절 '상속'을 참조하기 바랍니다.

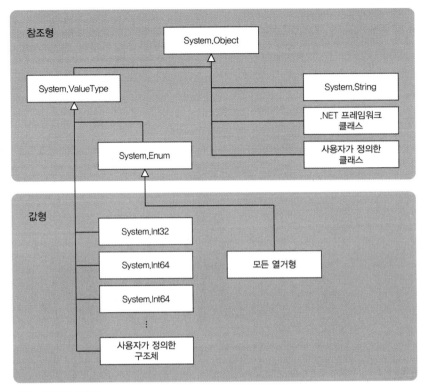

그림 1.4 참조형과 값형

1.3.1 값형에 대해서

값형과 참조형이라는 이 두 가지 형이 프로그래밍에 어떤 영향을 주는지 다음 코드를 보며 설명하겠습니다. 먼저 구조체(값형)를 예로 듭니다. 편의상 MyPoint라는 구조체를 정의했습니다.

예제 1.3 MyPoint 구조체를 정의한 모습

```
struct MyPoint {
    public int X { get; set; }
    public int Y { get; set; }

    // 생성자
    public MyPoint(int x, int y) {
        this.X = x;
        this.Y = y;
    }
}
```

이 MyPoint는 다음과 같이 사용합니다.

예제 1.4 값형의 동작을 확인하는 코드

```
MyPoint a = new MyPoint(10, 20);
MyPoint b = a;          ◀━━ b에 a의 값을 대입
Console.WriteLine("a: ({0},{1})", a.X, a.Y);
Console.WriteLine("b: ({0},{1})", b.X, b.Y);    ┤ a와 b의 내용을 표시
a.X = 80;               ◀━━ a.X의 값을 변경
Console.WriteLine("a: ({0},{1})", a.X, a.Y);
Console.WriteLine("b: ({0},{1})", b.X, b.Y);    ┤ a와 b의 내용을 표시
```

이 예제 1.4에 나온 코드를 실행하면 무엇이 출력될까요? 한 번 생각해보기 바랍니다.

결과는 다음과 같습니다.

```
a: (10,20)
b: (10,20)
a: (80,20)
b: (10,20)
```

1.3.2 참조형에 대해서

그렇다면 클래스(참조형)는 어떻게 동작할까요? 앞에 나온 예제 1.3에서 struct를 class로 변경합니다.

예제 1.5 MyPoint 클래스를 정의한 모습

```
class MyPoint {
    public int X { get; set; }
    public int Y { get; set; }

    // 생성자
    public MyPoint(int x, int y) {
        this.X = x;
        this.Y = y;
    }
}
```

예제 1.5에 나온 MyPoint 클래스를 사용해 다음과 같은 코드(예제 1.4와 같음)를 실행하면 어떻게 될까요?

예제 1.6 참조형의 동작을 확인하는 코드

```
MyPoint a = new MyPoint(10, 20);
MyPoint b = a;        ◄──── b는 a와 동일한 객체를 참조
Console.WriteLine("a: ({0},{1})", a.X, a.Y);  ┐
Console.WriteLine("b: ({0},{1})", b.X, b.Y);  ┘─ a와 b의 내용을 표시
a.X = 80;             ◄──── a.X의 값을 변경
Console.WriteLine("a: ({0},{1})", a.X, a.Y);  ┐
Console.WriteLine("b: ({0},{1})", b.X, b.Y);  ┘─ a와 b의 내용을 표시
```

결과는 다음과 같습니다. 구조체를 실행했을 때와 다른 결과가 나왔습니다.

```
a: (10,20)
b: (10,20)
a: (80,20)
b: (80,20)
```

예제 1.6에 나온 코드가 실행되는 모습을 순서대로 살펴보겠습니다.

1. a에 MyPoint의 인스턴스가 대입된 시점에서는 다음 그림과 같은 모습이 됩니다. 이 시점에서 아직 b는 존재하지 않습니다 (그림 1.5).

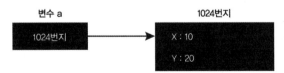

그림 1.5 a 변수에 대한 메모리의 상태

2. a 변수의 값을 b 변수에 대입하면 (10, 20)이라는 값을 가진 객체를 가리키는 참조가 b 변수에 대입됩니다. a와 b는 같은 객체를 참조합니다(그림 1.6).

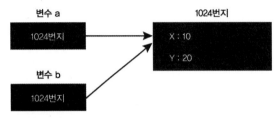

그림 1.6 a 변수와 b 변수에 대한 메모리의 상태

3. 그리고 a.X = 80;이 실행되면 a 변수를 통해 (10, 20)이라는 값을 가진 객체가 (80, 20)으로 변경됩니다. b 변수에도 같은 참조가 저장돼 있으므로 b.X를 참조하면 80이 얻어집니다(그림 1.7).

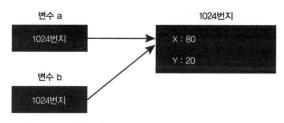

변수 a

1024번지

1024번지

X : 80

Y : 20

변수 b

1024번지

그림 1.7 a.X를 변경한 후 메모리의 상태

이제 차이를 알 수 있을 것이라고 생각합니다. 값형과 참조형이 동작하는 방식의 차이는 대입할 때뿐만 아니라 객체를 메서드의 인수에 넘겨줄 때도 마찬가지입니다.

구조체(값형)에는 값(객체) 자체가 복사되어 메서드에 전달되므로 메서드 안에서 객체의 값을 변경해도 호출한 쪽에서는 그렇게 변경된 것에 영향을 받지 않습니다.

그러나 클래스(참조형)는 참조형 객체를 인수로 지정하면 객체를 가리키는 참조가 복사되어 메서드에 전달됩니다. 따라서 이렇게 넘겨받은 객체의 값을 메서드 안에서 변경하면 호출한 쪽의 객체가 그 참조를 통해 변경됩니다.

1.3.3 왜 값형과 참조형이라는 두 가지 형이 필요할까?

왜 C#에는 값형과 참조형이라는 두 가지 형이 마련돼 있을까요? 그것은 프로그램이 실행되는 효율과 메모리 공간을 사용하는 효율 때문입니다.

일단 엄청나게 큰 객체를 상상해보기 바랍니다. 이렇게 큰 객체가 값형이라면 어떻게 될까요? 변수를 대입할 때마다 객체에 들어 있는 내용을 복사하는 처리가 수행될 것입니다. 그러나 참조형이라면 참조(주소)를 복사하면 되므로 매우 효율적으로 처리할 수 있을 것입니다.

그렇다면 매우 작은 객체의 경우는 어떨까요? 참조형일 때는 참조(주소)를 저장하는 영역과 객체 자체를 저장하는 영역이라는 두 개의 영역이 필요합니다. 그러나 이 작은 객체를 위해 이렇게 두 개의 영역을 할당한다면 메모리를 효율적으로 사용했다고 말할 수 없습니다. 그러나 값형일 때는 변수의 영역 자체에 객체를 저장하므로 이렇게 작은 객체인 경우에는 값형을 통해 메모리를 효율적으로 사용할 수 있습니다.

다시 말하면 큰 객체에는 참조형이 유리하고 작은 객체에는 값형이 유리합니다. 이것이 C#에 값형과 참조형이라는 두 가지 형이 마련돼 있는 이유입니다. 실제로 .NET 프레임워크에서 구조체(값형)는 모두 작은 것에 대해서만 정의돼 있습니다.

그러나 초보 프로그래머인 여러분이 구조체를 정의할 일은 아마 없을 것입니다. 실제로 필자도 근래 몇 년 동안 구조체를 정의한 기억이 없습니다. 구조체를 정의할 때 사용하는 문법은 클래스와 약간 다른 점이 있지만 그런 세세한 차이는 몰라도 됩니다. 값형과 참조형이 어떻게 동작하는지만 이해하면 충분합니다.

1.4 정적 멤버와 정적 클래스

1.4.1 정적 속성과 정적 메서드

C#에는 '정적 속성'과 '정적 메서드'라는 것이 있습니다. 예를 들면, 다음과 같은 DateTime.Today를 이용하는 코드를 본 적이 있을 것입니다.

```
static void Main(string[] args) {
    // Today는 static 속성
    DateTime today = DateTime.Today;

    // Console은 static 클래스, WriteLine은 static 메서드
    Console.WriteLine("오늘은 {0}월{1}일입니다.", today.Month, today.Day);
}
```

위의 코드에서는 인스턴스를 생성하지 않은 상태에서 Today 속성을 참조했고 WriteLine 메서드를 호출했습니다. 이처럼 인스턴스를 생성하지 않고 이용할 수 있는 속성과 메서드를 각각 **정적 속성**, **정적 메서드**라고 부릅니다. 정적 멤버[5]에는 다음과 같은 static 키워드를 붙입니다.

```
public static DateTime Today {
    get { ...... }
}
```

---

5   정적 필드를 포함해서 정적 속성과 정적 메서드 모두를 '정적 멤버'라고 합니다.

정적 멤버를 이용할 때는 new로 객체를 생성할 필요 없이 '형 이름.속성', '형 이름.메서드'와 같이 형 이름을 사용해서 접근합니다.

'그렇다면 모두 정적 속성이나 정적 메서드라면 편리할 텐데'라고 생각할 수도 있지만 사실은 그렇지 않습니다. 하나의 클래스로부터 여러 개의 인스턴스를 생성할 수 있다는 사실을 떠올리기 바랍니다.

만일 Product.Price라고 써서 상품의 가격을 얻을 수 있다면 그것은 과연 어느 상품의 가격일까요? 찹쌀떡인지 약과인지 구별할 수 없을 것입니다. Price 속성을 정적 속성으로 지정하는 것은 분명히 적절치 못한 일입니다.

그럼 이제 DateTime.Today에 주목해 보겠습니다. '오늘'이란 것은 날짜와 관련이 있음에 틀림없지만 특정 날짜와 연관된 것은 아닙니다. 오늘 날짜는 모든 DateTime 객체가 생성하더라도 '오늘 날짜'입니다.

따라서 만일 Today 속성이 정적 속성이 아니라고 하면 오늘 날짜를 구하기 위해 다음과 같이 복잡한 코드를 작성해야 할 것입니다.

```
// 2001/10/25은 오늘의 날짜를 구하기 위해 대강 정한 가짜 날짜(아무거나 써도 된다)
// 일단 인스턴스를 생성한다
DateTime date = new DateTime(2001, 10, 25);
DateTime today = date.Today;
```

다시 말해 Today 속성은 인스턴스에 연관된 것이 아니라 DateTime 구조체 자체에 연관된 속성입니다.

WriteLine 메서드도 Console 클래스에 정의된 정적 메서드입니다. 인스턴스를 생성하지 않고 이용할 수 있습니다.

1.4.2 정적 클래스

MSDN 라이브러리[6]에 있는 Console 클래스에 관한 설명 부분을 보면 다음과 같이 모든 속성과 모든 메서드가 static으로 지정돼 있고 클래스 정의에서도 class 앞에 static 키워드가 붙어 있다는 것을 알 수 있습니다.

```
public static class Console {
```

---

6 마이크로소프트의 도구, 서비스, 기술을 설명한 문서를 모아둔 것이며 개발자를 위한 정보가 다수 공개돼 있습니다.

static 키워드가 붙은 클래스를 **정적 클래스**(static 클래스)라고 합니다. 정적 클래스에는 인스턴스 속성이나 인스턴스 메서드가 없습니다[7]. 인스턴스를 생성하는 의미가 없기 때문입니다. 따라서 정적 클래스로는 인스턴스를 생성할 수 없도록 정해져 있습니다.

시험 삼아 다음과 같이 코드를 작성해 보면 빌드 오류가 발생하면서 인스턴스를 생성할 수 없다는 것을 알 수 있습니다.

```
✖    Console con = new Console();
```

콘솔 응용 프로그램을 사용할 때 표준 입출력은 시스템에 하나만 존재합니다. 따라서 Console 클래스는 new로 객체를 생성하지 않아도 모든 속성을 사용할 수 있습니다. 조금 더 감각적으로 말하자면 new로 객체를 생성하지 않아도 유일한 Console 인스턴스가 존재한다고 생각해도 괜찮습니다.

1.5 네임스페이스

작성할 프로그램의 규모가 커지면 프로그래머들이 작성한 클래스와 나중에 추가한 타사 라이브러리의 클래스 이름이 같아질 가능성이 있습니다. .NET 프레임워크 안에서도 같은 이름의 클래스가 여럿 존재하기도 합니다.

이런 상황에서 클래스 이름을 어떻게 정해야 할까요? 이런 경우를 위해 존재하는 것이 바로 **네임스페이스**입니다. 네임스페이스는 많은 클래스 중에서 사용할 클래스를 선택하는 기능입니다.

다음에 나온 콘솔 응용 프로그램의 코드를 살펴보기 바랍니다.

```
class Program {
    static void Main(string[] args) {
        System.Console.WriteLine("Hello! C# world.");    ◀── Console 클래스를 완전수식명으로 지정했다
    }
}
```

이 다섯 줄의 프로그램은 완전한 C# 프로그램이며 그대로 빌드해서 실행할 수 있습니다. 이 프로그램에서는 Console 클래스에 포함된 WriteLine 정적 메서드를 호출하기 위해 Console 클래스가 소속돼 있는 네임스페이스 이름(System)을 포함한 모든 수식자를 썼습니다.

---

7   일반적인 속성이나 메서드를 정적 멤버와 명확하게 구별하기 위해 '인스턴스 속성', '인스턴스 메서드'라고 부를 때도 있습니다.

위와 같은 작은 프로그램에서 완전수식자를 사용해 모든 클래스를 지정하는 것은 매우 번거로운 일입니다. 따라서 C#에서는 using 지시자로 네임스페이스를 지정함으로써 형 이름만으로 클래스를 사용할 수 있는 기능이 마련돼 있습니다.

```
using System;      ◀──── using 지시자

class Program {
    static void Main(string[] args) {
        Console.WriteLine("Hello! C# world.");    ◀──── 네임스페이스는 생략돼 있다
    }
}
```

여러분이 정의하는 클래스도 일반적으로 네임스페이스를 지정합니다. 다음과 같이 **namespace 키워드**를 쓰고 그 안에 클래스를 정의합니다.

```
using System;

namespace SampleApp {
    class Program {      ◀──── Program 클래스는 SampleApp 네임스페이스에 속하게 된다
    static void Main(string[] args) {
        Console.WriteLine("Hello! C# world.");
      }
    }
}
```

namespace 키워드의 오른쪽에 적힌 SampleApp이 바로 여러분이 정의하는 프로그램의 네임스페이스입니다. 비주얼 스튜디오에서 '클래스 추가'를 실행해서 생성된 소스 파일에는 namespace가 자동으로 추가되므로 보통은 그대로 이용하면 됩니다.

하나의 프로그램에는 일반적으로 여러 개의 클래스를 정의합니다. 여러 클래스가 하나의 네임스페이스에 소속돼 있을 경우에는 using 지시자가 필요없습니다. 다음은 SampleApp 네임스페이스에 Program 클래스와 Product 클래스가 정의된 경우를 나타낸 코드입니다.

예제 1.7 using과 namespace

```
using System;
// using SampleApp;    ◀──── 이 행은 필요 없다

namespace SampleApp {
```

```
class Program {
    static void Main(string[] args) {
        Product yakkwa = new Product(123, "약과", 180);    ◀── Product 클래스는 다른 파일에 정의돼 있다
        int taxIncluded = yakkwa.GetPriceIncludingTax();
        Console.WriteLine(taxIncluded);
    }
}
```

[Column] using 지시자를 자동으로 삽입한다

사용할 클래스가 어느 네임스페이스에 소속돼 있는지 알아보고 using 지시자를 손으로 입력하는 것은 매우 번거로운 일입니다. 비주얼 스튜디오에 포함된 using 지시자를 자동으로 삽입하는 기능을 이용하면 using 지시자를 쉽게 입력할 수 있습니다. 아래에 그 절차를 설명합니다.

1. 그림 1.8과 같이 클래스 이름 위에 커서를 놓고 이때 표시된 전구 아이콘을 클릭하기 바랍니다. 키보드로는 'Ctrl + .'을 누릅니다.

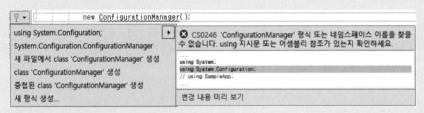

그림 1.8 전구 아이콘을 클릭

2. 그림 1.9에 나온 것처럼 해결책 목록이 표시되는데 여기서 'using System.Configuration'을 선택합니다.

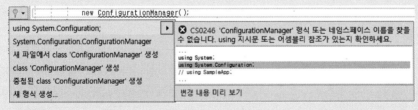

그림 1.9 해결책 선택

그러면 using 지시자가 자동으로 삽입됩니다.

1.6 상속

1.6.1 상속이란?

상속이란 이미 정의된 클래스를 기반으로 해서 그 성질을 물려받고 이를 확장하거나 변경해서 새로운 클래스를 작성하는 것을 말합니다. 상속한다는 것을 '파생한다'라고도 말합니다.

예를 들어, 다음과 같은 Person 클래스를 정의했다고 가정하겠습니다.

```
public class Person {
    public string Name { get; set; }
    public DateTime Birthday { get; set; }
    public int GetAge() {
        DateTime today = DateTime.Today;
        int age = today.Year - Birthday.Year;
        if (today < Birthday.AddYears(age))
            age--;
        return age;
    }
}
```

이 Person 클래스를 상속해서 Employee 클래스(사원 클래스)를 정의해보겠습니다. 이름과 생년월일, 사원번호와 소속된 부서명이라는 데이터를 다루고 싶다고 합시다. 상속을 사용하면 Employee 클래스를 처음부터 만드는 것이 아니라 Person 클래스가 구현된 것을 이용할 수 있습니다. Person 클래스를 상속한 Employee 클래스는 다음과 같습니다.

```
public class Employee : Person {
    public int Id { get; set; }
    public string DivisionName { get; set; }
}
```

상속하려면 상속받는 클래스 이름(이 예제에서는 Employee) 뒤에 콜론(:)을 붙이고 상속할 클래스 이름(Person)을 지정합니다. 일반적으로는 상속되는 클래스를 '슈퍼 클래스' 또는 '기저 클래스'라고 하고 상속받아서 새롭게 정의한 클래스를 '서브 클래스' 또는 '파생 클래스'라고 합니다.

이렇게 상속하면 Employee 클래스는 Person 클래스의 성질을 물려받습니다. Name 속성, Birthday 속성, GetAge 메서드가 Employee 클래스에는 쓰여 있지 않지만 이 멤버들을 Employee 클래스에서도 이용할 수 있습니다. 다시 말하면 Person 클래스와 다른 부분만 Employee 클래스에 정의한 것입니다.

이 Employee 클래스를 사용한 예는 다음과 같습니다.

```
Employee employee = new Employee {
    Id = 100,
    Name = "홍길동",
    Birthday = new DateTime(1992, 4, 5),
    DivisionName = "제1영업부",
};
Console.WriteLine("{0}({1})는 {2}에 소속되어 있습니다.",
    employee.Name, employee.GetAge(), employee.DivisionName);
```

이 예제에서 Employee 클래스에는 메서드를 정의하지 않았지만 물론 Employee 클래스에 새로운 메서드를 정의할 수 있습니다.

1.6.2 is a 관계

상속은 일반적으로 'is a 관계'가 성립될 때 사용할 수 있도록 정해져 있습니다. is a 관계란 '★★★는 ▲▲▲이다'가 성립하는 관계를 말합니다. 이번 예제에서는 '사원은 사람이다'라는 관계가 성립합니다. 예를 들면 '삼각형은 도형이다', '리스트박스는 컨트롤이다', 'CD와 DVD는 상품이다'와 같이 다양한 is a 관계가 있습니다. 이런 관계를 'kind of 관계'(~는 ~의 일종이다)라고 말하기도 합니다. '삼각형은 도형의 일종이다'나 '리스트박스는 컨트롤의 일종이다'와 같은 관계라고 말할 수 있습니다. 이런 경우에 상속을 사용합니다.

is a 관계가 성립하지 않을 때는 상속을 사용할 수 없습니다. 예를 들어 '★★는 ▲▲로 만들어져 있다'라는 관계가 성립할 때나 '★★는 ▲▲를 가지고 있다'와 같은 관계가 성립할 때는 상속을 사용할 수 없습니다.

이 같은 is a 관계(상속 관계)가 성립한다면 다음과 같이 클래스(Employee)의 인스턴스를 기저 클래스(Person) 변수에 대입할 수 있습니다.

```
Person person = new Employee();
```

'사원'은 '사람'이므로 '사람'으로 취급하는 것이라고 생각하면 됩니다. 그러나 이 person 변수를 통해 DivisionName과 같은 Employee 클래스 고유의 속성을 이용할 수는 없습니다.

그리고 다음과 같이 반대로 대입할 수 없습니다. 사람은 사원이 아닐 수도 있으므로(고객일 수도 있고 주주일 수도 있으므로) 사원으로 취급할 수 없는 것입니다.

```
Employee employee = new Person();
```

C#에서 모든 형을 상속해준 클래스를 거슬러 올라가면 최종적으로 System.Object 클래스(object형[8])를 만나게 됩니다. 다시 말하면 클래스 계층의 정점에 있는 것이 Object 클래스라는 것입니다. 클래스를 정의할 때 상속할 클래스를 지정하지 않으면 상속되는 부모 클래스는 Object 클래스가 됩니다.

다음과 같은 두 개의 코드는 동일한 의미를 가집니다.

```
class Person {
    ...
}
```

```
class Person : object {
    ...
}
```

이렇게 '모든 클래스는 object다'라고 말할 수 있으므로 다음과 같이 대입할 수 있습니다.

```
object person = new Person(......);
object employee = new Employee(......);
```

이렇게 하면 여러 가지 형의 객체를 저장하는 배열을 정의하거나 여러 가지 형의 객체를 받는 메서드를 정의할 수 있습니다.

지금까지 객체지향 프로그래밍의 기초에 대해 살펴봤습니다. 클래스를 이용하는 입장이라면 이번 장을 학습한 것이 필요한 최소한의 지식입니다. 다음 장에서는 C#을 더욱 깊이 이해하기 위해 작은 프로그램을 작성해보겠습니다.[9]

---

8 C#에 있는 object는 .NET 프레임워크에 포함된 System.Object의 별칭입니다.
9 컴파일되어 실행 가능한 코드를 말합니다. dll 형식과 exe 형식이라는 두 종류가 있습니다.

[Column] 참조에 어셈블리를 추가한다

예를 들어, .NET 프레임워크에 있는 ConfigurationManager라는 클래스를 이용하려고 합니다. 조사를 통해 이 클래스가 System.Configuration이라는 네임스페이스에 존재한다는 것을 알게 됐습니다.

그러나 using 지시자로 System.Configuration을 지정해도 'ConfigurationManager 형식 또는 네임스페이스 이름을 찾을 수 없습니다.'라는 오류가 발생해서 빌드할 수 없습니다. 이것은 ConfigurationManager 클래스가 정의된 어셈블리[9]가 프로젝트의 참조에 추가돼 있지 않기 때문에 발생하는 문제입니다. 'ConfigurationManager 형식 또는 네임스페이스 이름을 찾을 수 없습니다.'라는 오류가 발생할 경우에는 다음과 같은 순서로 어셈블리를 참조에 추가하기 바랍니다.

1. MSDN 라이브러리에서 ConfigurationManager 클래스가 나온 페이지로 이동합니다.

   구글이나 빙(Bing)에서 'ConfigurationManager MSDN'을 검색하면 해당 페이지를 쉽게 찾을 수 있습니다.

그림 1.10 참조를 추가하는 메뉴를 선택

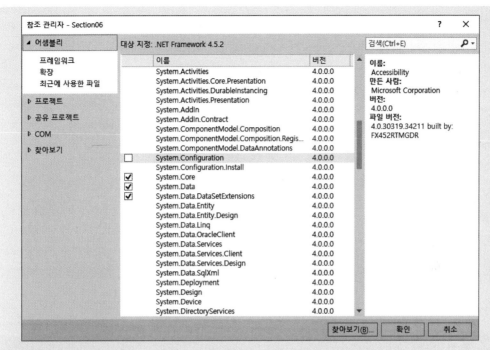

그림 1.11 '참조 관리자' 대화상자

2. 어느 어셈블리에 소속돼 있는지 조사합니다.

ConfigurationManager 페이지에 다음과 같이 적혀 있으므로 System.Configuration 어셈블리라는 것을 알 수 있습니다.

어셈블리: System.Configuration(System.Configuration.dll에 있음)

3. '솔루션 탐색기'에 있는 참조 폴더를 클릭하고 '참조 추가'를 선택합니다(그림 1.10).

4. '참조 관리자' 대화상자의 왼쪽 패널에서 '어셈블리' – '프레임워크'를 선택합니다(그림 1.11).

5. 오른쪽에 나오는 목록에서 'System.Configuration'에 체크 표시를 하고 'OK' 버튼을 클릭합니다.

[Column] 비주얼 스튜디오, C# 그리고 .NET 프레임워크의 관계

비주얼 스튜디오의 버전에 따라 이용할 수 있는 C#의 버전과 .NET 프레임워크의 버전에는 차이가 있습니다. 이 내용을
표 1.1에 정리했습니다.

표 1.1 비주얼 스튜디오와 C#/.NET의 버전[10]

비주얼 스튜디오	C#	주된 타깃 프레임워크
비주얼 스튜디오 2008	3.0	3.5 4
비주얼 스튜디오 2010	4.0	3.5 4
비주얼 스튜디오 2012	5.0	3.5 4 4.5.2 4.6.x
비주얼 스튜디오 2013	5.0	3.5 4 4.5.2 4.6.x
비주얼 스튜디오 2015	6.0	3.5 4 4.5.2 4.6.x
비주얼 스튜디오 2017	7.0	3.5 4 4.5.2 4.6.x

연습 문제

문제 1.1

1.1절 '클래스'에서 정의한 Product 클래스를 사용해 다음과 같은 코드를 작성합니다.

1. 풀빵 객체를 생성하는 코드를 작성합니다. 이때 상품 번호는 '98'로 지정하고 상품 가격은 '210원'으로 지정합니다.
2. 풀빵 객체의 세금을 포함한 가격을 구하고 콘솔에 출력하는 코드를 작성합니다.
3. Product 클래스가 소속된 네임스페이스를 다른 네임스페이스로 변경하고 Main 메서드에서 호출합니다. 그러나 Main
   메서드가 있는 Program 클래스의 네임스페이스는 그대로 둡니다.

문제 1.2

1.2절 '구조체'에서 정의한 MyClass와 MyStruct를 사용해 다음과 같은 코드를 작성합니다.

1. MyClass와 MyStruct라는 두 가지 형을 인수로 받는 메서드인 PrintObjects를 정의합니다. PrintObjects 메서드
   안에서 두 객체의 내용(속성값)을 콘솔에 표시합니다. 그리고 PrintObjects 메서드는 Program 클래스의 메서드로
   정의합니다.

---

10 비주얼 스튜디오 2012/2013에서는 추가 패키지(Developer Pack)를 도입했으므로 .NET 프레임워크 4.6.2를 타깃으로 하는 앱을 개발할 수 있습니다. 추가 패키지는
https://www.microsoft.com/net/targeting에서 내려받을 수 있습니다.

2. Main 메서드에서 PrintObjects 메서드를 호출하는 코드를 작성합니다. MyClass와 MyStruct 객체의 값은 마음대로 정해도 됩니다.

3. PrintObjects 메서드 안에서 각각의 속성값을 2배로 변경하는 코드를 추가합니다. Main 메서드에서는 PrintObjects를 호출한 후에 MyClass와 MyStruct 객체의 속성값을 콘솔에 표시하는 코드를 추가합니다.

4. 위의 코드를 실행하고 결과를 확인합니다. 그리고 왜 그런 결과가 나오는지 이유를 설명합니다.

문제 1.3

1.6절 '상속'에 나온 Person 클래스를 사용해 다음과 같은 코드를 작성합니다.

1. Person 클래스를 상속하고 Student 클래스를 정의합니다. Student에는 Grade(학년)와 ClassNumber(반)라는 두 개의 속성을 추가합니다. 두 속성 모두 형은 int로 지정합니다.

2. Student 클래스의 인스턴스를 생성하는 코드를 작성합니다. 이때 모든 속성에 값을 넣습니다.

3. 2에서 생성한 인스턴스의 각 속성값을 콘솔에 출력하는 코드를 작성합니다.

4. 2에서 생성한 인스턴스를 Person 형과 object 형 변수에 대입할 수 있는지 확인합니다.

[Column] null 키워드와 nullable 형식(null 허용 형식)

참조형이 아무것도 참조하지 않는 상태일 때가 있습니다. C#에서는 null 키워드를 사용해 이 상태를 표시합니다. null은 아무것도 없다는 것을 의미하는 상수이며 참조형 변수의 기본값입니다. 다음과 같이 참조형 변수를 초기화하지 않고 선언한 경우에는 변수가 null로 초기화됩니다.

```
Product item;      ◀──── null로 초기화된다
```

다음과 같은 코드로 변수의 값이 null인지 여부를 판단할 수 있습니다.

```
if (item == null) {
    ... // item 변수가 null일 때의 처리 내용
}
```

문자열도 참조형이므로 null을 가질 수 있습니다. null 값을 가진 문자열이라는 것은 길이가 0인 비어 있는 문자인 ""를 의미합니다(5.2절 '문자열 판정').

그리고 값형에는 일반적으로 null을 지정할 수 없습니다. 값형에 null을 지정할 수 있게 하려면 **nullable(Nullable⟨T⟩ 형)**을 이용합니다. nullable은 다음과 같이 사용합니다.

```
int? num = null;    ◀──── 형 이름에 ?를 붙이면 nullable 형이 된다.
```

```
if (num.HasValue) { ◀──── HasValue 속성을 통해 null 이외의 값이 지정됐는지 조사할 수 있다.
```

```
    Console.WriteLine("num = {0}", num.Value);  ◄──── Value 속성을 통해 값을 가져올 수 있다.
} else {
    Console.WriteLine("num = null");
}
```

2장

C#으로 프로그램을 만들어보자

프로그래밍의 고수가 되는 가장 확실한 방법은 실제로 프로그램을 작성해보는 것입니다. 시행착오에서 배우는 것입니다. 이렇게 하면 자신이 무엇을 이해하고 있고 무엇을 이해하지 못하는지를 알 수 있고 새로운 것을 배울 수도 있습니다. 제대로 알지 못했던 문법을 확실히 이해할 수 있게 됩니다. 프로그램을 작성하는 일을 반복하면 단순한 지식을 실무에서 활용할 수 있을 정도의 살아 있는 지식으로 승화할 수 있습니다.

1장에서는 클래스, 구조체, 네임스페이스 같은 C#으로 객체지향 프로그래밍을 하는 데 필요한 기초적인 지식을 복습했습니다. 이제 이번 장에서는 이 지식을 활용해 실제로 동작하는 작은 프로그램을 작성하고 그것을 개량해가는 과정을 보면서 공부하겠습니다. 이번 장에서 설명하는 프로그램의 분할이라는 개념과 기능을 단순화한다는 개념은 실무에서도 활용할 수 있습니다.

그리고 1장에서 설명하지 못한 C#에 있는 몇 가지 기능에 관해서도 설명할 것이므로 이번 장을 통해 C#을 더욱 깊이 이해할 수 있게 될 것입니다.

2.1 거리를 환산하는 프로그램

다음과 같은 피트(ft)와 미터(m) 사이의 대응표를 작성하는 콘솔 응용 프로그램인 Distance Converter.exe를 작성해 보겠습니다.

```
1 ft = 0.3048 m
2 ft = 0.6096 m
3 ft = 0.9144 m
4 ft = 1.2192 m
5 ft = 1.5240 m
6 ft = 1.8288 m
7 ft = 2.1336 m
8 ft = 2.4384 m
9 ft = 2.7432 m
10 ft = 3.0480 m
```

이후에 나오는 내용을 읽기 전에 이 시점에서 실제로 프로그램을 작성해보기 바랍니다. 현재 프로그램을 작성할 환경이 갖춰지지 않은 독자는 머릿속으로 어떤 코드를 작성할지 상상하고 나서 이후의 내용을 읽기 바랍니다.

2.1.1 첫 버전

필자가 작성한 첫 버전의 코드를 먼저 보겠습니다.

예제 2.1 DistanceConverter의 첫 버전

```csharp
using System;

namespace DistanceConverter {
    class Program {
        static void Main(string[] args) {
            // 피트에서 미터로의 환산표
            for (int feet = 1; feet <= 10; feet++) {
                double meter = feet * 0.3048;
                Console.WriteLine("{0} ft = {1:0.0000} m", feet, meter);
            }
        }
    }
}
```

for 문을 사용해 처리를 반복합니다. for 문 안에서 feet*0.3048로 계산해서 피트를 미터로 변환하고 그것을 meter 변수에 대입합니다. meter 변수는 소수점을 사용할 수 있도록 double로 지정했습니다. 그리고 Console.WriteLine 메서드에서 피트에서 미터로 환산한 결과를 콘솔에 출력합니다.

Console.WriteLine 메서드에서 이용한 "0.0000"은 소수점 네 자리까지 표시하는 포맷 설정입니다. 이 포맷 설정에 관해서는 5장 '문자열 다루기'에서 설명하겠습니다.

이렇게 해서 '피트에서 미터로의 환산표를 작성한다'라는 목적은 달성했습니다. 한 번 작성하면 다시는 유지보수[1]하지 않을 프로그램이라면 이렇게 작성하는 것으로 충분합니다. 그러나 대다수의 프로그램은 여러 해에 걸쳐 계속해서 유지보수됩니다.

작은 프로그램이었던 것이 조금씩 기능이 추가되어 큰 프로그램으로 발전하기도 합니다.

그렇게 생각해 보면 이 프로그램은 개량해야 할 부분이 있는 것 같습니다. 가장 큰 문제점이라면 feet*0.3048이라는 로직이 다른 부분에 있는 코드와 혼연일체돼 있기 때문에 쉽게 재사용할 수 없다는 점입니다. 소스코드의 다른 부분에서도 거리를 환산하는 계산이 필요할 경우에는 동일한 로직을 다시 써야 할 것입니다. 따라서 이 프로그램이 이후에도 계속 발전해 간다고 가정하고 코드를 조금 수정해 보겠습니다.

2.1.2 계산 로직을 메서드의 형태로 독립시킨다

거리를 환산하는 로직이 Main 메서드 안에 파묻혀 있다는 문제를 해결하는 방법 중 하나는 거리를 환산하는 부분을 **메서드 형태로 독립시키는 것**입니다. 이 예제에서는 FeetToMeter라는 메서드를 정의했습니다.

예제 2.2 FeetToMeter 메서드를 독립시킨 버전

```
class Program {
    static void Main(string[] args) {
        // 피트에서 미터로의 환산표를 출력한
        for (int feet = 1; feet <= 10; feet++) {
            double meter = FeetToMeter(feet);
            Console.WriteLine("{0} f = {1:0.0000} m", feet, meter);
        }
    }

    // 피트를 미터로 환산한다
    static double FeetToMeter(int feet) {    ◀─── 메서드로 독립시켰다
        return feet * 0.3048;
    }
}
```

---

1 프로그램을 운용하는 동안 발견된 문제나 불편한 점을 수정하거나 사용자의 요구에 응하기 위해 기능을 추가하고 개선하는 일을 말합니다. 실제 업무에서는 다른 사람이 작성한 프로그램을 유지보수하는 일이 흔하게 일어납니다.

FeetToMeter 메서드에 관해 간단히 설명하겠습니다.

```
static double FeetToMeter(int feet) {
```

이 행에서 FeetToMeter 메서드의 시그니처[2]를 결정합니다. 인수는 int 형으로 피트값을 받아들입니다. 반환값은 double 형입니다.

메서드 안에는 한 줄의 코드가 들어 있습니다.

```
return feet * 0.3048;
```

인수로 받은 거리(피트)를 미터로 변환해서 그 결과를 반환합니다.

거리를 환산하는 로직이 이렇게 FeetToMeter라는 하나의 메서드로서 Main 메서드와 분리됐으므로 재사용하기 편해졌습니다. 그리고 FeetToMeter 메서드에는 콘솔 응용 프로그램에 의존하는 부분이 없으므로(Console 클래스를 사용하지 않으므로) WindowsForms 응용 프로그램이나 WPF 응용 프로그램으로 다시 작성하려고 할 경우에도 그대로 이용할 수 있습니다(메서드를 '복사해서 붙여넣기'해야 하겠지만...[3]).

[Memo] 정적 메서드에서는 자기 자신의 인스턴스 메서드를 호출할 수 없다

C#으로 제작한 응용 프로그램이 시작될 때 처음에 호출되는 Main 메서드는 정적 메서드로 정의해야 한다는 C# 프로그래밍 규약이 있습니다. 그 Main 메서드에서 직접 호출되는 FeetToMeter 메서드도 정적 메서드로 정의해야 합니다.

만약 FeetToMeter 메서드가 인스턴스 메서드라고 가정해 보겠습니다. 인스턴스 메서드를 호출하려면 어느 인스턴스인지를 지정해야 하는데 Main 메서드는 인스턴스가 존재하지 않는 상태로 동작하므로 해당 인스턴스를 특정할 수 없습니다.

다시 말해 정적 메서드인 Main 메서드에서는 인스턴스 메서드인 FeetToMeter를 직접 호출할 수 없다는 것입니다.

따라서 FeetToMeter 메서드는 인스턴스가 필요 없는 정적 메서드로 정의해야 하는 것입니다.

---

2 메서드 이름, 반환값의 형, 인수, 접근자 제한 수준과 같이 메서드가 가지는 특징을 '시그니처'라고 합니다.
3 2.1.5절 '클래스로 분리한다'에서 이 문제에 대한 해결책을 제시하겠습니다.

2.1.3 프로그램에 기능을 추가한다

앞서 제작한 프로그램에 사양이 추가되어 '피트에서 미터로의 환산표'에 추가로 '미터에서 피트로의 환산표'를 출력하고 싶다는 요구가 들어왔다고 하겠습니다. 다음과 같이 명령 프롬프트에서 어느 표를 출력할지를 인수에 지정하도록 만들어 보겠습니다.

```
C:\>DistanceConverter -tom

C:\>DistanceConverter -tof
```

위와 같이 -tom을 인수에 지정하면 피트에서 미터로의 환산표를 출력하고 -tof을 지정하면 미터에서 피트로의 환산표를 출력하는 것을 만들겠습니다.

Program 클래스를 예제 2.3과 같이 수정했습니다. 이 코드에서는 명령 프롬프트에 인수를 지정하지 않았을 경우 '미터에서 피트로의 환산표'를 출력하게 합니다.

예제 2.3 대응 추가 버전

```csharp
class Program {
    static void Main(string[] args) {
        if (args.Length >= 1 && args[0] == "-tom") {
            // 피트에서 미터로의 환산표를 출력
            for (int feet = 1; feet <= 10; feet++) {
                double meter = FeetToMeter(feet);
                Console.WriteLine("{0} ft = {1:0.0000} m", feet, meter);
            }
        } else {
            // 미터에서 피트로의 환산표를 출력
            for (int meter = 1; meter <= 10; meter++) {
                double feet = MeterToFeet(meter);
                Console.WriteLine("{0} m = {1:0.0000} ft", meter, feet);
            }
        }
    }

    // 피트를 미터로 환산한다
    static double FeetToMeter(int feet) {
        return feet * 0.3048;
    }

    // 미터를 피트로 환산한다
```

```
    static double MeterToFeet(int meter) {
        return meter / 0.3048;
    }
}
```

그런데 Main 메서드가 매우 복잡해졌습니다. **메서드는 그 기능을 단순하게 만들어야 한다**는 것이 프로그래밍의 철칙 중의 철칙입니다. Main 메서드는 '피트에서 미터로의 환산표 출력', '미터에서 피트로의 환산표 출력'이라는 두 가지 일을 하는데 이것은 꼭 개선해야 할 사항입니다.

2.1.4 메서드의 기능을 단순하게 한다

이제 Main 메서드로부터 두 개의 기능을 독립시키겠습니다.

예제 2.4 메서드의 기능을 단순하게 만든 버전

```
class Program {
    static void Main(string[] args) {
        if (args.Length >= 1 && args[0] == "-tom")
            PrintFeetToMeterList(1, 10);
        else
            PrintMeterToFeetList(1, 10);
    }

    // 피트에서 미터로의 환산표를 출력
    static void PrintFeetToMeterList(int start, int stop) {
        for (int feet = start; feet <= stop; feet++) {
            double meter = FeetToMeter(feet);
            Console.WriteLine("{0} ft = {1:0.0000} m", feet, meter);
        }
    }

    // 미터에서 피트로의 환산표를 출력
    static void PrintMeterToFeetList(int start, int stop) {
        for (int meter = start; meter <= stop; meter++) {
            double feet = MeterToFeet(meter);
            Console.WriteLine("{0} m = {1:0.0000} ft", meter, feet);
        }
    }

    // 피트를 미터로 환산한다
```

```
    static double FeetToMeter(int feet) {
        return feet * 0.3048;
    }

    // 미터를 피트로 환산한다
    static double MeterToFeet(int meter) {
        return meter / 0.3048;
    }

    ...
}
```

`PrintFeetToMeterList`와 `PrintMeterToFeetList`라는 두 개의 메서드를 정의하고 이 두 함수를 `Main` 메서드에서 호출하게 했습니다.

그리고 환산표의 시작과 끝을 start와 stop 인수를 통해 지정하게 했습니다. 이렇게 하면 1부터 20까지 표시하고 싶은 경우에도 시작과 끝을 쉽게 수정할 수 있고 사용자가 입력한 값에 따라 범위를 변경할 수 있습니다.

2.1.5 클래스로 분리한다

그럼 여기서 미터와 피트 거리를 환산하는 기능을 다른 프로그램에서도 필요로 한다고 가정해보겠습니다. 그러나 이렇게 다른 프로그램에서 해당 기능을 사용하려면 지금 가지고 있는 코드에서 메서드를 선택해서 코드를 복사해오는 방법밖에는 없습니다. 이런 관점에서 보면 아직 기능을 분리하기는 어렵다고 말할 수 있습니다. 그러나 프로그램을 개량하면 얼마든지 이를 구현할 수 있습니다.

이제 클래스에 대해 이야기할 때가 왔습니다. 클래스로 독립시키면 거리를 환산하는 로직을 다른 곳에서 얼마든지 이용할 수 있을 것입니다. `Main` 메서드가 있는 `Program` 클래스에서 독립시켜 `FeetConverter`라는 클래스를 다른 파일에 정의[4]했습니다. 예제 2.5를 봅시다.

예제 2.5 FeetConverter.cs 파일

```
namespace DistanceConverter {
    // 피트에서 미터로 단위를 변환하는 클래스
    public class FeetConverter {
        // 미터를 피트로 환산한다
```

---

4 C#에서는 일반적으로 하나의 파일에 하나의 클래스를 정의합니다. 그러나 서로 강하게 연관된 여러 클래스를 하나의 파일에 정의하는 경우도 있습니다.

```
    public double FromMeter(double meter) {
        return meter / 0.3048;
    }

    // 피트를 미터로 환산한다
    public double ToMeter(double feet) {
        return feet * 0.3048;
    }
  }
}
```

미터를 피트로 환산하는 FromMeter 메서드와 피트를 미터로 환산하는 ToMeter 메서드를 FeetConverter 클래스에 정의했습니다[5]. 그리고 각 인수는 소수점 이하의 숫자도 다룰 수 있게 double 형으로 변경했습니다.

코드를 살펴보면 알겠지만 이 클래스의 어느 곳도 콘솔 응용 프로그램에 의존하는 부분이 없습니다. 따라서 FeetConverter 클래스를 FeetConverter.cs이라는 별도의 파일에 담으면 WindowsForms 응용 프로그램에서도 ASP.NET 응용 프로그램에서도 이 클래스를 수정하지 않고 이용할 수 있습니다.

그리고 이 코드를 재사용하는 개념을 계속 강조해왔는데 이처럼 클래스를 정의하는 가장 큰 목적은 복잡하고 거대한 프로그램을 작은 단위로 분할해서 사람이 이해할 수 있는 코드로 만드는 것입니다.

여러분이 이제부터 실전에 투입되면 지겹게 듣게 될 이야기지만 프로그래밍이라는 것은 복잡성과의 싸움이기도 합니다. 소스코드를 깔끔하게 정리하기 위해서 클래스는 없어서는 안 될 존재입니다. 대규모 프로그램을 클래스로 분할해서 각 클래스에 적절한 역할을 부여하면 이해하기 편하고 유지보수하기 쉬운 프로그램이 됩니다.

2.1.6 클래스를 이용한다

앞서 정의한 FeetConverter 클래스를 이용하는 예제를 살펴보겠습니다.

```
FeetConverter converter = new FeetConverter();
double feet = converter.FromMeter(10);
```

---

[5]   구하려고 하는 최종 결과를 강조해서 메서드의 이름을 짓지 않고 미터를 강조한 이유는 17장을 참고하면 이해할 수 있습니다.

위의 예제에서는 10을 FromMeter 메서드의 인수에 넘겨줘서 10/0.3048이 계산되고 그 결과로 32.8084가 feet 변수에 대입됩니다.

이 FeetConverter 클래스를 이용할 수 있도록 PrintFeetToMeterList 메서드와 PrintMeterToFeetList 메서드를 수정한 것이 예제 2.6입니다.

예제 2.6 FeetConverter 클래스를 이용하는 버전

```csharp
// 피트에서 미터로의 환산표를 출력
static void PrintFeetToMeterList(int start, int stop) {
    FeetConverter converter = new FeetConverter();
    for (int feet = start; feet <= stop; feet++) {
        double meter = converter.ToMeter(feet);
        Console.WriteLine("{0} ft = {1:0.0000} m", feet, meter);
    }
}

// 미터에서 피트로의 환산표를 출력
static void PrintMeterToFeetList(int start, int stop) {
    FeetConverter converter = new FeetConverter();
    for (int meter = start; meter <= stop; meter++) {
        double feet = converter.FromMeter(meter);
        Console.WriteLine("{0} m = {1:0.0000} ft", meter, feet);
    }
}
```

참고로 다음과 같이 인스턴스 생성을 for 문 안에 쓰는 것은 바람직하지 않습니다. 왜냐하면 FeetConverter의 인스턴스는 한 번만 생성하면 되는데 루프를 돌 때마다 반복해서 FeetConverter 인스턴스를 생성하므로 리소스가 낭비됩니다.

```csharp
✖   static void PrintMeterToFeetList(int start, int stop) {
        for (int meter = start; meter <= stop; meter++) {
            FeetConverter converter = new FeetConverter();    ◀── 루프 안에서 인스턴스를 생성했다
            double feet = converter.FromMeter(meter);
            Console.WriteLine("{0} m = {1:0.0000} ft", meter, feet);
        }
    }
```

2.1.7 정적 메서드로 수정한다

FeetConverter 클래스를 다시 보겠습니다.

```csharp
public class FeetConverter {
    public double FromMeter(double meter) {
        return meter / 0.3048;
    }
    public double ToMeter(double feet) {
        return feet * 0.3048;
    }
}
```

FeetConverter 클래스에 정의한 FromMeter와 ToMeter라는 두 개의 메서드는 인수가 같으면 반환값은 항상 일정합니다. 다시 말하면 인수의 값에 따라 반환값이 결정된다는 것입니다. FeetConverter 클래스 안에 있는 인스턴스 속성이나 인스턴스 필드를 이용하지 않기 때문에 당연한 이야기라고 할 수 있습니다.

이처럼 **인스턴스 속성이나 인스턴스 필드를 이용하지 않는 메서드는 정적 메서드로 만들 수 있습니다.** 그럼 static 키워드를 사용해 정적 메서드로 수정해 보겠습니다.

예제 2.7 정적 메서드로 수정한 FeetConverter 클래스

```csharp
public class FeetConverter {
    public static double FromMeter(double meter) {      ◀── 정적 메서드로 정의했다
        return meter / 0.3048;
    }

    public static double ToMeter(double feet) {         ◀── 정적 메서드로 정의했다
        return feet * 0.3048;
    }
}
```

PrintMeterToFeetList 메서드가 이 정적 메서드를 호출할 수 있도록 수정하겠습니다.

예제 2.8 PrintMeterToFeetList 메서드

```csharp
static void PrintMeterToFeetList(int start, int stop) {
    for (int meter = start; meter <= stop; meter++) {
        double feet = FeetConverter.FromMeter(meter);
```

```
        Console.WriteLine("{0} m = {1:0.0000} ft", meter, feet);
    }
}
```

정적 메서드는 인스턴스를 생성하지 않고도 호출할 수 있으므로 new로 FeetConverter 클래스의 객체를 생성하는 행이 없어지고 FromMeter 메서드를 호출하는 다음 코드가

```
double feet = converter.FromMeter(meter);
```

아래와 같이 수정됐습니다.

```
double feet = FeetConverter.FromMeter(meter);
```

PrintFeetToMeterList 메서드도 같은 방식으로 수정합니다.

2.1.8 정적 클래스로 수정한다

클래스 안에 있는 모든 멤버가 정적 멤버일 경우에는 클래스를 정적 클래스로 지정할 수 있습니다 (1.4.2절 '정적 클래스'). FeetConverter 클래스에 있는 메서드도 모두 정적 메서드이므로 class 앞에 static 키워드를 붙여서 **정적 클래스**로 수정하겠습니다.

예제 2.9 정적 클래스로 수정한 FeetConverter 클래스

```
public static class FeetConverter {          ◀─── 정적 클래스로 정의했다
    public static double FromMeter(double meter) {
        return meter / 0.3048;
    }
    public static double ToMeter(double feet) {
        return feet * 0.3048;
    }
}
```

정적 클래스는 인스턴스를 생성할 수 없습니다. 인스턴스를 생성하지 않고도 FeetConverter 클래스 안에 있는 모든 멤버를 이용할 수 있으므로 인스턴스를 생성하는 의미가 없기 때문입니다.

따라서 다음과 같이 코드를 작성하면 빌드 오류가 발생합니다. 정적 클래스로 만들면 실수로 불필요한 인스턴스를 생성하는 일이 없어집니다.

✘ `FeetConverter converter = new FeetConverter();`   ◀─── 정적 클래스이므로 빌드 오류가 발생한다

C#이라는 언어가 처음 나왔을 때는 클래스에 static 키워드를 붙일 수 없었기 때문에 다음과 같이 생성자를 private(비공개)으로 지정해서 인스턴스를 생성하지 못하게 하는 기법이 사용됐습니다.

▲
```
public class FeetConverter {
    private FeetConverter() {    ◀──── 생성자를 private로 지정
        ...
    }
}
```

그러나 지금은 정적 클래스를 정의할 수 있으므로 이제 생성자를 private으로 지정하는 일은 없습니다.

2.1.9 상수를 정의한다

FeetConverter 클래스에는 0.3048이라는 고정값이 두 번 나옵니다. const 키워드로 상수[6]를 정의해서 0.3048이라는 숫자값을 한 곳에서 정의하겠습니다[7]. 이렇게 하면 ratio를 참조하는 부분은 빌드할 때 0.3048로 치환됩니다.

예제 2.10 상수를 도입한 FeetConverter 클래스

```
public static class FeetConverter {
    private const double ratio = 0.3048;    ◀──── ratio 상수를 정의

    public static double FromMeter(double meter) {
        return meter / ratio;
    }

    public static double ToMeter(double feet) {
        return feet * ratio;
    }
}
```

const는 매우 편리한 기능이지만 주의해야 할 점이 있습니다. **const로 지정한 상수는 public으로 지정하지 않는 것이 좋다**는 것입니다. private으로 지정했을 경우에는 문제가 없지만 public으로 지정해서 다른 클래스가 참조할 수 있게 했을 경우에는 버전 관리에 관한 문제[8]가 발생할 위험이 있습니다.

---

6   const는 자동으로 static이라고 해석되므로 static을 붙이지 않아도 됩니다.
7   코드가 중복되는 것은 소프트웨어를 유지보수하기 어렵게 만드는 요인 중 하나이고 이 중복을 제거하는 것이 프로그래밍의 원칙 중 하나입니다.
8   41쪽에 있는 'Column: const에 관련된 버전 관리 문제'를 참조하기 바랍니다.

따라서 public으로 지정해서 다른 클래스가 접근할 수 있게 한 경우에는 const 대신 **static readonly**를
사용하기 바랍니다[9]. 아래는 static readonly를 사용한 코드입니다.

```
public class FeetConverter {
    public static readonly double Ratio = 0.3048;    ◀─── Ratio를 공개할 경우.
                                                          이번 예제는 공개할 필요가 없다
    public double FromMeter(double meter) {
        return meter / Ratio;
    }

    public double ToMeter(double feet) {
        return feet * Ratio;
    }
}
```

이렇게 해서 거리를 환산하는 프로그램이 완성됐습니다. 실행해서 동작을 확인하기 바랍니다.

2.1.10 완성된 소스코드

예제 2.11 Program.cs

```
using System;

namespace DistanceConverter {
    class Program {
        static void Main(string[] args) {
            if (args.Length >= 1 && args[0] == "-tom")
                PrintFeetToMeterList(1, 10);
            else
                PrintMeterToFeetList(1, 10);
        }

        // 피트에서 미터로의 환산표를 출력
        static void PrintFeetToMeterList(int start, int stop) {
            for (int feet = start; feet <= stop; feet++) {
                double meter = FeetConverter.ToMeter(feet);
                Console.WriteLine("{0} ft = {1:0.0000} m", feet, meter);
            }
```

9　응용 프로그램을 개발할 때는 변경될 가능성이 없는 고정값 숫자는 실제로 거의 존재하지 않습니다. 변경될 가능성이 있는 값도 static readonly를 사용합니다(41쪽 참고).

```
        }

        // 미터에서 피트로의 환산표를 출력
        static void PrintMeterToFeetList(int start, int stop) {
            for (int meter = start; meter <= stop; meter++) {
                double feet = FeetConverter.FromMeter(meter);
                Console.WriteLine("{0} m = {1:0.0000} ft", meter, feet);
            }
        }
    }
}
```

예제 2.12 FeetConverter.cs

```
using System;

namespace DistanceConverter {
    public static class FeetConverter {
        private const double ratio = 0.3048;

        // 미터로 피트를 구한다
        public static double FromMeter(double meter) {
            return meter / ratio;
        }

        // 피트로 미터를 구한다
        public static double ToMeter(double feet) {
            return feet * ratio;
        }
    }
}
```

[Column] 프로젝트에 새 클래스를 추가한다

다음은 비주얼 스튜디오에서 프로젝트에 새 클래스를 추가하는 순서입니다.

1. '솔루션 탐색기'에서 프로젝트 이름에 마우스 오른쪽 버튼을 클릭하고 '추가' → '클래스' 순서로 클릭합니다.
   그러면 '새 항목 추가'라는 대화상자가 나타납니다. 이때 대화상자는 C#의 '클래스' 아이콘이 선택된 상태로 돼 있습니다.

2. '새 항목 추가' 대화상자에서 '이름'란에 클래스 이름을 입력하고 '추가' 버튼을 클릭합니다. 그러면 프로젝트에 새 클래스가 추가됩니다.

[Column] const에 관련된 버전 관리 문제

예를 들면 클래스 라이브러리인 Sub.dll에 const로 지정한 MyStyle.BorderWidth가 정의돼 있다고 가정하겠습니다.

```
public class MyStyle {
    public const int BorderWidth = 3;
        ...
}
```

이 Sub.dll을 참조해서 MyApp.exe이라는 응용 프로그램을 작성합니다.

```
class Program {
    static void Main(string[] args) {
        ...
        ApplyStyle(MyStyle.BorderWidth);        ◀──── ApplyStyle(3);이라고 쓴 것과 마찬가지다
        ...
    }
}
```

그러고 나서 MyStyle.BorderWidth의 값을 3에서 2로 수정하고 Sub.dll만 교체했습니다. 그러나 const로 정의한 값은 빌드할 때 값이 결정되므로 이 시점에서 MyApp.exe에는 값 3이 들어 있는 상태입니다. 따라서 Sub.dll을 교체해도 MyApp.exe는 여전히 예전 값을 사용해서 동작할 것입니다. 이를 const에 관련된 버전 관리 문제라고 말합니다.

그러나 MyStyle.BorderWidth가 readonly일 경우에는 실행할 때 값이 참조됩니다. 따라서 Sub.dll을 교체해도 프로그램이 새로운 값을 사용해서 동작합니다.

```
public class MyStyle {
    public static readonly int BorderWidth = 3;
        ...
}
```

위의 내용을 통해 **사용자의 요구, 사회제도의 변화, 개발자의 편의에 의해 나중에 변경될 가능성이 있는 값을 상수로 지정해서 공개할 경우에는 const 키워드가 아닌 static readonly를 사용해야 한다**는 것을 알 수 있습니다.

2.2 매출을 계산하는 프로그램

1개월 동안의 점포별 카테고리별 매출액이 콤마로 구분되어 기록돼 있는 CSV 파일이 있습니다. 이 파일을 읽어서 금액을 계산하는 콘솔 응용 프로그램을 만들어 보겠습니다.

CSV 파일(sales.csv)의 내용이 다음과 같다고 가정하겠습니다.

예제 2.13 sales.csv의 내용

```
종로점,유과,854880
종로점,찹쌀떡,498750
종로점,단팥빵,412640
종로점,약과,251450
구로점,유과,412880
구로점,찹쌀떡,685700
구로점,단팥빵,604620
구로점,약과,432050
논현점,유과,932140
논현점,찹쌀떡,445760
논현점,단팥빵,320020
논현점,약과,151400
인천점,유과,624840
인천점,찹쌀떡,513750
인천점,단팥빵,225680
인천점,약과,598400
```

이 CSV 파일은 다음과 같은 사항이 보장돼 있다고 가정합니다.

- 점포 수나 상품의 종류가 많아져도 몇 백줄 정도의 작은 파일이다

- 점포 이름, 상품 이름, 매출액에는 콤마(,)가 포함되지 않는다

- 데이터에는 반드시 세 개의 항목이 포함되고 그 형식에 오류가 없다

2.2.1 Sale 클래스를 정의한다

먼저 점포 이름, 상품 종류, 매출액을 나타내는 클래스를 정의하겠습니다.

예제 2.14 Sale 클래스

```csharp
// 매출 클래스
public class Sale {
    // 점포 이름
    public string ShopName { get; set; }

    // 상품 종류
    public string ProductCategory { get; set; }

    // 매출액
    public int Amount { get; set; }
}
```

속성만 포함한 클래스를 만들었습니다. 업무용 응용 프로그램을 제작할 때는 이처럼 메서드 없이 속성만 포함한 클래스를 정의하는 경우가 자주 있습니다.

2.2.2 CSV 파일을 읽어 들인다

CSV 파일에 몇 행의 데이터가 포함돼 있는지는 파일을 읽어 들이기 전까지는 알 수 없습니다. 따라서 이런 경우에 Sale 객체를 배열에 저장하는 것은 바람직하지 않습니다.

이번 예제에서는 배열에 저장하지 않고 인스턴스를 생성한 후에 요소를 추가할 수 있는 List〈T〉 제네릭 클래스[10](이하 List〈T〉 클래스라고 부르겠습니다)에 저장하겠습니다. List〈T〉 클래스를 사용할 때는 ◇ 괄호 안에 저장할 데이터의 형을 지정한다는 것은 잘 알고 있을 것입니다. 배열은 Sale[]로 지정하고 List〈T〉 클래스는 List〈Sale〉로 지정합니다.

Sale 객체를 List〈Sale〉에 저장하기로 정했으므로 그다음에 해야 할 일은 CSV 파일을 읽어 들이고 이렇게 읽어 들인 데이터를 Sale 객체로 변환하고 List〈Sale〉에 저장하는 코드를 작성하는 것입니다. Program 클래스에 예제 2.15와 같은 메서드를 추가했습니다.

예제 2.15 ReadSales 메서드

```
using System.IO;

...

// 매출 데이터를 읽어 들이고 Sales 객체 리스트를 반환한다
static List<Sale> ReadSales(string filePath) {
    List<Sale> sales = new List<Sale>();       ◀── 매출 데이터를 넣을 리스트 객체를 생성한다
    string[] lines = File.ReadAllLines(filePath);   ◀── 파일을 한번에 읽어 들인다
    foreach (string line in lines) {           ◀── 읽어 들인 행 개수만큼 반복한다
        string[] items = line.Split(',');
        Sale sale = new Sale {     ◀── Sale 객체를 생성한다
            ShopName = items[0],
            ProductCategory = items[1],
            Amount = int.Parse(items[2])
        };
        sales.Add(sale);       ◀── Sale 객체를 리스트에 추가한다
    }
```

---

10 List〈T〉 클래스를 이용하는 방법에 관해서는 6장의 '배열과 List〈T〉를 사용한다'에서 자세히 설명하겠습니다.

```
    return sales;
}
```

이 코드가 무슨 일을 하는지 살펴보겠습니다.

1. 메서드를 선언한다

```
static List<Sale> ReadSales(string filePath) {
```

여기서 ReadSales 메서드의 시그니처를 결정합니다. 인수는 파일의 경로이고 반환값의 형은 List<Sale>입니다.

메서드 이름은 여러 개의 Sale이 반환된다는 의미를 명확하게 보이기 위해 ReadSales라고 복수형으로 지정했습니다. 초보 프로그래머는 이 경우에 LoadFile이나 ReadCsv라고 이름 짓기도 하는데 이렇게 하면 어떤 데이터가 반환되는지 명확히 알기 어렵습니다. **반환값이 있는 메서드에는 무엇이 반환되는지를 유추할 수 있는 이름을 붙이는 것이 바람직합니다**(18.2.2절 '무엇을 나타내는지를 설명하는 이름을 붙인다' 참고).

2. List<Sale>의 인스턴스를 생성한다

```
List<Sale> sales = new List<Sale>();
```

List<Sale>의 인스턴스를 생성했습니다. 이 sales 리스트에 Sale 객체를 추가해갈 것입니다. 변수 이름이 sales라는 복수형으로 지정된 것에 주목하기 바랍니다. **변수 이름을 붙일 때는 단수형과 복수형을 구별하는 것이 좋습니다.**

3. 파일을 읽어 들인다

```
string[] lines = File.ReadAllLines(filePath);
```

File 클래스(System.IO 네임스페이스)에 있는 ReadAllLines라는 정적 메서드를 사용해 모든 행을 읽어 들이고 이를 string 배열에 저장합니다. 몇 만 행의 거대한 파일에 이용하기는 어렵지만 이번 예제와 같이 작은 파일에는 이 ReadAllLines 메서드를 사용하면 매우 편리합니다(9.1.2절 '텍스트 파일을 한번에 읽어 들인다' 참고).

4. 한 행씩 처리한다

```
foreach (string line in lines) {
```

읽어 들인 행을 한 행씩 처리하는 데는 foreach 문을 사용합니다. for 문으로도 반복해서 처리할 수 있지만 foreach를 사용하면 반복 횟수를 지정하지 않아 코드를 작성할 때 실수하지 않게 됩니다.

5. 읽어 들인 행을 분해한다

```
string[] items = line.Split(',');
```

String 클래스에 있는 Split 메서드를 사용해 문자열을 콤마(,)로 분리하고 이를 배열에 저장합니다. 예를 들어, line이 '종로점,유과,854880'일 경우 items에는 다음과 같은 값이 들어갑니다.

```
items[0]:"종로점"
items[1]:"유과"
items[2]:"854880"
```

6. 분할한 데이터로 Sale 객체를 생성한다

```
Sale sale = new Sale {
    ShopName = items[0],
    ProductCategory = items[1],
    Amount = int.Parse(items[2])
};
```

위의 예제에서는 C# 3.0부터 도입된 '객체 이니셜라이저'라는 기능을 사용했습니다. 이 기능이 없던 예전에는 다음과 같이 코드를 작성해야 했습니다.

```
▲   Sale sale = new Sale();
    sale.ShopName = items[0];
    sale.ProductCategory = items[1];
    sale.Amount = int.Parse(items[2]);
```

객체 이니셜라이저를 이용하면 코드를 보고 어느 객체를 초기화하고 있는 것인지 명확히 알 수 있습니다. 객체 이니셜라이저를 사용하지 않고 코드를 작성한다면 프로그램을 반복해서 유지보수하는 과정에서 행과 행 사이에 다른 코드가 들어갈 수도 있기 때문에 가독성을 떨어뜨리는 원인이 됩니다.

7. Sale 객체를 리스트에 추가한다

```
sales.Add(sale);
```

생성한 Sale 객체를 List<T> 클래스의 Add 메서드를 사용해 sales 컬렉션[11]에 추가했습니다.

8. 결과를 반환한다

```
return sales;
```

메서드 안에서 구축한 sales 객체를 return 문을 통해 반환합니다.

2.2.3 점포별 매출을 구한다

이렇게 해서 점포별 매출을 구하는 코드를 작성할 준비가 끝났습니다. 점포별 매출을 구하는 것은 이 프로그램의 목표입니다.

그런데 점포별 매출을 구하는 코드는 어디에 작성해야 할까요? 앞서 정의한 Sale 클래스에 작성할까요? Sale 클래스는 읽어 들인 한 개의 행을 처리하는 클래스이고 여러 개의 Sale 객체를 다뤄야 하는 클래스가 아니므로 적절하지 않을 것입니다.

그럼 Main 메서드가 정의된 Program 클래스에 작성할까요? 이곳에 작성해도 틀린 것은 아닙니다. 그러나 점포별 매출을 구한다는 이 프로그램의 가장 중요한 기능은 Program 클래스 안에 넣어두기보다는 독립된 클래스로 정의해서 적절한 역할을 부여하는 것이 좋을 것 같습니다. 이렇게 하지 않으면 프로그램에 기능을 추가함에 따라 Main 메서드[12]가 방대해져서 알아볼 수 없는 코드가 될 위험이 있습니다.

그래서 새 클래스를 정의하겠습니다. 클래스 이름은 SalesCounter라고 지정하겠습니다. 일단 SalesCounter 클래스를 정의하고 여기에 생성자를 추가합니다.

---

11 배열이나 List<T>처럼 여러 개의 데이터를 저장할 수 있는 데이터 구조를 통틀어 '컬렉션'이라고 합니다.

12 WindowForms, WPF, ASP.NET 프로그램에서는 이번 장에서 설명한 콘솔 응용 프로그램과는 달리 일반적으로 프로그래머가 코드를 Main 메서드 안에 작성하는 일은 없습니다.

예제 2.16 SalesCounter 클래스

```
// 매출 계산 클래스
public class SalesCounter {

    private List<Sale> _sales;

    // 생성자
    public SalesCounter(List<Sale> sales) {
        _sales = sales;
    }
}
```

생성자에서는 List<Sale> 객체를 인수로 받아서 private 필드인 _sales[13]에 대입합니다.

그리고 점포별 매출액을 구하는 메서드를 정의합니다. 여기에는 여러 가지 방법이 있지만 이번에는 Dictionary<TKey, TValue> 클래스(이하 Dictionary 클래스[14]라고 하겠습니다)를 사용하겠습니다.

Dictionary 클래스는 키에 대응되는 값(Value)과 키(Key)를 연관시켜 값에 접근하는 데이터 구조입니다. Dictionary 클래스의 인스턴스를 생성하려면 다음과 같이 키와 값의 형을 지정합니다.

```
Dictionary<string, string> dict = new Dictionary<string, string>();
```

위의 예제에서는 키(Key)와 값(Value) 모두 string 형입니다. Dictionary에 대입하는 방법과 참조하는 방법은 배열과 비슷합니다. 인덱스를 사용하는 대신 다음과 같이 키 값을 지정하기만 하면 됩니다.

```
dict["ko"] = "한국어";
dict["en"] = "영어";
dict["de"] = "독일어";
string lang = dict["ko"];        ◀──── lang에는 "한국어"가 대입된다
```

본래 주제로 다시 돌아가서 이야기하겠습니다. 점포별 매출을 구하기 위해 점포 이름을 Dictionary 클래스의 키로 사용하고 이 키에 대응되는 매출액을 값(Value)에 더해가도록 하겠습니다.

SalesCounter 클래스 안에 점포별 매출을 구하는 GetPerStoreSales 메서드를 추가합니다.

13　이 책에서는 필드 변수 이름 앞에 언더바(_)를 붙여서 코드를 부분적으로 게재해도 메서드 안에 있는 지역 변수와 구별되게 했습니다. 변수에 이름을 붙이는 방식에 관해서는 18장 '스타일, 네이밍, 주석'에서 자세히 다루겠습니다.

14　Dictionary 클래스에 관해서는 7장 '딕셔너리를 사용한다'에서 자세히 설명하겠습니다.

예제 2.17 GetPerStoreSales 메서드

```
// 점포별 매출을 구한다
public Dictionary<string, int> GetPerStoreSales() {
    Dictionary<string, int> dict = new Dictionary<string, int>();
    foreach (Sale sale in _sales) {
        if (dict.ContainsKey(sale.ShopName))
            dict[sale.ShopName] += sale.Amount;
        else
            dict[sale.ShopName] = sale.Amount;
    }
    return dict;
}
```

이 코드도 순서대로 설명하겠습니다.

1. 메서드를 선언한다

```
public Dictionary<string, int> GetPerStoreSales() {
```

반환값의 형은 Dictionary<string, int>이고 인수는 없습니다. 메서드 이름은 GetPerStoreSales입니다.

2. Dictionary 클래스의 인스턴스를 생성한다

```
Dictionary<string, int> dict = new Dictionary<string, int>();
```

new 연산자를 사용해 Dictionary<string, int>의 인스턴스를 생성합니다. 키가 string 형이고 값이 int 형입니다.

3. Sale 객체를 하나씩 꺼내서 처리한다

```
foreach (Sale sale in _sales) {
```

foreach 문을 사용해 _sales 딕셔너리에서 Sale 객체를 하나씩 꺼내서 처리합니다.

4. 집계한다

```
if (dict.ContainsKey(sale.ShopName))
    dict[sale.ShopName] += sale.Amount;
```

```
else
    dict[sale.ShopName] = sale.Amount;
```

지정한 ShopName이 dict 안에 저장돼 있는지 ContainsKey 메서드를 사용해서 조사합니다. 저장돼 있지 않다면 다음 행에서 첫 매출액을 dict에 저장합니다.

```
dict[sale.ShopName] = sale.Amount;
```

이미 존재한다면 점포별로 매출액을 더합니다.

```
dict[sale.ShopName] += sale.Amount;
```

이 행을 분해하면 다음과 같이 됩니다. 딕셔너리를 처음 본 독자는 세 개의 행으로 나눠서 보는 것이 편할 것 같습니다. 익숙해지면 한 행에 모두 쓰는 것이 자연스럽게 느껴질 것입니다.

```
int amount = dict[sale.ShopName];
amount += sale.Amount;
dict[sale.ShopName] = amount;
```

5. 결과를 반환한다

```
return dict;
```

집계된 결과가 저장된 dict 객체를 반환합니다.

2.2.4 집계된 결과를 출력한다

마지막으로 Main 메서드에서 실행할 처리 내용을 작성합니다.

예제 2.18 Main 메서드

```
static void Main(string[] args) {
    SalesCounter sales = new SalesCounter(ReadSales("sales.csv"));
    Dictionary<string, int> amountPerStore = sales.GetPerStoreSales();
    foreach (KeyValuePair<string, int> obj in amountPerStore) {
        Console.WriteLine("{0} {1}", obj.Key, obj.Value);
    }
}
```

Main 메서드에서는 먼저 SalesCounter 클래스의 인스턴스를 생성합니다. 이때 생성자로 넘겨주는 객체는 ReadSales 메서드에서 반환된 List⟨Sale⟩ 객체입니다. 'sales.csv' 파일은 실행파일과 같은 디렉터리에 있다고 가정하겠습니다.

다음으로 SalesCounter 클래스에 있는 GetPerStoreSales 메서드를 호출해서 점포별 매출액을 집계합니다.

마지막으로 foreach 문에서 딕셔너리에 저장된 요소(KeyValuePair 형)를 하나씩 꺼내서 해당 Key(점포 이름), Value(집계한 매출액)를 Console.WriteLine으로 출력합니다.

참고로 다음과 같이 작성하면 안 됩니다.

```
✘   Dictionary<string, int> amountPerStore = new Dictionary<string, int>();   ← 딕셔너리 객체를 생성
    amountPerStore = sales.GetPerStoreSales();
```

이것은 초보 프로그래머가 자주 틀리는 부분입니다. '클래스를 이용하려면 new를 사용해야 한다'라는 표면적인 지식밖에 없다면 이렇게 틀린 코드를 작성하게 됩니다. 더구나 문법적으로는 틀리지 않았기 때문에 컴파일할 때 오류가 발생하지 않고 실제로 프로그램을 동작시켜도 의도한 대로 동작하기 때문에 틀렸다는 사실을 알기 힘들다는 것이 골치 아프게 합니다.

그렇다면 왜 이 코드가 틀렸다고 말하는 것일까요? 처음 new를 통해 객체가 생성되지만 그 직후에 GetPerStoreSales 메서드 안에서 객체를 생성하고 그 참조를 반환합니다. 그리고 해당 참조가 amountPerStore에 대입됩니다. 이후에는 GetPerStoreSales 메서드가 반환한 객체가 사용됩니다(그림 2.1 참고).

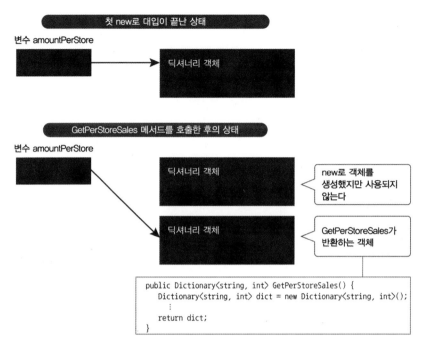

그림 2.1 형식적으로 인스턴스를 생성하는 것이 낭비를 부른다

다시 말하면 처음 new로 확보한 객체는 전혀 사용되지 않으므로 첫 new는 의미 없는 new라고 할 수 있습니다.

2.2.5 초판이 완성됐다

이렇게 해서 실제로 동작하는 프로그램을 완성했습니다. 다음은 전체 코드입니다.

예제 2.19 Program.cs

```csharp
using System;
using System.Collections.Generic;
using System.IO;

namespace SalesCalculator {
    class Program {
        static void Main(string[] args) {
            SalesCounter sales = new SalesCounter(ReadSales("sales.csv"));
            Dictionary<string, int> amountPerStore = sales.GetPerStoreSales();
            foreach (KeyValuePair<string, int> obj in amountPerStore) {
                Console.WriteLine("{0} {1}", obj.Key, obj.Value);
```

```
      }
   }

   // 매출 데이터를 읽어 들이고 Sale 객체의 리스트를 반환한다
   static List<Sale> ReadSales(string filePath) {
      List<Sale> sales = new List<Sale>();
      string[] lines = File.ReadAllLines(filePath);
      foreach (string line in lines) {
         string[] items = line.Split(',');
         Sale sale = new Sale {
            ShopName = items[0],
            ProductCategory = items[1],
            Amount = int.Parse(items[2])
         };
         sales.Add(sale);
      }
      return sales;
   }
  }
}
```

예제 2.20 Sale.cs

```
using System;

namespace SalesCalculator {

   // 매출 클래스
   public class Sale {
      public string ShopName { get; set; }
      public string ProductCategory { get; set; }
      public int Amount { get; set; }
   }
}
```

예제 2.21 SalesCounter.cs

```
using System;
using System.Collections.Generic;

namespace SalesCalculator {
   // 매출을 계산하는 클래스
   public class SalesCounter {
```

```
    private List<Sale> _sales;

    // 생성자
    public SalesCounter(List<Sale> sales) {
        _sales = sales;
    }

    // 점포별 매출을 구한다
    public Dictionary<string, int> GetPerStoreSales() {
        Dictionary<string, int> dict = new Dictionary<string, int>();
        foreach (Sale sale in _sales) {
            if (dict.ContainsKey(sale.ShopName))
                dict[sale.ShopName] += sale.Amount;
            else
                dict[sale.ShopName] = sale.Amount;
        }
        return dict;
    }
  }
}
```

그럼 실행해보겠습니다. 다음과 같은 결과가 출력됐다면 프로그램이 제대로 동작한 것입니다.

```
종로점  2017720
구로점  2135250
논현점  1849320
인천점  1962670
```

2.2.6 메서드를 이동시킨다

이제 이 프로그램을 개량해보겠습니다.

Program 클래스에 정의한 ReadSales 메서드는 정말로 Program 클래스 안에 정의해도 될까요? 물론 이렇게 해도 문제는 없지만 이 ReadSales 메서드는 Program 클래스보다는 SalesCounter 클래스 안에 있는 것이 더욱 연계가 잘 이뤄질 것 같습니다. 그리고 콘솔 응용 프로그램에 의존하는 코드도 포함돼 있지 않습니다. 따라서 SalesCounter 클래스로 옮겨보겠습니다.

```
public class SalesCounter {
  ...

  public static List<Sale> ReadSales(string filePath) {
    ...
  }
}
```

이에 따라 Main 메서드도 다음과 같이 SalesCounter의 인스턴스를 생성하도록 수정합니다.

```
SalesCounter sales = new SalesCounter(SalesCounter.ReadSales("sales.csv"));
```

2.2.7 새 생성자를 추가한다

ReadSales를 SalesCounter 클래스로 옮겼는데 SalesCounter 객체를 생성할 때 'SalesCounter'가 =의 오른쪽에 두 번 나와서 보기 좋지 않습니다. 다음에 나온 것처럼 쓸 수 있다면 자연스러워 보일 것입니다.

```
SalesCounter sales = new SalesCounter("sales.csv");
```

따라서 SalesCounter 클래스에 있는 생성자를 수정해서 파일 경로를 인수로 받도록 하겠습니다.

예제 2.22 개량한 SalesCounter 클래스

```
// 매출 계산 클래스
public class SalesCounter {
  ...
  // 생성자
  public SalesCounter(string filePath) {        ◀── 수정한 생성자
    _sales = ReadSales(filePath);
  }

  // 매출 데이터를 읽어 들이고 Sale 객체의 리스트를 반환한다
  private static List<Sale> ReadSales(string filePath) {    ◀── 접근자 수준을 private으로 수정
    List<Sale> sales = new List<Sale>();
    string[] lines = File.ReadAllLines(filePath);
    foreach (string line in lines) {
      string[] items = line.Split(',');
      Sale sale = new Sale {
```

```
            ShopName = items[0],
            ProductCategory = items[1],
            Amount = int.Parse(items[2])
        };
        sales.Add(sale);
    }
    return sales;
}
...
}
```

새로 추가한 생성자는 ReadSales 메서드를 호출하고 그 결과를 _sales 필드에 저장합니다.

이렇게 해서 프로그램을 개량하는 작업을 마쳤습니다.

2.2.8 클래스를 인터페이스로 바꾼다

이렇게 완성된 매출 계산 프로그램을 가지고 인터페이스에 관해 공부해 보겠습니다. 이제 이 프로그램에 **인터페이스**를 도입하겠습니다. 그러나 인터페이스를 도입한다고 해서 독자적인 인터페이스를 새로 정의하거나 인터페이스를 포함한 어떤 클래스를 구현하지는 않을 것입니다. .NET 프레임워크에 마련된 인터페이스를 메서드의 반환값이나 인수의 형으로 이용할 뿐입니다.

매출 계산 프로그램에 인터페이스를 실제로 도입하기 전에 C#의 인터페이스에 관한 기본적인 내용을 살펴보겠습니다.

이용자 쪽에서 본 인터페이스

C#의 인터페이스가 어떤 것인지 인터페이스를 이용하는 입장에서 구체적인 예를 들어 설명하겠습니다. 비주얼 스튜디오에서 List⟨Sale⟩ 부분에 마우스 오른쪽 버튼을 클릭하고 이때 나오는 팝업 메뉴에서 '정의로 이동'을 선택하기 바랍니다. 그러면 List⟨T⟩를 정의한 곳을 확인할 수 있습니다(그림 2.2).

```
namespace System.Collections.Generic {
    public class List<T> : IList<T>, ICollection<T>, IList, ICollection,
    IReadOnlyList<T>, IReadOnlyCollection<T>, IEnumerable<T>, IEnumerable {
        public List();
        public List(IEnumerable<T> collection);
        public List(int capacity);
```

그림 2.2 List⟨T⟩가 정의된 곳

그러면 다음과 같이 기술된 것을 확인할 수 있습니다.

```
public class List<T> : IList<T>, ICollection<T>, …… IEnumerable<T>, ……
```

이 부분을 보면 List<T> 클래스는 IList<T> 인터페이스가 정의한 메서드와 속성을 포함한다는 것을 알 수 있습니다. 이를 전문용어로 'List<T> 클래스가 IList<T> 인터페이스를 구현한다'라고 말합니다. ICollection<T> 인터페이스와 IEnumerable<T> 인터페이스도 마찬가지입니다.

콜론(:) 뒤에 적힌 I로 시작하는 IList<T>나 ICollection<T> 같은 것들이 인터페이스이고 List<T> 클래스는 IList<T>나 ICollection<T>와 같은 인터페이스가 정의한 메서드와 속성을 구현하고 있다는 것을 나타냅니다. 그리고 .NET 프레임워크가 제공하는 인터페이스에는 반드시 접두사 I가 붙어 있습니다.

그럼 ICollection<T> 인터페이스가 어떤 속성이나 메서드를 포함하고 있는지 알아보겠습니다. 방금 했던 것과 마찬가지로 ICollection<T> 부분에 마우스 오른쪽 버튼을 클릭하고 팝업 메뉴에서 '정의로 이동'을 선택합니다. ICollection<T>에 포함된 메서드와 속성을 확인할 수 있습니다(그림 2.3).

```
namespace System.Collections.Generic {
    ...public interface ICollection<T> : IEnumerable<T>,
    IEnumerable {
        ...int Count { get; }
        ...bool IsReadOnly { get; }

        ...void Add(T item);
        ...void Clear();
        ...bool Contains(T item);
        ...void CopyTo(T[] array, int arrayIndex);
        ...bool Remove(T item);
    }
}
```

그림 2.3 ICollection<T> 정의

속성으로는 Count나 IsReadOnly가 존재한다는 것을 알 수 있습니다. 그리고 Add, Clear 같은 메서드도 있습니다.

이것을 보고 다음과 같은 코드를 작성할 수 있을 것입니다.

```
List<int> list = new List<int>() { 1, 2, 3, 4, 5 };
ICollection<T> collection = list;          ← List<T>는 ICollection<T>의 인터페이스를 가지고
                                             있으므로 ICollection<T> 형 변수에 대입할 수 있다
```

```
var count = collection.Count;    ◀──── collection은 ICollection<T> 형이므로 Count 속성을 사용할 수 있다
Console.WriteLine(count);
collection.Add(6);    ◀──── collection은 ICollection<T> 형이므로 Add 메서드를 사용할 수 있다
```

현실 세계에 비유해서 이야기하자면 인터페이스는 공산품의 규격과 같은 것이라고 생각하면 됩니다. 음악을 들을 때 사용하는 이어폰의 잭을 예로 들면 PC나 스마트폰에 있는 이어폰 잭에 이어폰 코드를 꽂으면 해당 이어폰이 A사 제품이든 B사 제품이든 음악을 들을 수 있습니다. PC나 스마트폰 쪽에서는 이어폰의 제조사를 구체적으로 인식하지 않습니다. 그냥 이어폰이 꽂혔다는 인식만이 있을 뿐입니다.

프로그래밍에 이러한 개념을 도입한 것이 인터페이스입니다. 구체적인 제품이 List<int> 객체이며, 그 규격이 ICollection<T>라고 비유할 수 있습니다. 위의 코드에서 2행 아래에 있는 행에서는 구체적인 제품인 List<int> 객체가 아니고 규격인 ICollection<T>에 관해 프로그래밍한 것이라고 말할 수 있습니다.

List<T> 클래스는 IList<T>로서의 얼굴, ICollection<T>로서의 얼굴, IEnumerable<T>로서의 얼굴 등등 여러 종류의 얼굴을 가지고 있어서 어떤 때는 IList<T>로 간주하고 어떤 때는 IEnumerable<T>로 간주해서 각각의 인터페이스에 대해 프로그래밍할 수 있습니다.

프로그래밍에 초보자에게는 인터페이스의 장점을 이해하기 어려울 수도 있지만 지금은 다음과 같은 세 가지만 확실히 알아두기 바랍니다.

- **A 클래스가 IX 인터페이스를 구현했다면 A 객체는 IX 형 변수에 대입될 수 있다**
- **IX 형 변수는 IX 인터페이스가 정의하는 속성과 메서드를 사용할 수 있다**
- **속성이나 메서드가 실행할 수 있는 구체적인 동작은 IX 인터페이스가 아니라 A 클래스에 작성된다**

매출 집계 프로그램에 인터페이스를 도입한다

이제 매출 집계 프로그램에 인터페이스를 도입해보겠습니다. 구체적으로 설명하면 List<Sale>을 IEnumerable<Sale>로 수정하고 Dictionary<string, int>를 IDictionary<string, int>로 수정하는 것입니다.

이렇게 수정한 SalesCounter 클래스의 일부분이 예제 2.23입니다.

예제 2.23 인터페이스를 도입한 SalesCounter 클래스(일부분)

```
public class SalesCounter {
    private IEnumerable<Sale> _sales;
```

```
...
  private static IEnumerable<Sale> ReadSales(string filePath) {
    List<Sale> sales = new List<Sale>();
    ...
    return sales;
  }

  public IDictionary<string, int> GetPerStoreSales() {
    Dictionary<string, int> dict = new Dictionary<string, int>();
    ...
    return dict;
  }
}
```

메서드의 반환값이나 인수를 인터페이스로 지정하면 어떤 점이 좋을까요?

이렇게 하면 프로그램을 수정하기가 좋아집니다. 예를 들면, SalesCounter의 생성자로 List<Sale>이 아니라 Sale 배열도 받아들이게 만들고 싶다고 하면 SalesCounter 클래스를 수정하지 않아도 됩니다. 배열도 IEnumerable<T>를 구현한 것이기 때문입니다.

IEnumerable<T>를 사용했을 때의 또 하나의 장점은 SalesCounter 생성자 안에서 sales 객체가 오버라이드되지 않는다는 것입니다. IEnumerable<T>에는 List<T> 클래스에 정의돼 있는 Add나 Remove 같은 메서드가 없으므로 그냥 차례로 요소를 꺼내는 일밖에 할 수 없습니다.

GetPerStoreSales 메서드의 반환값도 마찬가지로 IDictionary<string, int>로 수정했습니다. 호출하는 쪽 코드(Main 메서드)도 이번 수정에 맞춰 Dictionary<string, int>에서 IDictionary<string, int>로 수정합니다.

```
IDictionary<string, int> amountPerStore = sales.GetPerStoreSales();
```

이제 예를 들어 이 프로그램을 개량하기 위해 다음과 같이 GetPerStoreSales의 내부에서 Dictionary를 SortedDictionary[15]로 수정해야 한다고 가정해보겠습니다.

```
public IDictionary<string, int> GetPerStoreSales() {
  SortedDictionary<string, int> dict = new SortedDictionary<string, int>();
```

---

15 SortedDictionary는 키를 기준으로 정렬한 Dictionary 클래스입니다.

```
   ...
   return dict;
}
```

이 경우에도 반환값의 형을 IDictionary<string, int>라는 인터페이스로 바꿉니다. GetPerStoreSales를 호출하는 Program 클래스는 아무것도 수정하지 않아도 됩니다. 왜냐하면 GetPerStoreSales를 호출하는 쪽은 Dictionary<string, int>라는 구체적인 형이 아니라 IDictionary<string, int>라는 인터페이스를 대상으로 코드를 작성했기 때문입니다.

반환값을 Dictionary<string, int>라고 구체적인 형으로 지정할 경우에는 상황이 달라집니다. 반환값의 형을 SortedDictionary<string, int>로 바꿨다면 호출하는 쪽도 수정해야 하는 것입니다.

이렇게 해서 인터페이스를 도입하는 작업을 마쳤습니다.

내용이 조금 어려웠지만 '**구체적인 클래스가 아니고 인터페이스에 대해 프로그래밍한다**'라는 것이 객체지향 프로그래밍의 정석이라고 할 수 있습니다.

그러나 경험이 많은 프로그래머라도 이 정석을 실천하지 못할 때가 있습니다. 프로그래밍을 처음 시작한 독자가 이 정석을 실천하기는 어려울 수 있습니다. 그러나 처음에는 어려워도 '인터페이스에 대해 프로그래밍한다'라는 것이 조금씩 익숙해지도록 노력하기 바랍니다. 최소한 다음과 같이 코드를 작성할 수 있게 연습하면 됩니다.

```
List<int> list = new List<int>();
ICollection<int> collection = list;      ◀── List<T>는 ICollection<T>를 구현했으므로
IEnumerable<int> enumerable = list;      ◀── List<T>는 IEnumerable<T>를 구현했으므로
```

2.2.9 var라는 암시형을 활용한다

이 프로그램에서 마지막으로 개량할 부분은 C# 3.0부터 이용할 수 있게 된 var에 관한 내용입니다. **var**라는 **암시형**으로 지정하면 코드를 조금 더 간결하게 정리할 수 있습니다. 이번에 작성한 코드에는 다음과 같이 =의 좌변과 우변 모두에 같은 클래스 이름이 나오는 곳이 있습니다.

```
List<Sale> sales = new List<Sale>();

Dictionary<string, int> dict = new Dictionary<string, int>();
```

이것은 낭비라고 할 수 있습니다. var 키워드를 사용해 코드를 깔끔하게 정리하겠습니다.

메서드 안에서 지역 변수를 선언할 때 형 이름 대신 var를 사용하면 C# 컴파일러가 자동으로 형을 판단합니다. 형을 명시한 코드와 var를 사용한 코드는 기능적으로 완전히 동일한 코드라고 말할 수 있습니다. 따라서 var를 사용한다고 해서 소프트웨어의 품질이 떨어지는 것은 아니므로 걱정하지 않아도 됩니다. C# 3.0부터 도입된 var는 형을 지정하는 번거로운 작업에서 프로그래머를 해방시켜 준 훌륭한 기능입니다.

var를 사용해서 수정한 GetPerStoreSales 메서드는 다음과 같습니다.

예제 2.24 var를 도입한 GetPerStoreSales 메서드

```csharp
// 점포별 매출을 구한다
public IDictionary<string, int> GetPerStoreSales() {
    var dict = new Dictionary<string, int>();
    foreach (var sale in _sales) {
        if (dict.ContainsKey(sale.ShopName))
            dict[sale.ShopName] += sale.Amount;
        else
            dict[sale.ShopName] = sale.Amount;
    }
    return dict;
}
```

GetPerStoreSales 메서드를 호출하는 Main 메서드도 예제 2.25처럼 var를 사용하도록 수정합니다.

예제 2.25 점포별 매출을 구하는 Main 메서드

```csharp
static void Main(string[] args) {
    var sales = new SalesCounter("sales.csv");
    var amountPerStore = sales.GetPerStoreSales();
    foreach (var obj in amountPerStore) {
        Console.WriteLine("{0} {1}", obj.Key, obj.Value);
    }
}
```

2.2.10 완성된 소스코드

마지막으로 완성된 소스코드는 다음과 같습니다[16].

예제 2.26 Program.cs(완성된 버전)

```
using System;

namespace SalesCalculator {
    class Program {
        static void Main(string[] args) {
            var sales = new SalesCounter("sales.csv");
            var amountPerStore = sales.GetPerStoreSales();
            foreach (var obj in amountPerStore) {
                Console.WriteLine("{0} {1}", obj.Key, obj.Value);
            }
        }
    }
}
```

예제 2.27 SalesCounter.cs(완성)

```
using System;
using System.Collections.Generic;
using System.IO;

namespace SalesCalculator {

    // 매출 계산 클래스
    public class SalesCounter {
        private IEnumerable<Sale> _sales;

        // 생성자
        public SalesCounter(string filePath) {
            _sales = ReadSales(filePath);
        }

        // 매출 데이터를 읽어 들이고 Sale 객체의 리스트를 반환한다
        private static IEnumerable<Sale> ReadSales(string filePath) {
            var sales = new List<Sale>();
            var lines = File.ReadAllLines(filePath);
```

---

16 Sale.cs는 수정한 곳이 없으므로 책에 싣지 않았습니다.

```
        foreach (var line in lines) {
            var items = line.Split(',');
            var sale = new Sale {
                ShopName = items[0],
                ProductCategory = items[1],
                Amount = int.Parse(items[2])
            };
            sales.Add(sale);
        }
        return sales;
    }

    // 점포별 매출을 구한다
    public IDictionary<string, int> GetPerStoreSales() {
        var dict = new Dictionary<string, int>();
        foreach (var sale in _sales) {
            if (dict.ContainsKey(sale.ShopName))
                dict[sale.ShopName] += sale.Amount;
            else
                dict[sale.ShopName] = sale.Amount;
        }
        return dict;
    }
}
```

[Column] var를 이용하기 위한 지침

C# 3.0이 나왔을 때 var를 이용하는 것에 대해 많은 이야기가 나왔는데 MSDN은 다음과 같은 지침을 내놓았습니다[17].

- 대입할 때 우변에 있는 변수의 형이 분명할 경우 또는 엄밀하게 형을 지정하지 않아도 될 경우에는 지역 변수를 암시형으로 지정할 수 있습니다.

- 대입할 때 우변에 있는 변수의 형이 분명하지 않을 경우에는 var를 사용하지 않기 바랍니다.

- 변수의 형을 지정할 때 변수 이름에 의존하지 않기 바랍니다. 변수 이름이 올바르지 않을 경우가 있습니다.

- dynamic 대신 var를 사용하는 것을 삼가하기 바랍니다.

- for 문이나 foreach 문에서 루프 변수의 형을 결정할 때는 암시형으로 지정할 수 있습니다.

---

17 https://docs.microsoft.com/ko-kr/dotnet/csharp/programming-guide/inside-a-program/coding-conventions

세 번째 항목은 무슨 이야기인지 이해하기 어려운데 'var를 사용하면 변수의 형 이름을 알 수 없게 되니까 변수 이름에 int와 같은 형 이름을 추가해야지.'라는 말도 안 되는 행동을 하면 안 된다는 이야기입니다. 변수 이름에 포함된 형 이름이 맞다는 보장이 없으므로 코드를 읽는 사람을 혼란스럽게 만들 것입니다.

3장 이후에는 int나 string과 같이 C#에 마련돼 있는 형과 더불어 위에 나온 지침에 따라 var를 적극적으로 이용할 것입니다(설명을 위해 형을 명시할 경우나 C# 2.0 이전의 지침을 따르는 코드를 실어야 하는 경우를 제외함). 이렇게 var를 사용하는 것도 편리하게 코딩하기 위한 또 하나의 정석이라고 말할 수 있습니다.

그러나 이 지침을 모든 코드에 적용할 필요는 없습니다. 변수를 선언할 때 int나 string을 써도 문제될 것이 없기 때문입니다. 그러나 업계의 트렌드는 확실히 var를 사용하는 쪽으로 흐르고 있는 것이 사실입니다.

연습 문제

문제 2.1

1. 다음과 같은 속성을 가진 Song 클래스를 정의합니다.

   Title: string 형(노래 제목)

   ArtistName: string 형(가수 이름)

   Length: int 형(연주 시간, 단위는 초)

2. 이때 세 개의 인수를 포함하는 생성자도 정의합니다.

3. 지금 작성한 Song 클래스의 인스턴스를 여러 개 생성하고 songs라는 배열에 저장합니다.

4. 배열에 저장된 모든 Song 객체의 내용을 콘솔에 출력합니다. 연주 시간은 '4:16'과 같은 형식으로 표시합니다. 이때 연주 시간은 반드시 60분 미만이어야 한다고 가정해도 좋습니다.

문제 2.2

2.1절 '거리를 환산하는 프로그램'의 코드를 참고해서 인치에서 미터로의 변환표를 1인치 단위로 콘솔에 출력하는 프로그램을 작성합니다. 이때 인치의 범위는 1에서 10까지로 지정합니다. 1인치는 0.0254미터입니다.

문제 2.3

2.2절 '매출 계산 프로그램'에서 작성한 프로그램을 수정해서 상품 종류별 매출액을 구하는 프로그램을 작성합니다.

3장

람다식과 LINQ 기초

C# 3.0부터 도입된 람다식은 프로그래밍 언어로서의 표현력을 크게 진화시켰습니다. 이 람다식이란 무엇일까요? 초보 프로그래머가 금방 이해할 수 있는 것은 아니지만 이를 자신의 것으로 소화한다면 프로그래밍 실력이 크게 향상될 것입니다. 2부 이후에 소개할 코드에는 이 람다식이 많이 사용되므로 여기서 미리 기초를 확실히 다지는 것이 좋을 것입니다.

3.1 람다식 이전

3.1.1 메서드를 인수로 넘겨준다

람다식을 설명하기 전에 일단 다음과 같은 코드를 살펴보기 바랍니다.

예제 3.1 범용성이 없는 Count 메서드

```
public int Count(int num) {
    var numbers = new[] { 5, 3, 9, 6, 7, 5, 8, 1, 0, 5, 10, 4 };
    int count = 0;
    foreach (var n in numbers) {
        if (n == num)
            count++;
    }
```

```
    return count;
}
```

이 메서드는 인수로 전달된 수와 동일한 것이 배열 안에 몇 개 있는지 세어서 그 결과를 반환하는 메서드입니다. foreach 문에서 배열의 요소를 하나씩 꺼내서 인수 num과 일치하면 카운트를 1만큼 증가시킵니다. 특별히 어려운 부분은 없어 보입니다.

다음과 같이 호출하면 변수 count에는 3이 대입될 것입니다.

```
int count = Count(5);
```

그러나 이 메서드는 배열이 고정돼 있으므로 다른 배열로 같은 작업을 하려고 할 때 재사용할 수 없습니다. 재사용할 수 있게 배열도 인수로 받아들일 수 있도록 수정해 보겠습니다.

예제 3.2 배열을 인수로 받아들이는 Count 메서드

```
public int Count(int[] numbers, int num) {
    int count = 0;
    foreach (var n in numbers) {
        if (n == num)
            count++;
    }
    return count;
}
```

이 Count 메서드를 호출하는 쪽의 코드는 다음과 같습니다.

```
var numbers = new[] { 5, 3, 9, 6, 7, 5, 8, 1, 0, 5, 10, 4 };
var count = Count(numbers, 5);
Console.WriteLine(count);
```

Count 메서드는 배열을 인수로 받아들이게 했으므로 특정한 배열에 의존하지 않아서 범용성이 좋아졌습니다. 그러나 다른 조건으로 카운트하려고 할 경우에는 이 메서드를 이용할 수 없습니다.

만일 Count 메서드에 있는 if 문 자체를 인수로 받아들일 수 있다면 더욱 편리할 것 같습니다. 예를 들면 다음과 같은 코드가 될 것입니다[1].

---

1 그러나 이것은 불완전한 코드입니다.

```
public int Count(int[] numbers, Method judge) {
    int count = 0;
    foreach (var n in numbers) {
        if (judge(n) == true)          ◀──── 인수로 받은 메서드를 호출한다
            count++;
    }
    return count;
}
```

judge 인수에는 메서드가 전달됩니다. 이렇게 하면 이 Count 메서드는 특정한 값과 일치하는 수를 구할 수 있을 뿐만 아니라 다양한 목적에 이용할 수 있게 됩니다. 예를 들면 홀수를 세거나 5가 들어간 수(예: 15, 54, 153 등)를 셀 수도 있습니다.

3.1.2 델리게이트를 사용한다

사실은 이런 처리를 구현하는 방법이 C# 1.0에서도 존재했습니다. 다음 코드는 이를 구체적으로 나타냅니다.

예제 3.3 델리게이트를 받아들이는 Count 메서드

```
public delegate bool Judgement(int value);    ◀──── 델리게이트 선언
...
public int Count(int[] numbers, Judgement judge) {
    int count = 0;
    foreach (var n in numbers) {
        if (judge(n) == true)          ◀──── 인수로 받아들인 메서드를 호출한다
            count++;
    }
    return count;
}
```

Judgement는 **델리게이트**('위탁한다, 파견한다'라는 의미)라는 특수한 형의 변수이며 이 형의 변수에는 'int 형을 인수로 받고 bool 값을 반환하는 메서드'를 대입할 수 있습니다. 다시 말해 Count 메서드의 judge 인수에는 'int 형을 받아서 bool 값을 반환하는 메서드'를 넘겨줄 수 있는 것입니다.

그럼 이 Count 메서드를 이용하는 코드를 살펴보겠습니다.

예제 3.4 델리게이트를 받아들이는 Count 메서드를 이용한다(1)

```
public void Do() {
    var numbers = new[] { 5, 3, 9, 6, 7, 5, 8, 1, 0, 5, 10, 4 };
    Judgement judge = IsEven;    ◄——— IsEven 메서드를 대입
    var count = Count(numbers, judge);
    Console.WriteLine(count);
}

// n이 짝수인지 조사한다
public bool IsEven(int n) {
    return n % 2 == 0;
}
```

그리고 위의 코드를 작성할 수 있도록 연습할 필요는 없습니다. 여러분이 프로그램 제작 업무에서 실제로 이런 코드를 작성할 일은 없을 것이라고 생각합니다. 그러나 기존 코드를 읽어야 할 경우도 있으므로 지금은 다음의 두 가지 사항만 알아두기 바랍니다.

- IsEven 메서드는 Count 메서드에 인수로 전달된다
- IsEven 메서드는 Count 메서드에서 호출할 수 있다[2].

다음과 같이 Count 메서드의 인수에 메서드 이름을 직접 써도 됩니다.

예제 3.5 델리게이트를 받아들이는 Count 메서드를 이용한다(2)

```
public void Do() {
    var numbers = new[] { 5, 3, 9, 6, 7, 5, 8, 1, 0, 5, 10, 4 };
    var count = Count(numbers, IsEven);    ◄——— IsEven을 직접 전달
    Console.WriteLine(count);
}

// n이 짝수인지 조사한다
public bool IsEven(int n) {
    return n % 2 == 0;
}
```

IsEven을 직접 넘겨주므로 코드의 양은 조금 줄었지만 그래도 코드를 작성하는 것은 귀찮은 일입니다. n % 2==0과 같은 계산식을 Count 메서드에 전달하기 위해 IsEven이라는 메서드를 정의하는 것은 번거로운 일입니다.

---

2 이렇게 A라는 메서드를 호출할 때 B라는 메서드를 넘겨주어 A가 B 메서드를 호출하게 하는 것을 '콜백 함수'라고 합니다.

3.1.3 익명 메서드를 이용한다

그래서 C# 2.0에서는 IsEven 메서드를 정의하지 않고 다음과 같이 코드를 작성할 수 있게 됐습니다.

예제 3.6 익명 메서드를 이용한 예

```
public int Count(int[] numbers, Predicate<int> judge) {
   int count = 0;
   foreach (var n in numbers) {
      if (judge(n) == true)
         count++;
   }
   return count;
}

public void Do() {
   var numbers = new[] { 5, 3, 9, 6, 7, 5, 8, 1, 0, 5, 10, 4 };
   var count = Count(numbers, delegate(int n) { return n % 2 == 0; } );
   Console.WriteLine(count);                        익명 메서드
}
```

먼저 Count 메서드부터 살펴보겠습니다. Predicate<int>라고 적힌 부분이 있습니다. 이것은 .NET 프레임워크 2.0부터 이용할 수 있게 됐습니다. 델리게이트의 제네릭 버전입니다.

```
public delegate bool Predicate<in T>(T obj);
```

이 Predicate 델리게이트는 어떤 기준을 만족하는지를 판단하는 메서드를 나타냅니다. 배열이나 List<T> 같이 여러 개의 요소를 다루는 객체에 소속된 메서드의 인수로 사용됩니다[3]. Predicate 델리게이트를 사용하면 Judgement 같은 델리게이트를 자신이 직접 정의하지 않아도 됩니다.

예제 3.6에서는 Predicate 형의 형식 인수[4]로 int를 지정했으므로 Count 메서드의 인수인 judge에는 'int 형을 받아서 bool 값을 반환하는 메서드'를 넘겨줄 수 있습니다.

이 Count 메서드를 호출하는 Do 메서드 쪽은 delegate 키워드를 사용해 직접 메서드를 정의하고 그것을 Count 메서드에 넘겨줍니다. 이 delegate 키워드를 사용해서 정의한 메서드를 **익명 메서드**('이름이 없는 메서드'라는 의미)라고 합니다.

---

3 Find, FindIndex, Exists 같은 메서드의 인수로 사용됩니다.
4 꺽쇠괄호(<>) 안에 들어가는 형을 '형식 인수'라고 합니다.

그러나 'n%2==0'라는 조건을 Count에 넘겨주는 간단한 코드인데 여전히 작성하기는 번거롭습니다. delegate라는 익숙하지 않은 단어가 초보 프로그래머에게는 장애물이 될 것입니다.

그럼 이제 C# 3.0에서는 어떻게 쓸 수 있게 됐는지 살펴보겠습니다.

3.2 람다식

3.2.1 람다식이란?

앞서 나왔던 Count 메서드를 호출하는 부분을 조금 더 간단히 작성할 수 있다면 프로그래밍하기 편할 것입니다. 그런 요구에 응답하기 위해 C# 3.0에는 람다식이 도입됐습니다.

람다식을 사용하면 Count 메서드를 호출하는 행을 다음과 같이 작성할 수 있습니다.

```
var count = Count(numbers, n => n % 2 == 0);
```

매우 간결한 코드가 됐습니다. 그러나 이 코드를 생소하게 느끼는 독자도 있을 것입니다. 실제로 필자도 이런 코드를 처음 봤을 때는 꽤 당황했습니다. '갑자기 나타난 n은 뭐지?', 'Count 메서드의 인수에 도대체 뭐가 들어가지?', 'n % 2==0은 언제 실행되는 거야?'와 같은 거부반응이 생겨났습니다.

여러분 중에도 그런 거부반응이 생긴 사람이 있을 텐데 그런 거부반응을 잠재우기 위해 람다식을 가장 길게 풀어 쓴 것부터 위에 나온 것처럼 가장 간결하게 쓴 것까지 변화되는 모습을 보이면서 설명하겠습니다.

Step 0 (가장 긴 코드)

일단 람다식을 가장 길게 풀어쓴 코드를 살펴보겠습니다.

```
Predicate<int> judge =
    (int n) => {
        if (n % 2 == 0)
            return true;          이 부분이 람다식이다.
        else                      judge 변수에 대입한다.
            return false;
    };
var count = Count(numbers, judge);
```

judge 변수에 대입한 우변이 람다식입니다. **람다식**은 일종의 메서드라고 생각하면 됩니다. C# 2.0 시절에 있었던 delegate 키워드가 없어지고 그 대신 =>(람다 연산자)가 사용됩니다.

=>의 좌변에서 인수를 선언합니다. 위의 예에서는 int 형 인수 n을 받아들입니다. =>의 오른쪽이 메서드의 본문입니다. {} 안에 일반적인 메서드와 같이 코드를 작성할 수 있습니다. 이 람다식이 judge 변수에 대입되고 그 judge 변수가 Count 메서드의 인수에 전달됩니다.

위 예제의 첫 행에서 judge 변수에 식을 대입하는데, 이것은 대입만 할 뿐이며 이 순간에는 {} 안에 있는 처리 내용이 실행되지 않습니다.

Step 1

judge 변수는 대입하고 나서 바로 Count의 인수로 전달되므로 이 judge 변수를 없애고 식을 직접 Count 메서드의 인수로 지정하겠습니다. 이것은 변수의 형이 int 형이나 string 형일 때와 마찬가지입니다. 수정한 결과는 다음과 같습니다.

```
var count = Count(numbers,
    (int n) => {
        if (n % 2 == 0)
            return true;
        else
            return false;
    }
);
```

Step 2

다음의 두 가지 이유로 if 문을 없앨 수 있습니다.

- return의 오른쪽에 식을 쓸 수 있다
- 'n % 2==0'은 식이며 bool 형의 값(식이 성립하면 true, 성립하지 않으면 false)을 가진다

다시 말해 return의 오른쪽에 'n % 2==0'을 쓰면 짝수일 때 true가 반환되고 홀수일 때 false가 반환됩니다. if 문을 없앤 코드는 다음과 같습니다. 줄바꿈하지 않고 모두 한 행에 썼습니다.

```
var count = Count(numbers, (int n) => { return n % 2 == 0; });
```

Step 3

람다식에서 {}가 하나의 명령문을 포함할 때는 {}와 return을 생략할 수 있습니다.

```
var count = Count(numbers, (int n) => n % 2 == 0);
```

Step 4

람다식에서는 인수의 형을 생략할 수 있습니다. 컴파일러가 형을 제대로 추론해주므로 형을 명시하지 않아도 됩니다.

```
var count = Count(numbers, (n) => n % 2 == 0);
```

Step 5

그리고 인수가 한 개인 경우에는 ()를 생략할 수 있습니다.

```
var count = Count(numbers, n => n % 2 == 0);
```

이것이 람다식을 사용한 Count 메서드 호출의 최종적인 형태입니다.

3.2.2 람다식을 사용한 예

앞서 나왔던 Count 메서드에 다양한 람다식을 적용해보겠습니다.

- **홀수의 개수를 센다**

```
var count = Count(numbers, n => n % 2 == 1);
```

- **5 이상인 수의 개수를 센다**

```
var count = Count(numbers, n => n >= 5);
```

- **5 이상 10 미만인 수의 개수를 센다**

```
var count = Count(numbers, n => 5 <= n && n < 10);
```

- 숫자에 '1'이 포함된 수의 개수를 센다

```
var count = Count(numbers, n => n.ToString().Contains('1') );
```

Count 메서드에 Predicate<int>라는 형을 받아들이게 해서 이렇게 다양한 용도로 이용할 수 있게 됐습니다. 이제 반복문을 하나하나 쓰지 않고도 많은 일을 처리할 수 있습니다.

그리고 여기서 '어떻게 하는가(How)'가 아니라 '무엇을 하는가(What)'라는 것을 생각하면서 코드를 작성할 수 있게 됐다는 점에 주목해야 합니다. 프로그래밍 세계에서는 이것을 '추상도가 높아졌다'라고 말합니다. 프로그래밍에서는 추상도를 높인다는 것이 매우 좋은 일이라는 것을 알아두기 바랍니다. '어떻게 하는가'는 물론 중요하지만 '어떻게 하는가'에만 신경 쓰고 있으면 좋은 프로그램을 작성할 수 없습니다.

그리고 여기서 Count 메서드는 단지 람다식을 설명하기 위해 쓴 메서드입니다. 이 Count 메서드와 같은 기능이 .NET 프레임워크에 마련돼 있으므로 실무에서는 이렇게 Count 메서드를 자신이 직접 정의하지 않아도 됩니다.

3.3 List<T> 클래스와 람다식의 조합

List<T> 클래스에는 델리게이트를 인수로 받는(람다식을 인수로 받는) 메서드가 많이 있습니다. 많은 예를 보면 람다식이 무엇인지 이해할 수 있을 것이므로 List<T>와 람다식의 조합을 살펴보겠습니다.

일단 다음과 같이 저장된 List<string> 객체가 있다고 가정합니다.

```
var list = new List<string> {
    "Seoul", "New Delhi", "Bangkok", "London", "Paris", "Berlin", "Canberra", "Hong Kong",
};
```

이 객체에 대해 람다식을 사용하는 메서드를 호출하는 예를 보겠습니다.

3.3.1 Exists 메서드

Exists 메서드는 인수로 지정한 조건에 일치하는 요소가 존재하는지를 조사하고 true나 false를 반환합니다.

```
var exists = list.Exists(s => s[0] == 'A');
Console.WriteLine(exists);
```

위의 예에서는 리스트 요소 하나하나가 s에 대입되고 s[0] =='A'인지 판정합니다. 다시 말해 첫 문자가 'A'인 도시 이름이 리스트에 있는지 조사하는 것입니다. 이 경우 리스트 안에는 이름이 'A'로 시작하는 도시 이름이 없으므로 false가 반환됩니다.

3.3.2 Find 메서드

Find 메서드는 인수로 지정한 조건과 일치하는 요소를 검색하고 처음 발견된 요소를 반환합니다.

```
var name = list.Find(s => s.Length == 6);
Console.WriteLine(name);
```

위의 예를 실행하면 'London'이 표시됩니다.

3.3.3 FindIndex 메서드

FindIndex 메서드는 Find와 비슷합니다. 발견된 요소의 인덱스를 반환합니다.

```
int index = list.FindIndex(s => s == "Berlin");
Console.WriteLine(index);
```

위의 예에서는 문자열 'Berlin'이 저장된 인덱스를 조사합니다. 이 코드를 실행하면 5가 표시됩니다.

3.3.4 FindAll 메서드

FindAll 메서드는 인수로 지정한 조건과 일치하는 모든 요소를 찾습니다.

```
var names = list.FindAll(s => s.Length <= 5);
foreach (var s in names)
    Console.WriteLine(s);
```

이 메서드의 반환값은 List<T> 형입니다. 이 예에서는 List<string>입니다. 이 코드를 실행하면 'Seoul'과 'Paris'가 표시됩니다.

3.3.5 RemoveAll 메서드

RemoveAll 메서드는 인수로 지정한 조건과 일치하는 요소를 리스트에서 삭제합니다. 반환값은 삭제한 요소의 개수입니다.

```
var removedCount = list.RemoveAll(s => s.Contains("on"));
Console.WriteLine(removedCount);
```

위의 예에서는 'London', 'HongKong'이 삭제되므로 '2'가 표시됩니다.

3.3.6 ForEach 메서드

ForEach 메서드는 인수로 지정한 처리 내용을 리스트의 각 요소를 대상으로 실행합니다.

이제까지 살펴본 예는 Predicate⟨T⟩ 델리게이트를 인수로 받는 메서드였지만 이 ForEach 메서드는 Action⟨T⟩ 델리게이트[5]를 인수로 받아들입니다.

```
list.ForEach(s => Console.WriteLine(s));
```

위의 코드는 다음 코드와 동일합니다.

```
foreach (var s in list)
    Console.WriteLine(s);
```

참고로 위의 예는 다음과 같이 쓸 수도 있지만 람다식을 설명하기 위해 이렇게 하지 않았습니다.

```
list.ForEach(Console.WriteLine);
```

3.3.7 ConvertAll 메서드

ConvertAll 메서드는 리스트 안에 있는 요소를 다른 형으로 변환하고 변환된 요소가 저장된 리스트를 반환합니다.

---

5 Action⟨T⟩ 델리게이트는 반환값이 void이며 한 개의 인수를 받는 메서드를 나타냅니다.

```
var lowerList = list.ConvertAll(s => s.ToLower());
lowerList.ForEach(s => Console.WriteLine(s));
```

list 안에 있는 모든 요소를 ToLower 메서드를 통해 문자로 변환하고 그 결과를 lowerList에 대입합니다. list 자체는 변화하지 않습니다.

3.4 LINQ to Objects의 기초

LINQ란 'Language Integrated Query'를 축약한 것이며 한국어로는 '언어로 통합된 쿼리[6]'라고 말할 수 있습니다. 람다식과 마찬가지로 C# 3.0부터 도입된 기능입니다.

LINQ를 사용하면 객체, 데이터, XML과 같은 다양한 데이터를 표준화된 방법으로 처리할 수 있습니다.

이번 절에서는 여러 객체를 입력 데이터로 취급하는 **LINQ to Objects**에 관해 설명하겠습니다.

3.4.1 LINQ to Objects의 간단한 예

LINQ to Objects(이하 LINQ로 표기)가 어떤 것인지 알아보기 위해 간단한 예를 살펴보겠습니다.

예제 3.7 LINQ to Objects의 간단한 예

```
using System;
using System.Collections.Generic;
using System.Linq;
...

    var names = new List<string> {
        "Seoul", "New Delhi", "Bangkok", "London", "Paris", "Berlin", "Canberra", "Hong Kong",
    };

    IEnumerable<string> query = names.Where(s => s.Length <= 5);
    foreach (string s in query)
        Console.WriteLine(s);
```

---

6 쿼리란 영어로 '질문, 답변'을 의미합니다.

이 코드의 요점을 설명하겠습니다.

LINQ를 사용하려면 먼저 using **지시자를 사용해** System.Linq **네임스페이스를 지정합니다.** 그러면 LINQ를 사용할 준비가 된 것입니다.

다음 행에서 LINQ의 기능을 이용합니다.

```
IEnumerable<string> query = names.Where(s => s.Length <= 5);
```

3.3.4절 'FindAll 메서드'에 나오는 다음 코드와 비슷하다는 것을 알 수 있습니다.

```
var names = list.FindAll(s => s.Length <= 5);
```

Where 메서드는 시퀀스[7]에서 조건을 만족하는 것만 추출하는 메서드입니다. FindAll 메서드처럼 인수로 람다식을 지정할 수 있습니다. 동작도 FindAll과 비슷한데 크게 다른 점이 있습니다. 배열에도, List<T>에도, Dictionary<TKey, TValue>에도, 그 밖의 객체에도 IEnumerable<T> **인터페이스를 구현하고 있는 형**[8]**이기만 하면** Where **메서드를 해당 객체를 대상으로 이용할 수 있다**는 점입니다.

그러나 FindAll은 List<T>를 통해서만 이용할 수 있습니다. 배열인 경우에도 FindAll 메서드를 사용할 수 있지만 다음과 같은 방식으로 작성해야 합니다.

```
Array.FindAll(arrayOfName, s => s.Length <= 5);
```

'여러 요소 중에서 조건을 만족하는 요소를 찾는' 처리를 수행할 때 컬렉션의 종류에 따라 다른 방식으로 코드를 작성해야 한다는 것은 프로그래머에게 큰 부담이 됩니다. LINQ를 사용하면 서로 다른 형의 컬렉션이어도 IEnumerable<T> 인터페이스를 구현한다면 같은 메서드를 이용할 수 있습니다.

또 한 가지 주목할 점은 Where 메서드의 반환값이 IEnumerable<T>인 점입니다. 예를 들면, Where 메서드를 통해 추출한 문자 도시 이름을 모두 소문자로 변환하고 싶다고 하겠습니다. 이때 메서드를 연결해서 다음과 같이 작성할 수 있습니다.

---

7 시퀀스에 관해서는 3.4.3절 '시퀀스'를 참조하기 바랍니다.
8 MSDN에서 .NET 프레임워크 클래스 라이브러리에 있는 해당 클래스 구문을 보면 IEnumerable<T> 인터페이스를 구현했는지 알 수 있습니다. 또는 비주얼 스튜디오에서 '정의로 이동' 기능을 사용해 해당 클래스가 정의된 것을 표시해서 알 수도 있습니다.

```
IEnumerable<string> query = names.Where(s => s.Length <= 5)
                                 .Select(s => s.ToLower());
foreach (string s in query)
    Console.WriteLine(s);
```

Select 메서드도 IEnumerable<T>에 대해 이용할 수 있는 메서드이기 때문입니다. 이처럼 메서드를 연결하는 것을 메서드 체인이라고 합니다.

Select 메서드는 각 요소에 대해 람다식을 지정한 변환 처리[9]를 수행합니다. Where 메서드와 마찬가지로 Select 메서드의 반환값은 IEnumerable<T>입니다. 이 요소의 형인 T는 Select 메서드에서 지정하는 람다식에 의해 결정됩니다. 위의 예에서는 람다식이 s => s.ToLower()이므로 람다식이 반환하는 형은 ToLower 메서드의 반환값의 형인 string입니다. 다시 말해 Select 메서드의 반환값은 IEnumerable<string>인 것입니다.

이 코드를 실행한 결과는 다음과 같습니다.

```
seoul
paris
```

그리고 실제 코드에서는 일반적으로 var 키워드를 사용해 다음과 같이 작성합니다.

```
var query = names.Where(s => s.Length <= 5)
                 .Select(s => s.ToLower());
```

다음은 Select 메서드만 사용한 예입니다. names에 저장돼 있는 문자열의 길이를 열거합니다.

```
var query = names.Select(s => s.Length);
foreach (var n in query)
    Console.Write("{0} ", n);
```

이때 사용된 query 변수의 형은 IEnumerable<int>입니다. 람다식 s => s.Length의 형이 int이므로 IEnumerable<int>가 되는 것입니다. 결과는 다음과 같습니다.

```
5 9 7 6 5 6 8 9
```

---

9 이렇게 변환하는 처리를 정확하게는 '사상'이라고 말합니다. 사상이란 컬렉션 안에서 조건을 만족하는 요소를(필요하다면 가공해서) 꺼내는 처리입니다.

3.4.2 쿼리 연산자

앞서 Where와 Select라는 두 개의 메서드를 소개했는데 LINQ에 마련된 이들 메서드를 **쿼리 연산자**라고 합니다. 쿼리 연산자를 사용하면 입력 데이터를 열거, 필터링, 사상(이처럼 조작하는 것을 쿼리라고 합니다)할 수 있습니다. 이들 쿼리 연산자는 모두 IEnumerable<T>에 대한 확장 메서드[10]의 형태로 정의돼 있고 표 3.1에 나온 것처럼 많은 메서드가 준비돼 있습니다.

이번 장에서는 이러한 메서드 안에 있는 Select, Count, Where, ToArray, ToList라는 다섯 개의 메서드에 관해 설명하겠습니다. 그 밖의 메서드에 관해서는 5장 이후에 필요할 때마다 설명하겠습니다.

표 3.1 쿼리 연산자 목록[11]

쿼리 연산자	실행 형태(주★)	설명
Where	지연 실행	조건에 따라 값의 시퀀스를 필터링 처리한다
Skip	지연 실행	시퀀스 안에 지정된 개수만큼의 요소를 건너뛰고 남은 요소를 반환한다
SkipWhile	지연 실행	지정된 조건이 만족되는 동안에 시퀀스의 요소를 건너뛰고 남은 요소를 반환한다
Take	지연 실행	시퀀스의 가장 앞부분부터 요소를 지정된 개수만큼 반환한다
TakeWhile	지연 실행	지정된 조건이 만족되는 동안에 시퀀스에서 요소를 반환한다
DefaultIfEmpty	지연 실행	지정한 시퀀스의 요소를 반환한다. 시퀀스가 비어 있을 경우에는 형식 매개변수를 기본값으로 반환한다
Select	지연 실행	시퀀스에 있는 각 요소를 새로운 형으로 사상한다
SelectMany	지연 실행	시퀀스에 있는 각 요소를 IEnumerable<T>로 사상하고 그 결과로 나온 시퀀스를 하나의 시퀀스로 평탄화(주★★)한다
GroupBy	지연 실행	지정된 키 셀렉터 함수에 따라 시퀀스에 있는 요소를 그룹화한다
GroupJoin	지연 실행	키가 같은지 여부에 따라 두 개의 시퀀스 요소를 서로 관련 짓고 그 결과를 그룹화한다
Join	지연 실행	일치하는 키에 따라 두 개의 시퀀스 요소를 서로 관련 짓는다
Concat	지연 실행	두 개의 시퀀스를 연결한다
Zip	지연 실행	지정된 함수를 두 개의 시퀀스에 대응되는 요소에 적용하고 하나의 시퀀스를 생성한다
OrderBy	지연 실행	시퀀스 요소를 키에 맞춰 오름차순으로 정렬한다

---

10 확장 메서드에 관해서는 'Column 확장 메서드'를 참조하기 바랍니다.

11 출처: https://msdn.microsoft.com/ko-kr/library/system.linq.enumerable_methods(v=vs.110).aspx, http://d.hatena.ne.jp/chiheisen/20111031/1320068429, http://yan-note.blogspot.jp/2015/11/netvb-clinq.html

쿼리 연산자	실행 형태(주★)	설명
OrderByDescending	지연 실행	시퀀스 요소를 키에 맞춰 내림차순으로 정렬한다
ThenBy	지연 실행	정렬한 결과를 또 다른 키에 맞춰 오름차순으로 배치한다
ThenByDescending	지연 실행	정렬한 결과를 또 다른 키에 맞춰 내림차순으로 배치한다
Reverse	지연 실행	시퀀스 요소의 순서를 반전시킨다
Cast	지연 실행	시퀀스 요소를 지정된 형으로 형변환한다
OfType	지연 실행	지정된 형만을 시퀀스에서 꺼내서 형변환한다
Distinct	지연 실행	시퀀스에서 중복되지 않는 요소의 목록을 반환한다
Except	지연 실행	두 개의 시퀀스의 차집합을 생성한다
Union	지연 실행	두 개의 시퀀스의 합집합을 생성한다
Intersect	지연 실행	두 개의 시퀀스의 곱집합을 생성한다
First	즉시 실행	시퀀스의 첫 요소를 반환한다
FirstOrDefault	즉시 실행	시퀀스의 첫 요소를 반환한다. 시퀀스에 요소가 포함돼 있지 않을 경우에는 기본값을 반환한다
Last	즉시 실행	시퀀스의 마지막 요소를 반환한다
LastOrDefault	즉시 실행	시퀀스의 마지막 요소를 반환한다. 시퀀스에 요소가 포함돼 있지 않을 경우에는 기본값을 반환한다
ElementAt	즉시 실행	시퀀스 안에서 지정된 인덱스 위치에 있는 요소를 반환한다
ElementAtOrDefault	즉시 실행	시퀀스 안에서 지정된 인덱스 위치에 있는 요소를 반환한다. 인덱스가 시퀀스의 범위를 벗어날 경우에는 기본값을 반환한다
Single	즉시 실행	시퀀스에서 유일한 요소를 반환한다
SingleOrDefault	즉시 실행	시퀀스에서 유일한 요소를 반환한다. 시퀀스가 비었을 경우에는 기본값을 반환한다
Count	즉시 실행	시퀀스에 있는 요소의 개수를 반환한다
LongCount	즉시 실행	시퀀스에 있는 요소의 개수를 long 형으로 반환한다
Average	즉시 실행	입력 시퀀스의 평균값을 계산한다
Max	즉시 실행	시퀀스 요소의 최댓값을 반환한다
Min	즉시 실행	시퀀스 요소의 최솟값을 반환한다
Sum	즉시 실행	시퀀스 요소 전체의 합을 반환한다
Aggregate	즉시 실행	시퀀스에 누적기 함수를 적용한다
All	즉시 실행	시퀀스의 모든 요소가 조건을 만족하는지 판단한다
Any	즉시 실행	시퀀스에 해당 요소가 포함돼 있는지 판단한다

쿼리 연산자	실행 형태(주★)	설명
Contains	즉시 실행	지정한 요소가 시퀀스에 포함돼 있는지 판단한다
SequenceEqual	즉시 실행	두 개의 시퀀스가 같은지 여부를 판단한다
ToArray	즉시 실행	시퀀스로 배열을 생성한다
ToDictionary	즉시 실행	시퀀스로 Dictionary<TKey, TValue>를 생성한다
ToList	즉시 실행	시퀀스로 List<T>를 생성한다
ToLookup	즉시 실행	시퀀스로 Lookup<TKey, TElement>를 생성한다

(주★) 표에 나온 '실행 형태' 항목에 관해서는 3.4.4절 '지연 실행'에서 설명하겠습니다.

(주★★) '평탄화'란 시퀀스에 있는 각 요소를 IEnumerable<T>로 사상하고 그 결과로 구한 중첩된 시퀀스를 하나의 평탄한 시퀀스로 만드는 작업을 말합니다.

3.4.3 시퀀스

표준 쿼리 연산자가 조작하는 데이터를 **시퀀스**('연속된 것'을 의미함)라고 합니다. 시퀀스 중에서 가장 흔한 것이 배열과 List<T>입니다.

시퀀스에는 배열이나 List<T> 외에도 많은 것이 있습니다. IEnumerable<T> 인터페이스(T는 임의의 형)를 구현한 객체는 모두 시퀀스로 간주됩니다. 예를 들어, IEnumerable<string>을 반환하는 메서드를 정의하면[12] 이것도 시퀀스가 되고 이를 LINQ의 쿼리 연산자를 사용해서 여러 가지 방법으로 조작할 수 있습니다.

이후 '시퀀스'라는 용어가 나오면 IEnumerable<T>형 데이터라고 생각하면 됩니다.

3.4.4 지연 실행

이번에는 재미 있는 실험을 해보겠습니다. 아래의 코드를 실행한 결과가 어떻게 나오는지 상상해보기 바랍니다.

예제 3.8 지연 실행을 확인하는 코드

```
string[] names = {
    "Seoul", "New Delhi", "Bangkok", "London", "Paris", "Berlin", "Canberra", };
```

---

12 7.3절 '딕셔너리를 이용한 예제 프로그램'에서 yield 키워드를 사용해 IEnumerable<T>를 반환하는 메서드에 대해 설명하겠습니다.

```
var query = names.Where(s => s.Length <= 5);    ←—— query 변수에 대입한다
foreach (var item in query)
    Console.WriteLine(item);
Console.WriteLine("------");

names[0] = "Busan";            ←—— names[0]을 수정한다
foreach (var item in query)    ←—— query의 내용을 다시 꺼낸다
    Console.WriteLine(item);
```

이때 주목해야 할 부분은 코드 아래쪽에 있는 'Busan'을 대입하는 행입니다. Where 메서드의 반환값을 query 변수에 대입한 후에 names 배열의 요소를 수정했습니다. foreach에서 query한 결과를 차례로 꺼냈습니다.

이 코드를 실행한 결과는 다음과 같습니다.

```
Seoul
Paris
------
Busan
Paris
```

동일한 결과가 나올 것이라고 생각할 수도 있지만 두 개의 결과가 다르게 나왔습니다.

만일 Where 메서드를 호출했을 때 검색 처리가 동작하고 그 결과가 query에 저장됐다면 그 후에 names에 있는 요소를 수정해도 query에서 얻는 결과는 이전과 같을 것입니다. 그러나 결과가 이렇게 달라졌습니다.

이 결과를 보고 알 수 있는 사실은 이 query 변수에는 검색된 결과가 대입되는 것이 아니라는 것입니다. 다시 말해 Where 메서드가 호출돼도 검색은 해당 시점에서 실행되지 않고 실제 값이 필요할 때 쿼리가 실행된다는 것을 나타냅니다.

```
var query = names.Where(s => s.Length <= 5);
```

이를 **지연 실행**이라고 합니다. 실제로 데이터가 필요할 때(이 예제에서는 foreach에서 요소를 꺼냈을 때) 쿼리가 실행되는 것입니다. 이것이 LINQ의 큰 특징입니다.

그러나 경우에 따라서는 쿼리를 명시적으로 실행하고 싶을 때도 있을 것입니다. 그럴 때 이용할 수 있는 것이 ToArray와 ToList 메서드입니다. 예제 3.9를 보기 바랍니다.

예제 3.9 ToArray 메서드를 사용해 즉시 실행

```
string[] names = {
    "Seoul", "New Delhi", "Bangkok", "London", "Paris", "Berlin", "Canberra", };
var query = names.Where(s => s.Length <= 5)
        .ToArray();              ◀—— 여기서 배열로 변환한다
foreach (var item in query)
    Console.WriteLine(item);
Console.WriteLine("------");

names[0] = "Busan";             ◀—— names[0]을 수정한다
foreach (var item in query)     ◀—— query에 있는 내용을 다시 꺼낸다
    Console.WriteLine(item);
```

이렇게 하면 ToArray 메서드가 호출됐을 때 쿼리가 실행되며 그 결과가 배열에 저장됩니다. 이를 '**즉시 실행**'이라고 합니다.

결과는 아래와 같습니다. 동일한 결과가 나왔다는 것을 알 수 있습니다. ToArray 메서드를 ToList 메서드로 바꿔도 동일한 결과가 됩니다.

```
Seoul
Paris
------
Seoul
Paris
```

LINQ에는 ToArray 메서드나 ToList 메서드 외에도 즉시 실행되는 메서드가 있습니다. Count 메서드가 그중 하나입니다.

```
string[] names = {
    "Seoul", "New Delhi", "Bangkok", "London", "Paris", "Berlin", "Canberra", };
var count = names.Count(s => s.Length > 5);
Console.WriteLine(count);
```

위의 예에서는 names 안에 문자열의 길이가 5보다 큰 문자열이 몇 개 있는지 세어 그 결과를 반환합니다. LINQ에는 Count 메서드처럼 하나의 값을 반환하는 메서드가 있는데 이런 메서드는 모두

즉시 실행되는 메서드입니다. 앞서 나온 표 3.1에는 지연 실행과 즉시 실행을 구분해서 나타냈으므로 이 표를 참고하기 바랍니다.

[Column] 쿼리 구문

LINQ에서는 메서드 호출 외에도 '쿼리 구문'이라는 SQL 문과 비슷한 구문도 이용할 수 있습니다.

```
var query = from s in names
        where s.Length >= 5
        select s.ToUpper();
foreach (string s in query)
   Console.WriteLine(s);
```

이 코드를 메서드 구문으로 다시 쓴 것은 다음과 같습니다.

```
var query = names.Where(s => s.Length >= 5)
      .Select(s => s.ToUpper());
foreach (string s in query)
   Console.WriteLine(s);
```

C# 3.0이 발표됐을 때 이 쿼리 구문에 이목이 집중됐지만 지금은 메서드 호출 방식(메서드 구문)이 주류가 됐습니다. 일부 예외를 제외하고 쿼리 구문은 그다지 이용되지 않는다고 생각합니다. 필자도 아래와 같은 이유로 지금은 쿼리 구문을 이용하지 않습니다.

- 쿼리 구문은 LINQ의 모든 기능을 이용할 수 없다

- 점(.)으로 연결하는 메서드 구문이 생각을 방해받지 않고 연속해서 코드를 작성할 수 있다

- 점으로 연결하는 메서드 구문은 비주얼 스튜디오가 가진 강력한 인텔리센스 기능을 충분히 활용할 수 있다

[Column] 확장 메서드

확장 메서드는 C# 3.0에 도입된 기능이며 확장 메서드를 정의하면 기존의 형에 새로운 메서드를 추가할 수 있습니다. 기존의 형이 있는 소스를 수정하거나 파생형을 정의하지 않아도 됩니다.

확장 메서드를 정의하려면 정적 클래스 안에서 첫 번째 인수에 **this 키워드**를 붙인 정적 메서드를 작성합니다. 다음 예제를 보겠습니다.

예제 3.10 확장 메서드를 정의한 예

```
namespace CSharpPhrase.Extensions {

    public static class StringExtensions {      ◀── 확장 메서드를 정의하려면 정적 클래스로 지정한다
```

```
      public static string Reverse(this string str) {  ◀── 확장 메서드는 정적 메서드로 지정하고
          if (string.IsNullOrWhiteSpace(str))                첫 번째 인수에 this를 붙인다. string에
              return string.Empty;                           Reverse 메서드가 추가된다
          char[] chars = str.ToCharArray();
          Array.Reverse(chars);
          return new String(chars);
      }
   }
}
```

이렇게 작성하면 string에 Reverse 메서드가 추가됩니다. 이 메서드를 이용하려면 확장 메서드를 정의한 클래스의 네임스페이스를 using 지시자를 통해 지정합니다. 이렇게 하면 확장 메서드를 호출할 수 있게 됩니다.

```
using CSharpPhrase.Extensions;
```

호출하는 방법은 일반적인 string 메서드와 같습니다.

```
var word = "gateman";
var result = word.Reverse();
Console.WriteLine(result);
```

이 word 변수가 Reverse 메서드의 첫 번째 인수로 전달됩니다. 이 코드를 실행하면 'gateman'을 반전시킨 'nametag'가 출력됩니다.

확장 메서드를 정의할 때 인수를 두 개 이상 선언한 경우 두 번째 이후의 인수부터는 해당 확장 메서드가 호출될 때의 인수로 간주됩니다.

연습 문제

문제 3.1

다음과 같은 리스트가 정의돼 있습니다.

```
var numbers = new List<int> { 12, 87, 94, 14, 53, 20, 40, 35, 76, 91, 31, 17, 48 };
```

람다식을 사용해 다음과 같은 코드를 작성합니다.

1. List<T>의 Exists 메서드를 사용해 8이나 9로 나누어 떨어지는 수가 있는지 조사하고 그 결과를 콘솔에 출력합니다.

2. List<T>의 ForEach 메서드를 사용해 각 요소를 2.0으로 나눈 값을 콘솔에 출력합니다.

3. LINQ의 Where 메서드를 사용해 값이 50 이상인 요소를 열거하고 그 결과를 콘솔에 출력합니다.

4. LINQ의 Select 메서드를 사용해 각 값을 2배로 만들고 그 결과를 List<int>에 저장합니다. 그리고 List<int>의 각 요소를 콘솔에 출력합니다.

문제 3.2

다음과 같은 리스트가 정의돼 있습니다.

```
var names = new List<string> {
    "Seoul", "New Delhi", "Bangkok", "London", "Paris", "Berlin", "Canberra", "Hong Kong",
};
```

이 람다식을 사용해 다음과 같은 코드를 작성합니다.

1. 콘솔에서 입력을 받아 도시 이름이 몇 번째에 저장돼 있는지 List<T>의 FindIndex 메서드를 사용해서 조사하고 그 결과를 콘솔에 출력합니다. 발견되지 않았다면 -1을 출력합니다. 그리고 콘솔에서 입력받을 때 Console.ReadLine 메서드를 이용합니다.

```
var line = Console.ReadLine();
```

2. LINQ의 Count 메서드를 사용해 소문자 'o'가 포함된 도시 이름이 몇 개 있는지 세고 그 결과를 콘솔에 출력합니다.

3. LINQ의 Where 메서드를 사용해 소문자 'o'가 포함된 도시 이름을 추출해서 배열에 저장합니다. 그리고 배열의 각 요소를 콘솔에 출력합니다.

4. LINQ의 Where 메서드와 Select 메서드를 사용해 'B'로 시작하는 도시 이름의 문자 개수를 추출하고 그 문자 개수를 콘솔에 출력합니다. 도시 이름은 표시하지 않아도 됩니다.

2부

C# 프로그래밍
관용구/정석 & 패턴

[기초 편]

4장 기본 관용구
5장 문자열을 처리한다
6장 배열과 List<T>를 처리한다
7장 딕셔너리 다루기
8장 날짜와 시간 처리

4장

기본 관용구

코드를 작성할 때 자주 사용되는 표현 방식을 **관용구(이디엄)**라고 합니다. 프로그래밍에는 같은 일을 하는 코드를 작성하는 데 여러 가지 방식이 있습니다. 코드를 작성할 때마다 '이번에는 어떤 방식으로 작성해야 하나?'라고 고민하는 것은 시간낭비이고 그때마다 다른 방식의 코드가 완성될 것입니다. 이렇게 해서는 코드가 통일되지 않고 다른 사람이 코드를 읽었을 때 '왜 같은 일을 하는데 다른 코드를 썼을까? 뭔가 의도한 바가 있는 걸까?'라며 쓸데없는 생각을 하게 됩니다.

관용구는 여러 가지 작성 방식 중에서 선배 프로그래머들이 선택한 베스트 프랙티스입니다. 따라서 관용구를 배우고 그것을 실전에 활용하는 것이 중요합니다. 이렇게 해야 코드를 효율적으로 작성할 수 있고 품질을 보존할 수 있으며 프로그래밍 실력도 키울 수 있을 것입니다. 이번 장에서는 자주 사용되는 C#의 기본적인 관용구에 관해 학습하겠습니다.

그리고 이 책에서는 초보 프로그래머가 여러 가지 코드 작성 방식을 앞에 두고 망설이지 않도록 C#의 문법을 이해하면 당연시되는 코드라도 기본 관용구의 범주에 넣어 설명하겠습니다.

4.1 초기화와 관련된 관용구

4.1.1 변수의 초기화

변수를 초기화할 때 사용되는 코드입니다[1].

예제 4.1 변수 초기화

```
var age = 25;
```

'이게 관용구야?'라는 의문이 생길 수도 있지만 이것은 기본 중의 기본인 관용구입니다. 위의 코드는 다음과 같이 작성할 수 있습니다.

예제 4.2 변수를 초기화하는 나쁜 예

```
✗    int age;
     age = 25;
```

그러나 이 두 줄짜리 코드는 유지보수를 계속해감에 따라 변수 선언과 초기화 사이에 다른 코드가 끼어들 수도 있어서 코드의 가독성을 잃을 위험이 있습니다. 그리고 초깃값이 무엇인지도 명확히 알 수 없게 되므로 이렇게 작성하는 것은 추천하지 않습니다. **변수 선언과 초기화는 동시에 이뤄져야 하는 것이 원칙입니다.**

4.1.2 배열과 리스트 초기화

컬렉션[2] 초기화 구문을 사용한 관용구는 배열이나 리스트에 설정할 값이 이미 정해져 있을 경우에 이용합니다. 이것도 C# 3.0에서 도입된 기능입니다.

예제 4.3 배열과 리스트 초기화

```
var langs = new string[] { "C#", "VB", "C++", };
var nums = new List<int> { 10, 20, 30, 40, };
```

마지막 요소인 'C++'와 '40' 뒤에 콤마(,)가 붙어 있다는 점에 주목하기 바랍니다. 마지막 요소에 붙은 콤마는 생략해도 되지만 필자는 가능하면 마지막 요소에 콤마를 붙입니다. 왜냐하면 마지막 요소에도

---

1 var에 관해서는 2.1.9절 'var라는 암시형을 활용한다'를 참조하기 바랍니다.
2 배열이나 List<T>처럼 여러 데이터를 저장하는 데이터 구조를 통틀어 '컬렉션'이라고 합니다(6장 '배열과 List<T> 다루기' 참고).

콤마를 붙이면 요소를 바꾸거나 요소를 추가할 때 매우 편하기 때문입니다. 실제로 이렇게 해보면 그 차이를 알 수 있을 것입니다.

그럼 위에 나온 예제 4.3을 다음과 같이 배열의 초기화 구문을 사용하지 않은 경우와 비교해보기 바랍니다.

예제 4.4 배열과 리스트 초기화(예전 방식)

```
string[] langs = new string[3];
langs[0] = "C#";
langs[1] = "VB";
langs[2] = "C++";

List<int> nums = new List<int>();
nums.Add(10);
nums.Add(20);
nums.Add(30);
nums.Add(40);
```

특히 배열인 경우 "VB"와 "C++" 사이에 "F#"을 넣으려고 할 때를 상상해보면 어느 쪽이 좋은 코드인지 설명할 필요도 없을 것 같습니다.

4.1.3 Dictionary 초기화

Dictionary<TKey, TValue>[3]를 초기화할 때도 배열과 마찬가지로 초기화 구문을 사용할 수 있습니다.

예제 4.5 Dictionary 초기화

```
var dict = new Dictionary<string, string>() {
    { "ko", "한국어" },
    { "en", "영어" },
    { "es", "스페인어" },
    { "de", "독일어" },
};
```

"ko", "en"이 키이고 "한국어", "영어"가 이 키에 대응하는 값입니다.

---

3 Dictionary 클래스에 관해서는 7장 '딕셔너리 다루기'에서 자세히 설명하겠습니다.

C# 6.0 이후에는 다음과 같이 작성할 수도 있습니다. 이렇게 작성하는 것이 Dictionary에 값을 설정한다는 분위기가 조금 더 느껴집니다.

예제 4.6 Dictionary 초기화(C# 6.0 이후)

```
var dict = new Dictionary<string, string>() {
    ["ko"] = "한국어",
    ["en"] = "영어",
    ["es"] = "스페인어",
    ["de"] = "독일어",
};
```

앞서 4.1.2절 '배열과 리스트 초기화'에서 설명한 것처럼 다음과 같이 작성하는 것은 바람직하지 않습니다.

예제 4.7 Dictionary 초기화(예전 방식)

```
▲    var dict = new Dictionary<string, string>();
     dict["ko"] = "한국어";
     dict["en"] = "영어";
     ...
```

4.1.4 객체 초기화

객체 초기화 구문을 사용하면 생성자에서 지정할 수 없는 속성값을 초기화할 수 있습니다. 2장 'C#으로 프로그램을 만들어보자'에서 이미 설명한 내용입니다. 이 객체 초기화 구문은 C# 3.0에 도입된 것입니다. 속성 초기화 처리는 인스턴스가 생성된 후에 실행됩니다.

예제 4.8 객체 초기화

```
var person = new Person {
    Name = "홍길동",
    Birthday = new DateTime(1995, 11, 23),
    PhoneNumber = "012-3456-7890",
};
```

이렇게 하면 Name, Birthday, PhoneNumber가 Person 객체의 속성이라는 것을 명확히 보여줄 수 있습니다. 그리고 비주얼 스튜디오에 마련된 인텔리센스 기능의 도움을 받아 타이핑하는 순간에 아직 초기화되지 않은 속성을 판별할 수 있습니다.

다음과 같이 작성할 수도 있지만 가독성 관점에서 보면 위의 코드보다 좋지 않습니다.

예제 4.9 객체 초기화(예전 방식)

```
Person person = new Person();
person.Name = "홍길동";
person.Birthday = new DateTime(1995, 11, 23);
person.PhoneNumber = "012-3456-7890";
```

이 코드도 변수 초기화를 설명할 때 보인 나쁜 예처럼 부주의한 프로그래머가 이 코드의 행 사이에 다른 코드가 끼어들 수 있습니다. 그렇게 하면 가독성을 잃게 되어 유지보수하기 힘들어집니다.

객체 초기화 구문을 사용한 관용구는 그런 상황을 방지한다는 점에서도 좋은 코드라고 말할 수 있습니다.

4.2 판정과 분기에 관한 관용구

4.2.1 단순한 비교

어떤 변수의 값을 판정하는 단순한 비교에서 비교하려는 변수는 비교 연산자의 왼쪽에 두기 바랍니다.

예제 4.10 변수와 고정값의 크기를 비교한다

```
if (age <= 10) { ...... }
```

다음과 같이 작성한 것은 인간의 사고방식을 무시하고 쓴 나쁜 코드입니다.

```
if (10 >= age) { ...... }
```

'나이가 열 살 이하인가'라고는 말하지만 '열 살이 나이 이상인가'라고는 말하지 않습니다. **코드도 인간의 사고방식에 맞춰 써야 합니다.**

4.2.2 수치가 어떤 범위에 있는지를 조사한다

지정한 범위에 해당 수치가 있는지 조사할 때는 수치를 수직선 상에 나열합니다. 비교 대상이 되는 변수를 모두 왼쪽에 쓰는 방식보다는 num을 MinValue와 maxValue 사이에 두는 것이 직관적으로 알아보기 쉽습니다.

예제 4.11 수직선 상에 나열해서 비교한다

```
if (MinValue <= num && num <= MaxValue) {
    ...
}
```

예제 4.12 비교 대상을 왼쪽에 두는 비교

▲
```
if (num >= MinValue && num <= MaxValue) {
    ...
}
```

4.2.3 else-if를 통한 다분기 처리

switch 문으로는 표현하기 어려운 다분기 처리가 있습니다. 이럴 때 사용하는 것이 if 문을 응용한 else-if 배치입니다. 다음은 else-if를 사용한 예입니다.

예제 4.13 else-if를 사용한 다분기 처리[4]

```
var line = Console.ReadLine();
int num = int.Parse(line);
if (num > 80) {
    Console.WriteLine("A급입니다.");
} else if (num > 60) {
    Console.WriteLine("B급입니다.");
} else if (num > 40) {
    Console.WriteLine("C급입니다.");
} else {
    Console.WriteLine("D급입니다.");
}
```

마지막에 있는 else 부분은 위에 있는 모든 조건이 만족하지 않을 때 처리됩니다. 이 마지막 else 부분은 필요없다면 생략할 수 있습니다.

위의 코드에서 들여쓰기에 주목하기 바랍니다. 이 다분기 if 문을 다음과 같이 작성하면 안 됩니다.

예제 4.14 들여쓰기가 적절치 않은 else-if 다분기 처리

✗
```
if (num > 80)
    Console.WriteLine("A급입니다.");
```

---

4   {} 안에 한 행만 있는 경우에는 {}를 생략할 수 있습니다. 두 가지 방법 모두 맞습니다.

```
else
  if (num > 60)
    Console.WriteLine("B급입니다.");
  else
    if (num > 40)
      Console.WriteLine("C급입니다.");
    else
      Console.WriteLine("D급입니다.");
```

문법적인 구조로 보면 맞지만 이렇게 들여쓰기한 것은 의미적인 구조를 제대로 표현하지 못했습니다. 하나의 변숫값에 의해 처리를 여러 개로 분기시킬 경우에는 예제 4.13에 나온대로 들여쓰기를 하기 바랍니다.

4.2.4 체로 걸러 남은 것만을 처리한다

return 문[5]에는 메서드의 실행을 중단시키고 호출하는 쪽에 제어를 돌려주는 기능이 있습니다.

만족하지 않는 조건을 메서드 앞부분에서 return 문으로 제외해서 코드를 읽기 편하게 하는 방법을 다음 코드에서 볼 수 있습니다.

예제 4.15 체로 걸러 남은 것만 처리한다

```
if (filePath == null)
  return;
if (GetOption() == Option.Skip)
  return;
if (targetType != originalType)
  return;
... // 구현하려는 처리
```

이처럼 '체로 걸러 남은 것만 처리하는' 코드는 조건에 대해 잊어버리면서 코드를 읽어나갈 수 있으므로 편리합니다.

한편 체로 거르지 않는 코드는 다음과 같습니다.

```
✖    if (filePath != null) {
        if (GetOption() != Option.Skip) {
```

---

5   void가 지정된 반환값이 없는 메서드에서는 return 다음에 반환값을 쓸 필요가 없습니다.

```
        if (targetType == originalType) {
            ... // 구현하려는 처리
        }
    }
}
```

이 코드는 '안쪽으로 파고드는' 코드이며 코드를 읽기 위해 세 개의 조건을 모두 기억하고 있어야 합니다. 들여쓰기도 깊어지면서 읽기 힘들어집니다. 도중에 새로운 조건을 추가할 때마다 코드가 더욱 복잡해질 것입니다.

메서드 도중에 return 문이 등장하는 것을 싫어하는 프로그래머도 있겠지만 return 문은 프로그램을 읽기 편하게 해주는 매우 편리한 기능이므로 유효하게 사용하는 것이 바람직합니다.

4.2.5 bool 값을 판단한다

bool 형 메서드나 속성이 참인지 거짓인지 판단하려고 할 경우에 이용하는 관용구입니다.

예제 4.16 bool 값이 true인지 판정한다

```
int? num = GetNumber();
if (num.HasValue) {
    ...
}
```

if 문의 괄호 안에는 bool 값을 가지는 식을 쓸 수 있습니다. num.HasValue[6]도 식의 일종이므로 위와 같이 괄호 안에 쓸 수 있습니다. 일부러 다음과 같이 쓸 필요는 없습니다.

▲
```
if (num.HasValue == true) {
    ...
}
```

4.2.6 bool 값을 반환한다

bool 값을 반환하는 메서드 내부의 해당 처리의 마지막 부분에서 두 값을 비교하고 그 결과에 따라 true나 false를 반환하고 싶을 때가 있습니다. 이럴 때 이용하는 관용구를 소개합니다.

---

6 HasValue 속성은 Nullable 형(null을 허용하는 형)에 마련돼 있는 bool 형 속성입니다. 변수에 null 이외의 값이 저장돼 있으면 true가 지정됩니다. Nullable 형에 관해서는 '[Column] null 키워드와 Nullable 형'을 참고하기 바랍니다.

예제 4.17 bool 값을 반환한다

```
return a == b
```

a==b라는 식은 평가한 결과로 true나 false 중 하나의 값을 가지고 있으므로 a==b를 직접 반환하면 되는 것입니다.

위의 관용구와 동일한 일을 하는 코드 네 개를 아래에서 볼 수 있습니다. 이 코드 중에 틀린 것은 없지만 관용구로 표현한 코드에 비해 거추장스럽습니다. 관용구로 표현한 코드는 무슨 처리를 실행하는지 한눈에 알아볼 수 있다는 장점이 있습니다.

```
if (a == b)
    return true;
else
    return false;

if (a == b)
    return true;
return false;

var result = a == b;
return result;

bool result = false;
if (a == b)
    result = true;
return result;
```

4.3 반복에 관한 관용구

4.3.1 지정한 횟수만큼 반복한다

지정한 횟수만큼 반복할 때는 for 문을 사용합니다. 루프 변수는 특별한 이유가 없다면 0부터 시작합니다. 배열이나 리스트의 요소에 접근하려고 할 때 이 관용구는 매우 합리적입니다.

예제 4.18 지정한 횟수만큼 반복한다

```
var items = new[] { 1, 2, 3, 4, 5, 6, 7, 8, 9 };
for (var i = 0; i< 5; i++) {
```

```
    Console.WriteLine(items[i]);
}
```

배열의 인덱스는 0부터 시작하므로 루프 변수의 값을 1부터 시작하게 하면 다음 코드처럼 요소에 접근할 때 1을 빼야 합니다.

✗
```
var items = new[] { 1, 2, 3, 4, 5, 6, 7, 8, 9 };
for (var i = 1; i <= 5; i++) {
    Console.WriteLine(items[i - 1]);
}
```

물론 예외도 있습니다. 예를 들면, 1월부터 12월까지 반복할 경우에는 다음과 같이 쓰는 것이 자연스러운 코드가 될 것입니다.

```
for (var m = 1; m <= 12; m++) {
    ... // m월의 처리
}
```

반드시 1부터 시작해야 할 경우가 아니라면 n번 반복할 때는 루프 변수를 0부터 시작하기 바랍니다.

그리고 while 문을 사용해서도 같은 코드를 구현할 수 있지만 이 경우에는 일반적으로 while 문을 사용하지 않습니다. 반복할 횟수를 알고 있을 경우에는 for 문을 사용하고 반복할 횟수를 모를 경우에 while 문을 사용한다고 알고 있으면 됩니다.

예제 4.19 while을 사용해 지정한 횟수만큼 반복한다

✗
```
int i = 0;
while (i<n) {
    ...
    i++;
}
```

4.3.2 컬렉션에 있는 요소를 모두 꺼낸다

배열이나 리스트 같은 컬렉션에서 요소를 모두 꺼내서 어떤 처리를 할 경우에는 **foreach 문**을 사용합니다.

예제 4.20 요소를 모두 꺼내서 처리한다

```
foreach (var item in collection) {
    ... // 꺼낸 item에 대한 처리를 한다
}
```

이 foreach 문이 있기 때문에 앞서 이야기한 for 문을 사용하는 빈도는 매우 낮아졌습니다. foreach를 사용해 예제 4.18을 다시 작성하면 다음과 같이 간결하게 정리할 수 있습니다.

```
var items = new[] { 1, 2, 3, 4, 5, 6, 7, 8, 9 };
foreach (var n in items) {
    Console.WriteLine(n);
}
```

foreach를 사용하면 인덱스를 지정하지 않아도 되고 반복할 횟수를 틀리지 않게 되므로 컬렉션에서 모든 요소를 꺼낼 경우에는 for 문이 아니라 foreach를 사용하기 바랍니다. 컬렉션 이외의 객체를 처리할 경우에는 for 문을 사용하는 것이 바람직합니다.

그리고 3장 '람다식과 LINQ 기초'에 나온 LINQ를 사용하면 foreach보다 코드를 더욱 간결하게 작성할 수 있을 때가 많습니다. 따라서 반복 처리를 작성할 때는 LINQ, foreach, for의 순서로 관용구를 적용하는 것이 좋습니다.

LINQ에 관한 구체적인 코드는 다음 장 이후에 게재하겠습니다.

4.3.3 List⟨T⟩에 있는 모든 요소를 처리한다

List⟨T⟩ 클래스에 대해서만 해당하는 내용인데 List⟨T⟩ 클래스에 ForEach 메서드를 사용하면 foreach 문을 사용하지 않아도 됩니다.

예제 4.21 요소의 개수만큼 반복한다(List⟨T⟩에만 해당)

```
var nums = new List<int> { 1, 2, 3, 4, 5 };
nums.ForEach(n => Console.Write("[{0}] ", n));
```

위의 코드를 실행한 결과는 다음과 같습니다.

```
[1] [2] [3] [4] [5]
```

예제 4.21에 나온 코드는 다음과 같이 작성해도 동일한 코드가 됩니다.

```
var nums = new List<int> { 1, 2, 3, 4, 5 };
foreach (var n in nums)
    Console.Write("[{0}] ", n);
```

ForEach 메서드의 인수로 길이가 긴 람다식을 쓸 수 있는데 **ForEach 메서드를 한 줄에 쓸 수 있는 길이로 한정하는 것이 좋습니다.** 루프 내부의 처리가 여러 행으로 구성된 코드라면 앞서 설명한 foreach 문을 사용하는 것이 일반적입니다. ForEach 메서드에는 break, continue, yield, return을 사용할 수 없습니다. 나중에 break 문을 사용하고 싶어졌을 때는 foreach로 다시 써야 합니다.

```
✘  var nums = new List<int> { 1, 2, 3, 4, 5 };
   nums.ForEach(n => {
       ...
       // 여기에 긴 코드를 작성한다
       ...
   });
```

그리고 리스트에 있는 요소를 그대로 메서드의 인수로 전달할 수 있고 반환값이 없는 메서드일 경우에는 다음과 같이 메서드 이름만 지정해도 됩니다[7].

```
var nums = new List<int> { 1, 2, 3, 4, 5 };
nums.ForEach(Console.WriteLine);
```

4.3.4 적어도 한 번은 반복하는 것

적어도 한 번은 반복 처리를 해야 할 때가 가끔 있습니다. 그럴 때는 do-while 구문을 사용하면 의도(적어도 한 번은 반복)를 읽는 사람에게 전달할 수 있습니다.

예제 4.22 적어도 한 번은 반복하는 처리

```
bool finish;
do {
    finish = DoSomething();   ◀────── DoSomething은 사용자가 별도로 정의한 메서드다.
} while (!finish);                     이 메서드는 적어도 한 번은 실행된다.
```

---

7 ForEach 메서드의 인수는 Action<T> 델리게이트입니다. 3장에 나온 ForEach 메서드에 관한 설명을 떠올리기 바랍니다.

do-while 구문은 그다지 자주 사용되는 것은 아니지만 알아두면 편리한 구문입니다. 그러나 다음과 같이 일반적인 while 문을 사용해도 그다지 복잡하지 않게 동일한 코드를 작성할 수 있습니다.

```
var finish = false;
while (!finish) {
    finish = DoSomething();
}
```

다음에 나온 예제는 같은 코드를 두 번 써야 하므로 이렇게 쓰는 것은 삼가야 합니다.

▲
```
var finish = DoSomething();
while (!finish) {
    finish = DoSomething();    ◀── DoSomething 메서드를 호출한다
}
```

4.3.5 루프 도중에 처리를 중단한다

루프 도중에 처리를 중단하고 싶다면 break 문을 이용합니다.

예제 4.23 루프 도중에 처리를 중단한다

```
var items = new List<string> { ...... };
var line = "";
foreach (var item in items) {
    if (line.Length + item.Length > 40)
        break;    ◀── line이 충분한 길이에 도달했으므로 루프를 중단한다
    line += item;
}
Console.WriteLine(line);
```

처리 도중에 루프에서 빠져나가는 것이 싫어서 break 문을 사용하지 않은 코드를 가끔 보게 되는데 이런 코드에는 불필요한 임시 변수를 도입하게 되어 오히려 복잡해서 읽기 힘든 코드가 됩니다.

위의 코드를 break 문을 사용하지 않는 코드로 수정한 것이 다음 코드입니다. foreach로 반복하므로 items에 있는 모든 요소의 개수만큼 반복해서 여분의 루프가 발생하게 됩니다.

✘
```
var items = new List<string> { ...... };
var line = "";
```

```
foreach (var item in items) {
   if (line.Length + item.Length <= 40)
      line += item;
}
Console.WriteLine(line);
```

여분의 루프가 발생하지 않도록 for 문을 사용해서 수정한 것이 다음 코드입니다. 매우 복잡한 코드가 됐습니다. 임시 변수를 도입하고 인덱스를 제어하고 루프 조건이 복잡해지는 등 좋은 것이 하나도 없습니다.

✖
```
var line = "";
var isContinue = true;      ← 임시 변수를 도입한다
for (int i = 0; i<items.Count && isContinue; i++) {
   var item = items[i];
   if (line.Length + item.Length > 40)
      isContinue = false;
   else
      line += item;
}
Console.WriteLine(line);
```

루프에서 빠져나오면서 호출한 메서드로 돌아가려고 할 경우에는 다음과 같이 루프 안에서 return 문을 사용하면 됩니다.

예제 4.24 루프 안에서 return 문을 사용한다

```
var numbers = new int[] { 123, 98, 4653, 1234, 54, 9854 };
foreach (var n in numbers) {
   if (n > 1000)
      return n;
}
return -1;
```

foreach와 같이 루프 안에 return 문을 쓴 경우에도 호출한 쪽 메서드로 제어를 돌려주므로 break 문으로 루프에서 벗어나면 return할 필요가 없습니다.

그리고 루프 안에서 return하는 것은 '메서드가 한 가지 기능만 가진다'라는 원칙이 지켜진다는 전제가 있어야 가능합니다. 거대한 메서드 안에서 이용하면 본래 해야 할 처리를 하지 않은 상태에서 메서드 밖으로 빠져나가는 버그를 만들 위험이 있습니다.

4.4 조건 연산자, null 합체 연산자를 사용한 관용구

4.4.1 조건에 따라 대입할 값을 변경한다

조건을 판단해서 참이냐 거짓이냐에 따라 각각 다른 값을 변수에 대입하고 싶다면 **조건 연산자**(삼항 연산자라고도 합니다)를 이용합니다.

예제 4.25 조건 연산자를 사용해 값을 대입한다

```
var num = list.Contains(key) ? 1 : 0;
```

이 코드는 이번 장의 처음 부분에 나온 변수 초기화에 관련된 관용구와 같은 것입니다.

이 관용구를 이용하지 않은 코드는 다음과 같습니다.

```
▲   int num;
    if (list.Contains(key))
       num = 1;
    else
       num = 0;
```

조건 연산자는 읽기 힘들어서 사용하지 않는 프로그래머도 있지만 조건 연산자에 익숙해지면 그다지 어려운 것도 아닙니다. 무엇보다 프로그램을 간결하게 작성할 수 있다는 것이 조건 연산자의 매력입니다.

조건에 따라 다른 값을 메서드의 인수에 넘겨줄 때도 경우 다음과 같이 불필요한 지역 변수를 도입하지 않고 메서드에 값을 넘겨줄 수 있습니다.

예제 4.26 조건 연산자를 사용해서 얻은 결과를 메서드에 넘겨준다

```
DoSomething(list.Contains(key) ? 1 : 0);
```

'조건 연산자를 반드시 사용해야 한다'라고 이야기하는 것은 아니지만 둘 중 하나를 선택해야 하는 상황에서 '지금은 조건 연산자를 사용할 수 있겠다'라는 생각이 든다면 반드시 조건 연산자를 사용하기 바랍니다. 그러나 조건 연산자는 if 문의 대용품으로 사용할 수는 없습니다. 코드가 복잡해지는 것을 막기 위해 조건 연산자는 ?와 : 기호 뒤에 쓸 코드가 고정값이나 변수처럼 단순한 식일 때만 이용하기 바랍니다.

4.4.2 null 합체 연산자

프로그램을 작성하다 보면 null인지 아닌지를 판단해서 처리를 분기해야 할 때 있습니다. null이면 기본값을 사용해야 할 경우가 특히 많습니다. 다음 코드는 null 합체 연산자를 사용하지 않는 전형적인 코드입니다.

```
var message = GetMessage(code)
if (message == null)
   message = DefaultMessage();
```

위와 같이 작성해도 나쁘지는 않지만 null **합체 연산자(??)**를 사용하면 다음과 같이 간결하게 작성할 수 있습니다.

예제 4.27 null 합체 연산자를 사용한 코드

```
var message = GetMessage(code) ?? DefaultMessage();
```

'갑자기 이런 마법의 주문같은 코드가 나왔지?'라고 생각하는 독자도 있을 것입니다. 그러나 다음과 같이 생각하면 의외로 금방 사용하게 될 것입니다.

1. GetMessage를 호출하고 반환값을 message 변수에 넣기 위해 다음과 같이 작성해야지.

```
var message = GetMessage(code);
```

2. 그런데 GetMessage 메서드는 null을 반환할 때도 있잖아.

3. null일 때는 DefaultMessage 메서드의 값을 넣으면 되니까 ?? 연산자를 써야겠구나.

```
var message = GetMessage(code) ?? DefaultMessage();
```

이런 식으로 생각하면 ?? 연산자는 그다지 어려운 것도 아니고 편리한 연산자로 느껴질 것입니다.

4.4.3 null 조건 연산자

null인지 아닌지를 판단하는 코드 가운데 또 하나 전형적인 것이 다음과 같은 코드입니다.

```
if (sale == null)
   return null;
```

```
else
    return sale.Product;
```

C# 6.0에 추가된 기능인 **null 조건 연산자(?.)**를 사용해서 이 코드를 다시 작성한 것은 다음과 같습니다.

예제 4.28 null 조건 연산자를 사용한 return 문(C# 6.0 이후)

```
return sale?.Product;
```

sale 변수가 null이 아닐 때는 Product 속성값을 반환하고 null일 때는 Product 속성에 접근하지 않고 null을 반환합니다.

이제까지 조건 연산자를 사용한 다음과 같은 코드보다 더욱 간결하게 작성할 수 있습니다.

예제 4.29 조건 연산자를 사용한 return 문(C# 5.0 이전)

```
▲   return sale == null ? null : sale.Product;
```

null 조건 연산자는 배열에도 이용할 수 있습니다. 배열인 경우에는 점(.)을 쓰지 않아도 됩니다. ? 뒤에 [를 붙입니다.

```
var first = customers?[0];
```

customers가 null일 경우에는 first에 null이 대입됩니다. customers가 null이 아닌 customers[0]의 값이 first에 대입됩니다. 다음 코드와 동일한 코드입니다. 그러나 다음 코드는 길이가 길어서 변수들의 관계를 한눈에 알아보기 힘듭니다. C# 6.0을 사용할 수 있는 환경에서는 반드시 null 조건 연산자를 사용하기 바랍니다.

```
Customer first = (customers == null) ? null : customers[0];
```

null 조건 연산자를 사용한 예를 하나 더 살펴보겠습니다.

예제 4.30 null 조건 연산자와 null 합체 연산자를 사용한 예

```
var product = GetProduct(id);
var name = product?.Name ?? DefaultName;
```

이것은 null 조건 연산자와 null 합체 연산자를 합쳐서 쓴 것입니다. product가 null일 때는 DefaultName이 name에 대입됩니다. null 조건 연산자를 사용하지 않고 쓴 것은 다음과 같습니다.

```
var name = (product == null) ? DefaultName : product.Name;
```

=의 우변에 product가 두 번 나타나서 코드가 조금 복잡하게 느껴집니다.

[Memo] 조건 연산자, null 합체 연산자, null 조건 연산자는 왜 사용하는 것일까?

초보 프로그래머는 조건 연산자, null 합체 연산자, null 조건 연산자를 마법의 주문처럼 느낄 수도 있을 것입니다. 그럼 왜 이렇게 알아보기 힘든 연산자를 사용하는 것일까요? 그것은 간결하게 쓸 수 있다는 이유는 물론이고 이들 연산자를 사용한 코드에는 다른 코드가 끼어들 여지가 없다는 큰 이유가 있습니다.

if 문을 사용한 코드는 유지 · 보수를 거듭해가는 동안 그 안에 불필요한 코드가 끼어 들어올 가능성이 있습니다. 그렇게 되면 코드가 복잡해져서 로직을 따라가면서 읽기 어려워집니다. 이렇게 로직이 읽기 어려워지면 유지보수할 때 버그가 추가되기 쉽습니다.

알아보기 어려운 이러한 연산자 구문도 제대로 사용할 수 있게 되면 코드의 품질을 향상시킬 수 있습니다.

4.5 속성에 관한 관용구

4.5.1 속성 초기화에 관련된 관용구

이것은 C# 6.0부터 이용할 수 있게 된 속성 초기화에 관련된 관용구입니다.

예제 4.31 속성 초기화(C# 6.0 이후)

```
public int MinimumLength { get; set; } = 6;
```

이렇게 강화된 기능에 의해 변수 초기화, 필드 초기화, 속성 초기화 처리를 모두 비슷하게 작성할 수 있게 됐습니다.

그 이전에는 다음과 같이 생성자에 작성해야 했지만 C# 6.0 이후에는 이 같은 번거로움이 없어졌습니다.

```
class PasswordPolicy {
    public int MinimumLength { get; set; };
    ...

    public PasswordPolicy() {
        MinimumLength = 6;
    }
}
```

C# 6.0부터는 다음과 같이 메서드를 호출해서 초기화할 수도 있습니다.

예제 4.32 메서드를 호출해서 속성을 초기화한다(C# 6.0 이후)

```
public string DefaultUrl { get; set; } = GetDefaultUrl();
```

> **[Memo] 예전에 속성을 쓰던 방식**
>
> 다음은 예전에 속성을 쓰던 방식입니다. 몇 가지 예외 상황을 제외하고 이제는 이렇게 쓰지 않아도 됩니다.
>
> ```
> private string _name;
>
> public string Name {
>    get { return _name; }
>    set { _name = value; }
> }
> ```
>
> 이렇게 쓰는 방식은 값을 초기화하는 처리를 지연시킬 때 활용됩니다. 다음은 이런 방식으로 작성한 코드입니다.
>
> ```
> private string _name;    ◀── 참조형의 초깃값은 null로 보장돼 있다.
>
> public string Name {
>    get {
>       if (_name == null)
>          _name = GetNameFromFile();
>       return _name;
>    }
>    set { _name = value; }
> }
> ```

4.5.2 읽기 전용 속성

프로그램을 작성하다 보면 값을 수정할 수 없는 읽기 전용 속성을 정의하고 싶을 때가 있습니다. 다음 클래스를 보기 바랍니다.

예제 4.33 읽기 전용 속성을 정의한 예

```
public class Person {
   public string GivenName { get; private set; }
```

```
    public string FamilyName { get; private set; }

    public string Name {
        get { return FamilyName + " " + GivenName; }
    }

    // 생성자
    public Person(string familyName, string givenName) {
        FamilyName = familyName;
        GivenName = givenName;
    }
}
```

위의 코드에서는 두 종류의 읽기 전용 속성을 정의했습니다.

하나는 set 접근자의 접근 수준을 private로 지정하는 방법입니다. 이렇게 하면 클래스 안에서만 해당 속성을 수정할 수 있고 클래스 밖에서는 해당 속정을 수정할 수 없습니다. 초보 프로그래머라면 private으로 지정하는 것을 잊기 쉬운데 안전성을 향상시키기 위해 자기 자신의 클래스 안에서만 값을 설정할 수 있는 속성은 set 접근자의 접근 수준을 private으로 지정하기 바랍니다.

또 하나는 get 접근자만 사용한 속성입니다. 수정할 일이 전혀 없을 경우에 이렇게 지정합니다. get 접근자만 사용한 속성은 해당 속성이 정의돼 있는 클래스 안에서도 수정할 수 없게 됩니다. 진정한 의미의 읽기 전용 속성이라고 말할 수 있습니다.

C#에는 이와 비슷한 기능으로 readonly 키워드가 있습니다. 인스턴스 멤버로 이용하려면 readonly를 사용하지 않고 위와 같이 get 접근자만 정의하는 방식으로 쓰면 됩니다[8].

그런데 C# 6.0이 보급되면서 get 접근자만 쓰는 방식도 과거의 유물이 될지도 모르겠습니다. 다음과 같이 더욱 간단하게 쓸 수 있게 됐기 때문입니다.

예제 4.34 읽기 전용 속성을 정의한 예(C# 6.0 이후)

```
public class Person {
    public string GivenName { get; private set; }
    public string FamilyName { get; private set; }
    public string Name => FamilyName + " " + GivenName;

    ...
}
```

----

8 readonly 필드와 읽기 전용 속성을 구별하려고 해도 그 판단 기준을 명확하게 정할 수 없습니다. 그렇다고 해서 그때마다 고민해봤자 시간 낭비일 뿐입니다. 따라서 필자는 readonly 키워드를 정적인 필드에만 이용합니다. 19.3.1절 '필드는 비공개로 지정한다'도 참조하기 바랍니다.

get 접근자 본문을 하나의 식으로 표현할 수 있는 경우에는 ⇒ 연산자를 사용해 읽기 전용 속성을 정의할 수 있습니다.

4.5.3 참조형인 읽기 전용 속성

읽기 전용 속성이 참조형인 경우(string은 제외)에는 참조는 수정할 수 없고 속성이 가리키고 있는 객체는 수정할 수 있다는 점에 주의하기 바랍니다.

다시 말해 List<int>의 속성을 읽기 전용 속성으로 지정해도 List<int> 컬렉션의 내용은 수정할 수 있다는 이야기입니다. 다음 코드는 이에 관한 예입니다.

```csharp
class Program {
    static void Main(string[] args) {
        var obj = new MySample();
        obj.MyList.Add(6);          ← List<int>를 자유롭게 이용할 수 있다
        obj.MyList.RemoveAt(0);
        obj.MyList[0] = 10;
        foreach (var n in obj.MyList) {
            Console.WriteLine(n);
        }
        // obj.MyList = new List<int>();    ← 읽기 전용이므로 여기서 빌드 오류가 발생한다
        Console.ReadLine();
    }
}
```

```csharp
class MySample {
    public List<int> MyList { get; private set; }

    public MySample() {
        MyList = new List<int>() { 1, 2, 3, 4, 5 };
    }
}
```

컬렉션 자체를 수정할 수 없게 하려면 다음과 같이 공개할 형을 IReadOnlyList<int>[9]나 IEnumerable <int>로 지정해야 합니다.

예제 4.35 참조형 속성을 읽기 전용으로 지정한다

```
class MySample {
    public IReadOnlyList<int> MyList { get; private set; }

    public MySample() {
        MyList = new List<int>() { 1, 2, 3, 4, 5 };
    }
}
```

4.6 메서드에 관한 관용구

4.6.1 가변 인수

다음 코드처럼 여러 개의 인수를 받아들이지만 인수의 개수를 한정하고 싶지 않을 경우가 있습니다.

```
var median = Median(1.0, 2.0, 3.0);

var median = Median(1.0, 2.0, 3.0, 4.0, 5.0);
```

이러한 가변 인수를 받아들이는 메서드를 정의할 경우에는 **params 키워드**를 사용합니다.

예제 4.36 가변 인수를 사용해 메서드를 정의한 예(1)

```
// 중간값을 구하는 메서드
private double Median(params double[] args) {
    var sorted = args.OrderBy(n => n).ToArray();
    int index = sorted.Length / 2;
    if (sorted.Length % 2 == 0)
        return (sorted[index] + sorted[index - 1]) / 2;
    else
        return sorted[index];
}
```

---

9 IReadOnlyList<T>는 .NET 프레임워크 4.5에 추가된 인터페이스입니다.

메서드 안에서는 전달받은 인수는 배열로 취급할 수 있습니다. 다음과 같이 여러 개의 메서드를 정의할 필요가 없습니다.

✖
```
public int Median(int arg1) { return ...... }

public int Median(int arg1, int arg2) { return ...... }

public int Median(int arg1, int arg2, int arg3) { return ...... }

public int Median(int arg1, int arg2, int arg3, int arg4) { return ...... }

   ...
```

그리고 Console.WriteLine이나 String.Format처럼 인수를 지정해서 로그를 출력하는 메서드를 정의하고 싶다면 다음과 같이 **params 키워드**를 사용하면 됩니다.

예제 4.37 가변 인수를 사용해 메서드를 정의하는 예(2)
```
private void WriteLog(string format, params object[] args) {
    var s = String.Format(format, args);
    // 로그 파일을 출력한다
    WriteLine(s);
}
```

다음은 WriteLog 메서드를 호출하는 예입니다.

```
logger.WriteLog("Time:{0} User:{1} Message:{2}", time, user, message);
```

4.6.2 오버로드는 하지 않고 옵션 인수를 사용한다

인수는 다르지만 동일한 기능을 가진 메서드를 여러 개 정의하고 싶을 때가 있습니다. 그럴 때는 메서드의 오버로드 기능을 사용해 같은 이름의 메서드를 여러 개 정의해서 해결할 수 있습니다.

다음은 C# 3.0 이전 방식으로 메서드를 오버로드한 것입니다. 정의하기가 조금 번거로워 보입니다.

▲
```
// 예전 방식으로 작성한 예
public void DoSomething(int num, string message, int retryCount) { ...... }
```

```
public void DoSomething(int num, string message) {
    DoSomething(num, message, 3);        ◄──── 세 번째 인수에 기본값을 지정해서 세 개의
}                                              인수를 가진 DoSomething을 호출한다


public void DoSomething(int num) {
    DoSomething(num, "DefaultMessage", 3);  ◄──── 두 번째와 세 번째 인수에 기본값을 지정해서 세
}                                                 개의 인수를 가진 DoSomething을 호출한다
```

그러나 위의 코드처럼 인수의 개수가 적은 메서드에서 인수의 개수가 많은 메서드를 호출하는 경우에는 C# 4.0에 도입된 옵션 인수를 사용해서 하나의 메서드로 정의할 수 있습니다.

예제 4.38 옵션 인수를 사용해 메서드를 정의한 예(C# 4.0 이후)

```
private void DoSomething(int num, string message = "실패했습니다.", int retryCount = 3) {
    ...
}
```

인수를 선언할 때 초깃값도 함께 지정했습니다. 이 초깃값은 인수가 생략됐을 때의 값이 됩니다. 이처럼 하나의 메서드로 정의해서 다음과 같은 세 종류의 호출을 할 수 있습니다.

```
DoSomething(100);

DoSomething(100, "오류입니다.");

DoSomething(100, "오류입니다.", 5);
```

옵션 인수는 생성자를 정의할 때도 이용할 수 있습니다.

4.7 그 밖의 관용구

4.7.1 1을 더할 때는 증감 연산자 ++를 사용한다

변수에 1을 더할 때는 다음과 같이 쓰지 않고 **++ 연산자**를 사용하는 것이 정석입니다.

▲   count += 1;

예제 4.39 증감 연산자 ++

```
count++;
++count;
```

이 연산자에 익숙해지면 이런 코드를 보고 1을 더하고 있다는 것을 금방 알아볼 수 있습니다. 단독으로 이용하려면 전위 ++, 후위 ++ 모두 사용할 수 있습니다. '[Column] 전위 ++와 후위 ++의 차이'도 참조하기 바랍니다.

4.7.2 파일 경로에는 축자 문자열 리터럴을 이용한다

파일 경로를 지정하려면 문자열 앞에 @을 붙인 **축자 문자열 리터럴**을 이용합니다.

예제 4.40 축자 문자열 리터럴의 예

```
var path = @"C:\Example\Greeting.txt";
```

축자 문자열 리터럴을 사용하면 \ 기호가 이스케이프 시퀀스로 인식되지 않으므로 파일 경로를 그대로 기술할 수 있습니다.

그러나 @을 붙이지 않은 일반 문자열 리터럴인 경우에는 다음과 같이 경로 구분 문자인 \ 기호 두 개를 연속해서 써야 합니다.

예제 4.41 일반 문자열 리터럴을 경로 지정에 사용한 나쁜 예

```
✘    var path = "C:\\Example\\Greeting.txt";
```

일반 문자열 리터럴을 파일 경로에 사용하면 오타가 발생하기 쉽고 가독성도 떨어지므로 파일 경로를 기술할 때는 축자 문자열 리터럴을 사용하기 바랍니다[10].

4.7.3 두 개의 요소를 바꾼다

어떤 두 개의 요소를 바꾸려고 할 때 이용하는 고전적인 관용구입니다.

---

10 축자 문자열 리터럴에서 "(따옴표)를 표현해야 할 경우에는 ""와 같이 연속해서 써야 합니다.

예제 4.42 두 개의 요소를 바꾼다

```
var temp = a;
a = b;
b = temp;
```

이렇게 하면 a와 b의 값이 바뀝니다. 초보 프로그래머는 다음과 같이 작성할 수도 있겠지만 틀린 방법입니다. 위의 관용구는 간단히 익힐 수 있고 이용하지 않을 이유는 어디에도 없습니다[11].

✖
```
var temp1 = a;
var temp2 = b;
a = temp2;
b = temp1;
```

4.7.4 문자열을 숫자값으로 변환한다

문자열을 숫자값으로 변환하려고 할 때 오류가 있는지 조사하기 위해 TryParse 메서드를 사용합니다. TryParse 메서드는 변환에 성공하면 true를 반환하고 실패하면 false를 반환합니다.

TryParse를 사용하기 직전에 변수를 선언합니다[12]. 이때 초깃값은 설정하지 않아도 됩니다.

예제 4.43 문자열을 숫자값(int)으로 변환한다[13].

```
int height;
if (int.TryParse(str, out height)) {      ◀──── height에는 변환된 값이 들어 있다
    ... // 변환에 성공했을 때 수행할 처리
} else {
    ... // 변환에 실패했을 때 수행할 처리
}
```

다음과 같이 TryParse 메서드를 사용하지 않고 Parse 메서드를 사용해 예외를 포착하는 코드를 작성하면 안 됩니다. 관용구로 표현한 것보다 매우 번잡한 코드가 됐고 예외를 포착하려면 리소스에 부담이 되어 처리 속도 측면에서 봐도 좋지 않습니다.

---

11 C# 7.0에서는 튜플을 사용해 (b a)=(a b);와 같이 쓸 수도 있습니다. C# 7.0을 이용하고 있다면 이 방법을 추천합니다.
12 C# 7.0에서는 int.TryParse(str, out var height)라고 쓸 수 있으므로 height 변수를 미리 선언하지 않아도 됩니다.
13 코드에 있는 out 키워드에 관해서는 19.2.9절을 참조하기 바랍니다.

✖
```
try {
    int retryCount = int.Parse(str);          ←—— 변환에 실패하면 예외가 발생한다
} catch (ArgumentNullException ex) {
    ...
} catch (FormatException ex) {
    ...
}
```

그리고 문자열이 숫자로만 구성돼 있다는 보장이 있다면 다음 코드를 이용해도 괜찮습니다.

```
int height = int.Parse(str);
```

4.7.5 참조형을 형변환한다

참조형 객체를 다른 형으로 형변환하려면 **as 연산자**를 사용합니다.

예제 4.44 as 연산자를 사용해 참조형을 형변환한다

```
var product = Session["MyProduct"] as Product;
if (product == null) {
    ... // product를 가져올 수 없을 때 수행할 처리
} else {
    ... // product를 가져왔을 때 수행할 처리
}
```

Session 속성이 object 형을 반환하는 속성이라고 가정했을 경우 Session["MyProduct"]를 통해 가져온 객체를 그대로 사용할 수 없습니다. 본래의 형으로 형변환해야 합니다. 이때 사용하는 것이 as 연산자입니다[14].

is 연산자를 사용해서 다음과 같은 방식으로 작성할 수도 있지만 이 코드를 위의 코드와 비교하면 장황합니다.

---

14 C# 7.0에서는 is 연산자가 확장되어 다음과 같이 더욱 간단히 기술할 수 있습니다.
```
if (Session["MyProduct"] is Product product) {
    ... // product를 가져왔을 때 수행할 처리. product 변수에 형변환된 결과가 저장된다
} else {
    ... // product를 가져올 수 없을 때 수행할 처리
}
```

```
▲   if (Session["MyProduct"] is Product) {
        var product = Session["MyProduct"] as Product;
        ... // product를 가져왔을 때 수행할 처리
    } else {
        ... // product를 가져올 수 없을 때 수행할 처리
    }
```

그리고 다음과 같이 예외를 포착하는 방법도 있지만 처리 속도가 떨어지고 일반적으로 발생하는 상황에 대해 예외를 사용하는 것은 바람직하지 않습니다.

```
✖   try {
        var product = (Product)Session["MyProduct"];    ◄── Product 형으로 형변환한다
        ... // product를 가져왔을 때 수행할 처리
    } catch (InvalidCastException e) {
        ... // product를 가져올 수 없을 때 수행할 처리
    }
```

참고로 as 연산자는 참조형에만 사용할 수 있습니다. **as 연산자는 값형에는 사용하지 않는다**는 것을 알아두기 바랍니다[15].

4.7.6 예외를 다시 던진다

예외를 포착한 후에 다시 예외를 던지려면 다음과 같이 throw만 기술합니다.

예제 4.45 예외를 다시 던진다

```
try {
    ...
} catch (FileNotFoundException ex) {    ◄── ex 변수에는 예외 객체가 저장돼 있다.
                                            예외 객체를 참조하면 예외에 관한 자세한 정보를 알 수 있다

    // 예외 정보를 사용한 어떤 처리
    ...
    throw;    ◄── 예외를 다시 던진다
}
```

다음과 같이 작성한다면 예외의 스택 트레이스 정보[16]가 사라져서 디버그하기 어려워집니다.

---

15 값형인 경우에는 (int)obj, (DateTime)obj처럼 괄호로 묶는 형변환 연산자를 사용합니다.
16 스택 트레이스 정보를 보면 프로그램이 어떤 메서드를 호출하면서 예외가 발생한 곳까지 왔는지 알 수 있습니다.

✖
```
try {
    ...
} catch (FileNotFoundException ex) {
    // 예외 정보를 사용한 어떤 처리
    ...
    throw ex;        ◀──── 이렇게 작성하면 안 된다
}
```

4.7.7 using을 사용해 리소스를 정리한다

.NET 프레임워크 클래스 중에는 사용이 끝난 리소스를 정리하기 위해 Dispose 메서드를 호출해야 하는 클래스가 있습니다. IDisposable 인터페이스를 구현한 클래스가 여기에 해당합니다. 파일, 데이터베이스, 네트워크처럼 외부의 자원에 접근하는 클래스가 대표적인 예입니다.

실수로 Dispose 메서드를 호출하는 것을 잊으면 파일이 열린 상태로 있어 다른 사용자가 이용할 수 없게 되거나 메모리 누수가 발생하는 등 여러 가지 문제가 발생할 위험이 있습니다. using 문을 사용해 Dispose 메서드를 확실히 호출하기 바랍니다.

예제 4.46 using을 사용해 리소스를 삭제한다

```
using (var stream = new StreamReader(filePath)) {    ◀──── StreamReader는 IDisposable 인터페이스를 구현한다
    var texts = stream.ReadToEnd();
    ... // 읽어 들인 데이터를 여기서 처리한다
}
```

using을 빠져나갈 때 자동으로 Dispose 메서드가 호출됩니다. IDisposable 인터페이스를 구현하는 클래스를 사용할 때는 using 문을 사용해 리소스(자원)를 확실히 정리해야 합니다.

IDisposable 인터페이스를 구현하지 않는 클래스에는 using 문을 사용할 수 없으므로 주의하기 바랍니다.

try-finally 구문을 사용한 다음과 같은 코드에서도 using 문을 사용하면 코드가 간결해집니다.

예제 4.47 try-finally를 사용해 리소스를 정리한다(예전 방식)

▲
```
StreamReader stream = new StreamReader(filePath);
try {
    string texts = stream.ReadToEnd();
    ... // 읽어 들인 데이터를 여기서 처리한다
```

```
    } finally {
        stream.Dispose();          ◀────── 마지막에 Dispose를 호출해서 정리한다
    }
```

4.7.8 여러 개의 생성자를 정의한다

인수가 다른 생성자를 정의하려면 this 키워드를 사용해 코드를 공유할 수 있는 경우가 있습니다('Memo: this 키워드' 참고). 다음 코드에서 처음 두 개의 생성자는 세 번째 생성자에 포함된 인수의 일부를 생략하고 기본값을 지정한 후에 세 번째 생성자를 호출합니다. 이 같은 경우에 this 키워드를 활용할 수 있습니다. 생성자의 인수를 쓰고 괄호를 닫고 여기에 :this(...)라고 쓰면 생성자 본문을 처리({} 안에 있는 내용)하기에 앞서 오버로드된 다른 생성자를 호출할 수 있습니다.

예제 4.48 this를 사용해 생성자의 코드를 공유한다

```
class AppVersion {
    ...
    public AppVersion(int major, int minor)
        : this(major, minor, 0, 0){      ◀────── 4개의 인수를 포함한 생성자를 호출한다
    }

    public AppVersion(int major, int minor, int revision)
        : this(major, minor, revision, 0){   ◀────── 4개의 인수를 포함한 생성자를 호출한다
    }

    public AppVersion(int major, int minor, int build, int revision) {   ◀── 위에 있는 두 개의
        Major = major;                                                       생성자가 이 생성자를
        Minor = minor;                                                       호출한다
        Build = build;
        Revision = revision;
    }
    ...
}
```

다음과 같이 작성하면 코드가 중복되므로 바람직하지 않습니다. 생성자 안에 뭔가 새로운 로직을 추가할 때도 다음과 같은 코드에서는 세 곳에 동일한 코드를 써야 할 것입니다. this 키워드를 사용하면 한 곳만 수정해서 해결할 수 있습니다.

```
✘  class AppVersion {
        ...
```

```
    public AppVersion(int major, int minor) {
        Major = major;
        Minor = minor;
        Build = 0;
        Revision = 0;
    }

    public AppVersion(int major, int minor, int build) {
        Major = major;
        Minor = minor;
        Build = build;
        Revision = 0;
    }

    public AppVersion(int major, int minor, int build, int revision) {
        Major = major;
        Minor = minor;
        Build = build;
        Revision = revision;
    }
    ...
}
```

그리고 C# 4.0 이후에는 옵션 인수를 사용해서 다음과 같이 작성할 수 있습니다. C# 4.0 이후 버전을 사용하고 있다면 이 방법을 추천합니다.

예제 4.49 옵션을 인수로 사용한 생성자를 정의한다(C# 4.0 이후)

```
class AppVersion {
    ...
    public AppVersion(int major, int minor, int build = 0, int revision = 0) {
        Major = major;
        Minor = minor;
        Build = build;
        Revision = revision;
    }
    ...
}
```

AppVersion을 이용하는 쪽에서 보면 옵션 인수를 사용한 AppVersion도, 여러 개의 생성자를 정의한 AppVersion도 같은 방식으로 이용할 수 있습니다.

[Memo] this 키워드

this 키워드는 아래의 4가지 경우에 사용합니다.

1. **자신의 인스턴스를 참조할 때 사용한다.**
2. **인덱서를 정의할 때 사용한다.**[17]
3. **확장 메서드의 첫 인수의 수식자로 사용한다.**[18]
4. **한 클래스 내에서 다른 생성자를 호출할 때 사용한다.**

이처럼 네 가지 사용법이 있고 각각의 의미가 다르므로 초보 프로그래머는 이해하기 어려울 수도 있습니다. 그러나 각각이 서로 다른 this라는 것을 알면 이해하기 쉬울 것입니다.

[Column] 전위 ++와 후위 ++의 차이

++ 연산자에는 다음과 같은 두 가지 방식이 있습니다.

```
++num
num++
```

첫 번째 것은 '전위 증가 연산'이고 두 번째 것은 '후위 증가 연산'이라고 합니다. 이 두 개는 동작 방식이 약간 다릅니다. 차이는 다음과 같습니다.

- **전위 증가**

  ++num은 1을 증가시킨 후의 num 값이 해당 식의 값이 된다

- **후위 증가**

  num++는 1을 증가시키기 전의 num 값이 해당 식의 값이 된다

코드를 살펴보면서 구체적으로 알아보겠습니다.

```
int num = 5;
Console.WriteLine(num++);
num = 5;
Console.WriteLine(++num);
```

num++에서는 일단 num 값이 평가되어 5가 WriteLine 메서드의 인수에 전달됩니다. 그 후에 num 값이 1만큼 증가합니다. ++num 식에서는 num 값이 1만큼 증가한 후에 num 값이 평가되어 WriteLine 메서드의 인수에 전달됩니다. 이 코드를 실행한 결과는 다음과 같습니다.

---

17 인덱서를 정의한 예는 7.3절 '딕셔너리를 사용한 예제 프로그램'에 있습니다.
18 확장 메서드와 관련된 예는 '[Column] 확장 메서드'에 있습니다.

```
5
6
```

— 연산자도 마찬가지로 '전위 감소 연산'과 '후위 감소 연산'이라는 두 가지가 있고 이 두 가지도 동일한 차이가 있습니다.

연습 문제

문제 4.1

다음에 나온 순서로 YearMonth 클래스를 정의합니다. 이번 장에서 배운 관용구를 사용할 수 있는 부분에서는 관용구를 사용합니다.

1. 연도(Year)와 월(Month)이라는 두 가지 속성을 가진 YearMonth 클래스를 정의합니다. 이때 두 개의 속성은 읽기 전용으로 지정하고 값은 생성자에서 지정할 수 있게 만듭니다. 그리고 인수로 넘겨주는 월값은 1부터 12까지의 범위에 있다고 가정해도 됩니다.

2. YearMonth 클래스에 Is21Century 속성을 추가합니다. 2001년부터 2100년까지가 21세기입니다. 이때 사칙연산을 사용하지 않습니다.

3. YearMonth 클래스에 1개월 후를 구하는 AddOneMonth 메서드를 추가합니다. 이때 자기 자신의 속성은 수정하지 않고 새로운 YearMonth 객체를 생성하고 그 값을 반환합니다. 12월에 대한 처리를 구현할 때는 주의해야 합니다.

```
public YearMonth AddOneMonth() {
    ...  ◀── 여기에 구현한다
}
```

4. ToString 메서드를 오버라이드[19]합니다. 결과는 "2017년 8월"과 같은 형식으로 출력합니다.

```
public override string ToString() {
    ...  ◀── 여기에 구현한다
}
```

---

19 상속하는 클래스에서 정의된 메서드를 상속받은 클래스에서 다시 정의해서 해당 동작을 새로 작성하는 것을 말합니다. 자세한 내용은 문법을 설명한 서적을 참조합니다.

문제 4.2

문제 4.1에서 정의한 YearMonth 클래스를 사용해 다음과 같은 코드를 작성합니다. 이번 장에서 배운 관용구를 사용할 수 있는 부분은 관용구를 사용합니다.

1. YearMonth를 요소로 갖는 배열을 정의하고 다섯 개의 YearMonth 객체를 초깃값으로 지정합니다.

2. 이 배열의 요소(YearMonth 객체)를 모두 열거하고 그 값을 콘솔에 출력합니다.

3. 배열에서 처음 발견한 21세기의 YearMonth 객체를 반환하는 메서드를 작성합니다. 발견되지 않았다면 null을 반환합니다. foreach 문을 사용해 구현합니다.

4. 3에서 작성한 메서드를 호출해서 처음 발견된 21세기 데이터의 연도를 표시합니다. 발견되지 않았다면 "21세기 데이터는 없습니다."라는 문장을 표시합니다.

5. 배열에 저장된 모든 YearMonth의 1개월 후를 구하고 그 결과를 새로운 배열에 넣습니다. 그러고 나서 해당 배열에 있는 요소의 내용(연도, 월)을 순서대로 표시합니다. LINQ를 사용할 수 있는 부분은 LINQ를 사용해서 구현합니다.

5장

문자열을 처리한다

문자열을 다루지 않는 프로그램은 없다고 단언할 수 있을 정도로 문자열은 자주 이용되는 데이터형입니다. C#의 string 형은 .NET 프레임워크의 String 클래스의 별칭이며 문자열을 처리하기 위해서는 이 String 클래스에 마련된 메서드를 이용하지 않을 수 없습니다. 이번 장에서는 String 클래스를 사용하는 방법을 중심으로 대표적인 문자열 처리에 관해 설명하겠습니다.

5.1 문자열을 비교한다

5.1.1 문자열끼리 비교한다

두 문자열의 내용이 같은지 조사하려면 == 연산자를 사용합니다.

예제 5.1 문자열끼리 비교한다

```
if (str1 == str2)
    Console.WriteLine("일치합니다.");
```

str1과 str2가 그림 5.1처럼 다른 객체를 참조하고 있어도 문자열의 내용이 같다면 동일한 것이라고 판단합니다.

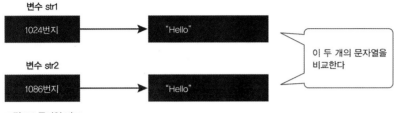

그림 5.1 문자열 비교

5.1.2 대/소문자 구분 없이 비교한다

앞서 이야기한 == 연산자로 문자열을 비교하는 기능에서는 대문자와 소문자가 구분됩니다. 대문자와 소문자를 구분하지 않으려면 String.Compare라는 **정적 메서드**를 사용합니다.

예제 5.2 대/소문자 구분 없이 비교한다

```
var str1 = "Windows";
var str2 = "WINDOWS";
if (String.Compare(str1, str2, true) == 0)
    Console.WriteLine("같다.");
else
    Console.WriteLine("같지 않다.");
```

세 번째 인수를 true로 지정하면 대/소문자 구분 없이 비교할 수 있습니다. 위의 코드에서는 "같다."라고 표시됩니다.

C# 4.0 이후 버전에서는 **명명된 인수**를 사용해 다음과 같이 쓰면 읽기 쉬운 코드가 됩니다.

예제 5.3 대/소문자 구분 없이 비교한다(명명된 인수를 사용한 코드)

```
if (String.Compare(str1, str2, ignoreCase:true) == 0)
```

이렇게 하면 true가 무엇을 의미하는지를 명확하게 알 수 있으므로 코드를 읽기 쉬워지고 주석을 쓰지 않아도 됩니다.

5.1.3 히라가나/카타카나 구분 없이 비교한다

String.Compare 메서드에는 오버로드된 몇 개의 메서드[1]가 있는데 히라가나, 카타카나 구분 없이 문자열을 비교하려면 CultureInfo[2]와 CompareOptions를 인수로 받는 메서드를 이용합니다.

예제 5.4 히라가나/카타카나 구분 없이 비교한다

```
var str1 = "カステラ";
var str2 = "かすてら";
var cultureInfo = new CultureInfo("ja-JP");
if (String.Compare(str1, str2, cultureInfo, CompareOptions.IgnoreKanaType) == 0)
    Console.WriteLine("일치합니다.");        ◀── "일치합니다."라는 문장이 콘솔에 출력된다
```

세 번째 인수인 CultureInfo에는 "ja-JP"를 지정해서 생성한 CultureInfo 객체를 지정하고 네 번째 인수에는 CompareOptions.IgnoreKanaType을 지정합니다. CultureInfo 클래스와 CompareOptions 열거형은 System.Globalization 네임스페이스에 포함돼 있습니다.

5.1.4 전각/반각 구별없이 비교한다

전각과 반각[3] 구분 없이 문자열을 비교할 때도 CultureInfo와 CompareOptions를 인수로 받는 Compare 메서드를 이용합니다.

예제 5.5 전각/반각 구분 없이 비교한다

```
var str1 = "HTML5";
var str2 = "ＨＴＭＬ５";
var cultureInfo = new CultureInfo("ja-JP");
if (String.Compare(str1, str2, cultureInfo, CompareOptions.IgnoreWidth) == 0)
    Console.WriteLine("일치합니다.");
```

CompareOptions.IgnoreWidth를 지정해서 전각과 반각 구분 없이 비교할 수 있습니다. 위의 예에서는 "일치합니다."라는 문자열이 콘솔에 출력됩니다.

그리고 대/소문자도 구분 없이 비교하려면 CompareOptions.IgnoreWidth와 CompareOptions.IgnoreCase를 논리 OR 연산자인 'l'로 연결하고 Compare 메서드에 전달합니다.

---

1 함수의 이름은 같지만 인수의 형과 개수가 다른 메서드를 정의할 수 있습니다. 4장에서 조금 설명했는데 이를 메서드의 '오버로드'(다중 정의)라고 합니다.
2 CultureInfo 클래스는 언어, 국가, 지역, 달력과 같은 정보를 나타내는 클래스입니다.
3 전각/반각은 일본에서 컴퓨터가 보급되기 시작한 시절부터 사용됐던 용어이며 문자를 표시하는 크기를 나타냅니다.

예제 5.6 전각/반각, 대/소문자 구분 없이 비교

```
var str1 = "Ｃｏｍｐｕｔｅｒ";
var str2 = "COMPUTER";
var cultureInfo = new CultureInfo("ja-JP");
if (String.Compare(str1, str2, cultureInfo,
    CompareOptions.IgnoreWidth | CompareOptions.IgnoreCase) == 0)
Console.WriteLine("일치합니다.");
```

위의 코드를 실행하면 "일치합니다."라는 문자열이 표시됩니다.

5.2 문자열을 판정한다

5.2.1 null 또는 빈 문자열을 판정한다

문자열이 null인지 빈 문자열인지 조사하려면 String 클래스에 포함된 **IsNullOrEmpty** 메서드를 사용합니다.

예제 5.7 null 또는 빈 문자열을 판정한다

```
if (String.IsNullOrEmpty(str))
    Console.WriteLine("null 또는 빈 문자열입니다.");
```

다음과 같은 코드로도 동일한 결과를 얻을 수 있지만 일반적으로 이렇게 작성하지 않습니다.

예제 5.8 null 또는 빈 문자열을 판정하는 나쁜 예

```
✘   if (str == null || str == "")
        Console.WriteLine("null 또는 빈 문자열입니다.");

    if (str == null || str.Length == 0)
        Console.WriteLine("null 또는 빈 문자열입니다.");
```

특히 두 번째 코드는 매우 장황하므로 이렇게 코딩하는 것은 추천하지 않습니다. 빈 문자열인지 여부(What)를 조사하려는 것이지 길이가 0인지(How)를 조사하는 것이 아니기 때문입니다. How보다는 What이라는 관점에서 코드를 작성하는 것이 바람직합니다.

그럼 다음 코드는 어떨까요?

예제 5.9 빈 문자열인지 여부를 조사한다

```
if (str == String.Empty)
    Console.WriteLine("빈 문자열입니다.");
```

str이 null이 아님이 확실하다면 예제 5.9처럼 작성해도 괜찮을 것입니다. 만일 str 변수가 null이라면 System.NullReferenceException 예외가 발생하므로 주의해야 합니다.

String.Empty 대신 따옴표 두 개를 연결한 ""를 사용해도 괜찮습니다. ""를 사용하는 것과 String.Empty를 사용하는 것은 개인의 취향 문제입니다[4].

'""라고 쓴 개수만큼 인스턴스가 생성되는 것은 아닐까'라고 걱정하는 사람이 있는데 ""를 코드에서 아무리 많이 써도 메모리에 확보되는 것은 한 개뿐입니다.

그리고 .NET 프레임워크 4[5] 이후에는 빈 문자로만 구성된 문자열도 판정의 대상에 포함하고 싶다면 **IsNullOrWhiteSpace 메서드**를 사용해 다음과 같이 작성할 수 있습니다.

예제 5.10 null, 빈 문자열, 공백 문자열을 판정한다

```
if (String.IsNullOrWhiteSpace(str)) {      ◄──── null, "", " " 모두 true가 된다
    ...
}
```

5.2.2 지정한 부분 문자열로 시작되는지 조사한다

StartsWith 메서드를 사용하면 인수에 전달된 부분 문자열로 시작되는지 조사할 수 있습니다.

예제 5.11 지정한 부분 문자열로 시작되는지 조사한다

```
if (str.StartsWith("Visual")) {
    Console.WriteLine("Visual로 시작됩니다.");
}
```

위의 예에서는 문자열 str이 'Visual'로 시작하는지 조사합니다. 다음과 같이 IndexOf 메서드를 사용해도 같은 결과를 얻을 수 있는데 StartsWith를 사용하는 편이 '무엇을 하고 싶은 것인가'라는 의도를 코드에서 명확하게 보여줄 수 있습니다.

---

4 .NET 프레임워크 3.5 SP1 이후에는 ""와 String.Empty는 메모리 안에 있는 동일한 객체를 가리키는 참조입니다.
5 .NET 프레임워크 4/4.5/4.5.1은 이제 지원이 종료됐으므로 정확하게는 .NET 프레임워크 4.5.2 이후라고 말하는 것이 맞습니다.

예제 5.12 부분 문자열로 시작되는지 조사하는 나쁜 예

✘   `if (str.IndexOf("Visual") == 0) { ...... }`

EndsWith라는 메서드도 마련돼 있으므로 해당 문자열이 인수로 전달된 부분 문자열로 끝나는지도 조사할 수 있습니다.

예제 5.13 지정한 부분 문자열로 끝나는지 조사한다

```
if (str.EndsWith("Exception")) {
   Console.WriteLine("Exception으로 끝납니다.");
}
```

이 코드는 str이 'Exception'으로 끝나는지를 조사합니다.

5.2.3 지정한 부분 문자열이 포함돼 있는지 조사한다

해당 문자열 안에 인수로 전달받은 부분 문자열이 포함돼 있는지 조사하려면 Contains 메서드를 사용합니다.

예제 5.14 지정한 부분 문자열이 포함돼 있는지 조사한다

```
if (str.Contains("Program")) {
   Console.WriteLine("Program이 포함돼 있습니다.");
}
```

위의 코드는 문자열 str에 'Program'이라는 부분 문자열이 포함돼 있는지 조사합니다. IndexOf 메서드를 사용해서 다음 코드처럼 작성하는 것은 일반적인 방법이 아닙니다.

예제 5.15 부분 문자열이 포함돼 있는지 조사하는 나쁜 예

✘   `if (str.IndexOf("Program") >= 0) { ...... }`

다시 이야기하지만 예제 5.15에 나온 코드는 '무엇을 하는가(What)'가 아니고 '어떻게 하는가(How)'를 표현한 것입니다. '어떻게 하는가(How)'라는 관점에서 작성한 코드는 '무엇을 하는가(What)'라는 관점에서 작성한 코드와 비교하면 읽기 어렵습니다. **좋은 코드를 작성하기 위해서는 항상 'What'이라는 관점을 잃지 않는 것이 중요합니다.**

5.2.4 지정한 문자열이 포함돼 있는지 조사한다

앞서 부분 문자열이 포함돼 있는지 조사하는 코드를 살펴봤고 이번에는 지정한 **문자**가 포함돼 있는지 조사하는 코드를 보겠습니다. String 클래스는 IEnumerable<char> 인터페이스를 구현하므로 LINQ에 있는 Contains 메서드를 사용해 다음과 같이 작성할 수 있습니다.

예제 5.16 문자열 안에 지정한 문자가 포함돼 있는지 조사한다

```
using System.Linq;
    ...
var target = "The quick brown fox jumps over the lazy dog.";
var contains = target.Contains('b');
```

LINQ를 사용하지 않으면 코드를 다음과 같이 작성할 수 있지만 이 코드를 봐서는 작성한 사람의 의도를 직관적으로 알 수 없습니다.

예제 5.17 지정한 문자가 해당 문자열에 포함돼 있는지 조사하는 나쁜 예

```
✘    var target = "The quick brown fox jumps over the lazy dog.";
     var contains = target.IndexOf('b') >= 0;
```

5.2.5 조건을 만족하는 문자가 포함돼 있는지 조사한다

LINQ에 있는 Any 메서드를 사용하면 어떤 조건을 만족하는 문자가 포함돼 있는지 조사할 수 있습니다.

예제 5.18 조건에 일치하는 문자가 포함돼 있는지 조사한다

```
var target = "C# Programming";
var isExists = target.Any(c => Char.IsLower(c));
```

Any 메서드에 인수로 넘겨 준 람다식의 결과 중에 하나라도 true를 반환하면 Any 메서드는 true를 반환합니다. true를 반환한 시점에서 문자열을 조사하는 작업은 끝납니다. 위의 예에서는 Char.IsLower 메서드를 사용해 문자열 안에 소문자가 포함돼 있는지 조사했습니다.

LINQ를 사용하지 않는다면 코드를 다음과 같이 작성하게 됩니다.

예제 5.19 조건에 일치하는 문자가 포함돼 있는지 조사한다(비추천)

```
▲    string target = "C# Programming";
     bool isExists = false;
     foreach (char c in target) {
```

```
    if (Char.IsLower(c)) {
        isExists = true;
        break;
    }
}
Console.WriteLine(isExists);
```

LINQ를 사용하지 않으면 코드의 양이 많아져서 오류가 발생할 가능성이 높아진다는 것을 알 수 있습니다. 오류가 발생하지 않더라도 실수로 break 문을 쓰지 않기라도 하면 루프가 불필요하게 반복하게 되는데 이는 매우 비효율적이라고 말할 수 있습니다.

그러나 LINQ를 사용한다면 람다식의 기본적인 내용만 알고 작성해도 실수가 발생할 여지가 거의 없습니다.

5.2.6 모든 문자가 조건을 만족하는지 조사한다

LINQ에 있는 **All 메서드**를 사용하면 모든 문자가 해당 조건을 만족하는지 조사할 수 있습니다.

예제 5.20 모든 문자가 해당 조건을 만족하는지 조사한다

```
var target = "141421356";
var isAllDigits = target.All(c => Char.IsDigit(c));
```

위의 코드에서는 Char 구조체를 통해 IsDigit라는 정적 메서드를 사용해서 해당 문자열이 숫자인지 여부를 조사합니다. 위의 예에서는 target 문자열 안에 있는 문자는 모두 숫자이므로 isAllDigits 변수에는 true가 대입됩니다.

다음은 LINQ를 사용하지 않고 작성한 코드입니다.

예제 5.21 모든 문자가 해당 조건을 만족하는지 조사한다(비추천)

```
▲   string target = "141421356";
    bool isAllDigits = true;
    foreach (char c in target) {
        if (!Char.IsDigit(c)) {
            isAllDigits = false;
            break;
        }
    }
    Console.WriteLine(isAllDigits);
```

5.3 문자열을 검색하고 추출한다

5.3.1 부분 문자열을 검색하고 그 위치를 구한다

IndexOf 메서드는 인수로 전달받은 부분 문자열이 문자열 안에서 처음 발견된 위치(0에서 시작하는 인덱스)를 반환합니다.

예제 5.22 부분 문자열을 검색하고 그 위치를 구한다

```
var target = "Novelist=김만중;BestWork=구운몽";
var index = target.IndexOf("BestWork=");
```

이 예에서는 'BestWork='가 있는 위치(0에서 시작함)를 구합니다. index에는 15가 대입됩니다.

그리고 IndexOf 메서드는 후속 처리이며 SubString, Remove, Insert처럼 인덱스를 인수로 받는 메서드를 호출할 때 이 IndexOf 메서드를 이용한다고 생각하면 됩니다.

5.2절 '문자열을 판정한다'에서도 설명했지만 지정된 부분 문자열이 존재하는지 여부를 판정하려면 판정을 위한 메서드(Contains, StartsWith 등)를 사용하기 바랍니다.

5.3.2 문자열의 일부를 추출한다

다음은 시작 위치와 길이를 지정해서 문자열의 일부를 추출하는 코드입니다.

예제 5.23 문자열의 일부를 추출한다

```
var target = "Novelist=김만중;BestWork=구운몽";
var value = "BestWork=";
var index = target.IndexOf("BestWork=") + value.Length;
var bestWork = target.Substring(index);
```

위의 예에서는 SubString 메서드를 사용해 부분 문자열을 추출했습니다. 지정한 시작 위치에서 마지막까지를 부분 문자열로 지정해서 추출합니다. "BestWork="의 'B'의 인덱스에 value.Length로 구한 "BestWork=" 문자열의 길이를 더해서 시작 위치를 구할 수 있습니다.

위의 코드를 실행하면 bestWork에는 '구운몽'이 대입됩니다.

Substring 메서드 중에는 시작 위치와 추출할 길이를 인수로 넘겨주는 메서드도 존재합니다.

만일 target 문자열이 다음과 같은 문자열이라면 위의 코드에서는 제대로 추출할 수 없을 것입니다.

```
"Novelist=김만중;BestWork=구운몽;Born=1687";
```

다음과 같이 추출할 부분 문자열의 길이를 지정하는 Substring 메서드를 사용하면 제대로 추출할 수 있습니다.

예제 5.24 길이를 지정해서 문자열의 일부를 추출한다

```
var target = "Novelist=김만중;BestWork=구운몽;Born=1687";
var value = "BestWork=";
var startIndex = target.IndexOf("BestWork=") + value.Length;
var endIndex = target.IndexOf(";", startIndex);
var bestWork = target.Substring(startIndex, endIndex - startIndex);
```

그리고 '김만중', '1687'도 추출하고 싶다면 나중에 설명할 Split 메서드(일단 문자열을 분할하고 나서 필요한 부분 문자열을 추출하는 코드)를 사용하면 됩니다. 이 Split 메서드를 사용하면 깔끔한 코드를 작성할 수 있습니다[6].

그런데 다음과 같이 매직 넘버(코드 상에 직접 쓰는 값. 그 의미를 금방 알 수 없음)를 사용하는 것은 권장하지 않습니다.

예제 5.25 매직 넘버를 사용한 코드

```
✖    var target = "Novelist=김만중;BestWork=구운몽";
     var index = target.IndexOf("BestWork=") + 9;
     var bestWork = target.Substring(index);
```

매직 넘버를 어느 선까지 금지할지 또는 어느 선까지 허용할지는 결정하기 어려운 문제지만 위의 코드에서는 검색할 문자열이 수정되어 길이가 변했을 때 9라는 숫자를 수정하는 것을 잊어버리면 버그가 생길 것이며 "BestWork="라는 문자 개수를 잘못 셀 수도 있습니다. 따라서 문자열의 길이를 지정할 때는 이런 매직 넘버를 제거하는 것이 안전합니다.

---

6 Split를 사용한 코드는 이번 장의 마지막 부분에 나오는 연습문제에서 사용합니다. 자신이 직접 코드를 작성해보기 바랍니다.

5.4 문자열을 변환한다

5.4.1 문자열의 앞뒤에 있는 공백을 제거한다

문자열의 앞뒤에 있는 공백을 삭제하려면 Trim 메서드를 사용합니다.

예제 5.26 문자열의 앞뒤에 있는 공백을 삭제한다

```
var target = " non-whitespace characters ";
var replaced = target.Trim();
Console.WriteLine("[{0}]", replaced);
```

위의 코드를 실행한 결과는 다음과 같습니다.

```
[non-whitespace characters]
```

참고로 이야기하자면 지정한 문자열의 공백을 삭제하려고 다음과 같이 코드를 작성하면 안 됩니다.

예제 5.27 문자열의 앞뒤에 있는 공백을 삭제하는 코드의 나쁜 예

```
✖   var target = " non-whitespace characters ";
    target.Trim();
```

이 코드에서 target은 수정되지 않으므로 주의하기 바랍니다. target 자체를 수정하려면 다음과 같이 작성해야 합니다. 이 내용에 관해서는 '[Column] 문자열은 불변 객체다'를 참고하기 바랍니다.

```
var target = " non-whitespace characters ";
target = target.Trim();
```

TrimStart 메서드와 TrimEnd 메서드를 사용하면 앞이나 뒤 중에 한쪽에 있는 공백만 삭제할 수 있습니다.

예제 5.28 문자열의 앞이나 뒤에 있는 공백만 삭제한다

```
var target = " non-whitespace characters ";
var replaced1 = target.TrimStart();
var replaced2 = target.TrimEnd();
Console.WriteLine("[{0}]\n[{1}]", replaced1, replaced2);
```

이 코드를 실행한 결과는 다음과 같습니다.

```
[non-whitespace characters ]
[ non-whitespace characters]
```

5.4.2 지정한 위치부터 임의 개수의 문자를 삭제한다

Remove 메서드를 사용하면 지정한 위치부터 임의 개수의 문자를 삭제할 수 있습니다. 다음 예제는 다섯 번째 문자(0에서 시작)부터 세 개의 문자를 삭제하는 예입니다.

예제 5.29 지정한 위치부터 임의의 개수의 문자를 삭제한다

```
var target = "01234ABC567";
var result = target.Remove(5, 3);
```

이 코드를 실행하면 result에 "01234567"이 대입됩니다.

5.4.3 문자열에 다른 문자열을 삽입한다

지정한 부분 문자열을 어떤 문자열에 삽입하려면 Insert 메서드를 사용합니다.

예제 5.30 지정한 위치에 문자열을 삽입한다

```
var target = "01234";
var result = target.Insert(2, "abc");
```

위의 코드는 target의 두 번째 문자 자리에 "abc"를 삽입하는 예입니다. 이 코드를 실행하면 result 변수에 "01abc234"가 대입됩니다.

5.4.4 문자열의 일부를 다른 문자열로 치환한다

Replace 메서드를 사용하면 문자열의 일부를 다른 문자열로 치환할 수 있습니다.

예제 5.31 문자열의 일부를 다른 문자열로 치환한다

```
var target = "I hope you could come with us.";
var replaced = target.Replace("hope", "wish");
```

위의 코드는 "hope"를 "wish"로 수정하는 예입니다. 다른 메서드와 마찬가지로 target 자체가 수정되는 것은 아닙니다.

그리고 Replace 메서드는 "hope"가 여러 곳에 존재한다면 모두 "wish"로 수정합니다. "hope"를 찾을 수 없다면 수정하기 전의 문자열을 그대로 반환합니다.

10장 '정규표현을 이용한 고급 문자열 처리'에서 문자열을 더욱 정교하게 치환하는 방법에 대해 설명하겠습니다.

5.4.5 소문자를 대문자로 변환한다/대문자를 소문자로 변환한다

ToUpper 메서드를 사용하면 소문자를 대문자로 변환할 수 있습니다.

예제 5.32 소문자를 대문자로 변환한다

```
var target = "The quick brown fox jumps over the lazy dog.";
var replaced = target.ToUpper();
```

이 코드를 실행하면 replaced 변수에 다음과 같은 문자열이 설정됩니다.

```
"THE QUICK BROWN FOX JUMPS OVER THE LAZY DOG."
```

이 예제에서는 반각 문자만을 예로 들었지만 ToUpper 메서드는 전각 소문자와 전각 대문자로 변환합니다.

ToLower 메서드를 사용하면 대문자를 소문자로 바꿀 수 있습니다.

5.5 문자열을 연결하고 분할한다

5.5.1 두 개의 문자열을 연결한다

문자열을 연결하려면 '+' 연산자를 사용합니다.

예제 5.33 두 개의 문자열을 연결한다

```
var name = "홍" + "길동";
```

위의 코드에서 name에는 "홍길동"이 대입됩니다. '='의 우변이 문자열 변수여도 결과는 같습니다.

다음 예는 '+' 연산자를 연결해서 세 개 이상의 문자열을 연결합니다.

예제 5.34 세 개 이상의 문자열을 연결한다

```
var word1 = "Visual";
var word2 = "Studio";
var word3 = "Code";
var text = word1 + word2 + word3;
```

그리고 연결하는 한 쪽이 char 형(문자형)이라도 '+' 연산자를 이용할 수 있습니다.

예제 5.35 문자열과 문자를 연결한다

```
var title = '님';          ◄──── title은 char 형이다
var addressee = "손오공" + title;
```

5.5.2 문자열 끝에 다른 문자열을 추가한다

'+=' 연산자를 사용하면 문자열 끝에 부분 문자열을 추가할 수 있습니다.

예제 5.36 문자열을 추가한다

```
var name = "방정환";
name += "선생님";
```

다음과 같이 작성할 수도 있지만 일부러 타이핑 양이 많은 코드를 쓸 필요는 없을 것입니다.

예제 5.37 문자열을 추가한다(비추천)

```
▲   var name = "방정환";
    name = name + "선생님";
```

5.5.3 지정한 구분 문자로 문자열 배열을 연결한다

Join이라는 정적 메서드를 사용하면 지정한 문자열 배열에 포함된 각 요소를 다른 구분 기호로 연결해서 단일 문자열을 생성할 수 있습니다.

예제 5.38 지정한 구분 문자로 문자열 배열을 연결한다

```
var languages = new [] { "C#", "Java", "VB", "Ruby", };
var separator = ", ";
var result = String.Join(separator, languages);
```

변수 result에는 문자열 "C#, Java, VB, Ruby"가 대입됩니다.

[Memo] 필요한 기능이 .NET 프레임워크에 있는지 조사해보자

예제 5.38에 나온 코드를 루프 처리의 형태로 만들 때 마지막 요소에는 콤마 문자(,)를 붙이지 않게 만드는 방법이 생각보다 어렵게 느껴질 것입니다. Join 메서드의 존재를 아는 것과 모르는 것에는 생산성 측면에서 큰 차이가 있습니다.

초보 프로그래머는 일단 자신이 가진 지식만으로 프로그램을 작성하려고 하는 경향이 있습니다. 자신이 구현하고 싶은 처리 내용이 .NET 프레임워크에 마련돼 있는지 일단 조사해보는 습관을 기르기 바랍니다. 구글이나 빙 등의 검색 엔진에서 "C# 문자열 연결 구분"과 같은 키워드로 검색하면 Join 메서드가 존재한다는 것을 금방 알게 될 것입니다.

5.5.4 지정한 문자로 문자열을 분할한다

Split 메서드를 사용하면 지정한 문자로 해당 문자열을 분할할 수 있습니다.

예제 5.39 지정한 문자로 문자열을 분할한다

```
var text = "The quick brown fox jumps over the lazy dog";
string[] words = text.Split(' ');
```

예제 5.39는 문자열 "The quick brown fox jumps over the lazy dog"에서 공백이 있는 곳을 나눠서 단어를 추출하는 예입니다. 다음과 같이 하나하나의 단어로 분할되어 words 배열에 저장됩니다.

```
{ "The", "quick", "brown", "fox", "jumps", "over", "the", "lazy", "dog" }
```

그렇다면 만일 text 변수의 값이 "The quick brown fox jumps over the lazy dog."처럼 마지막에 마침표가 붙으면 어떻게 될까요? 마지막에 있는 마침표를 어떻게 취급할지가 문제입니다. 위에 나온 코드에서는 "dog."가 words[8]에 저장될 것입니다. 마침표를 없애고 "dog"라는 단어를 만들고 싶다면 오버로드된 또 하나의 Split 메서드를 사용해서 다음과 같이 작성합니다.

예제 5.40 지정한 문자로 문자열을 분할한다(빈 문자열을 제외하는 예)

```
var text = "The quick brown fox jumps over the lazy dog.";
var words = text.Split(new [] { ' ', '.' }, StringSplitOptions.RemoveEmptyEntries);
```

' '과 '.'를 구분에 사용할 문자로 지정했습니다. 그러나 이렇게 구분 문자만 지정하면 words[9]에는 빈 문자열이 저장되기 때문에 **StringSplitOptions.RemoveEmptyEntries**를 지정해서 빈 배열 요소를 포함하지 않게 합니다.

5.5.5 StringBuilder를 사용해 문자열을 연결한다

나중에 나올 '[Column] 문자열은 불변 객체다'에서 설명하겠지만 여기서 말한대로 **문자열은 변하지 않는 객체**입니다. 다시 말해 일단 생성된 문자열은 두 번 다시 수정할 수 없습니다. 문자열이 변하지 않는 객체라는 사실은 안전이 확보된다는 관점에서는 매우 좋은 일이지만 연결, 문자 삽입, 문자 삭제와 같은 처리를 하려면 그때마다 새로운 인스턴스가 생성되므로 프로그램의 성능에 좋지 않은 영향을 준다는 문제가 있습니다.

예를 들면, 다음 코드에서는 s1에 있는 "ABC" 뒤에 "XYZ"가 연결되는 것이 아니라 새로운 6자 크기의 인스턴스가 생성되고 그 인스턴스에 "ABC"가 복사되고 그 뒤에 "XYZ"가 복사됩니다(그림 5.2).

```
var s1 = "ABC";
s1 = s1 + "XYZ";
```

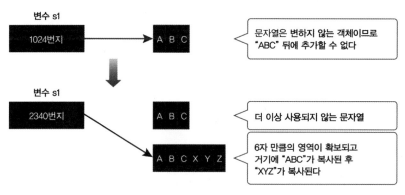

그림 5.2 문자열이 연결된 모습

따라서 다음과 같은 코드를 작성하면 인스턴스가 엄청나게 많이 생성되므로 CPU와 메모리 자원을 낭비하게 됩니다.

```
✖   var text = "";
    for (var i = 0; i < 100; i++) {
        text += GetWord(i);   // 여기서 GetWord()는 어디선가 단어를 가져오는 함수
    }
```

이렇게 비효율적인 코드를 작성하지 않기 위해 .NET 프레임워크에는 **StringBuilder**라는 클래스가 마련돼 있습니다. StringBuilder 클래스를 사용하면 문자열을 효율적으로 연결할 수 있습니다.

StringBuilder는 문자열 인스턴스를 생성하는 특수한 클래스이고 이 클래스를 인스턴스 생성용 클래스라고도 말할 수 있을 것입니다.

다음 코드는 StringBuilder 클래스를 사용해 문자열을 연결하는 전형적인 방법을 보여줍니다.

예제 5.41 StringBuilder를 사용해 문자열을 연결한다

```
using System.Text;
    ...
    var sb = new StringBuilder();        ◀── StringBuilder 객체 생성
    foreach (var word in GetWords()) {
        sb.Append(word);        ◀── 문자열 추가
    }
    var text = sb.ToString();        ◀── 문자열 변환
    Console.WriteLine(text);
```

먼저 StringBuilder의 인스턴스를 생성합니다. 그리고 나서 for/foreach 같은 반복문을 사용해 문자열을 하나씩 Append 메서드를 통해 추가합니다. 마지막에는 ToString 메서드를 통해 string 형으로 변환합니다. new로 StringBuilder 인스턴스를 생성할 때는 인스턴스의 초기 용량을 인수에 지정할 수 있습니다.

```
var sb = new StringBuilder(200);
```

위의 예에서는 처음에 200자만큼의 영역이 확보됩니다. 확보된 영역을 초과해서 문자를 추가하려고 했을 경우에도 자동으로 용량이 늘어납니다. 만일 작성할 문자열의 크기를 대략적으로 알고 있을 경우에는 컴퓨터 내부에서 메모리를 확보하는 데 소모되는 비용을 절감하기 위해 생성자에서 용량을 지정해두는 것이 바람직할 것입니다. 생성자에서 인수를 생략한 경우에는 16자 만큼의 영역이 초기에 확보됩니다.

생성자에서는 초기화할 문자열을 지정할 수도 있고 최대 크기를 지정할 수도 있습니다. 그리고 Append 메서드 외에도 AppendLine, AppendFormat, Insert, Remove, Replace와 같은 메서드가 마련돼 있습니다. 자세한 내용은 MSDN에서 StringBuilder 부분에 있는 설명을 참조하기 바랍니다.

[Memo] StringBuilder와 '+' 연산자를 구분해서 사용한다

처리 속도를 생각하면 StringBuilder가 유리하다는 것은 알았지만 그렇다면 '+' 연산자는 필요없는 것일까요? 절대로 그렇지 않습니다. StringBuilder를 사용하면 코드의 양이 늘어나고 가독성도 떨어지므로 너무 자주 사용하지 않도록 주의해야 합니다. 일반적으로 다음과 같은 지침을 따르는 것이 바람직합니다.

- 반복 처리를 하지 않을 경우에는 '+' 연산자로 문자열을 연결한다
- foreach 문 등을 통해 반복해서 문자열을 연결할 경우에는 StringBuilder를 사용한다
- 단, 적은 횟수로 반복한다면 '+' 연산자를 사용한다

[Column] 문자열은 변하지 않는 객체다

C#에서 문자열은 인스턴스를 한 번 생성하면 그 값을 수정할 수 없습니다. 따라서 다음과 같은 코드는 컴파일할 수 없습니다.

✖
```
var str = "ajax";
str[0] = 'A';
```

이처럼 한 번 인스턴스를 생성하면 그 값을 수정할 수 없는 객체를 **불변 객체**(immutable object)라고 합니다. 문자열의 일부를 삭제하거나 문자열을 삽입할 때 다음과 같이 작성했던 것은 바로 이 때문입니다.

```
var str1 = target.Remove(5, 3);
var str2 = target.Insert(2, "abc");
```

값을 수정할 수 없다는 것은 불편한 일이지만 프로그램의 안전성을 높이기 위해서는 중요한 일입니다. 다음 코드를 봅시다.

```
var target = "안녕하세요.";
DoSomething(target);
Console.WriteLine(target);
```

만일 문자열이 수정 가능한 객체라고 하면 이렇게 DoSomething 메서드를 호출하고 돌아왔을 때 target에 있는 내용이 수정돼 있을 가능성이 있습니다. DoSomething을 호출한 프로그래머는 "안녕하세요."라는 값이 target에 여전히 들어 있다고 믿고 그 후에 해야 할 처리 내용을 작성했는데 DoSomething 메서드 안에서 target의 값이 수정됐기 때문에 프로그램이 제대로 동작하지 않는 문제가 발생할 수 있습니다.

그러나 문자열은 불변 객체이므로 프로그래머는 객체가 수정되지는 않았을까 라고 걱정할 필요 없이 안심하고 프로그램을 작성할 수 있는 것입니다.

5.6 그 밖의 문자열 처리

5.6.1 문자열에서 문자를 하나씩 꺼낸다

문자열에서 문자를 하나씩 꺼내서 어떤 처리를 하고 싶을 때는 foreach 문을 사용합니다.

예제 5.42 문자열에서 문자를 하나씩 꺼낸다

```
var str = "C#프로그래밍";
foreach (var c in str)
    Console.Write("[{0}]", c);
Console.WriteLine();
```

이 코드를 실행한 결과는 다음과 같습니다.

```
[C][#][프][로][그][래][밍]
```

실행 결과에서 볼 수 있듯이 한 문자씩 처리하는 것을 확인할 수 있습니다.

인덱스를 사용해서 문자열의 각 요소(문자)를 꺼낼 수도 있지만 코드가 번잡해지기 때문에 이 방법은 권장하지 않습니다.

예제 5.43 문자열에서 문자를 하나씩 꺼내는 나쁜 예

```
✘   string str = "패턴으로 배우는 C#";
    for (int i = 0; i < str.Length; i++) {
        char c = str[i];
        Console.Write("[{0}]", c);     // 편의상 두 줄로 나눴다
    }
    Console.WriteLine();
```

위의 코드에서는 Length 속성의 개수만큼 반복해서 모든 문자를 꺼냅니다. **Length 속성**은 문자열의 문자 개수(바이트 수는 아님)를 구하는 속성입니다.

5.6.2 문자 배열로 문자열을 생성한다

문자 배열로 문자열을 만들려면 string에 있는 생성자 중에서 문자 배열을 받는 것을 사용합니다.

예제 5.44 문자 배열로 문자열을 생성한다(1)

```
var chars = new char[] { 'P', 'r', 'o', 'g', 'r', 'a', 'm' };
var str = new string(chars);          ◀── 문자 배열을 받는 생성자로 문자열을 생성한다
```

위의 예에서는 "Program"이 str 변수에 대입됩니다.

다른 예도 살펴보겠습니다. 특정 문자열에서 '=' 기호의 오른쪽을 추출해서 새로운 문자열로 만드는 예입니다. 이때 공백과 탭은 삭제합니다.

예제 5.45 문자 배열로 문자열을 생성한다(2)

```
var target = "Novelist\t=\t김만중";
var chars = target.SkipWhile(c => c != '=')
            .Skip(1)
            .Where(c => !char.IsWhiteSpace(c))
            .ToArray();      ◀── ToArray를 통해 IEnumerable<char>를
var str = new string(chars);           문자 배열로 변환한다
```

위의 코드에서는 먼저 LINQ에 있는 SkipWhile 메서드와 Skip 메서드로 '=' 기호의 오른쪽을 추출하고 Where 메서드로 탭과 공백을 삭제한 문자 시퀀스를 만듭니다. 그 후에 ToArray 메서드로 문자 배열인 chars를 생성합니다. 마지막에는 이 chars 문자 배열을 string의 생성자에 전달해서 새로운 문자열을 생성합니다.

5.6.3 숫자값을 문자열로 변환한다

Int32 구조체나 Decimal 구조체[7] 등에 있는 **ToString 메서드**를 사용하면 숫자값을 문자열로 변환할 수 있습니다. ToString 메서드에는 다양한 서식을 지정할 수 있지만 지금은 대표적인 예제만 살펴보겠습니다. 해당 행을 실행한 결과는 주석을 참조하기 바랍니다.

예제 5.46 ToString 메서드로 숫자값을 문자열로 변환한다

```
int number = 12345;
var s1 = number.ToString();          // "12345"
var s2 = number.ToString("#");       // "12345"
var s3 = number.ToString("0000000"); // "0012345"
var s4 = number.ToString("#,0");     // "12,345"
```

---

7 C#에서 int는 .NET 프레임워크에 있는 Int32 구조체의 별칭입니다. 마찬가지로 C#에서 decimal은 .NET 프레임워크에 있는 Decimal 구조체의 별칭입니다. 이들 구조체에는 ToString이나 TryParse와 같은 메서드가 정의돼 있습니다.

```
decimal distance = 9876.123m;
var s5 = distance.ToString();              // "9876.123"
var s6 = distance.ToString("#");           // "9876"
var s7 = distance.ToString("#,0.0");       // "9,876.1"
var s8 = distance.ToString("#,0.0000");    // "9,876.1230"
```

인수에 들어가는 '0' 기호는 각 자릿수에 해당하는 숫자로 '0' 기호 부분을 치환한다는 의미입니다. 대응되는 숫자가 존재하지 않을 경우에는 그 자리에 '0'이 들어갑니다.

그리고 '#' 기호는 각 자릿수에 해당하는 숫자로 '#' 기호 부분을 치환한다는 의미입니다. 대응되는 숫자가 존재하지 않을 경우에는 결과로 나오는 문자열에 숫자가 포함되지 않습니다.

number와 distance의 값이 0일 경우에는 문자열이 다음과 같이 변환됩니다.

```
int number = 0;
var s1 = number.ToString();                // "0"
var s2 = number.ToString("#");             // ""
var s3 = number.ToString("0000000");       // "0000000"
var s4 = number.ToString("#,0");           // "0"

decimal distance = 0.0m;
var s5 = distance.ToString();              // "0"
var s6 = distance.ToString("#");           // ""
var s7 = distance.ToString("#,0.0");       // "0.0"
var s8 = distance.ToString("#,0.0000");    // "0.0000"
```

변환한 후에 나올 문자열의 최소 자릿수를 지정하고 싶을 때도 있을 것입니다. 그럴 때는 ToString 메서드 말고 **String.Format 메서드**를 사용합니다.

예제 5.47 String.Format 메서드를 통해 값을 문자열로 변환한다

```
var s1 = string.Format("{0,10}", number);       // "     12345"
var s2 = string.Format("{0,10:#,0}", number);   // "    12,345"
var s3 = string.Format("{0,10}", distance);     // "  9876.543"
var s4 = string.Format("{0,10:0.0}", distance); // "    9876.5"
```

위의 예제에서는 변환한 후의 최소 자릿수를 10자로 지정했습니다. 최소 자릿수를 채우지 못할 경우에는 공백이 왼쪽부터 채워집니다. ':'의 뒤에 있는 기호로 서식을 지정합니다. 이 부분은 ToString 메서드와 같습니다.

그리고 지금은 ToString 메서드와 Format 메서드를 구분해서 사용했는데 ToString에는 다음과 같은 제한이 있으므로 모든 경우에 String.Format 메서드를 사용해도 괜찮습니다.

- ToString에서는 여러 변수를 한꺼번에 서식화할 수 없다
- ToString에서는 최소 자릿수를 지정할 수 없다

그리고 C# 6.0의 기능 중에 문자열 보간 구문을 사용한 다음의 예제도 살펴보겠습니다.

예제 5.48 문자열 보간 구문을 통해 값을 문자열로 변환한다(C# 6.0 이후)

```
var number = 12345;
var s1 = $"{number:#,0}";        // "12,345"
var s2 = $"{number:0000000}";    // "0012345"
var s3 = $"{number,8}";          // "   12345"
var s4 = $"{number,8:#,0}";      // "  12,345"
```

5.6.4 지정한 서식으로 문자열을 형성한다

지정한 서식에 여러 개의 변수를 적용하고 싶을 때도 String.Format 메서드를 사용하면 편리합니다. 예를 들면 다음에 나오는 문자열을 만들고 싶다고 해봅시다.

```
"Novelist=김만중;BestWork=구운몽"
```

novelist 변수와 bestWork 변수에는 각각 "김만중"과 "구운몽"이 들어 있다고 가정하면 String.Format 메서드를 사용해 다음과 같이 작성할 수 있습니다.

예제 5.49 String.Format으로 서식을 지정해서 문자열을 만든다(1)

```
var bookline = String.Format("Novelist={0};BestWork={1}", novelist, bestWork);
```

이렇게 하면 어떤 문자열이 생성되는지 예상하기 쉽습니다. '+' 연산자를 사용해서 작성한 것보다는 이 방법이 좋습니다.

예제 5.50 '+' 연산자로 문자열을 만든다(비추천)

▲   `var bookline = "Novelist=" + novelist + ";BestWork=" + bestWork;`

또 한 가지의 예를 살펴보겠습니다.

예제 5.51 String.Format으로 서식을 지정해서 문자열을 만든다(2)

```
var article = 12;
var clause = 5;
var header = String.Format("제{0,2}조{1,2}항", article, clause);
```

최소 자릿수를 지정한 예입니다. 이 예에서는 '제12조 5항'이 header에 대입됩니다.

C# 6.0에서는 문자열 보간 구문을 사용해 다음과 같이 작성할 수도 있습니다.

예제 5.52 문자열 보간 구문으로 문자열을 만든다(C# 6.0 이후)

```
var bookline = $"Novelist={novelist};BestWork={bestWork}";
var header = $"제{article,2}조{clause,2}항";
```

String.Format 메서드에서는 중괄호 안에 있는 숫자가 두 번째 인수 이후의 어느 변수에 대응하는지 알기 어렵다는 문제가 있었지만 문자열 보간식을 사용하면 그런 문제 없이 가독성을 높일 수 있습니다.

[Column] 객체끼리 비교할 때

프로그래밍할 때 등가 연산자(== 연산자나 != 연산자)를 사용해 두 개의 객체를 비교할 때가 자주 있습니다. 이때 주의해야 할 점은 값형과 참조형 사이에는 '같다'라는 의미가 다르다는 점입니다. 값형을 비교하는 일과 참조형을 비교하는 일이 어떻게 다른지 간단히 설명하겠습니다. 이 내용도 중요하므로 잘 알아두기 바랍니다.

값형을 등가 연산자로 비교한다

등가 연산자를 사용해 int나 double 같은 값형을 비교하면 두 개의 객체가 동일한 값을 가짐을 의미합니다. 이것은 현실 세계에서 뭔가를 비교할 때와 같은 개념입니다.

```
int a = GetCurrentValue();
int b = GetNextValue();
if (a == b) {
    // a와 b는 같다
}

DateTime d1 = GetMyBirthday();
DateTime d2 = GetYourBirthday();
if (d1 == d2) {
    // d1와 d2는 같은 날짜, 같은 시각이다
}
```

참조형을 등가 연산자로 비교한다

그러나 참조형을 비교할 때는 두 개의 변수가 동일한 객체를 가리키는 참조를 가지고 있는지를 비교합니다. 따라서 다음과 같은 코드에서는 객체가 동일한 값을 가지고 있더라도 같다고 판정되지 않습니다.

```
Sample a = new Sample { Num = 1, Str = "C#" };
Sample b = new Sample { Num = 1, Str = "C#" };
if (a == b) {
    // a와 b는 메모리 상에서 각각 별도로 확보된 객체이므로
    // 이 부분에 작성된 코드는 실행되지 않는다
}
```

다음 코드에서는 동일한 참조를 가지고 있으므로 같다고 판정됩니다.

```
Sample a = new Sample { Num = 1, Str = "C#" };
Sample b = a;
if (a == b) {
    // a와 b는 메모리 상에서 동일한 객체를 참조하므로
    // 이 부분에 작성된 코드가 실행된다
}
```

문자열끼리 비교할 때

string 형은 참조이므로 위에서 설명한 내용으로 판단하면 == 연산자를 사용해서 비교하는 것은 참조형을 비교하는 것이 될 것이라고 생각할 수도 있지만 string 형에서는 == 연산자와 != 연산자가 오버로드[8]돼 있으므로 이때는 참조가 아니고 값을 비교합니다. 따라서 C#에서 문자열의 값을 비교할 때는 == 연산자를 사용할 수 있습니다.

```
var str1 = GetCurrentWord();  // "Hello"가 반환된다
var str2 = GetNextWord();     // 다른 영역에 확보된 "Hello"가 반환된다
if (str1 == str2) {
    // 참조형을 비교하는 것이 아니고 값을 비교하는 것이므로
    // 메모리 상의 서로 다른 곳에 있는 "Hello"이지만
    // 같다고 판정되어 이 부분에 있는 코드가 실행된다
}
```

---

8 연산자를 오버로드(다중 정의)한다는 것은 연산자에 정해져 있던 동작을 변경한다는 것을 말합니다. operator 키워드를 사용해 해당 동작을 변경할 수 있습니다.

연습 문제

문제 5.1

콘솔에서 입력받은 두 개의 문자열이 같은지 조사하는 코드를 작성합니다. 이때 대문자와 소문자의 차이는 무시합니다. 콘솔에서 입력을 받으려면 Console.ReadLine 메서드를 이용합니다.

문제 5.2

콘솔에서 입력받은 숫자 문자열을 int 형으로 변환한 후 콤마로 구분된 숫자 문자열로 변환합니다. 입력한 문자열은 int.TryParse 메서드를 통해 숫자값으로 변환합니다.

문제 5.3

"Jackdaws love my big sphinx of quartz"라는 문자열이 있습니다. 이 문자열에 관한 다음의 문제를 해결하기 바랍니다.

1. 몇 개의 공백이 포함돼 있는지 세어봅니다.
2. 문자열 안에 있는 "big"이라는 부분 문자열을 "small"로 치환합니다.
3. 몇 개의 단어가 있는지 세어봅니다.
4. 4글자 이하로 구성된 단어를 열거합니다.
5. 공백으로 구분하고 배열에 저장한 후에 StringBuilder 클래스를 사용해 문자열을 연결하고 본래의 문자열과 동일한 것을 만듭니다. 본래의 문자열에는 연속된 공백이 존재하지 않는다고 가정합니다.

문제 5.4

"Novelist=김만중;BestWork=구운몽;Born=1687"이라는 문자열을 처리해서 다음과 같이 출력하는 콘솔 응용 프로그램을 작성합니다.

```
작가  : 김만중
대표작: 구운몽
출판연도: 1687
```

6장

배열과 List<T>를 처리한다

배열과 List<T>는 여러 요소를 한꺼번에 관리할 수 있게 해주는 데이터 구조입니다. 배열은 인스턴스를 생성할 때 저장할 수 있는 요소의 개수가 정해지고 나중에 수정할 수 없지만 List<T>는 인스턴스를 생성하고 나서 요소를 추가, 삽입, 삭제할 수 있다는 차이가 있지만 공통점도 많습니다.

그중에서 최대의 공통점은 **배열과 List<T> 둘 다 IEnumerable<T> 인터페이스를 가지고 있다는 점입니다.** 다시 말해 LINQ를 이용하면 배열도 List<T>도 동일한 코드로 다양한 처리를 수행할 수 있다는 것입니다. 이번 장에는 LINQ를 사용한 코드와 LINQ를 사용하지 않은 코드를 함께 다루므로 반드시 양쪽 코드를 이해하기 바랍니다.

물론 '어느 쪽 방식으로 코드를 작성해야 하는가?'라는 의문이 생길 것입니다. 일부 예외를 제외하면 대부분의 경우에 LINQ를 사용해서 코드를 작성하는 것이 바람직하다는 것이 필자의 생각입니다. 이렇게 하면 코드의 양이 확실히 줄어들고 무엇을 하는가(What)를 코드 안에서 파악하기가 쉬워집니다. 물론 과거에 작성된 코드를 유지보수해야 하는 상황이라면 LINQ를 사용하지 않은 코드도 이해해야 하는 것은 말할 필요도 없을 것입니다.

6.1 이번 장에서 공통으로 사용하는 코드

이번 장에 나오는 코드에는 모두 다음과 같은 using 지시자가 적혀 있다는 것을 전제로 합니다. 직접 코드를 입력해서 동작을 확인할 때 이 using 지시자를 함께 입력하는 것을 잊지 말기 바랍니다.

```
using System;
using System.Collection.Generics;
using System.Linq;        ◀━━━ LINQ를 이용하려면 반드시 필요하다
```

그리고 일부 코드에서는 여러 개의 Book 객체를 저장한 books라는 변수를 이용하는데 Book 클래스와 books 변수는 다음과 같이 정의돼 있다고 전제합니다.

예제 6.1 예제에서 이용할 Book 리스트

```
class Book {
    public string Title { get; set; }
    public int Price { get; set; }
    public int Pages { get; set; }
}
    ...
    var books = new List<Book> {
        new Book { Title = "태평천하", Price = 400, Pages = 378 },
        new Book { Title = "운수 좋은 날", Price = 281, Pages = 212 },
        new Book { Title = "만세전", Price = 389, Pages = 201 },
        new Book { Title = "삼대", Price = 637, Pages = 464 },
        new Book { Title = "상록수", Price = 411, Pages = 276 },
        new Book { Title = "혈의 누", Price = 961, Pages = 666 },
        new Book { Title = "금수회의록", Price = 514, Pages = 268 },
    };
```

이후에 나오는 설명에서는 배열과 List<T>(이후 단순히 리스트라고 칭할 때도 있습니다) 같은 객체를 통틀어 컬렉션[1]이라는 용어를 사용합니다.

---

1   정확하게 말하면 배열과 리스트는 컬렉션의 일부이고 그 밖에도 딕셔너리(7장 '딕셔너리 처리'), 맵, 트리, 스택 등이 있습니다.

6.2 요소를 설정한다

6.2.1 배열 또는 List⟨T⟩를 동일한 값으로 채운다

리스트나 배열을 일률적인 값으로 채우는 코드를 살펴보겠습니다.

LINQ를 사용한 코드

System.Linq 네임스페이스에 정의돼 있는 **Enumerable.Repeat 메서드**로 동일한 값이 반복되는 시퀀스[2]를 만들고 이를 리스트로 변환하는 방법을 통해 동일한 값으로 채울 수 있습니다. 다음 코드를 봅시다.

예제 6.2 List⟨T⟩를 동일한 값으로 채운다

```
var numbers = Enumerable.Repeat(-1, 20)      ◀──── -1로 채운다
                .ToList();                    ◀──── List⟨int⟩로 변환한다
```

Enumerable.Repeat 메서드의 첫 번째 인수에는 생성할 값을 넘겨주고 두 번째 인수에는 생성할 개수를 넘겨주어 동일한 값을 여러 개 생성합니다. **ToList 메서드**를 통해 리스트로 변환합니다. ToList 대신 **ToArray 메서드**를 사용하면 배열로 변환할 수 있습니다.

Repeat 메서드는 컬렉션을 특정한 문자열로 채울 때 이용할 수 있습니다.

예제 6.3 배열을 동일한 값으로 채운다

```
var strings = Enumerable.Repeat("(unknown)", 12)      ◀──── "(unknown)"으로 채운다
                .ToArray();
```

이렇게 하면 배열(요소 개수 12개)에 있는 모든 요소를 "(unknown)"으로 설정할 수 있습니다.

LINQ를 사용하지 않은 코드

다음은 for 문을 사용해 배열에 있는 각 요소를 -1로 설정하는 코드입니다.

예제 6.4 배열을 동일한 값으로 채운다(비추천)

```
▲   int[] numbers = new int[20];
    for (int i = 0; i < numbers.Length; i++) {   ◀──── Length 속성을 통해 배열에 있는
        numbers[i] = -1;                                요소의 개수를 구할 수 있다
    }
```

---

2 연속된 IEnumerable⟨T⟩ 형 데이터를 시퀀스라고 합니다.

위의 코드에서는 20개의 요소가 들어갈 수 있는 배열을 미리 준비하고 for 문을 사용해 배열의 각 요소를 -1로 설정합니다. 이때 n번 반복하는 관용구를 사용하긴 했지만 배열을 확보한 부분, 반복 횟수를 지정한 부분, 인덱스를 처리한 부분 등등 실수할 가능성이 있는 부분이 여러 곳 있습니다. 그러나 LINQ를 사용하면 비주얼 스튜디오에서 제공하는 인텔리센스 기능을 사용해 간단하게 코드를 작성할 수 있고 실수할 가능성도 낮아집니다.

List<int>에 있는 각 요소를 -1로 설정하는 코드도 살펴보겠습니다. 리스트에 요소를 추가하는 데 Add 메서드를 사용했습니다.

예제 6.5 리스트를 동일한 값으로 채운다(비추천)

```
List<int> numbers = new List<int>();
for (int i = 0; i< 20; i++) {
    numbers.Add(-1);
}
```

6.2.2 배열 또는 List<T>에 연속된 값을 설정한다

배열에 1, 2, 3, ..., 20과 같이 연속되는 숫자값을 설정하는 예를 살펴보겠습니다.

LINQ를 사용한 코드

Enumerable.Range 메서드를 사용하면 연속된 숫자값을 생성할 수 있습니다. 생성한 숫자값을 ToArray 메서드로 배열했습니다.

예제 6.6 배열에 연속된 값을 설정한다

```
var array = Enumerable.Range(1, 20)
            .ToArray();
```

Enumerable.Range 메서드의 두 번째 인수에는 생성할 개수를 지정합니다. max 값을 의미하는 것은 아니므로 주의하기 바랍니다.

실제 응용 프로그램을 제작할 때 이처럼 컬렉션에 연속된 숫자값을 설정하는 코드를 쓸 일은 그다지 많지 않지만 테스트 코드를 작성할 때나 잠시 확인하기 위한 코드를 작성할 때 Enumerable.Range 메서드가 유용하게 쓰일 수 있다고 생각합니다.

LINQ를 사용하지 않은 코드

for 문을 통해 n번 반복하는 관용구를 사용해 구현합니다. 배열 또는 List<T>를 동일한 값으로 채울 때 작성한 코드와 거의 같습니다. 6.2.1절 '배열 또는 List<T>를 동일한 값으로 채운다'에서 설명한 것처럼 더욱 간단히 작성하고 실수할 가능성을 낮추기 위해 LINQ를 사용해서 코드를 작성할 것을 권장합니다.

예제 6.7 배열에 연속된 값을 설정한다(비추천)

```
▲  int[] numbers = new int[20];
   for (int i = 0; i < numbers.Length; i++) {
      numbers[i] = i + 1;
   }
```

예제 6.8 리스트에 연속된 값을 설정한다(비추천)

```
▲  List<int> numbers = new List<int>();
   for (int i = 0; i < 20; i++) {
      numbers.Add(i + 1);
   }
```

이후 특별한 언급이 없다면 LINQ를 사용하는 코드와 LINQ를 사용하지 않은 코드 모두 List<T>에 대한 코드만 다루겠습니다. LINQ를 사용한 경우에는 배열에 대해서도 같은 코드를 쓸 수 있다는 것을 알아두기 바랍니다.

6.3 컬렉션을 집계한다

6.3.1 평균값을 구한다

컬렉션에 있는 요소의 평균값을 구하는 코드를 살펴보겠습니다.

LINQ를 사용한 코드

LINQ에 있는 Average 메서드를 호출하면 평균값을 구할 수 있습니다.

예제 6.9 평균값을 구한다(1)

```
var numbers = new List<int> { 9, 7, 5, 4, 2, 5, 4, 0, 4, 1, 0, 4 };
var average = numbers.Average();
```

리스트에 있는 요소의 형이 클래스인 경우에는 다음과 같이 무엇의 평균값을 구하려는 것인지를
람다식으로 지정해서 평균값을 구할 수 있습니다.

예제 6.10 평균값을 구한다(2)

```
var average = books.Average(x => x.Price);
```

이렇게 하면 Price의 평균값을 구한다는 것을 한눈에 알 수 있습니다. LINQ에는 합계를 구하는 Sum
메서드가 있습니다.

예제 6.11 합계를 구한다

```
var sum = numbers.Sum();        ◀── numbers 컬렉션에 있는 요소의 합계

var totalPrice = books.Sum(x => x.Price);    ◀── Price 속성값의 합계
```

LINQ를 사용하지 않은 코드

LINQ를 사용하지 않고 평균값을 구하려면 루프 처리를 기술해야 합니다.

예제 6.12 평균값을 구한다(비추천)

```
List<int> numbers = new List<int> { 9, 7, 5, 4, 2, 5, 4, 0, 4, 1, 0, 4 };
int sum = 0;
foreach (int n in numbers) {
    sum += n;
}
double average = (double)sum / numbers.Count;
```

먼저 합계를 구하고 나서 요소 개수로 나눕니다. 리스트에 있는 요소의 개수는 **Count 속성**을 통해 구할
수 있습니다.

또 다시 이야기하지만 배열이나 리스트 같은 컬렉션을 처리할 때는 LINQ를 사용하는 것을
추천합니다. LINQ를 사용하지 않는 코드도 충분히 간결하게 작성할 수 있지만 그래도 실수할
여지(루프를 끝낼 조건 등)가 있습니다. 간단히(그리고 품질을 떨어뜨리지 않고) 코드를 작성하는
방법이 존재하는데 그것을 이용하지 않을 이유는 없다는 것이 필자의 생각입니다.

6.3.2 최솟값과 최댓값을 구한다

컬렉션에 있는 요소의 최댓값과 최솟값을 구하는 코드를 살펴보겠습니다.

LINQ를 사용한 코드

LINQ에서는 최솟값을 구할 때는 **Min 메서드**를 사용하고 최댓값을 구할 때는 **Max 메서드**를 사용하면 됩니다. 지금은 0보다 큰 숫자값 중에서 가장 작은 값을 구하는 예를 살펴보겠습니다.

예제 6.13 최솟값을 구한다

```
var numbers = new List<int> { 9, 7, -5, 4, 2, 5, 4, 2, -4, 8, -1, 6, 4 };
var min = numbers.Where(n => n > 0)
        .Min();
```

요소의 형이 Book 객체인 경우에는 어느 값의 최솟값/최댓값을 구할지를 람다식으로 지정해야 합니다. 다음 예제에서는 최대 페이지 수를 구합니다.

예제 6.14 최댓값을 구한다

```
var pages = books.Max(x => x.Pages);
```

LINQ를 사용하지 않는 코드

LINQ를 사용하지 않을 경우에는 foreach 문을 사용해 반복 처리를 기술해야 합니다.

예제 6.15 최솟값을 구한다(비추천)

```
List<int> numbers = new List<int> { 9, 7, -5, 4, 2, 5, 4, 2, -4, 8, -1, 6, 4 };
int min = int.MaxValue;
foreach (int n in numbers) {
    if (n <= 0)
        continue;         ◀──── 0 이하는 대상이 되지 않으므로 다음 처리로 넘어간다
    if (n < min)
        min = n;
}                        ◀──── 루프에서 빠져나가면 min에 최솟값이 들어 있게 된다
```

min 변수의 초깃값으로 int.MaxValue를 설정했습니다. 이렇게 하면 일반적으로 첫 루프 처리에서 최솟값이 치환됩니다. 만일 리스트 안에 있는 모든 값이 int.MaxValue일 경우라도 최댓값을 제대로 구할 수 있습니다.

Math 클래스에 있는 Min 메서드를 사용하면 foreach 안쪽은 다음과 같이 작성할 수 있습니다.

```
if (n <= 0)
    continue;      ◀── 0 이하는 대상이 되지 않으므로 다음 처리로 넘어간다
min = Math.Min(n, min);       ◀── 두 개의 인수 중에서 작은 것을 반환한다
```

참고로 이 코드에 있는 continue 문은 4장에서 설명한 내용인데 return 문을 사용해 '체에 걸러 남은 것만 처리한다'라는 관용구와 비슷한 것입니다. 조건을 만족하지 않는 것을 루프 앞부분에서 제거해서 코드를 읽기 쉽게 만듭니다. 그리고 들여쓰기가 깊이 들어가는 것도 방지합니다.

6.3.3 조건에 일치하는 요소를 센다

조건에 일치하는 요소가 컬렉션 안에 몇 개 있는지 세는 코드입니다.

LINQ를 사용한 코드

LINQ에 있는 Count 메서드를 사용하면 조건에 일치하는 요소의 개수를 셀 수 있습니다.

예제 6.16 조건에 일치하는 요소를 센다(1)

```
var numbers = new List<int> { 9, 7, 5, 4, 2, 5, 4, 0, 4, 1, 0, 4 };
var count = numbers.Count(n => n == 0);
```

위의 예에서는 요소 중에서 0의 개수를 셉니다. count 변수에는 2가 대입됩니다. Where 메서드를 사용해서 다음과 같이 작성할 수도 있지만 Where 메서드와 Count 메서드에서 각각 한 번씩 세는 작업을 하기 때문에 결국 같은 작업을 두 번 하게 되므로 좋은 코드라고 할 수 없습니다.

```
✖    var count = numbers.Where(n => n == 0)
                  .Count();
```

만일 요소의 형이 앞서 설명한 Book 클래스일 경우에도 람다식에서 조건 부분을 고치기만 하면 해결됩니다. 다음 코드는 Title에 "운수"가 포함된 서적의 개수를 세는 예입니다.

예제 6.17 조건에 일치하는 요소를 센다(2)

```
var count = books.Count(x => x.Title.Contains("운수"));
```

LINQ를 사용하지 않은 코드

LINQ를 사용하지 않은 코드를 살펴보겠습니다. foreach 문을 사용해 요소의 개수만큼 루프를 돌려서 조건에 일치하는 요소의 개수를 셉니다.

예제 6.18 조건에 일치하는 요소를 센다(1)(비추천)

```
List<int> numbers = new List<int> { 9, 7, 5, 4, 2, 5, 4, 0, 4, 1, 0, 4 };
int count = 0;
foreach (int n in numbers) {
    if (n == 0)
        count++;
}
```

예제 6.19 조건에 일치하는 요소를 센다(2)(비추천)

```
int count = 0;
foreach (Book book in books) {
    if (book.Title.Contains("이야기"))
        count++;
}
```

6.4 컬렉션을 판정한다

6.4.1 조건에 일치하는 요소가 존재하는지 조사한다

조건에 일치하는 요소가 컬렉션에 존재하는지 여부를 조사하는 코드를 살펴보겠습니다.

LINQ를 사용한 코드

Any 메서드를 사용하면 조건에 일치하는 요소가 존재하는지 여부를 조사할 수 있습니다. Any 메서드는 조건에 일치하는 요소가 하나라도 발견되면 true를 반환합니다. 발견되지 않을 경우에는 false를 반환합니다.

예제 6.20 조건에 일치하는 요소가 존재하는지 조사한다(1)

```
var numbers = new List<int> { 19, 17, 15, 24, 12, 25, 14, 20, 11, 30, 24 };
bool exists = numbers.Any(n => n % 7 == 0);
```

이 예제는 7의 배수가 있는지 조사하는 것이므로 true가 exists 변수에 대입됩니다.

Count 메서드를 사용해 다음과 같이 작성해서는 안 됩니다.

✖
```
var numbers = new List<int> { 19, 17, 15, 24, 12, 25, 14, 20, 11, 30, 24 };
var count = numbers.Count(n => n % 7 == 0);
// 조건에 일치하는 요소 개수가 0보다 크면 존재하는 것이다
bool exists = count > 0;
```

Any 메서드는 조건에 일치하는 요소가 발견된 시점에서 요소를 살펴보는 작업을 중지하고 호출한 곳으로 돌아오지만 Count 메서드는 컬렉션에 있는 마지막 요소까지 살펴보므로 Count 메서드가 효율성 측면에서 불리합니다. 그리고 How(어떻게 할까)라는 관점에서 작성한 코드는 가독성을 떨어뜨리는 원인이 됩니다.

books를 사용한 예제 코드도 살펴보겠습니다. 가격이 10,000원 이상인 서적이 있는지 조사합니다.

예제 6.21 조건에 일치하는 요소가 존재하는지 조사한다(2)
```
bool exists = books.Any(x => x.Price >= 10000);
```

LINQ를 사용하지 않은 코드

LINQ를 사용하지 않은 경우에는 다른 코드와 마찬가지로 루프 처리를 기술해야 합니다. 역시 What이라는 관점에서 LINQ를 사용해야 코드를 직관적이고 간단하게 작성할 수 있습니다.

예제 6.22 조건에 일치하는 요소가 존재하는지 조사한다(비추천)

▲
```
List<int> numbers = new List<int> { 19, 17, 15, 24, 12, 25, 14, 20, 11, 30, 24 };
bool exists = false;
foreach (int n in numbers) {
    if (n % 7 == 0) {
        exists = true;
        break;
    }
}
```

6.4.2 모든 요소가 조건을 만족하는지 조사한다

컬렉션 안에 있는 모든 요소가 조건을 만족하는지 조사하는 코드를 살펴보겠습니다.

LINQ를 사용한 코드

LINQ에 있는 **All 메서드**를 이용하면 컬렉션 안에 있는 모든 요소가 조건을 만족하는지 조사할 수 있습니다. 다음 코드는 모든 요소가 0보다 큰지 조사합니다. isAllPositive 변수에는 true가 대입됩니다.

예제 6.23 모든 요소가 조건을 만족하는지 조사한다(1)

```
var numbers = new List<int> { 9, 7, 5, 4, 2, 5, 4, 0, 4, 1, 0, 4 };
bool isAllPositive = numbers.All(n => n > 0);
```

요소의 형이 Book 객체일 경우에도 람다식에 조건을 기술하기만 하면 해결됩니다. 다음 코드는 books 컬렉션에 포함된 서적의 가격이 모두 10,000원 이하인지를 조사합니다.

예제 6.24 모든 요소 조건 조사 (2)

```
bool is10000orLess = books.All(x => x.Price <= 10000);
```

All 메서드를 사용할 때 주의해야 할 때는 시퀀스가 비어 있는 경우입니다. 이처럼 비어 있는 경우에는 항상 true가 반환됩니다. 이 점은 충분히 주의해야 합니다.

다음에 나오는 LINQ를 사용하지 않은 코드도 위와 같은 동작을 재현하기 위해 리스트가 비어 있으면 true를 반환하도록 구현했습니다.

LINQ를 사용하지 않은 코드

LINQ를 사용하지 않을 경우에는 foreach를 사용해 루프 처리를 구현해야 합니다.

예제 6.25 모든 요소가 조건을 만족하는지 조사한다(비추천)

```
List<int> numbers = new List<int> { 9, 7, 5, 4, 2, 5, 4, 0, 4, 1, 0, 4 };
bool isAllPositive = true;      ◀── 결과가 들어갈 bool 형 변수
foreach (int n in numbers) {
    if (n < 0) {
        isAllPositive = false;
        break;      ◀── 조건을 만족하지 않는다는 것을 알았으므로 더
    }                         이상 조사할 필요가 없어 루프를 빠져나간다
}
```

List<T> 클래스나 Array 클래스에는 TrueForAll 메서드가 있고 다음과 같이 작성할 수 있는데 거의 사용되는 일이 없을 것입니다. 람다식과 LINQ를 이용할 수 있는 환경[3]이라면 All 메서드를 사용하는 것이 바람직합니다.

▲
```
List<int> numbers = new List<int> { 9, 7, 5, 4, 2, 5, 4, 0, 4, 1, 0, 4 };
bool isAllPositive = numbers.TrueForAll(delegate (int n) { return n > 0; });
```

6.4.3 두 컬렉션이 같은지 조사한다

두 컬렉션(리스트나 배열 등)에 있는 요소가 같은지 조사하는 코드를 살펴보겠습니다.

LINQ를 사용한 코드

LINQ에서는 SequenceEqual 메서드를 호출하기만 하면 됩니다.

예제 6.26 두 개의 컬렉션이 같은지 조사한다
```
var numbers1 = new List<int> { 9, 7, 5, 4, 2, 4, 0, -4, -1, 0, 4 };
var numbers2 = new List<int> { 9, 7, 5, 4, 2, 4, 0, -4, -1, 0, 4 };
bool equal = numbers1.SequenceEqual(numbers2);
```

LINQ를 사용하지 않은 코드

LINQ를 사용하지 않은 코드에서는 미리 두 개의 요소 개수를 비교하고 개수가 다르면 불일치로 간주합니다. 요소의 개수가 일치하면 루프를 돌려서 각 요소를 비교합니다. 일치하지 않는 요소가 발견된 시점에서 루프를 빠져나옵니다.

예제 6.27 두 개의 컬렉션이 같은지 조사한다(비추천)
▲
```
List<int> numbers1 = new List<int> { 9, 7, 5, 4, 2, 4, 0, -4, -1, 0, 4 };
List<int> numbers2 = new List<int> { 9, 7, 5, 4, 2, 4, 0, -4, -1, 0, 4 };
bool equal = true;
if (numbers1.Count != numbers2.Count) {
    equal = false;  ◀── 요소 개수가 다르므로 불일치
} else {
    for (int i = 0; i<numbers1.Count; i++) {
        if (numbers1[i] != numbers2[i]) {
```

---

3 비주얼 스튜디오 2008 이후 버전에서는 람다식과 LINQ를 이용할 수 있습니다.

```
            equal = false;          일치하지 않는 요소가 있으므로 불일치라고 판정한다.
            break;                  더 이상 비교할 필요가 없으므로 루프를 빠져나온다.
        }
    }
}
```

6.5 단일 요소를 구한다

6.5.1 조건에 일치하는 첫/마지막 요소를 구한다.

컬렉션에서 조건에 일치하는 첫 요소를 구하는 코드를 살펴보겠습니다.

LINQ를 사용한 코드

FirstOrDefault 메서드를 사용하면 간단히 구현할 수 있습니다. 다음 코드는 문자열을 단어로 분할하고 처음에 발견된 4글자로 구성된 단어를 구합니다. 조건에 일치하지 않으면 변수에 null을 대입합니다.

예제 6.28 조건에 일치하는 첫 요소를 구한다

```
var text = "The quick brown fox jumps over the lazy dog";
var words = text.Split(' ');
var word = words.FirstOrDefault(x => x.Length == 4);
```

LINQ에는 First라는 메서드도 있지만 First 메서드는 조건을 만족하는 요소가 발견되지 않으면 InvalidOperation Exception 예외가 발생됩니다. FirstOrDefault 메서드는 **default(T)**의 값(참조형은 null)[4]을 반환합니다.

FirstOrDefault 메서드에 인수를 지정하지 않을 경우에는 컬렉션의 첫 요소가 반환됩니다. 그래서 코드를 다음과 같이 작성할 수도 있지만 FirstOrDefault 메서드는 람다식을 인수로 넘겨주어 조건을 만족하는 첫 요소를 반환하므로 일부러 Where 메서드를 사용할 필요는 없습니다.

✖
```
var text = "The quick brown fox jumps over the lazy dog";
var words = text.Split(' ');
var word = words.Where(x => x.Length == 4).FirstOrDefault();
```

4　수치형의 default(T)는 0이고 구조체의 default(T)는 각 멤버의 값이 해당 형에 따라 0이나 null이 된 것입니다.

마지막 요소를 구하려면 First 메서드나 FirstOrDefault 대신 Last 메서드나 **LastOrDefault 메서드**를 사용합니다.

LINQ를 사용하지 않은 코드

LINQ를 사용하지 않는 경우에는 foreach를 사용해 다음과 같이 작성합니다.

예제 6.29 조건에 일치하는 첫 요소를 구한다(비추천)

```
string text = "The quick brown fox jumps over the lazy dog";
string[] words = text.Split(' ');
string word = null;
foreach (string w in words) {
    if (w.Length == 4) {
        word = w;
        break;
    }
}
```

foreach가 시작되기 전에 발견되지 않을 값을 미리 word 변수에 대입해둡니다. 조건에 일치하는 단어가 발견되면 word 변수에 해당 단어를 대입하고 break를 통해 루프를 빠져나옵니다.

예제 6.29에서 break 문을 삭제하면 마지막 요소를 구하는 코드가 됩니다.

6.5.2 조건에 일치하는 첫/마지막 인덱스를 구한다

요소 자체를 구하는 것이 아니라 몇 번째 요소인지만 알고 싶을 때가 있습니다. 그래서 이번에는 어떤 조건에 일치하는 첫 요소가 컬렉션에서 몇 번째에 위치하는지 구하는 코드를 살펴보겠습니다.

LINQ를 사용한 코드

먼저 LINQ를 사용한 코드를 보겠습니다. LINQ로도 해당 요소가 몇 번째에 있는지 알 수 있지만 그 방법이 조금 까다롭습니다.

예제 6.30 조건에 일치하는 첫 인덱스를 구한다

```
var numbers = new List<int> { 9, 7, -5, -4, 2, 5, 4, 0, -4, 8, -1, 0, 4 };
var item = numbers.Select((n, ix) => new { Value = n, Index = ix })    ◄─── 속성 이름을 지정해서
            .FirstOrDefault(o => o.Value < 0);                               익명형 객체를 생성한다
var index = item == null ? -1 : item.Index;
```

여기서 오버로드된 Select 메서드를 사용하는데 이 메서드는 첫 번째 인수에 컬렉션의 요소가 전달되고 두 번째 인수에 요소의 인덱스가 전달되는 람다식을 인수로 받습니다. 이 Select 메서드를 이용하면 요소의 값과 인덱스를 매칭시킨 **익명형**[5] 객체의 시퀀스를 생성합니다.

그리고 FirstOrDefault 메서드는 조건을 지정하고 발견된 익명형 객체를 item 변수에 저장합니다. item 객체에 있는 Index 속성을 보면 해당 인덱스를 알 수 있습니다. 조건에 일치하는 익명형 객체가 발견되지 않을 경우 FirstOrDefault 메서드는 null을 반환하므로 이 예제에서는 -1이 저장됩니다.

익명형을 만들 때는 다음과 같이 속성 이름을 생략할 수도 있습니다. 속성 이름을 생략한 경우에는 변수 이름인 n과 ix가 속성 이름이 됩니다.

```
var numbers = new List<int> { 9, 7, -5, -4, 2, 5, 4, 0, -4, 8, -1, 0, 4 };
var item = numbers.Select((n, ix) => new { n, ix })    ←── n은 요소이고 ix는 요소에 대응되는 인덱스다
        .FirstOrDefault(o => o.n < 0);
var index = item == null ? -1 : item.ix;
```

LINQ를 사용하지 않은 코드

일단 for 문을 사용해서 구현한 코드를 살펴보겠습니다.

예제 6.31 조건에 일치하는 첫 인덱스를 구한다(비추천)

```
List<int> numbers = new List<int> { 9, 7, -5, -4, 2, 5, 4, 0, -4, 8, -1, 0, 4 };
int index = -1;
for (int i = 0; i<numbers.Count; i++) {
   if (numbers[i] < 0) {
      index = i;
      break;
   }
}
```

처음에는 발견되지 않을 것을 전제로 해서 index에 초깃값으로 -1을 대입합니다. 음수값이 발견된 시점에 index에 값을 대입하고 루프를 빠져나옵니다.

또 한 가지 방법으로는 List〈T〉 클래스에 있는 FindIndex 메서드를 사용하는 것이 있습니다.

---

5 즉흥적으로 정의할 수 있고 읽기 전용이며 이름이 없는 형을 말합니다. 속성 이름은 자유롭게 정할 수 있습니다.

예제 6.32 조건에 일치하는 첫 인덱스를 구한다

```
var numbers = new List<int> { 9, 7, -5, -4, 2, 5, 4, 0, -4, 8, -1, 0, 4 };
var index = numbers.FindIndex(n => n < 0);
```

LINQ는 훌륭한 기능이지만 이 예제에서는 FindIndex를 사용하는 편이 코드를 간결하게 작성할 수 있다는 사실을 알 수 있습니다. 이번 예에서는 LINQ를 사용한 코드가 읽기 쉽다고 할 수 없습니다. LINQ를 사용하면 프로그램을 쉽게 작성할 수 있다는 장점을 한 번 알게 되면 뭐든지 LINQ를 사용해서 프로그램을 작성하고 싶어집니다. 그러나 이번 예제처럼 조건에 일치하는 인덱스를 구하려고 할 때는 FindIndex 메서드를 사용하는 편이 간단하므로 이것을 사용하는 것이 바람직할 것입니다.

조건에 일치하는 마지막 인덱스를 구할 때도 FindLastIndex 메서드를 사용합니다. 역시 이 메서드를 사용하는 편이 프로그램을 쉽게 작성할 수 있습니다.

그러나 **FindIndex나 FindLastIndex 메서드를 사용할 수 있는 것은 처리 대상이 되는 컬렉션이 배열이나 List<T>일 때뿐입니다.** 그러나 IEnumerable<T>에 관해서도 코드를 작성해야 할 경우도 있으므로 LINQ를 사용한 코드도 익숙하게 사용할 수 있도록 알아두는 것이 좋습니다.

6.6 여러 개의 요소를 구한다

6.6.1 조건을 만족하는 n개의 요소를 구한다

조건을 만족하는 요소를 지정된 개수만큼 배열에서 구하는 예입니다. 지금은 양수를 5개 구하기로 합니다.

LINQ를 사용한 코드

LINQ에 있는 Where 메서드와 Take 메서드를 사용해 해결할 수 있습니다.

예제 6.33 조건을 만족하는 요소를 n개 구한다

```
var numbers = new List<int> { 9, 7, -5, -4, 2, 5, 4, 0, -4, 8, -1, 0, 4 };
var results = numbers.Where(n => n > 0)
            .Take(5);
```

Take 메서드는 요소가 지정한 개수만큼 없어도 오류를 발생시키지 않고 구할 수 있는 만큼의 요소를 구합니다.

LINQ를 사용하지 않는 코드

예제 6.34 조건을 만족하는 요소를 n개 구한다(비추천)

```
List<int> numbers = new List<int> { 9, 7, -5, -4, 2, 5, 4, 0, -4, 8, -1, 0, 4 };
List<int> results = new List<int>();
foreach (int n in numbers) {
  if (n > 0) {
    results.Add(n);
    if (results.Count >= 5)
      break;
  }
}
```

LINQ를 사용하지 않은 코드에서는 결과를 저장할 리스트인 results를 별도로 마련했습니다. 초깃값은 빈 값으로 정했습니다. 그러고 나서 foreach를 통해 요소를 한 개씩 꺼내고 꺼낸 요소를 results에 추가합니다. results에 있는 요소 개수를 Count 속성을 통해 조사하고 5 이상이면 루프를 빠져나갑니다.

6.6.2 조건을 만족하는 동안에만 요소를 구한다

조건을 만족하는 동안에만 요소를 구하는 코드의 예를 살펴보겠습니다.

LINQ를 사용한 코드

LINQ에 있는 TakeWhile 메서드를 사용하면 지정한 조건을 만족하는 동안에만 요소를 구할 수 있습니다. 조건을 만족하지 않는 요소가 발견된 시점에서 열거하는 일을 끝냅니다.

예제 6.35 조건을 만족하는 동안에만 값을 구한다

```
var selected = books.TakeWhile(x => x.Price < 6000);
foreach (var book in selected)
  Console.WriteLine("{0} {1}", book.Title, book.Price);
```

books 컬렉션을 첫 요소부터 조사해서 서적의 가격이 6,000원 미만인 동안에만 서적 객체를 구합니다. 가격이 6,000원 이상인 서적이 발견된 시점에서 열거하는 작업을 끝냅니다. foreach 문이나 if 문을 쓰지 않고 이러한 처리를 구현할 수 있는 것도 LINQ의 장점이라고 할 수 있습니다. 실제 응용 프로그램에서는 정렬된 컬렉션에 대해 어떤 키를 가지고 TakeWhile을 호출하는 방식으로 구현할 수 있을 것입니다.

LINQ를 사용하지 않은 코드

예제 6.36 조건을 만족하는 동안에만 값을 구한다(비추천)

```
List<Book> selected = new List<Book>();
foreach (Book book in books) {
    if (book.Price >= 600)
        break;
    selected.Add(book);
}
foreach (Book book in selected)
    Console.WriteLine("{0} {1}", book.Title, book.Price);
```

LINQ를 사용하지 않은 코드에서는 foreach 문 안에서 요소를 꺼내면서 selected에 요소를 추가해갑니다. 조건을 만족하지 않는 요소가 나오면 루프를 빠져나갑니다.

6.6.3 조건을 만족하는 동안에는 요소를 건너뛴다

TakeWhile 메서드와는 반대로 조건을 만족하는 동안에는 요소를 건너뛰고 그 뒤에 나오는 요소를 구하는 코드도 살펴보겠습니다.

LINQ를 사용한 코드

LINQ를 사용한 코드에서는 SkipWhile 메서드를 사용합니다. SkipWhile 메서드는 지정한 조건을 만족하는 동안에는 요소를 건너뛰는 메서드입니다. 이 예제에서는 값이 0 이상인 동안에는 건너뛰고 그 이후에 나오는 요소를 구합니다.

예제 6.37 조건을 만족하는 동안에는 요소를 건너뛴다

```
var numbers = new List<int> { 9, 7, 5, 4, 2, 4, 0, -4, 7, 0, 4 };
var selected = numbers.SkipWhile(n => n >= 0)
                .ToList();
selected.ForEach(Console.WriteLine);
```

selected에는 {-4, 7, 0, 4}가 저장됩니다.

LINQ를 사용하지 않는 코드

예제 6.38 조건을 만족하는 동안에는 요소를 건너뛰는 나쁜 예

✗
```
List<int> numbers = new List<int> { 9, 7, 5, 4, 2, 4, 0, -4, -1, 0, 4 };
List<int> selected = new List<int>();
bool found = false;
for (int i = 0; i < numbers.Count; i++) {
    if (numbers[i] < 0)
        found = true;
    if (found)
        selected.Add(numbers[i]);
}
selected.ForEach(Console.WriteLine);
```

이 코드는 조금 억지스럽다는 느낌을 부정할 수 없을 것 같습니다. 다른 방법(예를 들면 FindIndex 메서드로 조건에 일치하지 않는 첫 인덱스를 구하고 이 인덱스 이후에 나오는 요소를 복사한다)을 사용해도 이 느낌은 여전할 것 같습니다.

6.7 그 밖의 처리(변환, 정렬, 연결 등)

6.7.1 컬렉션으로부터 다른 컬렉션을 생성한다

컬렉션에 있는 모든 요소에 어떤 가공을 가해서 새로운 컬렉션을 만들고 싶을 때가 있습니다. 이때도 LINQ를 사용해서 해결할 수 있습니다.

LINQ를 사용한 코드

문자열 배열에 있는 각 요소를 모두 소문자로 바꾸고 그 결과를 리스트로 만드는 예를 살펴보겠습니다.

예제 6.39 컬렉션으로부터 다른 컬렉션을 생성한다(1)

```
var words = new List<string> { "Microsoft", "Apple", "Google", "Oracle", "Facebook", };
var lowers = words.Select(name => name.ToLower())
                .ToArray();
```

LINQ에 있는 **Select 메서드**의 인수에서 요소를 소문자로 변환하도록 지정했습니다. 이 코드를 실행하면 lowers에는 {"microsoft", "apple", "google", "oracle", "facebook"}이 저장됩니다.

Select 메서드는 다음과 같이 숫자값을 문자열로 바꿀 때도 사용할 수 있습니다.

```
var numbers = new List<int> { 8, 20, 15, 48, 2 };
var strings = numbers.Select(n => n.ToString("0000"))
                     .ToArray();
```

strings에는 {"0008", "0020", "0015", "0042", "0002"}가 저장됩니다.

books 컬렉션에 관한 예제도 살펴보겠습니다.

예제 6.40 컬렉션으로부터 다른 컬렉션을 생성한다(2)

```
var titles = books.Select(x => x.Title);
```

books 컬렉션으로부터 서적 제목의 목록을 생성했습니다. titles 변수의 형은 IEnumerable<string>
입니다.

위에 나온 Select 메서드를 사용한 코드에서는 람다식에서 ToLower 메서드를 호출하거나 속성을
지정하는 간단한 처리였지만 더욱 복잡한 변환 처리도 LINQ로 구현할 수 있습니다.

LINQ를 사용하지 않는 코드

문자열 배열에 있는 모든 요소를 소문자로 바꾸는 코드를 LINQ를 사용하지 않고 작성한 것이 다음
코드입니다. 역시 루프 처리를 작성해야 한다는 것을 알 수 있습니다.

예제 6.41 컬렉션으로부터 다른 컬렉션을 생성한다(비추천)

```
▲    List<string> words = new List<string> { "Microsoft", "Apple", "Google", "Oracle", "Facebook",
     };
     List<string> lowers = new List<string>();
     foreach (string name in words) {
         lowers.Add(name.ToLower());
     }
```

LINQ를 사용하지 않은 경우에는 foreach로 요소를 하나씩 꺼내고 루프 안에서 변환 처리한 후에
리스트에 저장합니다.

6.7.2 중복을 제거한다

컬렉션에서 중복된 요소를 제거하는 것도 자주 해야 하는 처리입니다. 숫자값 리스트에서 중복을 제거한 새로운 리스트를 생성하는 예를 살펴보겠습니다.

LINQ를 사용한 코드

LINQ에 있는 Distinct 메서드를 사용하면 됩니다.

예제 6.42 중복을 제거한다

```
var numbers = new List<int> { 19, 17, 15, 24, 12, 25, 14, 20, 12, 28, 19, 30, 24 };
var results = numbers.Distinct();
```

정말 간단하죠? 중복을 제거한 결과를 List⟨T⟩ 형태로 처리하고 싶다면 ToList 메서드를 호출합니다.

```
var results = numbers.Distinct()
                     .ToList();
```

LINQ를 사용하지 않은 코드

다른 처리와 마찬가지로 루프 처리를 작성해야 합니다.

예제 6.43 중복을 제거한다(비추천)

```
List<int> numbers = new List<int> { 19, 17, 15, 24, 12, 17, 14, 20, 12, 28, 19, 30, 24 };
List<int> results = new List<int>();
foreach (int n in numbers) {
    if (!results.Contains(n))
        results.Add(n);
}
```

일단 결과를 저장할 빈 리스트인 results를 준비합니다. 그리고 foreach로 요소를 하나씩 꺼내고 이렇게 꺼낸 요소 n이 results 안에 포함돼 있는지를 Contains 메서드를 사용해서 조사합니다. 포함돼 있지 않을 경우에는 results에 요소를 추가합니다.

6.7.3 컬렉션을 나열한다

컬렉션을 나열하는 처리에 대해서도 알아보겠습니다.

LINQ를 사용한 코드

OrderBy 메서드를 사용하면 나열할 수 있습니다. 다음 예제에서는 books 컬렉션을 가격이 저렴한 순서로 나열합니다.

예제 6.44 컬렉션을 오름차순으로 정렬한다

```
var sortedBooks = books.OrderBy(x => x.Price);
```

다음과 같은 코드는 바람직하지 않습니다. OrderBy 메서드를 호출하는 것만으로 books 자체가 정렬되는 것은 아니므로 반드시 OrderBy의 결과를 변수에 받아들이기 바랍니다.

✘   `books.OrderBy(x => x.Price);`   ◀━━━ 결과를 받아들이지 않았다!

books 자체가 정렬되지 않는다는 것이 불편하게 느껴질 수도 있을 것입니다. 그러나 이것은 원본 컬렉션이 수정되지 않으므로 안전성 높은 코드라고 할 수 있을 것입니다. 알지 못하는 사이에 순서가 변경되는 일이 발생하지 않습니다. 어쨌든 books 컬렉션 자체를 정렬하고 싶다면 'LINQ를 사용하지 않은 코드'를 이용하기 바랍니다.

참고로 가격이 높은 순서로 정렬하고 싶다면 **OrderByDescending 메서드**를 사용합니다.

예제 6.45 컬렉션을 내림차순으로 정렬한다

```
var sortedBooks = books.OrderByDescending(x => x.Price);
```

LINQ를 사용하지 않는 코드

List⟨T⟩에 있는 Sort 메서드로 요소를 정렬할 수 있습니다.

예제 6.46 컬렉션을 정렬한다(비추천)

```
▲   books.Sort(BookCompare);    ◀━━━ List〈Book〉을 정렬한다
       ...
    private int BookCompare(Book a, Book b) {
        return a.Price - b.Price;    ◀━━━ 가격이 싼 순서(오름차순)로 정렬하기 위해 이렇게 지정한다
    }
```

LINQ를 사용한 코드와는 달리 books 자체가 정렬됩니다. 두 번째 인수로 지정하는 Comparison⟨T⟩ 델리게이트의 결과에 따라 오름차순으로 정렬됩니다. 델리게이트에서는 두 개의 값을 비교해서 표 6.1에 나온 값을 반환합니다.

표 6.1 Comparison⟨T⟩ 델리게이트의 반환값의 의미

반환값	의미
0보다 작다	x가 y보다 작다
0	x와 y가 같다
0보다 크다	x가 y보다 크다

BookCompare 메서드를 다음과 같이 작성하면 가격이 비싼 순서(내림차순)로 정렬할 수 있습니다.

```
private int BookCompare(Book a, Book b) {
    return b.Price - a.Price;
}
```

6.7.4 두 개의 컬렉션을 연결한다

두 개의 컬렉션을 연결하는 예로서 두 개의 폴더에 있는 파일 경로의 목록을 연결해서 리스트에 저장하는 코드를 살펴보겠습니다.

LINQ를 사용한 코드

LINQ에 있는 **Concat 메서드**를 사용하면 두 개의 컬렉션을 연결할 수 있습니다.

예제 6.47 두 개의 컬렉션을 연결한다

```
string[] files1 = Directory.GetFiles(@"C:\Temp");
string[] files2 = Directory.GetFiles(@"C:\Work");
var allfiles = files1.Concat(files2);    ◀━━━ file1과 file2를 연결한다
// 연결한 결과를 표시한다
allfiles.ToList().ForEach(Console.WriteLine);
```

System.IO.Directory 클래스[6]에 있는 GetFiles 메서드를 사용해 지정된 폴더에 있는 파일 목록을 구합니다. 이렇게 얻은 두 개의 배열을 LINQ의 Concat 메서드를 사용해 하나로 연결합니다.

---

6 System.IO.Directory 클래스에 대한 자세한 사용법은 9.4절 '디렉터리 처리'에서 설명합니다.

LINQ에 있는 다른 메서드와 마찬가지로 files1 자체는 수정되지 않습니다. 연결한 결과는 새로운 시퀀스의 형태로 반환됩니다. 지금은 배열을 예로 들었지만 Concat 메서드는 List<T>에 대해서도 같은 방법으로 이용할 수 있습니다.

LINQ를 사용하지 않은 코드

AddRange 메서드를 사용하면 foreach를 사용하지 않고 두 개의 배열을 연결할 수 있습니다. 그러나 LINQ를 사용하면 더욱 간결하게 작성할 수 있으므로 일부러 LINQ를 사용하지 않고 작성할 필요는 없을 것입니다.

예제 6.48 두 개의 컬렉션을 연결한다(비추천)

```
string[] files1 = Directory.GetFiles(@"C:\Temp");
string[] files2 = Directory.GetFiles(@"C:\Work");
List<string> allfiles = new List<string>(files1);    ◀──── files1을 복제해서 allfiles를 생성한다
allfiles.AddRange(files2);    ◀──── allfiles에 files2의 요소를 추가한다
// 연결한 결과를 표시한다
allfiles.ForEach(Console.WriteLine);
```

[Column] foreach나 for 루프 안에서 리스트에 있는 요소를 삭제하면 안 된다

루프 안에서 리스트에 있는 요소를 삭제하면 안 됩니다. 다음 코드는 Remove 메서드를 호출했을 때 InvalidOperation Exception 예외를 발생시킵니다.

```
List<int> list = new List<int> { 1, 2, 3, 4, 5, 6, 7, 8, 9 };
foreach (int n in list) {
    if (n % 4 == 0)
        list.Remove(n);    ◀──── foreach 안에서 요소를 삭제한다
}
Console.WriteLine(list.Count);
```

그리고 다음과 같이 for 문을 사용한 코드도 좋지 않은 예입니다.

```
List<int> list = new List<int> { 1, 2, 3, 4, 5, 5, 6, 7, 8, 9 };
for (int i = 0; i < list.Count; i++ ) {
    if (list[i] == 5)
        list.Remove(list[i]);    ◀──── for 문 안에서 요소를 삭제했다
}
Console.WriteLine(list.Count);
```

list 안에는 두 개의 5가 존재하므로 결과로 8이 표시되기를 원했는데 실제로는 두 번째 5는 삭제되지 않고 결과로 9가 표시됩니다.

이러한 문제를 방지하려면 RemoveAll 메서드를 이용해야 합니다.

```
var list = new List<int> { 1, 2, 3, 4, 5, 5, 6, 7, 8, 9 };
list.RemoveAll(x => x == 5);
```

다음과 같이 역순으로 진행되는 코드를 작성해도 이 문제를 해결할 수 있지만 일부러 이렇게 복잡한 코드를 작성할 필요는 없습니다.

```
⚠  List<int> list = new List<int> { 1, 2, 3, 4, 5, 5, 6, 7, 8, 9 };
   for (int i = list.Count-1; i >= 0; i--) {
       if (list[i] == 5)
           list.Remove(list[i]);
   }
```

그리고 리스트 안에 있는 요소를 삭제할 경우에도 정말로 리스트 자체를 수정해야 하는지 검토해봐야 합니다. 만일 리스트 자체를 수정하지 않아도 목적을 달성할 수 있다면 다음과 같은 코드를 작성합니다.

```
var list = new List<int> { 1, 2, 3, 4, 5, 5, 6, 7, 8, 9 };
var newList = list.Where(x => x != 5);
```

연습 문제

문제 6.1

다음과 같은 배열이 정의돼 있습니다.

```
var numbers = new int[] { 5, 10, 17, 9, 3, 21, 10, 40, 21, 3, 35 }
```

이 배열에 대해 다음과 같은 코드를 작성합니다.

1. 최댓값을 구하고 결과를 표시합니다.

2. 마지막부터 두 개의 요소를 구해서 표시합니다.

3. 각각의 숫자값을 문자열로 변환하고 결과를 표시합니다.

4. 작은 순서로 나열하고 앞에서부터 세 개를 구해서 결과를 표시합니다.

5. 중복을 제거하고 10보다 큰 값이 몇 개 있는지 세어서 그 결과를 표시합니다.

문제 6.2

다음과 같은 리스트가 정의돼 있습니다.

```
var books = new List<Book> {
    new Book { Title = "C# 프로그래밍의 상식", Price = 38000, Pages = 378 },
    new Book { Title = "람다식과 LINQ의 비밀", Price = 25000, Pages = 312 },
    new Book { Title = "원더풀 C# 라이프", Price = 29000, Pages = 385 },
    new Book { Title = "독학 병렬처리 프로그래밍", Price = 48000, Pages = 464 },
    new Book { Title = "구문으로 배우는 C# 입문", Price = 53000, Pages = 604 },
    new Book { Title = "나도 할 수 있는 ASP.NET MVC", Price = 32000, Pages = 453 },
    new Book { Title = "재미 있는 C# 프로그래밍 교실", Price = 25400, Pages = 348 },
};
```

이 books 리스트에 대해 다음과 같은 코드를 작성합니다.

1. books 중에서 제목이 '원더풀 C# 라이프'인 서적의 가격과 페이지 수를 표시하는 코드를 작성합니다.

2. books 중에서 제목에 'C#'이 포함돼 있는 서적이 몇 권인지 세는 코드를 작성합니다.

3. books 중에서 제목에 'C#'이 포함돼 있는 서적의 평균 페이지 수를 구하는 코드를 작성합니다.

4. books 중에서 가격이 40,000원 이상인 서적 중에서 처음 발견된 서적의 제목을 표시하는 코드를 작성합니다.

5. books 중에서 가격이 40,000원 미만인 서적 가운데 페이지 수가 가장 많은 서적의 페이지 수를 구하는 코드를 작성합니다.

6. books 중에서 페이지 수가 400쪽 이상인 서적을 가격이 비싼 순서로 표시(제목과 가격을 표시)하는 코드를 작성합니다.

7. books 중에서 제목에 'C#'이 포함돼 있고 500쪽 이하인 서적을 찾아 서적의 제목을 표시하는 코드를 작성합니다. 여러 개를 찾았을 경우에는 전부 표시하기 바랍니다.

[Column] typeof 연산자와 GetType 메서드

.NET 프레임워크에서 제공하는 클래스 중에는 형의 정보를 보여주는 System.Type 객체를 메서드를 인수로 받는 것이 있습니다. 이 Type 객체는 다음과 같은 두 가지 방법으로 구할 수 있습니다.

typeof 연산자

다음과 같이 typeof 연산자에 클래스 이름을 지정해서 Type 객체를 구할 수 있습니다.

```
Type type = typeof(Product);
```

GetType 메서드

GetType 메서드는 객체의 형에 관한 정보를 구할 때 이용합니다.

```
Person person = new Employee();
Type type = person.GetType();
```

위의 코드로 Employee의 형에 관한 정보를 구할 수 있습니다. person 변수는 Person 형이지만 person.GetType()의 반환값은 실제 객체의 형인 Employee 형의 Type 객체가 됩니다.

이 System.Type 객체는 C#에 있는 리플렉션이라는 기능을 사용하면 형에 관한 정보를 사용해 메서드를 호출하거나 속성을 참조할 수 있습니다. 자세한 내용은 https://docs.microsoft.com/ko-kr/dotnet/csharp/programming-guide/concepts/reflection을 참조하기 바랍니다.

7장

딕셔너리 다루기

Dictionary〈TKey, TValue〉 **제네릭 클래스**는 '해시 테이블'이라는 데이터 구조로 만들어진 클래스입니다. 키와 이 키에 대응하는 값을 여러 개 저장할 수 있는 컬렉션이며 배열이나 리스트와 비교했을 때 키를 사용해 값을 빠른 속도로 구할 수 있다는 특징이 있습니다.

이미 2장에서 Dictionary〈TKey, TValue〉(이후 딕셔너리라고 부름) 클래스를 사용한 코드를 살펴봤는데 그때는 극히 일부의 기능만 소개했기 때문에 이번 장에서 조금 더 자세히 알아보겠습니다. 그리고 7.2절 '딕셔너리 응용'에서는 Dictionary〈TKey, TValue〉 클래스와 매우 닮은 클래스인 HashSet〈T〉 클래스에 관해 설명하겠습니다.

7.1 Dictionary〈TKey, TValue〉의 기본적인 조작

7.1.1 딕셔너리 초기화

다음은 딕셔너리를 초기화하는 코드입니다.

꽃 이름(string)과 해당 꽃의 가격(int)을 저장하는 예입니다.

예제 7.1 딕셔너리를 초기화한다(C# 5.0 이전)

```
var flowerDict = new Dictionary<string, int>() {
    { "sunflower", 400 },
    { "pansy", 300 },
    { "tulip", 350 },
    { "rose", 500 },
    { "dahlia", 450 },
};
```

위의 예에서는 C# 3.0에 도입된 컬렉션 초기화 기능을 사용했습니다. C# 6.0에서는 다음과 같이 작성할 수 있습니다.

예제 7.2 딕셔너리를 초기화한다(C# 6.0 이후)

```
var flowerDict = new Dictionary<string, int>() {
    ["sunflower"] = 400,
    ["pansy"] = 300,
    ["tulip"] = 350,
    ["rose"] = 500,
    ["dahlia"] = 450,
};
```

7.1.2 사용자 정의형 객체를 값으로 저장한다

딕셔너리의 값(Value)에 사용자가 정의한 클래스의 객체를 저장할 수 있습니다.

예제 7.3 사용자 정의형 객체를 값으로 저장한다

```
var employeeDict = new Dictionary<int, Employee> {
    { 100, new Employee(100, "이몽룡") },
    { 112, new Employee(112, "변학도") },  ──── 사원 코드와 이름으로 인스턴스를 생성한다.
    { 125, new Employee(125, "성춘향") },
};
```

딕셔너리 형태로 만들어 두면 사원 코드를 키로 사용해 쉽고 빠르게 Employee 객체를 구할 수 있습니다. 7.2절 '딕셔너리 응용'에서는 List<Employee>를 Dictionary<int, Employee>로 변환하는 방법을 소개하겠습니다.

7.1.3 딕셔너리에 요소를 추가한다

딕셔너리에 요소를 추가하려면 다음과 같이 배열에 추가하는 방법과 같은 방법으로 합니다. 이렇게 하면 요소를 대입할 수 있습니다. 대괄호 [ ] 안에는 키를 지정합니다. 이때 이미 키가 딕셔너리에 존재한다면 값이 치환되어 이전 값은 사라집니다.

예제 7.4 딕셔너리에 요소를 추가한다

```
flowerDict["violet"] = 600;
employeeDict[126] = new Employee(126, "김향단");
```

Add 메서드를 사용해 요소를 추가할 수도 있습니다. Add 메서드는 딕셔너리에 이미 키가 존재할 경우에 ArgumentException 예외를 발생시키므로 주의해야 합니다.

예제 7.5 Add 메서드를 사용해 딕셔너리에 요소를 추가한다

```
flowerDict.Add("violet", 600);
employeeDict.Add(126, new Employee(126, "김향단"));
```

7.1.4 딕셔너리에서 요소를 꺼낸다

딕셔너리에서 요소를 꺼낼 때도 배열에 하는 것과 같은 방법을 사용합니다. [ ] 안에 인덱스 대신 키를 지정해서 키에 대응되는 값을 구할 수 있습니다.

예제 7.6 딕셔너리에서 요소를 꺼낸다

```
int price = flowerDict["rose"];

var employee = employeeDict[125];
```

지정한 키가 딕셔너리에 없으면 KeyNotFoundException 예외가 발생합니다. 따라서 딕셔너리에 키가 존재하는지 여부를 조사하고 나서 요소를 구하는 경우도 자주 있습니다. ContainsKey 메서드를 사용하면 키가 존재하는지 조사할 수 있습니다.

예제 7.7 딕셔너리에 키가 존재하는지 확인한다

```
var key = "pansy";
if (flowerDict.ContainsKey(key)) {
    var price = flowerDict[key];
    ... // price에 관한 처리
}
```

7.1.5 딕셔너리에서 요소를 삭제한다

딕셔너리에서 요소를 삭제하려면 Remove 메서드를 사용합니다.

예제 7.8 딕셔너리에서 요소를 삭제한다

```
var result = flowerDict.Remove("pansy");
```

Remove 메서드의 인수에 삭제하고 싶은 요소의 키를 지정합니다. 요소가 발견되고 정상적으로 삭제되면 true가 반환되고 지정한 key가 딕셔너리에서 발견되지 않으면 false가 반환됩니다.

7.1.6 딕셔너리에 있는 모든 요소를 꺼낸다

배열이나 리스트와 마찬가지로 foreach 문을 사용해 딕셔너리에 저장돼 있는 모든 요소를 꺼낼 수 있습니다. foreach로 꺼낼 수 있는 요소의 형은 KeyValuePair〈TKey, TValue〉 형입니다. Key 속성을 통해 키의 값을 참조하고 Value 속성을 통해 대응되는 값을 참조할 수 있습니다. 이때 요소를 꺼내는 순서는 정해져 있지 않아서 등록한 순서로 나온다는 보장이 없으므로 주의하기 바랍니다.

```
foreach (KeyValuePair<string, int> item in flowerDict)
    Console.WriteLine("{0} = {1}", item.Key, item.Value);
```

위의 예제에서는 item 요소의 형을 알아보기 쉽도록 var를 일부러 사용하지 않고 기술했지만 다음과 같이 var를 사용하는 것이 일반적입니다.

예제 7.9 딕셔너리에 있는 모든 요소를 꺼낸다

```
foreach (var item in flowerDict)
    Console.WriteLine("{0} = {1}", item.Key, item.Value);
```

foreach를 사용할 수 있다는 것은 LINQ를 사용할 수 있다는 이야기입니다. 몇 가지 예를 살펴보겠습니다. 딕셔너리에 저장된 Value의 평균을 구하는 예부터 보겠습니다.

```
var average = flowerDict.Average(x => x.Value);
```

Sum 메서드를 사용하면 합계를 쉽게 구할 수 있습니다.

```
int total = flowerDict.Sum(x => x.Value);
```

Where 메서드로 요소를 필터링할 수 있습니다.

```
var items = flowerDict.Where(x => x.Key.Length <= 5);
```

7.1.7 딕셔너리에 있는 모든 키를 꺼낸다

딕셔너리에 저장된 키만 꺼낼 수 있습니다. Dictionary<TKey, TValue> 클래스에 있는 **Keys 속성**을 이용하면 딕셔너리에 저장된 모든 키를 열거할 수 있습니다.

예제 7.10 딕셔너리에 있는 모든 키를 꺼낸다

```
foreach (var key in flowerDict.Keys)
    Console.WriteLine(key);
```

이때도 꺼내는 순서는 정해져 있지 않습니다. 등록한 순서로 나온다는 보장이 없으므로 주의하기 바랍니다.

7.2 딕셔너리 응용

7.2.1 딕셔너리로 변환한다

LINQ에 있는 ToDictionary 메서드를 사용하면 배열이나 리스트를 딕셔너리로 변환할 수 있습니다. 딕셔너리로 변환하면 키를 지정해서 해당 값에 빠르게 접근할 수 있습니다. 다음 코드는 List<Employee>를 Dictionary<int, Employee>로 변환하는 예입니다.

예제 7.11 리스트를 딕셔너리로 변환한다

```
var employees = new List<Employee>();
...
var employeeDict = employees.ToDictionary(emp => emp.Code);
```

이 코드에서는 ToDictionary 메서드의 첫 번째 인수에 사원 코드(emp.Code)를 나타내는 람다식을 넘겨줍니다. 이렇게 하면 사원 코드를 '키(Key)'로 이용하고 Employee 객체를 '값(Value)'으로 이용해서 딕셔너리를 생성할 수 있습니다. Employee 객체가 자동으로 값이 됩니다. LINQ를 사용해서 구한 객체를 ToDictionary를 통해 딕셔너리로 변환하면 키를 지정해서 빠르게 접근할 수 있습니다.

7.2.2 딕셔너리로부터 다른 딕셔너리를 생성한다

딕셔너리에서 어떤 조건에 일치하는 것만을 빼내서 새로운 딕셔너리를 생성하는 코드를 살펴보겠습니다. 리스트를 딕셔너리로 변환하는 방법과는 달리 두 번째 인수에 어떤 객체를 값(Value)으로 이용할지를 지정합니다.

예제 7.12 딕셔너리로부터 다른 딕셔너리를 생성한다

```
var flowerDict = new Dictionary<string, int>() {
    { "sunflower", 400 },
    { "pansy", 300 },
    { "tulip", 200 },
    { "rose", 500 },
    { "dahlia", 400 },
};
var newDict = flowerDict.Where(x => x.Value >= 400)
            .ToDictionary(flower => flower.Key, flower => flower.Value);
foreach (var item in newDict.Keys) {
    Console.WriteLine(item);
}
```

7.2.3 사용자 지정 클래스를 키로 이용한다

문자열이나 숫자값이 아닌 사용자가 독자적으로 작성한 사용자 지정 클래스를 딕셔너리의 키로 이용하고 싶을 때가 있습니다. 예를 들면, 다음과 같이 월과 일을 취급하는 MonthDay라는 클래스를 정의했다고 하겠습니다.

```
class MonthDay {
    public int Day { get; private set; }

    public int Month { get; private set; }

    public MonthDay(int month, int day) {
        this.Month = month;
        this.Day = day;
    }
}
```

이 MonthDay 객체를 키로 이용하는 다음과 같은 코드를 작성했습니다.

예제 7.13 사용자 지정 클래스가 키인 딕셔너리를 사용한 예

```
var dict = new Dictionary<MonthDay, string> {        ← MonthDay 객체를 키로 이용하고 각 날짜에 대응하는
    { new MonthDay(6, 6), "현충일" },                      휴일을 저장한다
    { new MonthDay(8, 15), "광복절" },
    { new MonthDay(10, 3), "개천절" },
};
var md = new MonthDay(8, 15);
var s = dict[md];
Console.WriteLine(s);          ← "광복절"이 출력돼야 하지만... 예제 7.14가 없으면 제대로 동작하지 않는다
```

그러나 이 코드를 실행하면 KeyNotFoundException 예외가 발생합니다. 제대로 동작시키려면 다음과 같이 MonthDay 클래스에서 **Equals 메서드**와 **GetHashCode 메서드**를 오버라이드(override)[1]해야 합니다. 이렇게 하면 MonthDay 클래스를 딕셔너리의 키로 이용할 수 있습니다.

예제 7.14 사용자 지정 클래스를 키로 이용할 경우에 클래스를 정의하는 예

```
class MonthDay {
    public int Day { get; private set; }

    public int Month { get; private set; }

    public MonthDay(int month, int day) {
        this.Month = month;
        this.Day = day;
    }

    // MonthDay끼리 비교한다
    public override bool Equals(object obj) {      ← Equals를 오버라이드
        var other = obj as MonthDay;
        if (other == null)
            throw new ArgumentException();
        return this.Day == other.Day && this.Month == other.Month;
    }

    // 해시코드를 구한다
    public override int GetHashCode() {      ← GetHashCode를 오버라이드
        return Month.GetHashCode() * 31 + Day.GetHashCode();
    }
}
```

---

1 상위 클래스에 정의된 메서드를 하위 클래스에서 재정의해서 쓰는 것을 말합니다. C#에서는 override 키워드를 사용합니다. 자세한 내용은 문법에 대해 설명한 서적 등을 참조하기 바랍니다.

해시 코드(해시값)란 객체의 값을 가지고 일정한 계산을 해서 구한 int 형 값을 말하며 딕셔너리의 내부에서는 값을 찾을 때 인덱스로 이용합니다. 같은 객체로부터는 항상 같은 해시값이 생성돼야 합니다. 그리고 이 해시값을 사용해 본래의 객체를 복원할 수는 없습니다.

다른 객체가 동일한 해시값을 생성해도 문제없습니다. 그러나 동일한 값이 반환되는 빈도가 높으면 딕셔너리가 가진 빠르다는 장점을 잃게 됩니다. 다른 객체의 해시값은 최대한 다른 값이 반환되도록 구현해야 합니다. 위에 나온 GetHashCode 메서드에서 31이라는 소수를 곱하는 것은 해시값이 서로 다르게 퍼지게 한다는 의미가 있습니다. 31이라는 숫자도 정석 중 하나입니다. 해시값이 같은 경우에는 Equals 메서드를 통해 객체가 같은지 여부가 판단됩니다.

7.2.4 키만을 저장한다

딕셔너리를 사용할 때 키가 딕셔너리에 저장돼 있는지 여부가 중요하고 그 값(Value)은 중요하지 않을 때가 있습니다.

예를 들면, 영문 텍스트 파일에서 10자 이상의 단어를 가져와 중복되지 않는 단어 목록을 작성하고 싶다고 해봅시다. 단어가 나타나는 빈도를 조사하고 싶다면 나타나는 횟수를 값(Value)에 기억시키게 되는데 나타난 단어만 기억할 경우에는 값이 필요하지 않습니다. 이 경우에는 List〈string〉에 저장하는 방법도 있지만 그때마다 리스트의 전체 내용을 읽어야 하므로 이 방법은 효율적이지 않습니다. 이럴 때 이용할 수 있는 것이 딕셔너리와 비슷한 HashSet〈T〉 클래스입니다. HashSet〈T〉 클래스는 Dictionary〈TKey, TValue〉와 비슷하지만 키 부분만 저장하고 값은 저장하지 않는다는 점이 다릅니다. 중복을 허용하지 않는 요소의 집합을 나타내는 클래스입니다.

이 HashSet〈T〉 클래스를 사용한 예로 영문 텍스트 파일에서 10자 이상인 단어를 목록으로 만들어 표시하는 프로그램을 살펴보겠습니다. 일단 string 배열에서 단어를 추출하는 클래스인 WordsExtractor를 보겠습니다.

예제 7.15 HashSet〈T〉 사용

```
class WordsExtractor {
    private string[] _lines;

    // 생성자
    // 파일 외의 것에서도 추출할 수 있도록 string[]을 인수로 받는다
    public WordsExtractor(string[] lines) {
        _lines = lines;
```

```
    }

    // 10 문자 이상인 단어를 중복 없이 알파벳순으로 열거한다
    public IEnumerable<string> Extract() {
      var hash = new HashSet<string>();        ◄── HashSet 객체를 생성한다
      foreach (var line in _lines) {
        var words = GetWords(line);
        foreach (var word in words) {
          if (word.Length >= 10)
            hash.Add(word.ToLower());          ◄── HashSet에 단어를 등록한다
        }
      }
      return hash.OrderBy(s => s);             ◄── 알파벳 순으로 나열한 것을 반환한다
    }


    // 단어로 분할할 때 사용되는 분리자
    // 문자 배열을 초기화하기보다는 ToCharArray 메서드를 사용하는 것이 편하다
    private char[] _separators = @" !?"",.".ToCharArray();

    // 1행부터 단어를 꺼내서 열거한다
    private IEnumerable<string> GetWords(string line) {
      var items = line.Split(_separators, StringSplitOptions.RemoveEmptyEntries);
      foreach (var item in items) {
        // you're, it's, don't에서 아포스트로피 이후에 나오는 부분을 삭제한다
        var index = item.IndexOf("'");
        var  word = index <= 0 ? item : item.Substring(0, index);
        // 모두 알파벳만을 대상으로 한다
        if (word.ToLower().All(c => 'a' <= c && c <= 'z'))
          yield return word;
      }
    }
  }
}
```

Extract 메서드 안에서 HashSet<T>를 사용했습니다. 사용법은 List<T>와 비슷합니다.

HashSet<T>에 있는 Add 메서드는 요소가 HashSet<T> 객체에 추가되면 true를 반환하고 요소가 이미 존재하는 경우에는 예외를 발생시키지 않고 false를 반환합니다. 따라서 추출한 단어를 요소가 존재하는지에 대해 신경 쓰지 않고 추가할 수 있습니다.

그리고 이 예제에서는 문자열을 저장했지만 HashSet⟨T⟩에 사용자 지정 클래스의 객체를 저장할 수도 있습니다. 이럴 때는 7.2.3절 '사용자 지정 클래스를 키로 이용한다'에서 설명한 것처럼 GetHashCode 메서드와 Equals 메서드를 오버라이드해야 합니다.

WordsExtractor 클래스를 사용한 코드도 살펴보겠습니다.

예제 7.16 WordsExtractor 클래스를 호출한 예

```
class Program {
    static void Main(string[] args) {
        var lines = File.ReadAllLines("sample.txt");
        var we = new WordsExtractor(lines);
        foreach (var word in we.Extract()) {
            Console.WriteLine(word);
        }
    }
}
```

File 클래스에 있는 ReadAllLines라는 정적 메서드를 사용해 sample.txt 파일에 있는 모든 행을 읽어 들이고 각 행을 요소로 가진 배열인 lines를 생성합니다. 그리고 나서 WordsExtractor 클래스의 생성자에 lines 배열을 전달해서 WordsExtractor 객체를 생성합니다. 마지막으로는 WordsExtractor 객체에 있는 Extract 메서드를 호출해서 단어를 열거합니다.

7.2.5 키가 중복되는 것을 허용한다

딕셔너리는 키가 중복되는 것을 허용하지 않습니다. 따라서 동일한 키에 여러 객체를 관련 지을 수 없습니다. 예를 들면 줄임말과 그 줄임말의 뜻을 딕셔너리로 관리하고 싶다고 해봅시다. 이때 다음에 나온 것처럼 동일한 줄임말에 여러 용어를 대응시키려고 해도 Dictionary⟨string, string⟩에는 대응시킬 수 없습니다.

- PC: 퍼스널 컴퓨터
- PC: 프로그램 카운터
- CD: 컴팩트 디스크
- CD: 캐시 디스펜서

이를 대응시키려면 값의 형을 string이 아니고 List<string>으로 지정합니다. 이렇게 하면 하나의 키에 여러 용어를 저장할 수 있게 됩니다. 결과적으로 키가 중복되는 것을 허용하게 되는 것입니다(그림 7.1).

그림 7.1 키가 중복되는 것을 허용하는 딕셔너리의 개념

간단한 예를 살펴보겠습니다.

예제 7.17 키가 중복되는 것을 허용하는 경우의 예

```
// 딕셔너리를 초기화한다
var dict = new Dictionary<string, List<string>>() {
    { "PC", new List<string> { 퍼스널 컴퓨터", "프로그램 카운터", } },
    { "CD", new List<string> { "컴팩트 디스크", "캐시 디스펜서", } },
};

// 딕셔너리에 추가한다
var key = "EC";
var value = "전자상거래";
if (dict.ContainsKey(key)) {
    dict[key].Add(value);          ◀─── "EC"는 이미 등록돼 있다. 여기에 "전자상거래"를 추가한다
} else {
    dict[key] = new List<string> { value };    ◀─── "EC"는 등록돼 있지 않다. "전자상거래"가 저장된 리스트
}                                                    객체를 등록한다

// 딕셔너리의 내용을 열거한다
foreach (var item in dict) {
    foreach (var term in item.Value) {
        Console.WriteLine("{0} : {1}", item.Key, term);
    }
}
```

이해를 돕기 위해 if 문 부분을 여러 행으로 나눠서 쓴 코드도 살펴보겠습니다.

```
if (dict.ContainsKey(key)) {
    List<string> list = dict[key];
    list.Add(value);
} else {
    List<string> list = new List<string>();
    list.Add(value);
    dict[key] = list;
}
```

예제 7.17에 나온 코드를 실행하면 다음과 같은 결과가 나옵니다.

```
PC : 퍼스널 컴퓨터
PC : 프로그램 카운터
CD : 컴팩트 디스크
CD : 캐시 디스펜서
EC : 전자상거래
```

7.3 딕셔너리를 이용한 예제 프로그램

딕셔너리를 더욱 깊이 이해하기 위해 딕셔너리를 사용한 간단한 프로그램을 작성해보겠습니다.

다음과 같은 줄임말과 이에 대응하는 한국어가 적힌 텍스트 파일인 "Abbreviations.txt"가 있습니다. 이 파일을 읽어 들이고 줄임말로부터 한국어를 구하고 한국어로부터 줄임말을 구하는 프로그램을 작성하겠습니다.

예제 7.18 Abbreviations.txt

```
APEC=아시아 태평양 경제협력체
ASEAN=동남아시아 국가 연합
CTBT=포괄적 핵실험 금지 조약
EU=유럽 연합
IAEA=국제 원자력 기구
ILO=국제 노동 기구
IMF=국제통화기금
ISO=국제 표준화 기구
NATO=북대서양 조약기구
```

```
ODA=정부개발원조
OECD=경제 협력 개발 기구
OPEC=석유 수출국 기구
PKO=유엔 평화유지활동
TPP=환태평양 경제 동반자 협정
UNESCO=유엔 교육과학문화기구
UNICEF=유엔 아동 기금
WHO=세계 보건 기구
WTO=세계무역기구
```

7.3.1 Abbreviations 클래스

일단 줄임말에 대응하는 한국어를 관리하는 클래스인 Abbreviations를 정의합니다.

예제 7.19 줄임말에 대응하는 한국어를 관리하는 Abbreviations 클래스

```csharp
// 줄임말과 그에 대응하는 한국어를 관리하는 클래스
class Abbreviations {
  private Dictionary<string, string> _dict = new Dictionary<string, string>();

  // 생성자
  public Abbreviations() {
    var lines = File.ReadAllLines("Abbreviations.txt");
    _dict = lines.Select(line => line.Split('='))
            .ToDictionary(x => x[0], x => x[1]);
  }

  // 요소를 추가한다
  public void Add(string abbr, string korean) {
    _dict[abbr] = korean;
  }

  // 인덱서: 줄임말을 키로 사용한다
  public string this[string abbr] {
    get {
      return _dict.ContainsKey(abbr) ? _dict[abbr] : null;
    }
  }

  // 한국어로부터 그에 대응하는 줄임말을 구한다
  public string ToAbbreviation(string korean) {
```

```
            return _dict.FirstOrDefault(x => x.Value == korean).Key;
    }

    // 한국어의 위치를 인수에 넘겨주고 그것이 포함되는 요소(Key, Value)를 모두 구한다
    public IEnumerable<KeyValuePair<string, string>> FindAll(string substring) {
        foreach (var item in _dict) {
            if (item.Value.Contains(substring))
                yield return item;
        }
    }
}
```

Abbreviations 클래스에 있는 각 멤버에 관해 설명하겠습니다.

private 필드

```
private Dictionary<string, string> _dict = new Dictionary<string, string>();
```

Abbreviations 클래스는 내부에 딕셔너리를 저장하고 여기에 줄임말과 한국어를 기억합니다. **내부에서 이용하는 데이터 구조는 공개하지 않는 것**이 원칙이므로 private 키워드를 붙여 비공개로 지정했습니다.

생성자

```
public Abbreviations() {
    var lines = File.ReadAllLines("Abbreviations.txt");
    _dict = lines.Select(line => line.Split('='))
            .ToDictionary(x => x[0], x => x[1]);    ◄───── '='의 왼쪽에 있는 것이 키이고 오른쪽에
}                                                            있는 것이 값이다
```

생성자에서는 현재 폴더에 있는 "Abbreviations.txt"를 읽어 들여 딕셔너리에 등록합니다. 파일 안에 같은 이름의 줄임말이 존재하지 않는다고 가정합니다. 만일 같은 이름의 줄임말이 있다면 ArgumentException 예외가 발생합니다.

Add 메서드

```
public void Add(string abbr, string korean) {
    _dict[abbr] = korean;
}
```

Abbreviations 객체를 생성한 후에 용어를 추가하고 싶다면 이 메서드를 이용합니다.

인덱서

```
public string this[string abbr] {
  get {
    return _dict.ContainsKey(abbr) ? _dict[abbr] : null;
  }
}
```

this 키워드를 사용해 **인덱서**를 정의합니다. 인덱서를 정의하면 Abbreviations 객체에 배열처럼 접근할 수 있게 됩니다. 이때 키를 [ ] 안에 지정합니다. 이 인덱서에 줄임말을 지정하면 그에 대응하는 한국어가 반환됩니다. 줄임말이 등록돼 있지 않다면 null이 반환됩니다.

ToAbbreviation 메서드

```
public string ToAbbreviation(string korean) {
  return _dict.FirstOrDefault(x => x.Value == korean).Key;
}
```

한국어 용어에 대응하는 줄임말을 반환하는 메서드입니다. LINQ에 있는 FirstOrDefault 메서드를 사용합니다. 람다식의 x 인수의 형과 FirstOrDefault 메서드가 반환하는 형은 KeyValuePair<string, string>입니다.

FindAll 메서드

```
public IEnumerable<KeyValuePair<string, string>> FindAll(string substring) {
  foreach (var item in _dict) {
    if (item.Value.Contains(substring))
      yield return item;
  }
}
```

FindAll 메서드는 인수로 전달받은 부분 문자열을 포함한 용어를 모두 추출합니다. 반환값은 IEnumerable<KeyValuePair<string, string>> 형입니다. IEnumerable<KeyValuePair<string, string>> 형으로 지정하면 호출한 쪽에서 LINQ를 사용할 수 있습니다.

yield return 문은 IEnumerable<T> 형을 반환할 때 사용하는 관용구입니다. 반복문을 사용해 리스트에 요소를 추가하고 그 리스트를 반환하는 메서드가 있다면 거의 모든 경우에 yield return 문으로 대체할 수 있습니다. yield return 문을 사용하면 리스트에 저장하지 않고 시퀀스의 형태로 요소를 반환할 수 있습니다. 필자는 이 관용구를 자주 이용합니다.

IEnumerable<T> 형을 반환하면 그 반환값에 대해 foreach 문을 사용하거나 LINQ를 사용할 수 있습니다.

```
var abbrs = new Abbreviations();
foreach (var item in abbrs.FindAll("국제")) {
    Console.WriteLine("{0}={1}", item.Key, item.Value);
}
```

7.3.2 Abbreviations를 이용한다

Abbreviations 클래스를 사용해 코드를 작성해보겠습니다. 생성자에서 Abbreviations 객체를 생성하고 Abbreviations 클래스에 정의돼 있는 public 멤버를 이용하는 코드를 살펴보겠습니다.

예제 7.20 Abbreviations 클래스를 이용한 예

```
class Program {
    static void Main(string[] args) {
        // 생성자를 호출한다
        var abbrs = new Abbreviations();

        // Add 메서드를 호출한 예
        abbrs.Add("IOC", "국제 올림픽 위원회");
        abbrs.Add("NPT", "핵확산방지조약");

        // 인덱서를 사용한 예
        var names = new[] { "WHO", "FIFA", "NPT", };
        foreach (var name in names) {
            var fullname = abbrs[name];
            if (fullname == null)
                Console.WriteLine("{0}을(를) 찾을 수 없습니다.", name);
            else
                Console.WriteLine("{0}={1}", name, fullname);
        }
        Console.WriteLine();
```

```
    // ToAbbreviation 메서드를 이용한 예
    var korean = "동남아시아 국가 연합";
    var abbreviation = abbrs.ToAbbreviation(korean);
    if (abbreviation == null)
        Console.WriteLine("{0}을(를) 찾을 수 없습니다.", korean);
    else
        Console.WriteLine("「{0}」의 줄임말은 {1}입니다.", korean, abbreviation);
    Console.WriteLine();

    // FindAll 메서드를 이용한 예
    foreach (var item in abbrs.FindAll("국제")) {
        Console.WriteLine("{0}={1}", item.Key, item.Value);
    }
    Console.WriteLine();
  }
}
```

프로그램을 실행한 결과는 다음과 같습니다.

```
WHO=세계 보건 기구
FIFA을(를) 찾을 수 없습니다.
NPT=핵확산방지조약

「동남아시아 국가 연합」의 줄임말은 ASEAN입니다.

IAEA=국제 원자력 기구
ILO=국제 노동 기구
IMF=국제통화기금
ISO=국제 표준화 기구
IOC=국제 올림픽 위원회
```

연습 문제

문제 7.1

"Cozy lummox gives smart squid who asks for job pen"이라는 문자열이 있습니다. 이 문자열에 대해 다음과 같은 코드를 작성합니다.

1. 각 알파벳 문자(공백과 같은 알파벳 이외의 문자는 삭제)가 몇 자씩 나타나는지 세는 프로그램을 작성합니다. 이때 반드시 딕셔너리 클래스를 사용합니다. 대/소문자 구분은 하지 않습니다. 다음과 같은 형식으로 출력합니다.

```
'A': 2
'B': 1
'C': 1
'D': 1
  ...
```

   #힌트1: 반각 알파벳(대문자)인지 여부를 조사하려면 다음과 같은 코드를 구현해서 해결할 수 있습니다.

```
if ('A' <= ch && ch <= 'Z') {    // ch는 문자열형이다
   ...
}
```

   #힌트2: 딕셔너리를 키 순서로 나열하려면 OrderBy 메서드를 사용합니다.

2. 위의 프로그램을 SortedDictionary<TKey, TValue>를 사용해 다시 작성합니다.

문제 7.2

7.3절 '딕셔너리를 사용한 예제 프로그램'에서 작성한 프로그램에 다음과 같은 기능을 추가합니다.

1. 딕셔너리에 등록돼 있는 용어의 개수를 반환하는 Count 속성을 Abbreviations 클래스에 추가합니다.

2. 줄임말을 인수로 받는 Remove 메서드를 Abbreviations 클래스에 추가합니다. 요소가 발견되지 않은 경우에는 false를 반환하고 삭제할 수 있는 경우에는 true를 반환합니다.

3. Count 속성과 Remove 메서드를 이용하는 코드를 작성합니다.

4. 세 글자로 구성된 줄임말만을 선택해서 다음과 같은 형식으로 콘솔에 출력하는 코드를 작성합니다. 필요하다면 Abbreviations 클래스에 새로운 메서드를 추가합니다.

```
ILO=국제 노동 기구
IMF=국제통화기금
...
```

8장

날짜와 시간 처리

프로그램을 작성하다 보면 날짜와 시간을 처리(구하고 계산하고 비교하고 변형하는 등)해야 할 때가 많습니다. 이번 장에서는 DateTime 구조체를 중심으로 날짜와 시각을 처리하는 방법을 알아보겠습니다.

8.1 DateTime 구조체

8.1.1 DateTime 객체를 생성한다

DateTime 구조체의 인스턴스를 생성하는 주된 방법은 다음과 같은 두 가지입니다. 생성자의 인수에 연도, 월, 일을 지정하는 방법과 시, 분, 초도 지정하는 방법입니다.

예제 8.1 DateTime 객체를 생성한다

```
var dt1 = new DateTime(2017, 10, 22);
var dt2 = new DateTime(2016, 10, 22, 8, 45, 20);
```

또한 자주 사용되는 것이 Today 속성과 Now 속성입니다.

예제 8.2 Today 속성과 Now 속성

```
var today = DateTime.Today;
var now = DateTime.Now;
```

```
Console.WriteLine("Today : {0}", today);
Console.WriteLine("Now : {0}", now);
```

Today 속성은 현재의 날짜를 반환합니다. 시각 정보는 포함되지 않으므로 날짜만 다룰 때 사용하기 좋습니다. 그리고 Now 속성은 시각 정보(시, 분, 초 1/1000초)를 포함한 현재 시각을 반환합니다. 다음은 이 두 가지 속성을 사용한 코드를 실행한 예입니다.

```
Today : 2017/01/10 0:00:00
Now : 2017/01/10 21:24:46
```

8.1.2 DateTime에 포함된 속성

다음과 같이 Year, Hour 같은 속성을 참조하면 DateTime 객체의 날짜와 시각 정보를 구할 수 있습니다.

예제 8.3 DateTime에 포함된 속성

```
var now = DateTime.Now;
int year = now.Year;              // 연도: Year
int month = now.Month;            // 월: Month
int day = now.Day;                // 일: Day
int hour = now.Hour;              // 시: Hour
int minute = now.Minute;          // 분: Minute
int second = now.Second;          // 초: Second
int millisecond = now.Millisecond; // 1/1000초: Millisecond
```

이러한 속성은 읽기 전용입니다. string 형과 마찬가지로 **DateTime 형은 불변 객체**이므로 다음과 같이 속성값을 수정하는 코드를 작성할 수 없습니다.

✖
```
var date = new DateTime(2015, 7, 29);
date.Day = 30;      ◄── 수정할 수 없다. 빌드할 때 오류가 발생한다.
```

8.1.3 지정한 날짜의 요일을 구한다

요일을 구하려면 DateTime 구조체에 있는 **DayOfWeek 속성**을 참조합니다. 다음 코드는 Today 속성을 통해 오늘의 날짜와 요일을 구하는 예입니다.

예제 8.4 지정한 날짜의 요일을 구한다

```
var today = DateTime.Today;
DayOfWeek dayOfWeek = today.DayOfWeek;
if (dayOfWeek == DayOfWeek.Sunday)
    Console.WriteLine("오늘은 일요일입니다.");
```

DayOfWeek 속성의 형은 **DayOfWeek 열거형**입니다. System 네임스페이스에 다음과 같이 정의돼 있습니다.

예제 8.5 DayOfWeek 열거형

```
public enum DayOfWeek {
    Sunday = 0,
    Monday = 1,
    Tuesday = 2,
    Wednesday = 3,
    Thursday = 4,
    Friday = 5,
    Saturday = 6
}
```

8.1.4 윤년을 판정한다

DateTime 구조체에 있는 **IsLeapYear라는 정적 메서드**를 사용하면 윤년인지 여부를 조사할 수 있습니다.

예제 8.6 윤년을 판정한다

```
var isLeapYear = DateTime.IsLeapYear(2016);
if (isLeapYear)
    Console.WriteLine("윤년입니다.");
else
    Console.WriteLine("윤년이 아닙니다.");
```

IsLeapYear 메서드에는 연도를 넘겨줍니다. 윤년이라면 true가 반환되고 그 밖의 경우에는 false가 반환됩니다. 2016년은 윤년이므로 "윤년입니다."가 출력됩니다.

8.1.5 날짜 형식의 문자열을 DateTime 객체로 변환한다

날짜 형식의 문자열을 DateTime 객체로 변환하려면 DateTime 구조체에 있는 **TryParse라는 정적 메서드**를 사용합니다. TryParse 메서드는 첫 번째 인수에 변환 대상이 되는 날짜 형식의 문자열을 넘겨줍니다. 두 번째 인수에는 **out 키워드**를 붙인 DateTime 형 변수를 지정합니다. 변환된 결과가 이 변수에 저장됩니다. 변환에 성공하면 true가 반환됩니다. 변환에 실패하면 false가 반환됩니다.

예제 8.7 문자열을 DateTime 객체로 변환한다(1)

```
DateTime dt1;     ◄──── 변수를 초기화하지 않고 선언한다. var는 사용하지 않는다.
if (DateTime.TryParse("2017/6/21", out dt1))
    Console.WriteLine(dt1);
DateTime dt2;
if (DateTime.TryParse("2017/6/21 10:41:38", out dt2))
    Console.WriteLine(dt2);
```

이 코드를 실행하면 다음과 같은 결과가 출력됩니다.

```
2017/06/21 0:00:00
2017/06/21 10:41:38
```

DateTime.Parse 메서드를 사용해도 변환할 수 있지만 변환에 실패하면 예외가 발생하므로 이용할 때는 이 점을 고려해야 합니다. 참고로 초기화하지 않고 변수를 선언할 때는 var 키워드는 사용할 수 없습니다. 컴파일러가 변수의 형을 특정할 수 없기 때문입니다.

```
DateTime dt = DateTime.Parse("20170621");     ◄──── FormatException 예외가 발생한다
Console.WriteLine(dt);
```

다음 코드에서 볼 수 있듯이 일본식 연호가 포함된 날짜 형식의 문자열도 제대로 변환됩니다[1].

예제 8.8 문자열을 DateTime 객체로 변환한다(2)

```
DateTime dt;
if (DateTime.TryParse("平成28年3月15日", out dt))
    Console.WriteLine(dt);
```

---

1   현재 설정된 문화권(언어, 국가, 지역, 달력, 통화 단위와 같은 정보를 나타내는 정보 집합)이 "ja-JP"일 때 이렇게 변환할 수 있습니다. 일본어 OS에서 문화권은 "ja-JP"로 설정돼 있습니다. CultureInfo 클래스에 있는 CurrentCulture라는 정적 속성을 참조하면 현재의 컬처를 알 수 있습니다.

8.2 날짜의 포맷

8.2.1 날짜를 문자열로 변환한다

ToString 메서드를 사용하면 DateTime 객체를 다양한 형식의 문자열로 변환할 수 있습니다. 예제 8.9에서 이에 관한 전형적인 예를 볼 수 있습니다.

예제 8.9 날짜를 문자열로 변환한다

```
var date = new DateTime(2017, 10, 22, 21, 6, 47);
var s1 = date.ToString("d");                     // 2017-10-22
var s2 = date.ToString("D");                     // 2017년 10월 22일 일요일
var s3 = date.ToString("yyyy-MM-dd");            // 2017-10-22
var s4 = date.ToString("yyyy년M월d일(ddd)");        // 2017년10월22일(일)²
var s5 = date.ToString("yyyy년MM월dd일 HH시mm분ss초"); // 2017년10월22일 21시06분47초
var s6 = date.ToString("f");                     // 2017년 10월 22일 일요일 오후 9:06
var s7 = date.ToString("F");                     // 2017년 10월 22일 일요일 오후 9:06:47
var s8 = date.ToString("t");                     // 오후 9:06
var s9 = date.ToString("T");                     // 오후 9:06:47
var s10 = date.ToString("tt hh:mm");             // 오후 09:06
var s11 = date.ToString("HH시mm분ss초");           // 21시06분47초
```

변환한 결과는 코드의 주석 부분을 보기 바랍니다. String.Format으로도 같은 서식을 사용할 수 있습니다. DateTime 객체에 있는 각 속성에 관해 서식을 지정하려면 '월'은 대문자 M을 사용하고 '분'은 소문자 m을 사용합니다. 이 차이를 꼭 기억하기 바랍니다.

이제 "2017년 3월 7일"처럼 월, 일을 두 자리로 고정시키고 0을 붙여서 표시하려면 어떻게 해야 할까요? 유감스럽게도 이런 서식은 마련돼 있지 않습니다. 그러나 다음과 같은 코드를 구현해서 해결할 수 있습니다.

예제 8.10 날짜를 "2017년 3월 7일"이라는 형식의 문자열로 표현한다

```
var today = DateTime.Today;
var str = string.Format("{0}년{1,2}월{2,2}일",
            today.Year, today.Month, today.Day);
```

---

2 ddd처럼 세 문자를 연속해서 지정하면 요일을 생략하는 서식이고 dddd처럼 네 문자를 연속으로 지정하면 요일의 이름을 구할 수 있습니다.

8.2.2 날짜를 일본식으로 표시한다

일본식으로 연호를 붙여 날짜를 표시하려면 DateTime 클래스와 함께 **CultureInfo 클래스와 Japanese Calendar 클래스**를 사용합니다[3]. CultureInfo 클래스와 JapaneseCalendar 클래스는 System.Globalization 네임스페이스에 정의돼 있습니다.

예제 8.11 날짜를 일본식으로 표시한다

```
using System.Globalization;
  ...
var date = new DateTime(2016, 8, 15);
var culture = new CultureInfo("ja-JP");
culture.DateTimeFormat.Calendar = new JapaneseCalendar();
var str = date.ToString("ggyy年M月d日", culture);
Console.WriteLine(str);
```

DateTime.ToString 메서드를 호출하기 전에 CultureInfo 객체에 있는 DateTimeFormat.Calendar에 JapaneseCalendar 객체를 설정해둡니다. ToString 메서드의 서식 "gg"가 일본 연호를 나타냅니다. 이 코드를 실행한 결과는 다음과 같습니다.

```
28 8 15
```

[역자주]

다음과 같이 구현하면 우리나라의 연호인 '단기'로 시작되는 날짜 문자열이 출력됩니다.

```
public void KoreanCalendar() {
    var date = new DateTime(2016, 8, 15);
    var culture = new CultureInfo("ko-KR");
    culture.DateTimeFormat.Calendar = new KoreanCalendar();
    var str = date.ToString("ggyyyy년M월d일", culture);
    Console.WriteLine(str);
    var str2 = date.ToString("gg", culture);
    Console.WriteLine(str2);
    var str3 = date.ToString("ddd", culture);
    Console.WriteLine(str3);
}
```

---

3 연호의 정보는 레지스트리에서 관리됩니다. 만일 연호가 변경된다면 Windows Update에 의해 레지스트리가 갱신될 것으로 예상됩니다. 자세한 내용은 https://msdn. microsoft.com/library/windows/desktop/ee923790을 참조하기 바랍니다.

보다시피 CultureInfo의 인수를 "ko-KR"로 지정했습니다. 그리고 일본식 표기와는 달리 단기는 네 자릿수이므로 ToString()의 인수에 들어가는 문자열에는 네 개의 y를 써넣었습니다. 위의 코드를 실행하면 다음과 같은 결과가 출력됩니다.

```
단기4349年8月15日
단기
월
```

8.2.3 지정한 날짜의 연호를 구한다

임의 날짜의 연호를 구하려면 DateTimeFormatInfo 클래스에 있는 GetEraName 메서드를 사용합니다. DateTimeFormatInfo 객체는 CultureInfo 클래스에 있는 DateTimeFormat 속성을 통해 구할 수 있습니다.

예제 8.12 지정한 날짜의 연호를 구한다

```
var date = new DateTime(1995, 8, 24);
var culture = new CultureInfo("ja-JP");
culture.DateTimeFormat.Calendar = new JapaneseCalendar();
var era = culture.DateTimeFormat.Calendar.GetEra(date);      ◀── 연호 코드를 구한다
var eraName = culture.DateTimeFormat.GetEraName(era);        ◀── 연호 코드로부터 연호 이름을 구한다
Console.WriteLine(eraName);
```

이 코드를 실행하면 "平成"가 출력됩니다. GetEraName 메서드 대신 **GetAbbreviatedEraName 메서드**를 사용하면 연호의 첫 번째 문자("平"이나 "昭")를 구할 수도 있습니다.

[역자주]

연호를 구하는 코드도 다음과 같이 구현하면 우리나라 연호인 '단기'가 출력됩니다.

```
public void GetKoreanEraName() {
    var date = new DateTime(1995, 8, 24);
    var culture = new CultureInfo("ko-KR");
    culture.DateTimeFormat.Calendar = new KoreanCalendar();
    var era = culture.DateTimeFormat.Calendar.GetEra(date);
    var eraName = culture.DateTimeFormat.GetEraName(era);
    Console.WriteLine(eraName);
}
```

8.2.4 지정한 날짜에 해당하는 요일의 문자열을 구한다

임의 날짜의 요일("월요일"이나 "화요일"과 같은 문자열)을 구하려면 DateTimeFormatInfo 클래스에 있는
GetDayName 메서드를 사용합니다.

예제 8.13 지정한 날짜의 요일 문자열을 구한다

```
var date = new DateTime(1998, 6, 25);
var culture = new CultureInfo("ko-KR");
culture.DateTimeFormat.Calendar = new KoreanCalendar();
var dayOfWeek = culture.DateTimeFormat.GetDayName(date.DayOfWeek);
Console.WriteLine(dayOfWeek);
```

이 코드를 실행하면 다음과 같은 내용이 출력됩니다. GetDayName 메서드 대신 **GetShortestDayName**
메서드를 사용하면 첫 문자인 "목"이 출력될 것입니다.

```
목요일
```

8.3 DateTime을 비교한다

8.3.1 날짜와 시간을 비교한다

DateTime끼리 비교할 때도 >=, <=, <, >, ==, != 같은 비교 연산자를 이용할 수 있습니다.

예제 8.14 날짜와 시간을 비교한다

```
var dt1 = new DateTime(2006, 10, 18, 1, 30, 21);
var dt2 = new DateTime(2006, 11, 2, 18, 5, 28);
if (dt1 < dt2)
    Console.WriteLine("dt2 쪽이 미래입니다.");
else if (dt1 == dt2)
    Console.WriteLine("dt1와 dt2는 같은 시각입니다.");
```

이 코드를 실행하면 다음과 같은 결과가 나옵니다.

```
dt2 쪽이 미래입니다.
```

8.3.2 날짜만 비교한다

시각 정보를 포함하지 않은 날짜만 비교하려면 Date **속성**을 사용해서 비교합니다. Date 속성을 사용하면 날짜끼리 제대로 비교할 수 있습니다.

예제 8.15 날짜만 비교한다

```
var dt1 = new DateTime(2001, 10, 25, 1, 30, 21);
var dt2 = new DateTime(2001, 10, 25, 18, 5, 28);
if (dt1.Date < dt2.Date)
    Console.WriteLine("dt2 쪽이 미래입니다.");
else if (dt1.Date == dt2.Date)
    Console.WriteLine("dt1와 dt2는 같은 날짜입니다.");
```

Date 속성끼리 비교할 때 시각 정보는 비교되지 않으므로 위의 코드를 실행하면 "dt1와 dt2는 같은 날짜입니다."가 표시됩니다.

그러나 Date 속성을 사용하지 않고 비교하면 제대로 비교되지 않을 경우가 있습니다. 다음 코드를 보기 바랍니다.

✘　　if (logDateTime <= new DateTime(2016, 5, 31))　　◀── logDateTime에 시각까지 포함돼 있으면
　　　　　Console.WriteLine("2015/12/31보다 과거입니다.");　　　5월 31일에 처리된 로그를 제대로 판단할 수 없다

이 코드는 로그에 기록된 처리 시각이 2016/5/31 이전인지 여부를 조사하려고 작성한 코드입니다. 그러나 logDateTime 변수에 '2016/5/31 15:31:28'이라는 값이 들어 있다면 '2016/5/31 15:31:28'과 '2016/5/31 00:00:00'을 비교하게 됩니다. 따라서 '2016/5/31'로 처리됐지만 비교 대상이 되지 못합니다.

8.4 날짜를 계산한다(기초)

8.4.1 지정한 시분초 이후의 시각을 구한다

DateTime 객체에 TimeSpan **구조체**의 값을 더하면 h시간 m분 s초 이후의 시각을 구할 수 있습니다.

예제 8.16 h시간 m분 s초 이후의 시각을 구한다

```
var now = DateTime.Now;
var future = now + new TimeSpan(1, 30, 0);    ◀── TimeSpan 객체를 더한다
```

위의 코드는 1시간 30분 이후의 시각을 구하는 코드입니다. 마찬가지로 1시간 30분 이전을 구하려면
DateTime 객체에서 TimeSpan 객체를 빼는 방식으로 구할 수 있습니다.

예제 8.17 h시간 m분 s초 이전의 시각을 구한다

```
var now = DateTime.Now;
var past = now - new TimeSpan(1, 30, 0);    ◀──── TimeSpan 객체를 뺀다
```

다음의 표 8.1에 TimeSpan 구조체에 있는 속성의 목록을 정리했습니다.

표 8.1 TimeSpan 구조체에 있는 속성

속성	의미
Days	시간 간격에서 일자 부분을 구한다
Hours	시간 간격에서 시 부분을 구한다
Minutes	시간 간격에서 분 부분을 구한다
Seconds	시간 간격에서 초 부분을 구한다
Milliseconds	시간 간격에서 밀리초 부분을 구한다
Ticks	값을 나타내는 타이머 단위 수를 구한다
TotalDays	정수부와 소수부로 구성된 날짜 값을 구한다
TotalHours	정수부와 소수부로 구성된 시간 값을 구한다
TotalMinutes	정수부와 소수부로 구성된 분 값을 구한다
TotalSeconds	정수부와 소수부로 구성된 초 값을 구한다
TotalMilliseconds	정수부와 소수부로 구성된 밀리초 값을 구한다

8.4.2 n일 후와 n일 전의 날짜를 구한다

n일 후와 n일 전의 날짜를 구하려면 **AddDays** 메서드를 사용합니다. 이번 예제에서는 20일 후와
20일 전의 날짜를 구하는 코드를 살펴보겠습니다. 음수값을 인수에 넘겨주면 과거의 날짜를 구할 수
있습니다.

예제 8.18 n일 후와 n일 전의 날짜를 구한다

```
var today = DateTime.Today;
var future = today.AddDays(20);
var past = today.AddDays(-20);
```

그리고 날짜 연산에서 주의해야 할 점이 있습니다. DateTime은 불변 객체라는 점입니다. 다음과 같이 쓰면 date 자체는 20일 후의 날짜가 되지 않습니다. 이것은 초보 프로그래머가 자주 틀리는 부분입니다.

✖ ```
date.AddDays(20);
```

date 자체를 20일 후의 날짜로 만들고 싶다면 다음과 같이 작성해야 합니다.

```
date = date.AddDays(20);
```

8.4.3 n년 후와 n개월 후를 구한다

n년 후와 n개월 후를 구하려면 AddYears 메서드와 AddMonths 메서드를 이용합니다. 다음은 2년 5개월 후를 구하는 코드입니다.

예제 8.19 n년 후와 n개월 후를 구한다

```
var date = new DateTime(2009, 10, 22);
var future = date.AddYears(2).AddMonths(5);
Console.WriteLine(future);
```

이 코드를 실행한 결과는 다음과 같습니다.

```
2012/03/22 0:00:00
```

8.4.4 두 시각의 차를 구한다

두 시각의 차를 구하려면 음수 연산자를 사용합니다. 결과는 시간 간격을 나타내는 TimeSpan 형이 됩니다.

예제 8.20 두 시각의 차를 구한다

```
var date1 = new DateTime(2009, 10, 22, 1, 30, 20);
var date2 = new DateTime(2009, 10, 22, 2, 40, 56);
TimeSpan diff = date2 - date1;          ◀── 뺄셈을 해서 두 시각의 차이를 구한다
Console.WriteLine("두 시각의 차는 {0}일 {1}시간 {2}분 {3}초입니다.",
        diff.Days, diff.Hours, diff.Minutes, diff.Seconds);
Console.WriteLine("총 {0}초입니다.", diff.TotalSeconds);
```
```

이 코드를 실행하면 다음과 같은 결과가 나옵니다.

```
두 시각의 차는 0일 1시간 10분 36초입니다.
총 4236초입니다.
```

8.4.5 두 날짜의 차이를 구한다

두 날짜의 차를 구하려면 Date 속성끼리 뺄셈합니다.

예제 8.21 두 개의 날짜의 차를 구한다

```
var dt1 = new DateTime(2016, 1, 20, 23, 0, 0);
var dt2 = new DateTime(2016, 1, 21, 1, 0, 0);
TimeSpan diff = dt2.Date - dt1.Date;
Console.WriteLine("{0}일간", diff.Days);
```

Date 속성에서 시각 정보는 버려지므로 위의 코드를 실행하면 "1일간"이 출력됩니다.

Date 속성을 사용하지 않은 다음과 같은 코드에서는 날짜의 차이를 제대로 구할 수 없습니다.

예제 8.22 두 날짜의 차이를 구하는 코드의 나쁜 예

✖
```
var dt1 = new DateTime(2016, 1, 20, 23, 0, 0);
var dt2 = new DateTime(2016, 1, 21, 1, 30, 0);
TimeSpan diff = dt2 - dt1;
Console.WriteLine("{0}일간", diff.Days);
```

예제 8.22에 나온 코드를 실행하면 "0일간"이라는 결과가 나옵니다. 두 시각의 차가 24시간이 안 되기 때문입니다. "1일간"이라고 표시하려면 예제 8.21에 나온 것처럼 Date 속성을 사용해 두 날짜의 차를 구해야 합니다.

8.4.6 해당 월의 말일을 구한다

DaysInMonth라는 정적 메서드를 사용하면 해당 월에 며칠이 있는지 알 수 있습니다. 따라서 `DaysInMonth` 메서드로 구한 값을 사용하면 해당 월의 말일을 구할 수 있습니다.

예제 8.23 월의 말일을 구한다

```
var today = DateTime.Today;
// 해당 월에 며칠이 있는지를 구한다
```

```
int day = DateTime.DaysInMonth(today.Year, today.Month);
// 이 day를 사용해 DateTime 객체를 생성한다. endOfMonth가 해당 월의 말일이다
var endOfMonth = new DateTime(today.Year, today.Month, day);
Console.WriteLine(endOfMonth);
```

8.4.7 1월 1일부터의 날짜 수를 구한다

DayOfYear 속성을 사용하면 1월 1일부터의 날짜 수를 구할 수 있습니다.

예제 8.24 1월 1일부터의 날짜 수를 구한다

```
var today = DateTime.Today;
int dayOfYear = today.DayOfYear;
Console.WriteLine(dayOfYear);
```

일부러 다음과 같이 계산해서 날짜 수를 구하지 않아도 됩니다.

예제 8.25 1월 1일부터의 날짜 수를 구하는 코드의 나쁜 예

```
✘   var today = DateTime.Today;
    var baseDate = new DateTime(today.Year, 1, 1).AddDays(-1);
    TimeSpan ts = today - baseDate;
    Console.WriteLine(ts.Days);
```

8.5 날짜를 계산한다(응용)

8.5.1 다음 특정 요일을 구한다

예를 들어, 다음 목요일을 구하고 싶을 때 사용할 수 있는 메서드인 NextDay를 소개합니다.

예제 8.26 다음 특정 요일을 구한다

```
public static DateTime NextDay(DateTime date, DayOfWeek dayOfWeek) {
    var days = (int)dayOfWeek - (int)(date.DayOfWeek);
    if (days <= 0)
        days += 7;
    return date.AddDays(days);
}
```

두 번째 인수에 DayOfWeek.Thursday(목요일)를 지정했다고 했을 때 기준일 date가 월요일이면 같은 주의 목요일의 DateTime이 구해지고 기준일이 토요일이면 다음 주 목요일의 DateTime이 구해집니다. 이 메서드는 다음과 같이 사용합니다.

```
var today = DateTime.Today;
DateTime nextWednesday = NextDay(today, DayOfWeek.Wednesday);  ◀── 오늘을 기점으로 다음 수요일을 구한다
```

NextDay 메서드가 어떤 계산을 하는지 구체적인 예를 통해서 알아보겠습니다. dayOfWeek 인수에 DayOfWeek.Thursday(목요일)가 전달된 경우에는 DayOfWeek 속성값의 범위는 0(DayOfWeek.Sunday)에서 6(DayOfWeek.Saturday)까지이므로 date가 월요일이면 다음 코드에서는 '4 - 1'이 계산되어 3이 days에 대입됩니다.

```
var days = (int)dayOfWeek - (int)(date.DayOfWeek);
```

다시 말해 월요일을 기준으로 했다면 목요일은 3일 후가 됩니다. 이 days의 값 3을 date에 더하면 다음 목요일의 날짜를 구할 수 있습니다.

그런데 date가 토요일이라면 '4 - 6'이 계산되어 days에는 -2라는 음수가 들어갑니다. -2를 date에 더하면 과거의 목요일이 구해집니다. 구하려고 하는 것은 그다음 주의 목요일이므로 days가 0 이하라면 -2에 7(1주일간의 날짜 수)를 더한 5를 date에 더해야 합니다. 다시 말해 days에 7을 더한 값을 가지고 date.AddDays(days)를 실행하면 된다는 이야기입니다.

8.5.2 나이를 구한다

만으로 세는 나이(생일에 나이를 한 살 먹는)를 구하는 메서드인 GetAge를 살펴보겠습니다. 이 메서드는 생일이 2월 29일인 사람은 윤년이 아닌 해에 3월 1일에 나이를 한 살 먹도록 계산했습니다. 그리고 GetAge의 인수는 birthday <= targetDay라는 것을 전제로 합니다.

예제 8.27 나이를 구한다

```
public static int GetAge(DateTime birthday, DateTime targetDay) {
    var age = targetDay.Year - birthday.Year;
    if (targetDay < birthday.AddYears(age)) {
        age--;
    }
    return age;
}
```

나이를 구하는 로직이 몇 가지 있지만 예제 8.27은 비교적 짧은 코드로 해결할 수 있는 로직입니다.

이 메서드는 다음과 같이 사용합니다.

```
var birthday = new DateTime(1992, 4, 5);
var today = DateTime.Today;
int age = GetAge(birthday, today);        ◀── 1992년 4월 5일 출생인 사람이 오늘 몇 살인지를 구한다
```

예를 들면, 2000년 5월 18일 출생인 사람이 2017년 3월 5일에 몇 살인지 구하는 예를 살펴보겠습니다. targetDay의 연도에서 생일의 연도를 빼서 그 해에 몇 살인지 구합니다. 첫 번째 뺄셈에서 2017년에는 17세가 된다는 것을 알 수 있습니다. 그러나 3월 5일 시점에서는 아직 생일을 맞이하지 않았습니다. targetDay(2017/3/5)와 17년 후의 생일(2017/5/18)을 비교하면 아직 생일 이전이므로 age- 연산이 실행되어 2017년 3월 5일 시점의 나이는 16세입니다.

8.5.3 지정한 날이 몇 주째에 있는지를 구한다

지정한 날이 몇 주째에 있는지 구하는 메서드를 살펴보겠습니다. 월별 달력에는 첫 행에 제1주, 두 번째 행에 제2주가 표시돼 있습니다. 그리고 1주일은 일요일부터 시작되는 것으로 정해져 있습니다.

예제 8.28 지정한 날이 몇 주째에 있는지 계산한다(응용)

```
public static int NthWeek(DateTime date) {
    var firstDay = new DateTime(date.Year, date.Month, 1);
    var firstDayOfWeek = (int)(firstDay.DayOfWeek);
    return (date.Day + firstDayOfWeek - 1) / 7 + 1;
}
```

월별 달력의 왼쪽 가장 위(1일이 일요일이 아니면 전월의 마지막 일요일)를 기점으로 해서 며칠째인지를 구하고 그것을 7로 나누면 몇 주째인지를 구할 수 있습니다. 달력의 왼쪽 가장 위(일요일)에 있는 날이 0일째입니다.

일단 그 달의 첫날을 구하고 나서 그날이 무슨 요일인지를 구해서 int로 변환합니다. 일요일이 0이고 토요일이 6입니다. 변환한 int 값을 해당 일에 더하고 거기서 1을 뺀 값이 달력의 왼쪽 가장 위를 기점으로 해서 며칠째인지를 나타냅니다. 이 값을 7로 나누면 몇 주째인지 알 수 있습니다. 첫 주를 1주째로 지정하기 위해 마지막에 1을 더했습니다. 실제로 달력을 보면서 구체적인 날짜를 사용해 계산해보면 이해할 수 있을 것입니다.

NthWeek 메서드를 사용한 코드를 살펴보겠습니다.

```
var date = DateTime.Today;
var nth = NthWeek(date);        ◀── 오늘이 몇 주째인지 구한다
Console.WriteLine("{0}주째", nth);
```

8.5.4 지정한 달의 n번째의 X요일의 날짜를 구한다

2017년 10월의 세 번째 일요일(제3일요일)의 날짜를 구하고 싶을 때 이용할 수 있는 메서드를 소개합니다. 앞서 살펴본 예와는 달리 n주째가 아니고 n번째입니다.

예제 8.29 지정한 달의 n번째 X요일을 구한다(1)

```
public static DateTime DayOfNthWeek(int year, int month, DayOfWeek dayOfWeek, int nth) {
    // LINQ를 사용해 첫 번째 X요일이 며칠인지를 구한다
    var firstDay = Enumerable.Range(1, 7)
                        .Select(d => new DateTime(year, month, d))
                        .First(d => d.DayOfWeek == dayOfWeek)
                        .Day;
    // 첫 번째 X요일의 날짜에 7의 배수를 더하면 n번째 X요일을 구할 수 있다
    var day = firstDay + (nth - 1) * 7;
    return new DateTime(year, month, day);
}
```

DayOfNthWeek 메서드의 첫 번째 인수와 두 번째 인수에 연도와 월을 넘겨줍니다. 그리고 세 번째 인수인 dayOfWeek에는 지금 구할 요일을 넘겨주고 네 번째 인수 nth에는 몇 주째인지를 넘겨줍니다.

이 메서드가 어떤 처리를 수행하는지 간단히 설명하겠습니다. LINQ 식에서는 지정한 달의 1일부터 7일까지의 DateTime 시퀀스를 만들고 지정한 요일에 일치하는 날짜를 구합니다. 이렇게 해서 첫 번째 X요일의 날짜인 firstDay가 구해집니다. 이 firstDay를 사용해 다음과 같이 계산하면 nth번째 날을 구할 수 있습니다.

```
firstDay + (nth - 1) * 7
```

이 메서드는 다음과 같이 사용합니다.

```
DateTime day = DayOfNthWeek(2016, 9, DayOfWeek.Sunday, 3);    ◀── 2016년 9월의 세 번째 일요일을 구한다
```

DayOfNthWeek 메서드를 구현하는 방법은 이 밖에도 여러 가지가 있습니다. 예제 8.29도 충분히 속도가 빠르지만 다음과 같은 코드는 가독성을 희생해서 속도를 더욱 향상시켰습니다.

예제 8.30 지정한 달의 n번째 X요일을 구한다(2)

```
public static DateTime DayOfNthWeek2(int year, int month, DayOfWeek dayOfWeek, int nth) {
    // 해당 월의 1일이 무슨 요일인지를 구한다
    var firstDayOfWeek = (int)(new DateTime(year, month, 1)).DayOfWeek;
    // 이렇게 구한 firstDayOfWeek를 사용해 첫 번째 X요일의 날짜를 구한다
    var firstDay = 1 + ((int)dayOfWeek - firstDayOfWeek);
    // 0보다 작으면 7을 더해서 첫 번째 X요일의 날짜를 알 수 있다
    if (firstDay <= 0)
        firstDay += 7;
    // 첫 번째 X요일의 날짜에 7의 배수를 더하면 n번째 X요일을 구할 수 있다
    var day = firstDay + (nth - 1) * 7;
    return new DateTime(year, month, day);
}
```

프로그래밍하는 데 있어서 유일한 정답은 존재하지 않습니다. 가독성과 효율의 균형을 맞추는 것이 중요합니다. 필자는 일단 가독성을 우선시해서 코드를 작성하고 속도에 관한 문제가 생기면 최적화를 고려해서 속도를 향상시킨 버전을 작성하게 합니다. 그리고 이때 처음 버전과 다음 버전의 동작을 비교하는 테스트 코드를 작성합니다. 이렇게 하면 안심하고 '속도가 향상된 버전'으로 교체할 수 있기 때문입니다.

연습 문제

문제 8.1

현재의 날짜와 시각을 다음과 같은 세 종류의 서식으로 콘솔에 출력합니다.

```
2019/1/15 19:48
2019년01월15일  19시48분32초
단기4349년1월15일(일요일)
```

문제 8.2

8.5.1절 '다음 특정 요일을 구한다'에 나온 메서드를 참고해서 다음 주의 특정 요일을 구하는 메서드를 정의합니다.

문제 8.3

어떤 처리 시간을 재는 TimeWatch 클래스[4]를 정의합니다. TimeWatch를 사용하는 방법은 다음과 같습니다.

```
var tw = new TimeWatch();
tw.Start();
    ... // 처리
TimeSpan duration = tw.Stop();
Console.WriteLine("처리 시간은 {0}밀리초였습니다.", duration.TotalMilliseconds);
```

[Column] 비주얼 스튜디오에서 디버그하는 기본적인 방법

비주얼 스튜디오에는 세련된 디버그 기능이 마련돼 있습니다. 최소한 알아두면 좋을 만한 디버그 기능을 소개하겠습니다.

디버그 시작/재시작: F5 키

비주얼 스튜디오의 디버그 기능을 사용해서 디버깅 작업을 시작합니다. 실행이 정지돼 있을 때 F5 키를 누르면 정지된 곳에서 다시 실행됩니다.

스텝 오버: F10 키

현재 명령문을 실행하고 다음 명령문에서 처리를 멈춥니다. 현재 행이 메서드라면 해당 메서드가 실행되고 돌아온 후에 다음 명령문에서 실행을 멈춥니다.

스텝 인 키: F11 키

현재 행을 실행하고 다음 행에서 처리를 멈춥니다. 현재 행이 메서드라면 해당 메서드 안으로 실행이 옮겨지고 메서드의 첫 행에서 처리가 멈춥니다.

스텝 아웃: Shift + F11 키

실행을 재개하고 호출한 쪽 메서드로 돌아가서 실행을 멈춥니다. 스텝 인을 통해 메서드 안으로 실행이 옮겨졌을 때 이용합니다.

브레이크 포인트 설정/해제: F9 키

브레이크 포인트를 지정한 행에서 실행을 일시적으로 멈출 수 있습니다. 조사하려는 곳까지 한번에 처리를 진행시킬 수 있으므로 효율적으로 디버깅할 수 있습니다. 그리고 브레이크 포인트가 설정된 행에는 행의 왼쪽에 빨간 ● 기호가 표시됩니다.

실행이 멈춰있을 때는 '로컬' 창 또는 '자동' 창에서 변수의 값을 확인할 수 있습니다. [로컬] 창 또는 [자동] 창을 표시하려면 '디버그' 메뉴에서 '창'을 선택하고 '지역' 또는 '자동'을 클릭합니다.

---

4 .NET 프레임워크에는 StopWatch라는 클래스가 있는데 실제 개발 업무에서 자신이 직접 TimeWatch 클래스를 작성하는 것은 '바퀴를 재발명'하는 것처럼 환영받을 일이 아닙니다. 그러나 프로그래밍 능력을 키우기 위해서는 이것이 꽤 좋은 수단이라고 생각합니다. 따라서 이 연습문제에서는 바퀴를 재발명해보기로 합니다.
  바퀴를 재발명한다는 것은 '널리 받아들여져 확립돼 있는 기술이나 해결 방법을 모르고(또는 의도적으로 무시하고) 똑같은 것을 처음부터 다시 만드는 것'을 말합니다. (위키피디아에서 인용)

3부

C# 프로그래밍
관용구/정석 & 패턴

[실전 편]

9장 파일 처리
10장 정규 표현식을 활용한 고급 문자열 처리
11장 XML 파일 처리
12장 직렬화와 역직렬화
13장 엔터티 프레임워크로 데이터에 접근한다
14장 그 밖의 프로그래밍의 정석

9장

파일 처리

System.IO 네임스페이스에는 파일을 다루는 데 사용되는 다양한 클래스가 마련돼 있고 이를 이용하면 손쉽게 파일을 처리할 수 있습니다.

이번 장에서는 파일의 입출력, 파일 시스템 상에서 수행할 수 있는 처리, 파일 경로에 관해 설명하겠습니다[1]. 파일 입출력에 관해서는 프로그래머에게 가장 친숙한 텍스트 파일의 입출력에 초점을 맞춰 설명하겠습니다. 바이너리 파일을 다룰 기회는 그다지 많지 않으므로 이 책에서는 설명하지 않겠습니다.

9.1 텍스트 파일로 입력한다

9.1.1 텍스트 파일을 한 행씩 읽어 들인다

StreamReader 클래스를 사용해 텍스트 파일을 한 행씩 읽어 들이는 예를 살펴보겠습니다.

예제 9.1 텍스트 파일을 한 행씩 읽어 들인다

```
using System.IO;
...
```

---

1 UWP(Universal Windows Platform) 앱에서 파일을 처리하는 방법은 16장 '비동기/병렬 프로그래밍'에서 다루겠습니다. UWP 앱은 모든 윈도우 10 장치(PC, 태블릿, 폰 등)에서 동작하는 응용 프로그램입니다.

```
var filePath = @"C:\Example\Greeting.txt";
if (File.Exists(filePath)) {
    using (var reader = new StreamReader(filePath, Encoding.UTF8)) {
        while (!reader.EndOfStream) {
            var line = reader.ReadLine();
            Console.WriteLine(line);
        }
    }
}
```

File.Exists이라는 정적 메서드를 통해 파일이 존재하는지 여부를 미리 확인하고 존재할 때만 읽어 들이는 처리를 수행합니다.

파일을 읽어 들이려면 일단 파일을 열어야 합니다. StreamReader의 인스턴스를 생성하면 파일을 여는 처리도 함께 수행됩니다. 파일의 경로와 문자 인코딩을 인수에 전달해서 파일을 엽니다.

StreamReader의 생성자에 있는 두 번째 인수를 생략하면 UTF-8이 지정됐다고 간주합니다. 어떤 사정에 의해 euc-kr 형식으로 저장된 텍스트 파일을 읽을 경우에는 Encoding.GetEncoding("euc-kr")이라고 지정합니다.

while 문 안에서는 텍스트를 한 행씩 읽어 들이면서 처리합니다. 파일의 마지막까지 읽어 들였는지를 **EndOfStream 속성**을 보고 조사합니다. EndOfStream이 false이면 아직 읽어 들일 행이 남은 것이므로 **ReadLine 메서드**로 한 행을 읽어 들여 line 변수에 대입합니다.

예제 9.2에 나온 것처럼 ReadLine 메서드의 반환값을 보고 반복할지 여부를 판단하는 방법도 있지만 이 방법은 직관적이지 않으므로 EndOfStream 속성을 사용하는 방법을 권장합니다.

예제 9.2 ReadLine 메서드의 반환값으로 반복할지 여부를 판단하는 예(비추천)

```
var filePath = @"C:\Example\Greeting.txt";
if (File.Exists(filePath)) {
    using (var reader = new StreamReader(filePath, Encoding.UTF8)) {
        string line = null;
        while ((line = reader.ReadLine()) != null) {     ← ReadLine 메서드의 반환값을 보고
            Console.WriteLine(line);                         반복을 계속할지 여부를 판단한다.
        }                                                    이것은 직관적인 방법이 아니다.
    }
}
```

그리고 4장에서 관용구를 설명했을 때 나온 내용이지만 using 문이 필요한 이유는 리소스를 확실하게 삭제(이번 예에서는 파일을 닫는 작업)하기 위함입니다(4.7.7절 'using을 사용해 리소스를 삭제한다'). using 문이 도입되기 이전인 초기 C#에서는 다음과 같이 try-finally 구문이 사용됐지만 지금은 using 문을 사용하는 것이 일반적입니다.

예제 9.3 try-finally를 이용한 파일 후처리(비추천)

```
string filePath = @"C:\Example\Greeting.txt";
StreamReader reader = new StreamReader(filePath, Encoding.UTF8);
try {
    while (!reader.EndOfStream) {
        string line = reader.ReadLine();
        Console.WriteLine(line);
    }
} finally {
    reader.Dispose();        ◀——— StreamReader 객체의 후처리를 수행한다
}
```

9.1.2 텍스트 파일을 한꺼번에 읽어 들인다

앞서 살펴본 예는 텍스트 파일을 한 행씩 읽어 들이는 것이었는데 비교적 작은 파일이라면 File 클래스에 있는 ReadAllLines라는 **정적** 메서드를 사용해 한꺼번에 메모리로 읽어 들이는 것이 편리합니다. 이것은 이미 2장(예제 2.15)과 7장(예제 7.16)에 나온 내용입니다.

예제 9.4 텍스트 파일을 한꺼번에 읽어 들인다

```
var filePath = @"C:\Example\Greeting.txt";
var lines = File.ReadAllLines(filePath, Encoding.UTF8);
foreach (var line in lines) {
    Console.WriteLine(line);
}
```

ReadAllLines 메서드는 모든 행을 읽어 들이고 그 결과를 string[] 형으로 반환합니다. 거대한 텍스트 파일이라면 끝까지 읽는 데 처리 지연이 발생하고 메모리를 압박하므로 주의해야 합니다. ReadAllLines 메서드는 작은 파일 전용이라고 생각하면 됩니다.

9.1.3 텍스트 파일을 IEnumerable⟨string⟩으로 취급한다

.NET 프레임워크 4 이상의 환경에서는 IEnumerable⟨string⟩을 반환하는 **ReadLines**라는 **정적 메서드**를 이용할 수 있습니다. ReadLines 메서드를 사용해 텍스트 파일을 읽어 들이는 코드는 다음과 같습니다.

예제 9.5 텍스트 파일을 IEnumerable⟨string⟩으로 취급한다

```
var filePath = @"C:\Example\Greeting.txt";
var lines = File.ReadLines(filePath, Encoding.UTF8);
foreach (var line in lines) {
    Console.WriteLine(line);
}
```

예제 9.5는 예제 9.4에 나온 "ReadAllLines"를 "ReadLines"로 바꾼 코드입니다. 이 두 메서드의 차이는 읽어 들이는 방법에 있습니다. ReadAllLines 메서드는 모든 행을 읽어 들여 배열로 변환합니다. 그러나 ReadLines 메서드는 호출한 시점에 읽기 작업이 실행됩니다. 코드의 겉모습은 ReadAllLines과 닮았지만 내부에서 실행되는 처리는 StreamReader 클래스에 있는 ReadLine 메서드를 사용한 예에 가깝다고 할 수 있습니다.

그리고 IEnumerable⟨string⟩을 반환하는 ReadLines 메서드는 LINQ를 조합해서 다채로운 처리를 깨끗하게 작성하게 해줍니다. ReadLines 메서드는 ReadAllLines 메서드를 대체한 것이라고 말해도 될 것입니다. .NET 프레임워크 4 이상의 환경에서는 ReadLines 메서드를 사용하기 바랍니다.

ReadLines 메서드와 LINQ를 조합한 예를 몇 가지 살펴보겠습니다.

첫 n행을 읽는다

예제 9.6 첫 n행을 읽는다

```
var lines = File.ReadLines(filePath, Encoding.UTF8)
                .Take(10)
                .ToArray();
```

첫 10행만 읽어 들입니다. ReadAllLines 메서드와는 달리 파일의 마지막까지 읽어 들이지는 않습니다.

조건에 일치하는 행의 개수를 센다

예제 9.7 조건에 일치하는 행의 개수를 센다

```
var count = File.ReadLines(filePath, Encoding.UTF8)
                .Count(s => s.Contains("Windows"));
```

"Windows"라는 문자열이 포함돼 있는 행의 개수를 셉니다.

조건에 일치한 행만 읽어 들인다

예제 9.8 조건에 일치한 행만 읽어 들인다

```
var lines = File.ReadLines(filePath, Encoding.UTF8)
              .Where(s => !String.IsNullOrWhiteSpace(s))
              .ToArray();
```

위의 코드는 빈 문자열이나 공백인 행 이외의 행을 읽을 수 있습니다. IsNullOrWhiteSpace 메서드는
.NET 프레임워크 4 이후에 이용할 수 있는 메서드입니다.

조건에 일치하는 행이 존재하는지 여부를 조사한다

예제 9.9 조건에 일치하는 행이 존재하는지 여부를 조사한다

```
var exists = File.ReadLines(filePath, Encoding.UTF8)
               .Where(s => !String.IsNullOrEmpty(s))
               .Any(s => s.All(c => Char.IsDigit(c)));
```

숫자로만 구성된 행이 존재하는지 조사합니다. 빈 행이 존재하면 조건에 일치한다고 판단되지 않도록
미리 Where 메서드를 통해 빈 행을 제외한 후에 Any 메서드를 호출합니다.

Where 메서드를 기술하지 않으면 빈 행에 대해서도 s.All(c => Char.IsDigit(c))가 호출됩니다. All
메서드는 빈 시퀀스에 대해 true를 반환하므로 숫자만으로 구성된 행이 존재하지 않아도 빈 행이
있으면 exists 변수에는 true가 대입됩니다.

중복된 행을 제외하고 나열한다

예제 9.10 중복된 행을 제외하고 나열한다

```
var lines = File.ReadLines(filePath, Encoding.UTF8)
              .Distinct()
              .OrderBy(s => s.Length)
              .ToArray();
```

중복된 행을 제외하고 행의 길이가 짧은 순서로 정렬한 후에 배열에 저장합니다.

행마다 어떤 변환 처리를 실행한다

읽어 들인 행에 어떤 변환 처리를 수행하는 예제를 살펴보겠습니다. 텍스트 파일에서 읽어 들인 각 행에 행 번호를 붙이는 코드입니다.

예제 9.11 행마다 어떤 변환 처리를 수행한다

```
var lines = File.ReadLines(filePath)
                .Select((s, ix) => String.Format("{0,4}: {1}", ix+1, s))
                .ToArray();
foreach (var line in lines) {
    Console.WriteLine(line);
}
```

Select 메서드를 사용해 각 행 앞에 행 번호를 붙입니다. C# 소스 파일을 입력 파일로 사용해서 예제 9.11에 나온 코드를 실행하면 다음과 같은 결과가 나옵니다.

```
1:using System;
2:using System.Collections.Generic;
3:using System.Linq;
4:
5:namespace CSharpPhrase.Example {
6:   class Program {
7:      static void Main(string[] args) {
8:         Console.WriteLine("Hello world.");
9:      }
10:   }
11:}
```

9.2 텍스트 파일에 출력한다

9.2.1 텍스트 파일에 한 행씩 문자열을 출력한다

System.IO 네임스페이스에 있는 **StreamWriter 클래스**를 사용하면 텍스트를 파일에 출력할 수 있습니다. 일단 텍스트를 한 행씩 파일에 출력하는 예를 살펴보겠습니다.

예제 9.12 텍스트 파일에 한 행씩 문자열을 출력한다

```
var filePath = @"C:\Example\고향의봄.txt";
using (var writer = new StreamWriter(filePath)) {
```

```
    writer.WriteLine("나의 살던 고향은");
    writer.WriteLine("꽃피는 산골");
    writer.WriteLine("복숭아꽃 살구꽃");
    writer.WriteLine("아기 진달래");
}
```

StreamWriter의 생성자에서 파일 경로를 지정합니다. 문자 인코드는 기본 문자코드(UTF-8)가 지정된 것으로 간주됩니다[2]. 생성자가 호출될 때 파일이 존재하지 않으면 새 파일이 생성됩니다. 이미 파일이 존재할 경우에는 파일이 덮어쓰기 모드로 열립니다.

행을 출력하려면 WriteLine 메서드를 사용합니다. 인수에 넘겨준 문자열 끝에 줄바꿈 문자가 붙은 후에 파일에 출력됩니다. 위의 예에서는 4개의 행만큼의 데이터가 파일에 출력됩니다.

9.2.2 기존 텍스트 파일 끝에 행을 추가한다

기존 파일 끝에 행을 추가하려면 StreamWriter 생성자의 두 번째 인수인 append 플래그에 true를 지정합니다. false를 지정하면 덮어쓰기 모드가 됩니다. 파일이 존재하지 않으면 새 파일이 생성됩니다.

예제 9.13 기존 텍스트 파일 끝에 행을 추가한다

```
var lines = new[] { "====", "울긋불긋 꽃대궐", "차리인 동네", };
var filePath = @"C:\Example\고향의봄.txt";
using (var writer = new StreamWriter(filePath, append:true)) {
    foreach (var line in lines)
        writer.WriteLine(line);
}
```

예제 9.12에 나온 코드를 실행한 후에 예제 9.13을 실행하면 '고향의봄.txt'에는 다음과 같은 내용이 들어 있게 됩니다.

```
나의 살던 고향은
꽃피는 산골
복숭아꽃 살구꽃
아기 진달래
```

---

2   문자 인코딩을 지정해서 파일을 출력하는 방법은 '[Column] 문자 인코딩을 지정해서 파일을 출력한다'에서 설명합니다.

```
====
울긋불긋 꽃대궐
차리인 동네
```

참고로 '고향의봄.txt' 파일이 존재하지 않는 상황에서 예제 9.13을 실행하면 '고향의봄.txt' 파일이 생성되고 이 파일의 내용은 다음과 같이 바뀝니다.

```
====
울긋불긋 꽃대궐
차리인 동네
```

C# 4.0 이후 버전에서는 StreamWriter를 다음과 같이 생성할 수 있습니다.

```
var writer = new StreamWriter(filePath, append:true)
```

위의 예에서는 **명명된 인수**를 사용했습니다. 이렇게 쓰면 코드를 읽을 때 알아보기 쉽습니다. true가 무엇을 의미하는지 금방 알 수 있고 주석을 쓸 필요도 없습니다. 조금 수고스럽더라도 읽기 쉬운 코드를 작성하려는 자세가 중요하다고 생각합니다. 이후 bool 형을 메서드에 넘겨줄 때는 최대한 명명된 인수를 사용하기로 하겠습니다.

9.2.3 문자열 배열을 한번에 파일에 출력한다

배열에 저장된 문자열을 한번에 출력하려면 File 클래스에 있는 **WriteAllLines라는 정적 메서드**를 이용하는 것이 편리합니다.

예제 9.14 문자열 배열을 한번에 파일에 출력한다

```
var lines = new[] { "Seoul", "New Delhi", "Bangkok", "London", "Paris", };
var filePath = @"C:\Example\Cities.txt";
File.WriteAllLines(filePath, lines);
```

.NET 프레임워크 4 이후에는 IEnumerable<string>을 인수에 넘겨주는 WriteAllLines라는 정적 메서드도 마련돼 있으므로 다음과 같이 LINQ 쿼리의 결과를 쉽게 파일에 출력할 수 있습니다.

예제 9.15 LINQ 쿼리의 결과를 파일에 출력한다

```
var names = new List<string> {
    "Seoul", "New Delhi", "Bangkok", "London", "Paris", "Berlin", "Canberra", "Hong Kong", };
var filePath = @"C:\Example\Cities.txt";
File.WriteAllLines(filePath, names.Where(s => s.Length > 5));
```

위의 코드는 문자열의 길이가 5문자보다 긴 것만 파일에 출력합니다. **AppendAllLines라는 정적 메서드도** 마련돼 있으므로 행을 파일 끝에 추가할 수도 있습니다.

9.2.4 기존 텍스트 파일의 첫머리에 행을 삽입한다

파일의 첫머리에 행을 삽입하는 기능이 StreamWriter 클래스에는 존재하지 않습니다. 따라서 파일의 첫머리에 삽입하려면 몇 가지 기능을 조합해야 합니다. 다음 코드를 보겠습니다.

예제 9.16 파일의 첫머리에 행을 삽입한다

```
var filePath = @"C:\Example\Greeting.txt";
using (var stream = new FileStream(filePath, FileMode.Open, FileAccess.ReadWrite, FileShare.
None)) {
    using (var reader = new StreamReader(stream))
    using (var writer = new StreamWriter(stream)) {
        string texts = reader.ReadToEnd();
        stream.Position = 0;
        writer.WriteLine("삽입할 새 행1");
        writer.WriteLine("삽입할 새 행2");
        writer.Write(texts);
    }
}
```

위의 코드를 순서대로 설명하겠습니다.

1. FileStream 클래스[3]를 사용해 텍스트 파일을 엽니다. FileStream 생성자의 인수는 다음과 같습니다.

   - FileMode.Open: 기존 파일을 연다

   - FileAccess.ReadWrite: 읽기/쓰기가 가능하게 한다

   - FileShare.None: 다른 프로세스가 이 파일에 접근하지 못하게 한다

---

3 FileStream 클래스는 데이터를 스트림으로 취급하는 파일 입출력용 클래스입니다. 스트림이란 '시냇물의 흐름'을 의미하며 데이터를 연속된 바이트의 흐름으로 취급합니다. 파일 외에도 네트워크를 흐르는 데이터를 취급하거나 메모리 상에 있는 데이터를 스트림으로 취급할 수도 있습니다. 그리고 이제까지 살펴본 StreamReader와 StreamWriter는 이 파일 스트림을 텍스트 형태로 읽고 쓰는 클래스라고 할 수 있습니다.

2. 1에서 구한 stream 객체를 인수로 사용해 **StreamReader**와 **StreamWriter** 객체를 생성합니다.

3. **ReadToEnd 메서드**[4]로 한꺼번에 모든 행을 읽어 들입니다. ReadAllLines 메서드와는 달리 반환값의 형은 string 형입니다. texts 변수에 모든 행을 읽어 들입니다. 줄바꿈 코드도 그대로 읽어 들입니다.

4. 이 시점에서 파일을 마지막까지 읽었으므로 파일 안에 있는 포지션은 파일 끝을 가리키고 있습니다. 따라서 FileStream 클래스에 있는 **Position 속성**에 0을 대입해서 포지션을 첫머리로 되돌립니다.

5. **WriteLine 메서드**를 통해 행을 출력합니다. 포지션을 파일의 첫머리로 되돌려 놓았으므로 텍스트가 파일 첫머리에 출력됩니다.

6. 3에서 읽어 들인 모든 텍스트를 **Write 메서드**를 통해 한꺼번에 써넣습니다. 결과적으로 5에서 출력한 행이 삽입됩니다.

7. using 문에서 빠져나와 FileStream을 닫습니다.

자주 볼 수 있는 나쁜 예도 살펴보겠습니다.

예제 9.17 파일 첫머리에 행을 삽입한다(비추천)

```
var filePath = @"C:\Example\Greeting.txt";
string texts = "";
// 파일을 모두 읽어 들인다
using (var reader = new StreamReader(filePath)) {
    texts = reader.ReadToEnd();
}
// 일단 닫는다
    ...    ◀── 이 사이에 다른 프로세스/다른 스레드가 파일의 내용을 수정했을 가능성이 있다
// 파일을 다시 열어서 출력 처리를 실행한다
using (var writer = new StreamWriter(filePath)) {
    writer.WriteLine("삽입할 새 행1");
    writer.WriteLine("삽입할 새 행2");
    writer.Write(texts);    ◀── 다른 프로세스/다른 스레드가 수정한 내용이 사라진다
}
```

위의 코드는 파일을 입력 전용으로 열고 모든 행을 읽어 들이고 나서 일단 파일을 닫고 파일을 다시 쓰기 전용으로 열어서 행을 삽입합니다. 대부분의 경우에 이 방법이 통하지만 대상이 되는 파일에 여러 프로세스가 접근할 경우에는 닫기와 열기 작업 사이에 다른 프로세스가 파일의 내용을 수정했을 가능성이 있습니다. 이런 버그는 재현할 수도 없기 때문에 프로그래머는 이유도 모르고 괴로워하게 될 수도 있습니다.

---

[4] 한 행씩 처리할 필요가 없는 경우에는 ReadToEnd 메서드를 이용하면 됩니다. 예제 9.16처럼 읽어 들인 데이터를 그대로 출력하고 싶거나 여러 행을 한꺼번에 처리하고 싶을 때 이 메서드를 이용합니다. 예를 들면, 파일에 특정한 문자열이 포함돼 있는지 조사하려면 ReadToEnd 메서드로 읽어 들여 하나의 문자열로 취급해야 해당 처리를 짧은 코드로 표현할 수 있습니다.

[Column] 문자 인코딩을 지정해 파일에 출력한다

텍스트 파일의 문자 인코딩은 UTF-8로 통일하는 것이 바람직하지만 UTF-8 이외의 문자 인코딩으로 텍스트 파일을 작성해야 할 경우가 있습니다. 이럴 때는 StreamWriter 생성자의 세 번째 인수에 문자 인코딩을 지정합니다.

```
var filePath = @"C:\Example\Greeting.txt";
var euckr = Encoding.GetEncoding("euc-kr");
using (var writer = new StreamWriter(filePath, append:false, encoding: euckr)) {
    writer.WriteLine("동해물과 백두산이");
    …
}
```

append 플래그에 true를 지정할(기존 파일에 추가한다) 경우에는 기존 파일의 문자 인코딩을 제대로 지정해야 합니다. 다른 문자 인코딩으로 파일에 데이터를 쓰면 나중에 읽어 들일 때 문자가 깨집니다.

9.3 파일 처리

파일의 존재를 확인하고 파일을 삭제하고 파일을 이동하고 파일의 크기를 구하는 등의 처리를 수행하려면 System.IO 네임스페이스에 있는 File 클래스나 FileInfo 클래스를 사용합니다. 이 두 개의 클래스에 포함된 메서드는 모두 비슷합니다. 이번 절에서는 두 클래스 중 어느 것을 사용해도 구현할 수 있는 코드는 두 가지 모두 게재합니다. 한쪽 클래스로만 구현할 수 있는 경우에는 그 사실을 지면 상에 기입했습니다.

9.3.1 파일이 존재하는지 여부를 조사한다

File 클래스를 사용할 경우

File.Exists라는 정적 메서드를 사용하면 지정한 파일이 존재하는지 여부를 조사할 수 있습니다. 파일이 존재한다면 true가 반환됩니다. 존재하지 않는다면 false가 반환됩니다.

예제 9.18 File 클래스를 사용해 파일의 존재를 확인한다

```
if (File.Exists(@"C:\Example\Greeting.txt")) {
    Console.WriteLine("이미 존재합니다.");
}
```

FileInfo 클래스를 사용한 경우

FileInfo 클래스에 있는 Exists 속성을 사용해도 파일이 존재하는지 확인할 수 있습니다. FileInfo 클래스에 마련된 파일 처리를 위한 속성이나 메서드는 모두 인스턴스 멤버입니다. 따라서 FileInfo의 인스턴스를 생성한 후 해당 메서드를 호출합니다.

예제 9.19 FileInfo 클래스를 사용해 파일이 존재하는지 확인한다

```
var fi = new FileInfo(@"C:\Example\Greeting.txt");
if (fi.Exists)
    Console.WriteLine("이미 존재합니다.");
}
```

9.3.2 파일을 삭제한다

File 클래스를 사용한 경우

지정한 파일을 삭제하려면 File.Delete라는 정적 메서드를 사용합니다. 지정한 파일이 존재하지 않을 경우에도 예외가 발생하지 않고 되돌아옵니다.

예제 9.20 File 클래스를 사용해 파일을 삭제한다

```
File.Delete(@"C:\Example\Greeting.txt");
```

FileInfo 클래스를 사용한 경우

FileInfo 클래스에도 Delete 메서드가 마련돼 있습니다. 지정한 파일이 존재하지 않을 경우 예외를 던지지 않고 되돌아옵니다.

예제 9.21 FileInfo 클래스를 사용해 파일을 삭제한다

```
var fi = new FileInfo(@"C:\Example\Greeting.txt");
fi.Delete();
```

9.3.3 파일을 복사한다

File 클래스를 사용한 경우

File.Copy라는 정적 메서드를 사용하면 파일을 복사할 수 있습니다.

예제 9.22 File 클래스를 사용해 파일을 복사한다

```
File.Copy(@"C:\Example\source.txt", @"C:\Example\target.txt");
```

첫 번째 인수에 지정한 파일을 두 번째 인수에 지정한 파일로 복사합니다. 복사할 곳에 이미 파일이 존재한다면 IOException 예외가 발생합니다.

기존 파일을 덮어써도 좋다면 세 번째 인수인 overwrite에 true를 지정합니다.

```
File.Copy(@"C:\Example\source.txt", @"C:\Example\target.txt",  overwrite:true);
```

FileInfo 클래스를 사용한 경우

FileInfo 클래스를 사용해 파일을 복사하려면 **CopyTo 메서드**를 사용합니다.

예제 9.23 FileInfo 클래스를 사용해 파일을 복사한다

```
var fi = new FileInfo(@"C:\Example\source.txt");
FileInfo dup = fi.CopyTo(@"C:\Example\target.txt", overwrite:true);
```

CopyTo의 두 번째 인수가 true이고 복사할 곳에 파일이 존재한다면 파일을 덮어씁니다. 덮어쓰기를 원치 않는다면 이 인수에 false를 지정합니다. 반환값은 복사되는 쪽 파일의 FileInfo 객체가 되므로 반환된 객체를 사용해 복사되는 쪽 파일을 계속해서 처리할 수 있습니다.

9.3.4 파일을 이동시킨다

File 클래스를 사용한 경우

파일을 이동시키려면 **File.Move라는 정적 메서드**를 사용합니다. 첫 번째 인수에 지정한 파일을 두 번째 인수에 지정한 경로로 이동시킵니다. 이동할 곳에 동일한 이름의 파일이 이미 존재할 경우 IOException 예외가 발생합니다. 그리고 복사할 곳의 디렉터리가 존재하지 않아도 DirectoryNotFoundException 예외가 발생합니다.

예제 9.24 File 클래스를 사용해 파일을 이동시킨다

```
File.Move(@"C:\Example\src\Greeting.txt", @"C:\Example\dest\Greeting.txt");
```

File.Move 메서드는 다른 드라이브 사이의 이동은 지원하지 않습니다. 다른 드라이브를 지정한 경우에는 복사 처리됩니다. 이동 처리가 아니므로 주의하기 바랍니다.

FileInfo 클래스를 사용한 경우

FileInfo 클래스 이용한 경우에는 **MoveTo 메서드**를 이용해 파일을 이동시킵니다.

예제 9.25 FileInfo 클래스를 사용해 파일을 이동시킨다

```
var fi = new FileInfo(@"C:\Example\src\Greeting.txt");
fi.MoveTo(@"C:\Example\dest\Greeting.txt");
```

위의 코드는 "C:\Example\src\Greeting.txt"를 "C:\Example\dest\Greeting.txt"로 이동시키는 예입니다.

FileInfo 클래스에 있는 MoveTo 메서드는 다른 드라이브 사이의 이동도 지원합니다. 그러나 File.Move 메서드는 다른 드라이브 사이의 이동을 지원하지 않습니다. 따라서 다른 드라이브로 이동시키려면 FileInfo 클래스를 사용하기 바랍니다.

9.3.5 파일 이름을 수정한다

File 클래스를 사용한 경우

파일의 이름을 수정하려면 이동할 때와 동일하게 **File.Move라는 정적 메서드**를 사용합니다. 이동할 곳의 경로를 이동하는 쪽과 같은 디렉터리로 지정하면 파일 이름을 수정할 수 있습니다.

예제 9.26 File 클래스를 사용해 파일 이름을 수정한다

```
File.Move(@"C:\Example\src\oldfile.txt", @"C:\Example\src\newfile.txt");
```

위의 코드는 "C:\Example\src" 폴더에 있는 "oldfile.txt"를 "newfile.txt"로 이름을 바꿨습니다.

FileInfo 클래스를 사용한 경우

FileInfo 클래스도 마찬가지로 이동용 메서드인 **MoveTo 메서드**를 사용합니다. 이동할 목적지 경로에 출발지와 동일한 디렉터리를 지정하면 이름을 수정할 수 있습니다.

예제 9.27 FileInfo 클래스를 사용해 파일 이름을 수정한다

```
var fi = new FileInfo(@"C:\Example\src\oldfile.txt");
fi.MoveTo(@"C:\Example\src\newfile.txt");
```

9.3.6 파일을 수정한 시간과 만든 시간을 구하고 설정한다

File 클래스를 사용한 경우

파일을 수정한 시간을 구하려면 File.GetLastWriteTime이라는 **정적 메서드**를 사용합니다.

예제 9.28 File 클래스를 사용해 파일을 수정한 시간을 구한다

```
var lastWriteTime = File.GetLastWriteTime(@"C:\Example\Greeting.txt");
```

파일을 수정한 시간을 설정하려면 File.SetLastWriteTime이라는 **정적 메서드**를 사용합니다.

예제 9.29 File 클래스를 사용해 파일을 수정한 시간을 설정한다

```
File.SetLastWriteTime(@"C:\Example\Greeting.txt", DateTime.Now);
```

그리고 File.GetCreationTime 메서드와 File.SetCreationTime 메서드를 사용해 파일을 만든 시간을 구하고 설정할 수도 있습니다.

FileInfo 클래스를 사용한 경우

FileInfo 클래스를 사용해 파일을 수정한 시간을 구하려면 LastWriteTime **속성**을 사용합니다.

예제 9.30 FileInfo 클래스를 사용해 파일을 수정한 시간을 구한다

```
var fi = new FileInfo(@"C:\Example\Greeting.txt");
DateTime lastWriteTime = fi.LastWriteTime;
```

두 번째 행에서 LastWriteTime 속성을 통해 파일이 수정된 시간을 구했습니다. LastWriteTime에 값을 지정하면 마지막으로 파일에 입력이 있었던 시간을 변경할 수 있습니다.

예제 9.31 FileInfo 클래스를 사용해 파일이 수정된 시간을 설정한다

```
var fi = new FileInfo(@"C:\Example\Greeting.txt");
fi.LastWriteTime = DateTime.Now;
```

그리고 CreationTime **속성**을 참조하면 파일이 생성된 시간을 구하고 설정할 수 있습니다.

예제 9.32 FileInfo 클래스를 사용해 파일이 생성된 시간을 구한다

```
var finfo = new FileInfo(@"C:\Example\Greeting.txt");
DateTime lastCreationTime = finfo.CreationTime;
```

9.3.7 파일의 크기를 구한다

파일의 크기를 구하려면 **FileInfo.Length 속성**을 사용합니다. 반환값의 형은 `long` 형입니다. `File` 클래스를 사용해 파일의 크기를 구할 수는 없습니다.

예제 9.33 FileInfo 클래스를 사용해 파일의 크기를 구한다

```
var fi = new FileInfo(@"C:\Example\Greeting.txt");
long size = fi.Length;
```

9.3.8 File과 FileInfo 중 어느 쪽을 사용해야 할까?

이제까지 본 것처럼 파일을 다루는 대부분의 처리는 `File` 클래스와 `FileInfo` 클래스 중에 어느 쪽을 사용해도 구현할 수 있었습니다. 그렇다면 어느 쪽을 사용하는 것이 좋을까요? 일반적으로는 인스턴스를 생성할 필요가 없는 `File` 클래스를 사용하는 것이 좋습니다. 필자도 코드를 짧게 작성할 수 있게 해주는 `File` 클래스를 더 자주 사용합니다. 그러나 언제나 `File` 클래스를 사용하는 것이 좋은 것만은 아닙니다. 예를 들면, 파일의 크기가 0바이트인 파일을 삭제하고 싶다고 해봅시다. 이 경우에는 다음과 같이 구현하는 것이 자연스러울 것입니다.

```
var fi = new FileInfo(@"C:\Example\Greeting.txt");
if (fi.Length == 0)
    fi.Delete();
```

`File.Delete`를 사용할 경우에는 다음에 나온 것처럼 `FileInfo` 생성자와 `File.Delete` 메서드의 두 곳에서 파일 이름을 지정해야 하므로 코드가 장황해집니다.

✖
```
var fi = new FileInfo(@"C:\Example\Greeting.txt");
if (fi.Length == 0)
    File.Delete(@"C:\Example\Greeting.txt");
```

파일에 어떤 처리를 수행하기 전에 이미 `FileInfo` 객체가 구해진 상태라면 `FileInfo` 클래스에 있는 메서드를 이용하는 것이 좋습니다.

9.4 디렉터리 처리

Directory 클래스 또는 DirectoryInfo 클래스를 사용하면 디렉터리를 생성하고 삭제하는 처리와 파일을 열거하는 처리를 수행할 수 있습니다. Directory 클래스와 DirectoryInfo 클래스는 System.IO 네임스페이스에 소속돼 있습니다.

Directory 클래스와 DirectoryInfo 클래스 중에 어느 것을 사용하든지 디렉터리에 관한 거의 모든 처리를 구현할 수 있습니다. 이 Directory 클래스와 DirectoryInfo 클래스의 관계는 File 클래스와 FileInfo 클래스의 관계와 같습니다. 따라서 일반적으로는 인스턴스를 생성하지 않아도 되는 Directory 클래스를 이용하고 이미 DirectoryInfo 객체가 구해진 상태라면 DirectoryInfo 클래스에 있는 메서드를 이용하는 것이 좋습니다.

9.4.1 디렉터리가 존재하는지 여부를 조사한다

특정 디렉터리가 존재하는지를 조사하려면 Directory.Exists라는 정적 메서드를 사용합니다.

예제 9.34 디렉터리가 존재하는지 여부를 조사한다

```
if (Directory.Exists(@"C:\Example")) {
    Console.WriteLine("존재합니다.");
} else {
    Console.WriteLine("존재하지 않습니다.");
}
```

9.4.2 디렉터리를 생성한다

Directory 클래스를 사용한 경우

Directory.CreateDirectory라는 정적 메서드를 사용해 디렉터리를 생성할 수 있습니다.

예제 9.35 디렉터리를 생성한다

```
DirectoryInfo di = Directory.CreateDirectory(@"C:\Example");
```

접근 권한이 없거나 무효한 경로를 지정하면 예외가 발생합니다. 이 메서드는 생성된 디렉터리의 정보를 나타내는 DirectoryInfo 객체를 반환합니다[5].

5　나중에 설명하겠지만 DirectoryInfo 객체를 사용해도 디렉터리를 이동하고 삭제하고 파일을 열거하는 처리를 구현할 수 있습니다.

하위 디렉터리까지 생성하려면 예제 9.36에 나온 것처럼 구현합니다.

예제 9.36 하위 디렉터리까지 작성한다

```
DirectoryInfo di = Directory.CreateDirectory(@"C:\Example\temp");
```

이 메서드는 생성된 디렉터리의 정보를 나타내는 DirectoryInfo 객체를 반환합니다. 지정한 디렉터리가 이미 존재한다면 어떤 처리도 하지 않고 해당 디렉터리를 나타내는 DirectoryInfo 객체를 반환합니다.

DirectoryInfo 클래스를 사용한 경우

DirectoryInfo 클래스를 사용해 디렉터리를 생성하려면 Create 메서드를 사용합니다.

예제 9.37 디렉터리를 생성한다(DirectoryInfo 클래스를 이용)

```
var di = new DirectoryInfo(@"C:\Example");
di.Create();
```

DirectoryInfo 클래스 사용해 하위 디렉터리를 생성하려면 CreateSubdirectory 메서드를 사용합니다. 이 메서드를 호출하면 DirectoryInfo 객체가 나타내는 디렉터리 아래에 하위 디렉터리를 생성할 수 있습니다.

```
DirectoryInfo di = Directory.CreateDirectory(@"C:\Example");
// DirectoryInfo 객체인 di는 이미 생성했다
DirectoryInfo sdi = di.CreateSubdirectory("temp");
```

위의 코드에서는 C:\Example 디렉터리 아래에 temp 디렉터리가 생성됩니다.

9.4.3 디렉터리를 삭제한다

Directory 클래스를 사용한 경우

Directory.Delete라는 정적 메서드를 사용하면 디렉터리를 삭제할 수 있습니다.

예제 9.38 디렉터리를 삭제한다

```
Directory.Delete(@"C:\Example\temp");
```

위의 코드에서는 temp 디렉터리가 삭제됩니다. Example 디렉터리는 삭제되지 않습니다. 그러나 디렉터리를 삭제할 수 있는 것은 지정한 디렉터리가 비어 있을 때뿐입니다. 파일 또는 하위 디렉터리가 해당 디렉터리에 존재한다면 IOException 예외가 발생해서 디렉터리를 삭제할 수 없습니다.

하위 디렉터리를 그 안에 들어 있는 파일과 함께 삭제하려면 두 번째 인수인 recursive[6]에 true를 넘겨주면 됩니다.

예제 9.39 디렉터리를 삭제한다(하위 디렉터리)

```
Directory.Delete(@"C:\Example\temp", recursive:true);
```

DirectoryInfo 클래스를 사용한 경우

DirectoryInfo 클래스를 사용해 디렉터리를 삭제하려면 예제 9.40과 같이 구현합니다. Directory.Delete 메서드와 마찬가지로 recursive 인수에 true를 넘겨주면 디렉터리를 그 안에 들어 있는 파일과 함께 삭제할 수 있습니다.

예제 9.40 디렉터리를 삭제한다(DirectoryInfo를 이용)

```
var di = new DirectoryInfo(@"C:\Example\temp");
di.Delete(recursive:true);
```

9.4.4 디렉터리를 이동시킨다

Directory 클래스를 사용한 경우

디렉터리를 이동시키려면 Directory.Move라는 **정적 메서드**를 사용합니다.

예제 9.41 디렉터리를 이동시킨다

```
Directory.Move(@"C:\Example\temp", @"C:\MyWork");
```

이 예에서는 'C:\Example\temp' 디렉터리 안에 있는 모든 파일과 디렉터리를 'C:\MyWork' 디렉터리 아래로 이동시킵니다. 그러나 'C:\MyWork' 디렉터리가 temp 디렉터리 아래에 생성되는 것은 아닙니다. temp 디렉터리가 MyWork 디렉터리로 이름이 바뀐다고 생각하면 됩니다. 물론 'C:\Example' 디렉터리에 있던 temp 디렉터리는 사라집니다. 이동할 목적지인 C:\MyWork 디렉터리가 이미 존재한다면 IOException 예외가 발생합니다.

---

6 recursive라는 단어는 '재귀적'이라는 의미입니다.

DirectoryInfo 클래스를 사용한 경우

DirectoryInfo 클래스를 사용해 디렉터리를 이동시키려면 MoveTo 메서드를 사용해 다음과 같이 구현합니다.

예제 9.42 디렉터리를 이동시킨다(DirectoryInfo를 이용)

```
var di = new DirectoryInfo(@"C:\Example\temp");
di.MoveTo(@"C:\MyWork");
```

9.4.5 디렉터리 이름을 수정한다

Directory 클래스를 사용한 경우

디렉터리 이름을 수정하려면 Directory.Move 메서드를 사용합니다. Rename이라는 메서드는 존재하지 않습니다. 예를 들면, 'C:\Example\temp'에 있는 'temp' 디렉터리의 이름을 'save'로 수정하려면 다음과 같이 구현합니다.

예제 9.43 디렉터리 이름을 수정한다

```
Directory.Move(@"C:\Example\temp", @"C:\Example\save");
```

보는 관점에 따라서는 'C:\Example\temp' 아래에 있는 파일과 폴더는 'C:\Example\save'로 이동하는 것으로 생각할 수도 있으므로 Move 메서드에 이름을 바꾸는 기능이 있다는 것은 이상한 일이 아닙니다. 그렇다고 해서 다음과 같이 구현하면 현재 디렉터리가 존재하는 장소에 따라 '이동' 기능이 되기도 하고 '이름을 바꾸는' 기능이 되기도 하면서 동작이 바뀌므로 다음과 같이 구현하지 않는 것이 좋습니다.

✘ ```Directory.Move(@"C:\Example\temp", @"save");```

DirectoryInfo 클래스를 사용한 경우

DirectoryInfo 클래스를 사용해 디렉터리 이름을 수정하려면 MoveTo 메서드를 사용합니다. Directory 클래스와 마찬가지로 Rename이라는 메서드는 존재하지 않습니다.

예제 9.44 디렉터리 이름을 수정한다(DirectoryInfo를 이용)

```
var di = new DirectoryInfo(@"C:\Example\temp");
di.MoveTo(@"C:\Example\save");
```

[Memo] 현재 디렉터리

'현재 디렉터리'란 현재 작업하고 있는 디렉터리를 말하며 '작업 폴더'라고도 합니다.

윈도우 탐색기에서 exe 파일을 더블클릭해 프로그램을 시작하면 exe 파일이 지금 존재하는 폴더가 현재 디렉터리가 됩니다. 바로 가기 파일을 더블클릭해서 프로그램을 시작할 경우에는 바로 가기 파일의 속성에 있는 '작업 폴더'란에서 현재 디렉터리를 수정할 수 있습니다.

프로그램으로부터 현재 디렉터리를 구하려면 `Directory.GetCurrentDirectory`라는 **정적 메서드**를 호출합니다. 현재 디렉터리를 수정하려면 `Directory.SetCurrentDirectory`라는 **정적 메서드**를 사용합니다.

```
// 현재 디렉터리의 경로를 구한다
var workdir = Directory.GetCurrentDirectory();
Console.WriteLine(workdir);

// 현재 디렉터리를 수정한다
Directory.SetCurrentDirectory(@"C:\TEMP");

// 현재 디렉터리의 경로를 다시 구해서 콘솔에 출력해 확인한다
var newWorkdir = Directory.GetCurrentDirectory();
Console.WriteLine(newWorkdir);
```

9.4.6 지정한 폴더에 있는 디렉터리의 목록을 구한다

지정한 디렉터리에 있는 하위 디렉터리의 목록을 한번에 구하려면 DirectoryInfo 클래스에 있는 GetDirectories 메서드를 사용합니다.

예제 9.45 디렉터리 목록을 한번에 구한다

```
var di = new DirectoryInfo(@"C:\Example");
DirectoryInfo[] directories = di.GetDirectories();
foreach (var dinfo in directories) {
    Console.WriteLine(dinfo.FullName);
}
```

위의 코드는 'C:\Example' 바로 아래에 있는 하위 디렉터리의 전체 경로를 콘솔에 출력합니다. GetDirectories 메서드가 하위 디렉터리에 관련된 DirectoryInfo 배열을 반환하므로 foreach를 통해 하나씩 꺼냅니다.

그리고 GetDirectories 메서드를 호출할 때 다음과 같이 검색 패턴(와일드카드[7])을 지정할 수도 있습니다.

예제 9.46 디렉터리 목록을 한번에 구한다(와일드카드를 지정)

```
DirectoryInfo[] directories = di.GetDirectories("P*");    ◀── 이름이 P로 시작되는 디렉터리를 구한다
```

GetDirectories 메서드의 두 번째 인수에 **SearchOption.AllDirectories**를 지정하면 모든 하위 디렉터리를 대상으로 검색할 수 있습니다. 예제 9.47에서는 필터링을 지정(첫 번째 인수)할 때 "*"을 지정했으므로 모든 하위 디렉터리가 검색됩니다.

예제 9.47 하위 디렉터리도 대상으로 해서 디렉터리 목록을 한번에 구한다

```
var di = new DirectoryInfo(@"C:\Example");
DirectoryInfo[] directories = di.GetDirectories("*", SearchOption.AllDirectories);
foreach (var item in directories) {
    Console.WriteLine(item.FullName);            └── '*'는 모든 조건에 일치한다
}
```

9.4.7 지정한 폴더에 있는 디렉터리의 목록을 열거한다

.NET 프레임워크 4 이후 버전을 이용한다면 DirectoryInfo 클래스에 있는 **EnumerateDirectories**를 이용해 디렉터리의 목록을 열거할 수 있습니다.

앞서 나온 GetDirectories 메서드는 한번에 모든 하위 디렉터리를 구해서 배열을 만들기 때문에 조건에 일치하는 디렉터리가 발견된 시점에서 디렉터리를 검색하는 작업을 중단하고 싶어도 그렇게 할 수 없습니다. 그러나 DirectoryInfo 클래스에 있는 EnumerateDirectories 메서드[8]를 사용하면 전체를 한번에 구하는 것이 아니라 순서대로 열거할 수 있으므로 도중에 열거하는 작업을 중지할 수 있습니다. 따라서 성능면에서 유리할 수 있습니다. 그리고 LINQ 관련 메서드와 궁합이 좋다는 장점도 있습니다.

예제 9.48 디렉터리 목록을 열거한다

```
var di = new DirectoryInfo(@"C:\Example");
var directories = di.EnumerateDirectories()
                    .Where(d => d.Name.Length >= 10);
```

---

7 와일드카드 문자로 사용될 수 있는 것은 *과 ?입니다. *은 0개 이상의 임의의 문자를 나타내고 ?는 임의의 한 문자를 나타냅니다. 이것은 10장에서 설명할 정규 표현식과는 관련이 없는 이야기입니다.

8 지금은 DirectoryInfo 클래스에 있는 EnumerateDirectories 메서드를 소개했는데 Directory 클래스에도 같은 이름의 메서드가 있습니다. 반환값의 형은 IEnumerable⟨string⟩입니다.

```
foreach (var item in directories) {
    Console.WriteLine("{0} {1}", item.FullName, item.CreationTime);
}
```

위의 코드는 LINQ에 속한 Where 메서드를 사용해 디렉터리 이름의 길이가 10 문자 이상인 것을 추출합니다. EnumerateDirectories 메서드가 반환하는 형은 IEnumerable<DirectoryInfo>입니다.

다음과 같이 SearchOption.AllDirectories를 지정하면 하위 디렉터리도 포함해서 디렉터리를 추출할 수 있습니다. 두 번째 인수는 GetDirectories 메서드와 마찬가지로 와일드카드를 검색 패턴으로 지정할 수 있습니다.

```
var directories = di.EnumerateDirectories("*", SearchOption.AllDirectories))
```

9.4.8 지정한 폴더에 있는 파일의 목록을 한번에 구한다

현재 디렉터리에 있는 파일의 목록을 구하려면 GetFiles 메서드를 사용합니다. 반환값의 형은 FileInfo 클래스의 배열입니다.

예제 9.49 파일 목록을 한번에 구한다

```
var di = new DirectoryInfo(@"C:\Windows");
FileInfo[] files = di.GetFiles();

foreach (var item in files) {
    Console.WriteLine("{0} {1}", item.Name, item.CreationTime);
}
```

위의 코드를 보면 알 수 있듯이 이 메서드를 사용하는 방법은 GetDirectories와 거의 같습니다. 다음과 같이 "test"로 시작하는 파일만 구할 수 있습니다.

```
FileInfo[] files = di.GetFiles("test*");

FileInfo[] files = di.GetFiles("test*", SearchOption.AllDirectories);
```

9.4.9 지정한 폴더에 있는 파일의 목록을 열거한다

.NET 프레임워크 4 이후 버전에서는 EnumerateFiles 메서드[9]를 사용해 파일 목록을 열거할 수 있습니다. 반환형은 IEnumerable<FileInfo>입니다.

예제 9.50 파일 목록을 열거한다

```
var di = new DirectoryInfo(@"C:\Example");
var files = di.EnumerateFiles("*.txt", SearchOption.AllDirectories)
              .Take(20);
foreach (var item in files) {
    Console.WriteLine("{0} {1}", item.Name, item.CreationTime);
}
```

위의 코드는 확장자가 "txt"인 파일을 20개 구합니다. EnumerateFiles 메서드의 두 번째 인수에 SearchOption.AllDirectories를 지정하면 모든 하위 디렉터리를 대상으로 합니다. 20개의 파일이 발견된 시점에서 디렉터리를 검색하는 작업을 끝냅니다.

9.4.10 디렉터리와 파일 목록을 함께 구한다

어떤 디렉터리 아래에 있는 하위 디렉터리와 파일을 함께 구해야 할 경우도 있습니다. 그럴 때는 DirectoryInfo 클래스에 있는 GetFileSystemInfos 메서드를 사용합니다.

반환값은 FileSystemInfo 형 배열입니다. FileSystemInfo는 FileInfo와 DirectoryInfo를 상속하는 부모 클래스입니다.

예제 9.51 디렉터리와 파일 목록을 함께 구한다

```
var di = new DirectoryInfo(@"C:\Example");
FileSystemInfo[] fileSystems = di.GetFileSystemInfos();
foreach (var item in fileSystems) {
    if ((item.Attributes & FileAttributes.Directory) == FileAttributes.Directory)    ← 디렉터리인지 여부를
        Console.WriteLine("디렉터리:{0} {1}", item.Name, item.CreationTime);             판정한다
    else
        Console.WriteLine("파일:{0} {1}", item.Name, item.CreationTime);
}
```

---

9 Directory 클래스에도 같은 이름의 메서드가 있으며 이 메서드로도 파일 목록을 열거할 수 있습니다. 반환값은 IEnumerable<string>입니다.

위의 코드는 'C:\Example' 디렉터리 아래에 있는 디렉터리와 파일을 모두 구합니다.

.NET 프레임워크 4 이후 버전에서는 `DirectoryInfo` 클래스에 있는 **EnumerateFileSystemInfos 메서드**를 사용할 수도 있습니다. 반환값의 형은 `IEnumerable<FileSystemInfo>`입니다.

예제 9.52 디렉터리와 파일 목록을 열거한다

```
var di = new DirectoryInfo(@"C:\Example");
var fileSystems = di.EnumerateFileSystemInfos();
foreach (var item in fileSystems) {
    if ((item.Attributes & FileAttributes.Directory) == FileAttributes.Directory)
        Console.WriteLine("디렉터리:{0} {1}", item.Name, item.CreationTime);
    else
        Console.WriteLine("파일:{0} {1}", item.Name, item.CreationTime);
}
```

[Memo] FileAttributes 열거형

`FileSystemInfo`, `FileInfo`, `DirectoryInfo`에는 파일 또는 디렉터리의 속성을 나타내는 `Attributes`라는 속성이 있습니다. 이 `Attributes` 속성의 형은 `FileAttributes` 열거형입니다. 다음과 같이 AND 연산자(&)를 사용해 파일 또는 디렉터리의 속성에 무엇이 설정돼 있는지 조사할 수 있습니다.

```
var fi = new FileInfo(@"C:\Example\Greeting.txt");
if ((fi.Attributes & FileAttributes.ReadOnly) == FileAttributes.ReadOnly) {
    Console.WriteLine("ReadOnly 파일입니다.");
}
if ((fi.Attributes & FileAttributes.System) == FileAttributes.System) {
    Console.WriteLine("System 파일입니다.");
}
```

9.4.11 디렉터리와 파일이 변경된 시각을 수정한다

디렉터리 관련 처리의 마지막 예입니다. 파일이 변경된 시각을 하위 디렉터리까지 포함해서 모두 동일한 시각으로 설정하는 코드를 살펴보겠습니다.

예제 9.53 디렉터리와 파일이 변경된 시각을 설정한다

```
var di = new DirectoryInfo(@"C:\Example");
FileSystemInfo[] fileSystems = di.GetFileSystemInfos();
foreach (var item in fileSystems) {
```

```
    item.LastWriteTime = new DateTime(2016, 6, 4, 10, 10, 10);   ◄─── 마지막으로 변경된 시각을 수정한다
}
```

FileSystemInfo 객체의 **LastWriteTime** 속성에 DateTime 객체를 대입하면 변경된 시각을 설정할 수 있습니다.

9.5 경로 이름을 처리한다

9.5.1 경로 이름을 구성 요소로 분할한다

Path 클래스에 있는 정적 메서드를 사용하면 파일 이름을 구성 요소로 분할할 수 있습니다.

예제 9.54 경로 이름을 구성 요소로 분할한다

```
var path = @"C:\Program Files\Microsoft Office\Office16\EXCEL.EXE";
var directoryName = Path.GetDirectoryName(path);
var fileName = Path.GetFileName(path);
var extension = Path.GetExtension(path);
var filenameWithoutExtension = Path.GetFileNameWithoutExtension(path);
var pathRoot = Path.GetPathRoot(path);

Console.WriteLine("DirectoryName : {0}", directoryName);
Console.WriteLine("FileName : {0}", fileName);
Console.WriteLine("Extension : {0}", extension);
Console.WriteLine("FilenameWithoutExtension : {0}", filenameWithoutExtension);
Console.WriteLine("PathRoot : {0}", pathRoot);
```

위의 코드를 실행하면 다음과 같은 내용이 출력됩니다.

```
DirectoryName : C:\Program Files\Microsoft Office\Office16
FileName : EXCEL.EXE
Extension : .EXE
FilenameWithoutExtension : EXCEL
PathRoot : C:\
```

예제 9.54에서 이용한 메서드에 관해 설명하겠습니다.

- **GetDirectoryName 메서드**

  지정한 경로 문자열에서 디렉터리 정보를 반환한다. 반환된 경로에는 경로의 마지막에 있는 '\'가 포함되지 않는다.

- **GetFileName 메서드**

  지정한 경로 문자열에서 파일 이름과 확장자를 반환한다.

- **GetExtension 메서드**

  지정한 경로 문자열의 확장자를 반환한다. 반환된 경로의 확장자에는 점(.)이 포함된다.

- **GetFileNameWithoutExtension 메서드**

  지정한 경로 문자열에서 파일 이름을 확장자 없이 반환한다.

- **GetPathRoot 메서드**

  지정한 경로에서 루트 디렉터리 정보(예를: "C:\")를 구한다.

9.5.2 상대 경로로부터 절대 경로를 구한다

상대 경로[10]로부터 절대 경로를 구하려면 Path 클래스에 있는 **GetFullPath라는 정적 메서드**를 사용합니다.

예제 9.55 상대 경로로부터 절대 경로를 구한다

```
var fullPath = Path.GetFullPath(@"..\Greeting.txt");
```

예를 들어 'C:\Example\Temp'가 현재 디렉터리라면 fullPath에는 다음과 같은 문자열이 대입됩니다.

```
"C:\Example\Greeting.txt"
```

그리고 인수에 지정하는 상대 경로가 실제로 존재하지 않아도 됩니다. 예를 들면, 'Greeting.txt'가 존재하지 않아도 절대 경로인 'C:\Example\Greeting.txt'를 구할 수 있습니다.

9.5.3 경로를 구성한다

디렉터리 이름과 파일 이름을 결합해서 경로를 구성하려면 Path 클래스에 있는 **Combine이라는 정적 메서드**를 사용합니다.

---

10 현재 디렉터리로부터의 경로에서 '..'은 한 계층 위의 디렉터리를 나타내고 '.'은 현재 디렉터리를 나타냅니다.

예제 9.56 경로를 구성한다

```
var dir = @"C:\Example\Temp";
var fname = "Greeting.txt";
var path = Path.Combine(dir, fname);
```

이 코드를 실행하면 path에 다음과 같은 문자열이 대입됩니다.

```
"C:\Example\Temp\Greeting.txt"
```

예제 9.57처럼 구현하면 안 됩니다. 디렉터리 이름의 끝은 코드를 작성한 방법에 따라 경로 구분 기호인 '\'가 있을 수도 있고 없을 수도 있기 때문입니다. Path.Combine 메서드를 사용하면 디렉터리 이름의 끝이 '\'로 끝나든 그렇지 않든 적절하게 경로가 구성됩니다.

예제 9.57 경로를 구성하는 나쁜 예

✘
```
var dir = @"C:\Example\Temp";
var fname = "Greeting.txt";
var path = dir + @"\" + fname;
```

여러 개의 인수를 지정해서 경로를 구성할 수도 있습니다.

예제 9.58 여러 개의 요소를 사용해 경로를 구성한다

```
var topdir = @"C:\Example\";
var subdir = @"Temp";
var fname = "Greeting.txt";
var path = Path.Combine(topdir, subdir, fname);
```

9.6 그 밖의 파일 처리

9.6.1 임시 파일을 생성한다

임시 파일을 생성하려면 Path 클래스에 있는 **GetTempFileName이라는 정적 메서드**를 사용합니다. GetTempFileName 메서드는 '.tmp'라는 확장자를 포함하며, 고유한 이름을 가진 0바이트의 임시 파일을 생성하고 해당 파일의 전체 경로를 반환합니다.

예제 9.59 임시 파일을 생성한다

```
var tempFileName = Path.GetTempFileName();
```

필자의 환경에서는 다음과 같은 문자열이 출력됐습니다.

```
"C:\Users\hideyuki\AppData\Local\Temp\tmp5105.tmp"
```

임시 폴더의 경로를 반환하는 GetTempPath 메서드도 있습니다.

예제 9.60 임시 폴더의 경로를 구한다

```
var tempPath = Path.GetTempPath();
```

9.6.2 특수 폴더의 경로를 구한다

Environment.GetFolderPath라는 **정적 메서드**를 이용하면 '바탕 화면'과 같은 특수한 폴더의 경로를 구할 수 있습니다. 지금은 몇 가지 대표적인 특수 폴더를 구하는 코드를 살펴보겠습니다.

예제 9.61 특수 폴더의 경로를 구한다

```
// "바탕 화면" 폴더를 구한다
var desktopPath = Environment.GetFolderPath(Environment.SpecialFolder.Desktop);
Console.WriteLine(desktopPath);

// "내 문서" 폴더를 구한다
var myDocumentsPath = (Environment.GetFolderPath(Environment.SpecialFolder.MyDocuments);
Console.WriteLine(myDocumentsPath);

// 프로그램 파일 폴더를 구한다
var programFilesPath = (Environment.GetFolderPath(Environment.SpecialFolder.ProgramFiles);
Console.WriteLine(programFilesPath);

// Windows 폴더를 구한다
var windowsPath = Environment.GetFolderPath(Environment.SpecialFolder.Windows);
Console.WriteLine(windowsPath);

// 시스템 폴더를 구한다
var systemPath = Environment.GetFolderPath(Environment.SpecialFolder.System);
Console.WriteLine(systemPath);
```

예제 9.61처럼 주석에 적힌 폴더의 경로를 구할 수 있습니다. Environment.SpecialFolder는 열거형입니다. 이 SpecialFolder 열거형에는 그 밖에도 많은 상수가 정의돼 있습니다. 구체적으로 어떤 상수가 정의돼 있는지는 MSDN 라이브러리에서 확인할 수 있습니다[11].

필자의 환경에서는 다음과 같이 출력됐습니다.

```
C:\Users\hideyuki\Desktop
C:\Users\hideyuki\Documents
C:\Program Files (x86)
C:\windows
C:\windows\system32
```

연습 문제

문제 9.1

다음 문제를 해결합니다.

1. 지정한 C# 소스 파일을 읽어 들이고 키워드인 "class"가 포함된 행의 개수를 세는 콘솔 응용 프로그램인 CountClass를 작성합니다. 이때 StreamReader 클래스를 사용해 한 행씩 읽어 들이는 처리를 실행합니다. 그리고 다음과 같은 두 가지를 전제합니다.

   - class 키워드 앞뒤에는 반드시 공백 문자가 있다
   - 고정값 문자열이나 주석 안에는 "class"라는 단어가 포함돼 있지 않다

2. 이 프로그램을 File.ReadAllLines 메서드를 이용해서 다시 작성합니다.
3. 이 프로그램을 File.ReadLines 메서드를 이용해서 다시 작성합니다.

문제 9.2

텍스트 파일을 읽어 들이고 행의 첫머리에 행 번호를 달고 그 결과를 다른 텍스트 파일에 출력하는 프로그램을 작성합니다. 서식과 출력할 파일 이름은 자유롭게 정해도 됩니다. 출력할 파일 이름과 같은 파일이 있을 경우에는 덮어씁니다.

---

11 https://msdn.microsoft.com/ko-kr/library/system.environment.specialfolder.aspx

문제 9.3

어떤 텍스트 파일의 마지막에 다른 텍스트 파일의 내용을 추가하는 콘솔 응용 프로그램을 작성합니다. 명령 프롬프트에서 두 개의 텍스트 파일의 경로를 지정할 수 있게 만듭니다.

문제 9.4

지정한 디렉터리 바로 아래에 있는 파일을 다른 디렉터리로 복사하는 프로그램을 작성합니다. 이때 복사할 파일 이름은 확장자를 포함하지 않은 파일 이름 뒤에 _bak을 붙입니다. 다시 말해 본래 파일 이름이 'Greeting.txt'이라면 복사되는 쪽 파일 이름은 'Greeting_bak.txt'가 됩니다. 복사될 곳에 같은 이름의 파일이 있을 경우에는 새 파일로 교체합니다.

문제 9.5

지정한 디렉터리와 하위 디렉터리 아래에 있는 파일 중에서 파일의 크기가 1MB(1,048,576바이트) 이상인 파일 이름의 목록을 표시하는 프로그램을 작성합니다.

10장

정규 표현식을 활용한 고급 문자열 처리

정규 표현식(Regular Expression)이란 문자열의 패턴을 표현하는 표기법을 말하며 문자열을 검사하고 검색하고 치환하는 데 사용됩니다. 정규 표현식을 사용하면 강력하고 유연하게 텍스트를 처리할 수 있습니다.

이번 장에서는 정규 표현식 클래스(Regex 클래스)를 사용해 문자열을 처리하는 방법을 설명합니다.

10.1 정규 표현식이란?

어떤 문자열에서 '단기 XXXX년'이란 문자열을 검색하려면 어떻게 해야 할까요? String 클래스에 있는 FindIndex 메서드로 '단기'를 찾고 그 뒤에 숫자가 나오는지를 조사하고 그다음에 '년'이 나오는지를 조사하는 코드를 작성할 수도 있지만 매우 귀찮습니다. 이럴 때 정규 표현식을 사용하면 매우 쉽게 검색 처리를 작성할 수 있습니다.

일단 정규 표현식(검색 패턴)이 무엇인지 감을 잡기 위해 정규 표현식의 예를 몇 가지 살펴보겠습니다.

- [Tt]ime
  "Time" 또는 "time"을 나타내는 정규 표현식입니다.
  []는 문자 그룹을 나타냅니다. [] 안에 여러 개의 문자를 지정할 수 있습니다. 이때 'T'와 't' 중 하나와 일치하게 됩니다.

- **Button|버튼**

  "Button"이나 "버튼" 중 하나를 나타내는 정규 표현식입니다.

  파이프 기호(|)는 'OR'를 의미합니다. "Button"이나 "버튼" 중 하나와 일치합니다. 처음에 나온 정규 표현식인 [Tt]ime을 '|'를 사용해서 다시 쓰면 Time|time이 됩니다.

- **back.+**

  "back" 뒤에 임의의 문자가 한 문자 이상 나오는 것을 나타내는 정규 표현식입니다.

  마침표 '.'는 줄바꿈 문자를 제외한 임의의 한 문자와 일치합니다. '+'는 직전의 문자를 한 번 이상 반복하는 것과 일치합니다. 다시 말해 ".+"라고 쓰면 임의의 문자가 한 문자 이상 연속해서 나온다는 것을 나타내므로 "backslash"나 "backup"이나 "back door" 등과 일치합니다. '+' 대신 '*'을 사용하면 '직전 문자를 0번 이상 반복한다'라는 의미가 되어 "back" 자체와도 일치합니다.

- **[0-9]+초**

  "8초", "24초" 같은 초를 나타내는 정규 표현식입니다.

  [ ] 안에 있는 '-'는 문자 범위를 나타냅니다. [0-9]는 [0123456789]와 같은 의미입니다. 그 뒤에 '+'가 있으므로 숫자가 한 글자 이상 연속하고 그 뒤에 '초'가 나오는 문자열과 일치합니다. 참고로 [a-z]는 [abcdefghijklmnopqrstuvwxyz]와 같은 의미입니다. 예를 들면, 영문과 숫자를 나타내려면 [0-9a-zA-Z]라고 씁니다.

- **단기\d+년**

  "단기4350년"과 같이 단기 연도를 나타내는 정규 표현식입니다.

  '\d'는 숫자 한 문자를 나타냅니다. '+'는 한 번 이상 반복되는 것을 나타내므로 '단기290년'이나 '단기100년'과 같은 문자열과 일치합니다.

주의할 점을 이야기하자면 정규 표현식을 잘못 쓰면 의도한 부분 문자열과는 다른 부분 문자열에 일치하게 된다는 점입니다. 예를 들면, 어떤 문장 안에서 [Tt]ime이라는 정규 표현식을 사용해서 검색하면 "Timer"나 "timetable"과 같은 문자열과도 일치합니다. 따라서 문장 안에 time이라는 단어가 있는지 여부를 조사하려면 [Tt]ime이라는 정규 표현식은 적절치 않습니다. 구체적으로 어떤 정규 표현식을 써야 할지는 이번 장을 순서대로 읽어가면 알게 됩니다.

표 10.1에는 이번 장에서 다룰 정규 표현식의 특수기호 목록을 정리했습니다. 이후 예제 코드를 읽을 때 참고하기 바랍니다.

표 10.1 이번 장에서 다루는 정규 표현식의 특수기호[1]

특수기호	의미
^	행의 시작 지점을 나타낸다
$	행의 끝 지점을 나타낸다
\b	영문, 숫자와 그 밖의 문자와의 경계를 나타낸다
.	임의의 한 문자를 나타낸다
\d	0에서 9까지의 숫자 한 문자와 일치한다
\s	공백, 탭, 줄바꿈 코드의 한 문자와 일치한다
\S	공백 외의 문자 하나와 일치한다
\w	단어★에 사용된 임의의 문자 하나와 일치한다
¦	파이프 기호(¦)로 구분된 요소 중 하나와 일치한다
[]	[ ] 안에 있는 임의의 한 문자와 일치한다. 하이픈(-)은 범위를 나타낸다
[^]	지정한 문자 외의 문자가 [ ] 안에서 일치한다
*	직전의 요소가 0번 이상 반복되는 것과 일치한다
+	직전의 요소가 1번 이상 반복되는 것과 일치한다
?	직전의 요소가 1개 또는 0개 있는 것과 일치한다
{n}	직전의 요소가 n번 반복되는 것과 일치한다
{n,}	직전의 요소가 n번 이상 반복되는 것과 일치한다
{n,m}	직전의 요소가 n번 이상 m번 이하로 반복되는 것과 일치한다
\p{IsHangulJamo}	한글(U+1100 – U+11FF)을 나타낸다.
\p{IsHangulCompatibilityJamo}	한글(U+3130 – U+318F)을 나타낸다.
\p{IsHangulSyllables}	한글(U+AC00 – U+D7AF)을 나타낸다.
()	() 안에 있는 것을 그룹화한다. 1부터 순서대로 번호를 매긴다. Groups 속성을 통해 참조할 수 있다
\n	역참조 구문★★이다. n은 숫자다. 앞쪽에 있는 캡처링 그룹 내용과 일치한다
*?	최소한의 횟수로 반복되는 것에서 처음 일치하는 것을 나타낸다
+?	한 번 이상 그리고 최소한의 횟수로 반복되는 것을 나타낸다

★ 단어에 사용되는 임의 문자로는 [a-zA-Z_0-9] 외에도 한글, 한자, 히라가나, 카타카나, 전각 영문자, 전각 숫자, 전각 언더바(_)가 포함 됩니다. .이나 % 같은 기호는 포함되지 않습니다.

★★ 역참조 구문에 관해서는 10.5.3절 '역참조 구문'을 참조하기 바랍니다.

1 출처: 정규식 언어 – 빠른 참조: https://msdn.microsoft.com/ko-kr/library/az24scfc(v=vs.110).aspx

이제 다음 절부터 구체적인 정규 표현식을 이용한 문자열 처리에 관해 알아보겠습니다.

10.2 문자열을 판정한다

10.2.1 지정한 패턴에 일치하는 부분 문자열이 있는지 여부를 판정한다

지정한 패턴에 일치하는 부분 문자열이 있는지 조사하려면 **Regex 클래스**에 있는 **IsMatch 메서드**를 사용합니다. Regex 클래스는 System.Text.RegularExpressions 네임스페이스에 정의돼 있습니다.

예제 10.1 지정한 패턴에 일치하는 문자열이 있는지 여부를 판정한다

```
using System.Text.RegularExpressions;
...
    var text = "private List<string> results = new List<string>();";
    bool isMatch = Regex.IsMatch(text, @"List<\w+>");

    if (isMatch)
        Console.WriteLine("찾았습니다.");
    else
        Console.WriteLine("찾지 못했습니다.");
```

위의 코드는 text 문자열 안에 정규 표현식 패턴 @"List<\w+>"와 일치하는 부분 문자열이 있는지 조사합니다. 있다면 "찾았습니다."가 출력됩니다.

Regex 클래스에는 인스턴스 메서드도 존재하므로 다음과 같이 구현할 수도 있습니다.

예제 10.2 IsMatch 인스턴스 메서드를 사용한 예

```
var text = "private List<string> results = new List<string>();";
var regex = new Regex(@"List<\w+>");
bool isMatch = regex.IsMatch(text);
if (isMatch)
    Console.WriteLine("찾았습니다.");
else
    Console.WriteLine("찾지 못했습니다.");
```

반복 처리 안에서 같은 정규 표현식 패턴을 이용하려면 루프 밖에서 Regex 인스턴스를 생성하고 루프 안에서는 인스턴스 메서드를 사용하기 바랍니다. 이렇게 하면 프로그램의 성능을 향상시킬 수

있습니다. 이번 장에 나오는 예에서는 정적 메서드를 중심으로 사용하는데 일부 코드에서는 인스턴스 메서드를 사용합니다. 실제 업무에서는 필요에 따라 구분해서 사용하면 됩니다.

지금까지 나온 코드 예에서 정규 표현식 패턴에는 '@'가 붙은 문자열(축자 문자열 리터럴)을 사용했습니다. 그러나 '@'가 없는 표준 고정값 문자열이라면 '\' 기호가 이스케이프 시퀀스[2]로 인식되므로 '\' 기호가 많아서 코드를 읽기 어려워집니다. 표 10.2에서 몇 가지 예를 살펴보겠습니다.

표 10.2 축자 문자열 리터럴과 표준 고정값 문자열의 예

축자 문자열 리터럴	일반 문자열 리터럴	게재한 곳
@"List<\w+>"	"List<\\w+>"	예제 10.1
@"^[-+]?(\d+)(\.\d+)?$"	"^[-+]?(\\d+)(\\.\\d+)?$"	예제 10.7
@"\b(\w)\w\1\b"	\\b(\\w)\\w\\1\\b	예제 10.28

따라서 **정규 표현식의 패턴을 쓸 때는 읽고 쓰기 쉽게 '@'가 붙은 축자 문자열 리터럴을 사용하기 바랍니다.**

[Column] 정규 표현식의 캐시

.NET 프레임워크에 있는 정규 표현식 엔진은 정적 메서드(static 메서드)가 호출될 때 전달된 정규 표현식을 내부적인 표현으로 변환(컴파일)한 후에 메모리에 캐시합니다. 그러나 인스턴스 메서드에 의해 호출된 경우에는 정규 표현식은 캐시되지 않으므로 인스턴스 메서드인 경우에는 코드를 작성한 방식에 따라 동일한 정규 표현식이 여러 번 컴파일될 가능성이 있습니다.

따라서 몇 가지 고정적인 정규 표현식을 이용하는 응용 프로그램에서는 정규 표현식이 캐시될 수 있도록 정적 메서드를 사용할 것을 권장합니다.

정규 표현식에 사용되는 캐시의 크기는 15개로 정해져 있습니다. 이 캐시 크기를 수정하려면 Regex.CacheSize 속성값을 수정하면 됩니다. 캐시 크기가 자동으로 확장되는 일은 없습니다.

10.2.2 지정한 패턴의 문자열이 시작되는지 여부를 판정한다

정규 표현식에서 '^' 기호는 행의 시작 지점을 나타내는 특수 기호이므로 다음과 같은 코드를 통해 문자열의 시작 지점 부분이 일치하는지 조사할 수 있습니다. 이 예에서는 "using"으로 시작되는지 조사합니다.

---

[2] 문자열 안에 쓸 수 없는 문자(줄바꿈이나 탭)나 큰따옴표 자체를 나타내기 위해 정의된 '\' 기호(이스케이프 문자)와 이 기호 뒤에 나오는 문자를 '이스케이프 시퀀스'라고 합니다. 대표적인 것으로 '\n', '\t', '\"', '\\' 등이 있습니다. 자세한 내용은 https://msdn.microsoft.com/ko-kr/library/h21280bw.aspx를 참조하기 바랍니다.

예제 10.3 지정한 패턴으로 문자열이 시작되는지 여부를 판정한다

```
var text = "using System.Text.RegularExpressions;";
bool isMatch = Regex.IsMatch(text, @"^using");
if (isMatch)
    Console.WriteLine("'using'으로 시작됩니다.");
else
    Console.WriteLine("'using'으로 시작되지 않습니다.");
```

10.2.3 지정한 패턴으로 문자열이 끝나는지 여부를 판정한다

'$' 기호는 행의 끝 지점을 나타내는 특수 기호입니다. 다음 코드는 문자열이 "합니다."로 끝나는지 조사합니다.

예제 10.4 지정한 패턴으로 문자열이 끝나는지 여부를 판정한다

```
var text = "Regex 클래스를 사용해서 문자열을 처리하는 방법을 설명합니다.";
bool isMatch = Regex.IsMatch(text, @"합니다.$");
if (isMatch)
    Console.WriteLine("'합니다.'로 끝납니다.");
else
    Console.WriteLine("'합니다.'로 끝나지 않습니다.");
```

10.2.4 지정한 패턴에 완전히 일치하는지 여부를 판정한다

앞서 나왔던 행의 시작 지점(^)과 행의 끝 지점($)을 나타내는 두 개의 특수 기호를 사용하면 지정된 패턴에 문자열이 완전히 일치하는지 조사할 수 있습니다[3]. 다음 코드는 "Windows" 또는 "windows" 문자열에 완전히 일치하는 문자열이 strings 배열 안에 몇 개 있는지 세는 코드입니다.

예제 10.5 지정한 패턴에 완전히 일치하는지 여부를 판정한다

```
var strings = new[] { "Microsoft Windows", "Windows Server", "Windows", };
var regex = new Regex(@"^(W¦w)indows$");
var count = strings.Count(s => regex.IsMatch(s));
Console.WriteLine("{0}행과 일치", count);
```

3　기존 모드에서는 한 행 단위로 처리할 것을 가정하고 행의 시작 지점과 행의 끝 지점은 문자열의 시작 지점과 끝 지점을 나타냅니다. 따라서 도중에 줄바꿈 문자가 포함된 문자열이라도 문자열의 시작 지점과 끝 지점이 일치합니다. 이 모드를 '단일 행 모드'라고 합니다. 기존 모드를 변경해서 '여러 행 모드'로 바꿀 수도 있습니다. '[Column] 행의 시작 지점과 행의 끝 지점의 의미를 변경해서 여러 행 모드로 바꾼다'도 참조하기 바랍니다.

정규 표현식 패턴인 @"^(W|w)indows$"은 @"^[Ww]indows$"라고 써도 동일한 결과가 나옵니다. 세는 작업에는 LINQ에 있는 Count 메서드를 사용했습니다. Count 메서드 안에서 람다식이 여러 번 호출되므로 미리 Regex 인스턴스를 생성해두고 인스턴스 메서드인 IsMatch 메서드를 호출했습니다.

이 코드를 실행하면 다음과 같은 결과가 나옵니다.

```
1행과 일치
```

다음과 같이 구현하면 안 됩니다.

예제 10.6 지정한 패턴에 완전히 일치하는지 여부를 판정하는 나쁜 예

```
✗   var strings = new[] { "Microsoft Windows", "Windows Server", "Windows", };
    var regex = new Regex(@"(W|w)indows");
    var count = strings.Count(s => regex.IsMatch(s));
    Console.WriteLine("{0}행과 일치", count);
```

행의 시작 지점과 행의 끝 지점을 나타내는 특수 기호가 없으므로 모든 행에 일치합니다. 따라서 "3행과 일치"라고 출력됩니다.

또 하나의 예를 보겠습니다. 이 코드는 배열에 저장된 문자열에서 숫자값 문자열만 구합니다.

예제 10.7 지정한 패턴에 완전히 일치하는지 여부를 판정한다(2)

```
var strings = new[] { "13000", "-50.6", "0.123", "+180.00", "10.2.5", "320-0851", " 123",
"$1200", "500원", };
var regex = new Regex(@"^[-+]?(\d+)(\.\d+)?$");
foreach (var s in strings) {
    var isMatch = regex.IsMatch(s);
    if (isMatch)
        Console.WriteLine(s);
}
```

위의 코드를 실행하면 다음과 같은 결과가 나옵니다.

```
13000
-50.6
0.123
+180.00
```

정규 표현식 패턴 @"^[-+]?(\d+)(\.\d+)?$"에 관해 간단히 설명하겠습니다.

- **^ 기호와 $ 기호**

  행의 시작 지점과 행의 끝 지점을 나타내는 ^와 $로 감쌌으므로 완전히 일치하는 것을 의미합니다.

- **[-+]?[4]**

  시작 지점 부호를 나타냅니다. ?는 직전의 패턴과 일치하지 않거나 한 번 일치하는 것을 의미하므로 '-'나 '+' 중 하나가 있거나 부호가 없는 경우에 일치합니다.

- **(\d+)**

  정수부를 나타냅니다. \d는 숫자 문자를 의미합니다. +는 한 번 이상 반복하는 것을 의미합니다. 괄호는 그루핑 기호이며 이 예에서는 큰 의미가 없습니다. 괄호는 정수부임을 강조할 뿐입니다. 정수부는 "9", "120", "098" 등과 일치합니다. 시작 지점이 "0"으로 시작하는 정수부와 일치시키고 싶지 않을 때는 "([1-9]\d*)"라고 기술합니다. 그리고 '+' 기호를 사용했으므로 ".001"과 같은 정수부가 없는 표현은 인정하지 않습니다.

- **(\.\d+)?**

  소수부를 나타냅니다. '\.'은 마침표 자체를 나타냅니다. '.'만 있으면 임의의 한 문자를 의미하므로 부적절합니다. 마지막에 있는 '?'는 소수부가 없는 경우에도 대응할 수 있게 하기 위한 것입니다. 소수부가 한 번도 나오지 않거나 한 번 나오는 것과 일치한다고 간주됩니다. 다시 말해 소수부는 " ", ".5", ".002" 등과 일치합니다.

10.3 문자열 검색

10.3.1 처음에 나오는 부분 문자열을 찾는다

Regex 클래스에 있는 Match 메서드를 이용하면 지정한 패턴에 일치하는 부분 문자열 중에 문자열 안에서 처음 나오는 것을 찾을 수 있습니다.

예제 10.8 처음 나오는 부분 문자열을 찾는다

```
var text = "Regex 클래스에 있는 Match 메서드를 사용합니다.";
Match match = Regex.Match(text, @"\p{IsHangulSyllables}+");
if (match.Success)
    Console.WriteLine("{0} {1}", match.Index, match.Value);
```

@"\p{IsHangulSyllables}"는 한글을 나타내는 정규 표현식입니다. 그 뒤에 '+'를 붙였으므로 한 문자 이상의 한글과 일치합니다. 이 코드를 실행한 결과는 다음과 같습니다.

4　[ ] 안에 있어도 '-' 기호 앞뒤에 문자가 없을 경우에 '-'는 범위를 나타내는 특수 기호가 아니고 '-' 문자 자체를 나타냅니다.

6 클래스에

Match 메서드의 반환값의 형은 System.Text.RegularExpressions.Match 클래스입니다. Match 클래스에 있는 Success 속성을 참조하면 패턴에 일치했는지 알 수 있습니다. Index 속성에는 일치한 위치가 저장되고 Value 속성에는 일치한 문자열이 저장돼 있습니다. Match 클래스에는 그 밖에도 표 10.3과 같은 속성이 있습니다.

표 10.3 Match 클래스의 속성

속성	의미
Success	정규 표현식 패턴에 일치하면 true가 되고 그 밖의 경우에 false가 된다
Index	일치한 부분 문자열의 시작 지점 위치(검색 대상인 문자열 안에서의 위치)
Length	일치한 부분 문자열의 길이
Value	일치한 부분 문자열
Groups	정규 표현식에 일치한 그룹의 컬렉션

예제 10.8처럼 특정 문자 종류만으로 구성된 부분과 일치시키고 싶을 때가 있습니다. 표 10.4에 이에 관한 몇 가지 예를 정리했습니다.

표 10.4 특정 문자 부분 문자열 일치 정규 표현식

정규 표현식	설명
[0-9]+	숫자로 구성된 부분 문자열과 일치한다
[a-zA-Z]+	영문자로 구성된 부분 문자열과 일치한다
[a-zA-Z0-9]+	영문자, 숫자로 구성된 부분 문자열과 일치한다
[!-/:-@\[-`{-~]+	기호로 구성된 부분 문자열과 일치한다
\S+	공백 외의 임의 문자로 구성된 부분 문자열과 일치한다
\p{IsHangulJamo}+	한글(U+1100 – U+11FF)로 구성된 부분 문자열과 일치한다
\p{IsHangulCompatibilityJamo}+	한글(U+3130 – U+318F)로 구성된 부분 문자열과 일치한다
\p{IsHangulSyllables}+	한글(U+AC00 – U+D7AF)로 구성된 부분 문자열과 일치한다

10.3.2 일치하는 문자열을 모두 찾는다

Regex 클래스에 있는 **Matches 메서드**를 사용하면 패턴에 일치하는 모든 문자열을 찾을 수 있습니다.

예제 10.9 일치하는 모든 문자열을 Matches 메서드로 찾는다

```
var text = "private List<string> results = new List<string>();";
var matches = Regex.Matches(text, @"List<\w+>");
foreach(Match match in matches) {          ◀─── Match형을 명시해야 한다
    Console.WriteLine("Index={0}, Length={1}, Value={2}",
                      match.Index, match.Length, match.Value);
}
```

Matches 메서드의 반환값은 MatchCollection 형입니다. 이 컬렉션은 배열이나 리스트처럼 foreach 문을 통해 요소를 꺼낼 수 있는데 꺼낼 수 있는 요소의 형이 본래의 형이 아니고 object 형이 됩니다. 따라서 foreach로 꺼내는 요소의 형에 var를 사용할 수 없습니다. Match 형을 명시해야 합니다. 이 코드를 실행한 결과는 다음과 같습니다.

```
Index=8, Length=12, Value=List<string>
Index=35, Length=12, Value=List<string>
```

예제 10.10에 나온 것처럼 Regex 클래스에 있는 Match 메서드와 **NextMatch 메서드**를 사용해 같은 작업을 할 수 있습니다. 어느 쪽을 이용해야 할까요? 이 책에서는 Matches 메서드로 통일합니다.

예제 10.10 일치하는 모든 문자열을 NextMatch 메서드로 찾는다

```
var text = "private List<string> results = new List<string>();";
Match match = Regex.Match(text, @"List<\w+>");
while (match.Success) {
    Console.WriteLine("Index={0}, Length={1}, Value={2}",
                      match.Index, match.Length, match.Value);
    match = match.NextMatch();
}
```

10.3.3 Matches 메서드의 결과에 LINQ를 적용한다

Matches 메서드를 실행해서 나온 결과에 LINQ 메서드를 적용하려면 어떻게 해야 할까요? Matches 메서드의 반환값의 형인 MatchCollection 형은 IEnumerable<T> 인터페이스를 가지고 있지 않기 때문에 이 상태로는 LINQ를 사용할 수 없습니다.

사용할 수 있게 하려면 **Cast<T> 메서드**를 사용해 IEnumerable<Match>로 변환해야 합니다. Cast<T> 메서드는 ◇ 안에 구체적인 형(지금은 Match)을 지정해 컬렉션을 IEnumerable<T>(지금은

IEnumerable⟨Match⟩)로 변환할 수 있습니다. MatchCollection의 각 요소는 Match 형이라는 것이 보장돼 있으므로 캐스트에 실패할 일은 없습니다.

예제 10.11 Matches 메서드의 결과에 LINQ를 적용한다

```
var text = "private List<string> results = new List<string>();";
var matches = Regex.Matches(text, @"\b[a-z]+\b")
                    .Cast<Match>()
                    .OrderBy(x => x.Length);
foreach (Match match in matches) {
   Console.WriteLine("Index={0}, Length={1}, Value={2}",
                     match.Index, match.Length, match.Value);
}
```

이 코드를 실행한 결과는 다음과 같습니다.

```
Index=31, Length=3, Value=new
Index=13, Length=6, Value=string
Index=40, Length=6, Value=string
Index=0, Length=7, Value=private
Index=21, Length=7, Value=results
```

이 예에서는 소문자만으로 구성된 단어를 꺼내서 길이가 짧은 순서로 나열했습니다. 정규 표현식 문자열 안에 있는 '\b'는 단어[5]의 경계를 나타냅니다. @"[a-z]+"라고 지정하면 "List"의 "ist" 부분과도 일치하게 되므로 의도한대로 동작하지 않게 됩니다.

10.3.4 일치한 부분 문자열의 일부만을 꺼낸다

다음에 나오는 문자열 안에서 《 》로 묶인 "값형"과 "참조형"이라는 문자열을 꺼낸다고 가정하겠습니다.

　"C#에는 《 값형 》과 《 참조형 》이라는 두 가지의 형이 존재합니다."

이 처리에서 귀찮은 점은 일치시키고 싶은 것이 '《 값형 》'이나 '《 참조형 》'이고 꺼내고 싶은 것은 "값형"과 "참조형"이라는 점입니다. 검색한 후에 문자열의 앞뒤에 있는 《 》를 삭제하도록 구현해도 처리할 수 있지만 정규 표현식의 그룹화 기능을 사용하면 그런 장황한 코드를 작성하지 않아도 《 》로

5　영문자, 숫자, 언더바, 한자, 히라가나, 카타카나로 구성된 문자열입니다.

묶인 문자열을 구할 수 있습니다. 다음은 해당 코드입니다.

예제 10.12 일치한 부분 문자열의 일부만을 꺼낸다

```
var text = "C#에는 《값형》과 《참조형》이라는 두 가지의 형이 존재합니다.";
var matches = Regex.Matches(text, @"《([^《》]+)》");
foreach(Match match in matches) {
    Console.WriteLine("《{0}》", match.Groups[1]);
}
```

이 코드를 실행한 결과는 다음과 같습니다.

```
《값형》
《참조형》
```

이 코드에 사용된 정규 표현식인 @"《([^《》]+)》"[6]에 관해 설명하겠습니다. 부정확한 정규 표현식부터 정확한 결과를 얻을 수 있는 정규 표현식까지의 순서로 바꿨습니다.

Step 1

한 문자 이상의 임의의 문자가 《 》로 묶여 있다는 것을 표현한 것이 다음 정규 표현식입니다.

```
@"《.+》"
```

이렇게 하면 맞는 것 같지만 정규 표현식은 최대한 긴 문자열과 일치시키려고 하기 때문에 "《값형》과 《참조형》"이라는 문자열이 일치하게 됩니다. 임의 문자열을 나타내는 점(.)이 '《'이나 '》'과도 일치하게 되기 때문입니다.

Step 2

'《'이나 '》'와 일치하지 않도록 점(.)이 있는 부분을 《 》 이외의 것을 나타내는 "[^《》]"로 바꿉니다.

```
@"《[^《》]+》"
```

이렇게 하면 '《값형》'이라는 문자열과 일치하게 됩니다.

---

6 사실은 @"《.+?》"라고 더욱 짧게 쓸 수도 있습니다. 10.5.2절 '최장 일치와 최단 일치' 절에 있는 최단 일치량 지정자를 설명한 부분을 참조하기 바랍니다.

Step 3

구하고 싶은 것은 '〈'나 '〉'를 제외한 '값형'이라는 문자열입니다. 이 작업을 가능하게 하는 것이 그룹화라는 기능입니다. 구하려는 문자열을 괄호 ()로 묶어서 그룹화하면 일치한 문자열 안에서 () 안에 있는 문자열만을 꺼낼 수 있습니다.

```
@"〈([^〈〉]+)〉"
```

이렇게 해서 정규 표현식이 완성됐습니다. Match 객체에 있는 **Groups 속성**을 참조하면 그룹화한 문자열을 꺼낼 수 있습니다. 인덱스는 1로 지정합니다. 정규 표현식 안에 여러 개의 그룹화가 있을 경우에는 Groups[1], Groups[2], Groups[3]이라고 기술해서 각각에 일치한 문자열을 꺼낼 수 있습니다.

[Column] 대/소문자를 구분하지 않고 매칭시킨다

대/소문자를 구별하지 않고 검색해야 할 때가 있습니다. 그것을 정규 표현식만으로 기술하는 것은 의외로 귀찮은 작업입니다. 예를 들면, "kor"라는 세 문자로 구성된 단어를 대/소문자 구분하지 않도록 정규 표현식을 작성하면 다음과 같이 쓸 수 있을 것입니다.

```
"\b[Kk][Oo][Rr]\b"
```

세 문자 정도라면 쉽게 할 수 있겠지만 이것이 더욱 긴 단어였다면 정규 표현식으로 쓰기 힘들었을 것입니다. 이럴 때 사용할 수 있는 것이 RegexOptions 열거형입니다. 이것은 Match나 Matches 메서드의 마지막 인수에 지정하는 옵션이며 RegexOptions 열거형의 **IgnoreCase 옵션**을 지정하면 대문자/소문자 구별없이 검색할 수 있습니다.

예제 10.13 대/소문자를 구분하지 않고 매칭시킨다

```
var text = "kor, KOR, Kor";
var mc = Regex.Matches(text, @"\bkor\b", RegexOptions.IgnoreCase);
foreach (Match m in mc) {
    Console.WriteLine(m.Value);
}
```

대/소문자 구분 없이 다음과 같은 결과가 나옵니다.

```
kor
KOR
Kor
```

[Column] 행의 시작 지점과 행의 끝 지점의 의미를 변경해서 여러 행 모드로 바꾼다

본래 '^'와 '$'는 문자열 전체의 시작 지점과 끝 지점을 나타내는데 줄바꿈 코드(\n)를 포함한 문자열을 검색 대상으로 각 행의 시작 지점과 끝 지점에 일치시키고 싶다면 Regex 메서드에 RegexOptions.Multiline 옵션을 지정합니다. RegexOptions.Multiline 옵션을 지정해 여러 행 모드로 만들 경우 행의 시작 지점(^)과 행의 끝 지점($)은 문자열 전체가 아니고 각 행의 시작 지점과 끝 지점을 나타냅니다.

다음 코드는 알파벳 다섯 문자에서 일곱 문자로 구성된 행을 찾아냅니다.

예제 10.14 줄바꿈 코드를 포함한 문자열을 대상으로 한다

```
var text = "Word\nExcel\nPowerPoint\nOutlook\nOneNote\n";
var pattern = @"^[a-zA-Z]{5,7}$";
var matches = Regex.Matches(text, pattern, RegexOptions.Multiline);
foreach (Match m in matches) {
    Console.WriteLine("{0} {1}", m.Index, m.Value);
}
```

이 코드를 실행하면 다음과 같은 내용이 출력됩니다.

```
5 Excel
22 Outlook
30 OneNote
```

10.4 문자열을 치환하고 분할한다

10.4.1 Regex.Replace 메서드를 사용해 쉽게 치환한다

정규 표현식이 매칭 처리에서만 능력을 발휘하는 것은 아닙니다. 정규 표현식을 사용한 치환 처리는 매우 강력합니다. String.Replace 메서드로는 할 수 없는 유연한 처리를 수행할 수 있습니다.

정규 표현식을 사용해서 치환하려면 Regex 클래스에 있는 **Replace 메서드**를 사용합니다. 이에 관련한 세 가지 예를 살펴보겠습니다.

Regex.Replace를 이용한 치환 처리의 예(1)

"쪼금씩", "쪼끔씩", "쬐끔씩"과 같이 서로 약간 다른 표기들을 모두 "조금씩"으로 수정하는 예입니다.

예제 10.15 Regex.Replace를 사용한 치환 처리의 예(1)

```
var text = "C# 공부를 쪼끔씩 진행해보자.";
var pattern = @"조금씩|쪼끔씩|쬐끔씩";
var replaced = Regex.Replace(text, pattern, "조금씩");
Console.WriteLine(replaced);
```

Regex.Replace 메서드는 지정할 입력 문자열(첫 번째 인수) 안에서 정규 표현식(두 번째 인수)에 일치하는 모든 부분 문자열을 세 번째 인수에 지정한 문자열로 치환합니다.

위의 코드를 실행하면 다음과 같은 결과가 나옵니다.

```
C# 공부를 조금씩 진행해보자.
```

Regex.Replace를 이용한 치환 처리의 예(2)

콤마 뒤에 항상 공백을 두도록 수정하는 예입니다. 예를 들면 다음과 같이 ',' 앞뒤에 있는 공백 개수가 일정하지 않은 문자열이 있다고 하겠습니다.

```
"Word, Excel ,PowerPoint , Outlook,OneNote"
```

콤마 앞뒤의 공백을 정리하는 예를 살펴보겠습니다.

예제 10.16 Regex.Replace를 이용한 치환 처리의 예(2)

```
var text = "Word, Excel ,PowerPoint , Outlook,OneNote";
var pattern = @"\s*,\s*";
var replaced = Regex.Replace(text, pattern, ", ");
Console.WriteLine(replaced);
```

\s는 공백 문자[7]를 나타내고 *는 직전의 요소가 0번 이상 반복됨을 나타내므로 정규 표현식 @"\s*, \s*"는 다음과 같은 문자열과 일치합니다.

```
", "
" , "
" , "
" , "
```

이 코드를 실행한 결과는 다음과 같습니다.

---

7 정확하게 말하면 \s는 공백을 의미하는 특수 기호이며 공백 문자 외에도 \t, \n, \r과도 일치합니다.

```
Word, Excel, PowerPoint, Outlook, OneNote
```

이를 Replace 메서드를 사용해 ", "로 치환했습니다. String 클래스에 있는 Replace 메서드로는 고정적인 문자열만 치환할 수 있지만 정규 표현식을 사용하면 매우 유연하게 문자열을 치환할 수 있습니다.

Regex.Replace를 이용한 치환 처리의 예(3)

세 번째 예는 ".htm"을 ".html"으로 바꾸는 예입니다. 이때 만일 "html"이라는 부분 문자열은 "htmll"처럼 'l'이 연속되지 않게 합니다.

예제 10.17 Regex.Replace를 이용한 치환 처리(3)

```
var text = "foo.htm bar.html baz.htm";
var pattern = @"\.(htm)\b";
var replaced = Regex.Replace(text, pattern, ".html");
Console.WriteLine(replaced);
```

이 예에서는 '\b'는 단어의 경계를 나타냅니다. 다시 말하면 대상 문자열에 포함된 "bar.html"은 매칭하지 않으므로 치환 대상에서 제외됩니다. 최종적으로 치환 대상이 되는 것은 "foo.htm"과 "baz.htm"이라는 두 개의 ".htm"입니다. 이 코드를 실행하면 다음과 같은 내용이 출력됩니다.

```
foo.html bar.html baz.html
```

10.4.2 그룹화 기능을 이용한 치환

그룹화 기능을 이용한 치환의 예(1)

숫자의 바로 뒤에 있는 "바이트"라는 문자열을 "byte"로 수정하는 예를 살펴보겠습니다. 정규 표현식으로 나타내면 @"\d+바이트"일 때만 "바이트"라는 문자열을 "byte"로 변환하는 것입니다. 다음 코드를 살펴보겠습니다.

예제 10.18 그룹화 기능을 이용한 치환(1)

```
var text = "1024바이트,8바이트 문자,바이트,킬로바이트";
var pattern = @"(\d+)바이트";
var replaced = Regex.Replace(text, pattern, "$1byte");
Console.WriteLine(replaced);
```

치환 문자열 안에 있는 "$1"라는 부분이 이 프로그램에서 가장 중요한 부분입니다. $1, $2, …은 정규 표현식의 그룹화 기능에서 ()에 대응되며 "$1"이라고 쓰면 "(\d+)"에 일치하는 부분 문자열을 치환합니다. 위의 예에서는 처음 일치하는 위치에서는 "1024"가 $1로 치환되고 두 번째 일치하는 위치에서는 "8"이 $1로 치환됩니다. 이 코드를 실행한 결과는 다음과 같습니다.

```
1024byte, 8byte 문자, 바이트, 킬로바이트
```

그룹화 기능을 이용한 치환의 예(2)

다음과 같은 16자리의 숫자 문자열을 4자리마다 하이픈(-)으로 구분하는 코드를 작성해보겠습니다.

```
"1234567890123456"
```

예제 10.19 그룹화 기능을 이용한 치환(2)

```
var text = "1234567890123456";
var pattern = @"(\d{4})(\d{4})(\d{4})(\d{4})";
var replaced = Regex.Replace(text, pattern, "$1-$2-$3-$4");
Console.WriteLine(replaced);
```

{4}라고 지정한 것은 '직전의 요소와 정확히 네 번 일치한다'라는 것을 나타냅니다. 다시 말해 이 코드에서는 \d{4}로 숫자가 네 번 연속됨(네 자리)을 나타냅니다. 이 코드를 실행한 결과는 다음과 같습니다.

```
1234-5678-9012-3456
```

10.4.3 Regex.Split 메서드를 이용해 분할한다

다음과 같은 문자열에서 "Word" 같은 영어 단어를 추출하고 싶습니다. 단어 사이에는 콤마(,)로 구분돼 있는데 콤마의 앞뒤에는 공백이 존재할 가능성이 있습니다.

```
"Word, Excel ,PowerPoint , Outlook,OneNote"
```

Regex 클래스에 있는 **Split 메서드**를 이용하면 정규 표현식을 통해 일치한 부분으로 구분할 수 있으므로 String 클래스에 있는 Split 메서드보다 유연하게 처리할 수 있습니다.

예제 10.20 Regex.Split 메서드를 이용해 분할한다

```
var text = "Word, Excel ,PowerPoint , Outlook,OneNote";
var pattern = @"\s*,\s*";
string[] substrings = Regex.Split(text, pattern);
foreach (var match in substrings) {
    Console.WriteLine("'{0}'", match);
}
```

예제 10.16에서도 나왔지만 @"\s*,\s*"는 ', ', ' , ', ', ' 같은 문자열과 일치합니다. 이 코드를 실행한 결과는 다음과 같습니다.

```
'Word'
'Excel'
'PowerPoint'
'Outlook'
'OneNote'
```

10.5 더욱 수준 높은 정규 표현식

10.5.1 수량자

정규 표현식을 쓰다 보면 다음과 같은 작업을 해야 할 경우가 있습니다.

- 세 번 이상 반복되는 것과 매칭시킨다

- 네 문자나 다섯 문자 중에 하나와 매칭시킨다

@"\d\d\d+"라고 쓰면 세 개 이상의 숫자로 구성된 것을 표현할 수 있지만 깔끔한 표현이라고는 할 수 없습니다. 반복 횟수의 범위를 표현할 수도 없습니다. 이럴 때는 **수량자**를 사용할 수 있습니다. 표 10.1에도 게재했지만 수량자를 기술하는 방법은 표 10.5에 나온 세 가지가 있습니다.

표 10.5 수량자

특수 기호	의미
{n}	직전의 요소가 n번 반복되는 것과 일치한다
{n,}	직전의 요소가 n번 이상 반복되는 것과 일치한다
{n,m}	직전의 요소가 n번 이상 m번 이하로 반복되는 것과 일치한다

이제까지 봐왔던 *나 +나 ?도 수량자의 일종이며 이 기호들은 표 10.6과 같이 대응됩니다.

표 10.6 특수 기호와 수량자와의 관계

특수 기호	다르게 쓴 것	의미
*	{0,}	직전의 요소가 0번 이상 반복되는 것과 일치한다
+	{1,}	직전의 요소가 1번 이상 반복되는 것과 일치한다
?	{0,1}	직전의 요소가 0개 또는 1개 나온 것과 일치한다

이미 10.4.2절 '그룹화 기능을 이용한 치환'에서 수량자 {n}을 사용했으므로 지금은 {n,}와 {n,m}을 사용한 예만을 살펴보겠습니다.

수량자 {n,}을 사용한 예

다음 코드는 영문자로 시작하고 그 뒤에 나오는 숫자가 다섯 문자 이상 연속하는 부분 문자열과 일치시키는 예입니다.

예제 10.21 수량자 {n,}을 사용한 예

```
var text = "a123456 b123 Z12345 AX98765";
var pattern = @"\b[a-zA-Z][0-9]{5,}\b";
var matches = Regex.Matches(text, pattern);
foreach (Match m in matches)
    Console.WriteLine("'{0}'", m.Value);
```

이 코드를 실행한 결과는 다음과 같습니다.

```
'a123456'
'Z12345'
```

수량자 {n,m}을 사용한 예

대형마트에서 상품의 일련번호를 다음 코드에 있는 text 문자열과 같은 형식으로 부여했다고 가정하겠습니다. 이 일련번호는 한글 이름과 첫 번째 번호 그리고 두 번째 번호로 구분됐다고 가정하겠습니다.

이제 이 일련번호에서 첫 번째로 구분된 번호의 자릿수가 두 자리 또는 세 자리인 상품을 골라보겠습니다.

예제 10.22 수량자 {n,m}을 사용한 예

```
var text = "삼겹살-84-58433,상추-95838-488,키보드-840-48484,마우스-3274-38,샴푸-489-58493,치
약-38-4839,장갑-48490-483,통조림-3840-203,카레-43-28490,계란-48594-283";

var pattern = @"\p{IsHangulSyllables}+-[0-9]{2,3}-[0-9]+";

var matches = Regex.Matches(text, pattern);

foreach (Match m in matches)
    Console.WriteLine("'{0}'", m.Value);
```

pattern 변수에 정규 표현식 패턴이 설정돼 있습니다. '\p{IsHangulSyllables}+' 부분에서 하나 이상의 한글 문자로 구성된 패턴을 찾습니다. '-' 부분에서 구분자로 사용된 하이픈을 찾습니다. '[0-9]{2,3}' 부분에서 두 자리 또는 세 자리 숫자로 구성된 패턴을 찾습니다. 이것이 우리가 찾으려고 하는 패턴입니다. '-' 부분에서 구분자로 사용된 하이픈을 뒤쪽에서 찾습니다. '[0-9]+' 부분에서는 자릿수에 상관없이 숫자로 구성된 패턴을 찾습니다. 이 코드를 실행한 결과는 다음과 같습니다.

```
'삼겹살-84-58433'
'키보드-840-48484'
'샴푸-489-58493'
'치약-38-4839'
'카레-43-28490'
```

10.5.2 최장 일치와 최단 일치

최장 일치의 원칙

정규 표현식에는 **최장 일치의 원칙**이 있습니다. '최장 일치'란 '패턴에 매칭되는 것 중에서 가장 긴 것을 일치시킨다'입니다. 다음 코드를 예로 들어 설명하겠습니다.

예제 10.23 최장 일치 원칙의 예

```
var text = "<person><name>김삿갓</name><age>22</age></person>";
var pattern = @"<.+>";
var matches = Regex.Matches(text, pattern);
foreach (Match m in matches)
    Console.WriteLine("'{0}'", m.Value);
```

이번 예에서는 "<.+>"이라는 정규 표현식을 이용했는데 최장 일치의 원칙이 작용해서

```
"<person>"
```

이 아니고 다음과 같이 문자열 전체가 일치합니다.

```
"<person><name>김삿갓</name><age>22</age></person>"
```

이것은 정규 표현식을 쓸 때 주의해야 할 사항 중 하나입니다. 정규 표현식을 대충 쓰면 생각하지도 못한 버그를 심어놓게 됩니다.

정규 표현식을 조작해서 최단으로 일치시킨다

만일 앞서 나온 문자열에 대해 "person", "name", "age"라는 세 단어를 구하려고 한다면 정규 표현식을 조작해서 다음과 같은 코드를 작성해야 합니다.

예제 10.24 정규 표현식을 조작해서 최단으로 일치시킨다

```
var text = "<person><name>김삿갓</name><age>22</age></person>";
var pattern = @"<(\w[^>]+)>";
var matches = Regex.Matches(text, pattern);
foreach (Match m in matches)
    Console.WriteLine("'{0}'", m.Groups[1].Value);
```

위의 코드에 나온 정규 표현식 "<(\w[^>]+)>"에 관해 간단히 설명하겠습니다.

- \w

  단어에 사용되는 임의 문자와 일치합니다. 이렇게 지정하면 "</name>"이나 "<!-- 주석 -->"과 같은 문자열을 제외할 수 있습니다.

- [^>]+

  두 번째 문자 이후에 해당되는 문자 클래스를 지정했습니다. [^>]는 > 외의 문자를 나타냅니다. 이렇게 하면 "<person><name>"처럼 도중에 >가 포함된 부분 문자열에 일치하지 않게 할 수 있습니다.

- (……)

  괄호로 그룹화했습니다. ( ) 자체는 검색 대상이 되는 문자가 아니고 ( ) 안에 있는 문자가 검색 대상이 됩니다. Match 객체에 있는 Groups 속성을 참조하면 이렇게 그룹화한 부분에 일치한 결과를 참조할 수 있습니다.

최단 일치의 수량자를 사용해 최단으로 일치시킨다

앞서 정규 표현식을 조작해서 목적에 맞는 부분 문자열과 일치시킬 수 있다는 것을 설명했는데 **최단 일치의 수량자**를 사용하는 방법도 있습니다. 일반적인 수량자 뒤에 ?를 붙이면 최단 일치로 지정한 것이 됩니다. 대표적 두 가지 최단 일치의 수량자를 표 10.7에서 볼 수 있습니다.

표 10.7 최단 일치의 수량자

특수 기호	의미
*?	최대한 적게 반복하는 것을 지정한다
+?	한 번 이상이며 최대한 적게 반복하는 것을 지정한다

최단 일치의 수량자를 사용하면 정규 표현식은

```
@"<(\w[^)]+)>"
```

이었던 것을

```
@"<(\w+?)>
```

라고 쓸 수 있게 됩니다.

예제 10.25 최단 일치의 수량자를 사용해 최단으로 일치시키는 예(1)

```
var text = "<person><name>김삿갓</name><age>22</age></person>";
var pattern = @"<(\w+?)>";
var matches = Regex.Matches(text, pattern);
foreach (Match m in matches)
    Console.WriteLine("'{0}'", m.Groups[1].Value);
```

최단 일치의 수량자를 사용했으므로 이 코드를 실행한 결과는 다음과 같습니다.

```
'person'
'name'
'age'
```

또 하나의 예를 살펴보겠습니다. 최단 일치 수량자를 사용해 다음에 나오는 문자열에서 <p>와 </p>로 묶인 부분을 구하는 예입니다.

```
"<p>가나다라마</p><p>바사아자차</p>"
```

예제 10.26 최단 일치의 수량자를 사용해 최단으로 일치시키는 예(2)

```
var text = <p>가나다라마</p><p>바사아자차</p>";
var pattern = @"<p>(.*?)</p>";
var matches = Regex.Matches(text, pattern);
foreach (Match m in matches)
    Console.WriteLine("'{0}'", m.Groups[1].Value);
```

이 코드를 실행한 결과는 다음과 같습니다.

```
'가나다라마'
'바사아자차'
```

10.5.3 역참조 구문

역참조 구문을 사용하면 그룹화한 문자열을 정규 표현식 안에서 참조할 수 있습니다. 다음 코드는 같은 문자가 두 번 연속으로 나오는 문자열을 구하는 코드입니다.

예제 10.27 역참조 구문을 사용한 예(1)

```
var text = "도로를 지나가는 차들이 뛰뛰하고 경적을 울리면 반대쪽 차들이 빵빵하고 울렸다.";
var pattern = @"(\w)\1";        ◀───── \1이 역참조 구문이다
var matches = Regex.Matches(text, pattern);
foreach (Match m in matches)
    Console.WriteLine("'{0}'", m.Value);
```

\n(n은 숫자)을 통해 그룹화한 문자열을 참조할 수 있습니다. @"(\w)\1"이라는 정규 표현식으로 처음에 나오는 (\w)에 의해 '가'라는 글자가 일치했다고 하면 \1은 이렇게 일치한 '가'를 나타냅니다. 다시 말하면 동일한 문자 두 개가 나올 때 @"(\w)\1"과 일치합니다.

```
'뛰뛰'
'빵빵'
```

다음 코드는 단어가 공백으로 구분된 문자열에서 세 문자이며 앞뒤가 같은 문자로 구성된 문자열을 구하는 코드입니다.

예제 10.28 역참조 구문을 사용한 예(2)

```
var text = "기러기 펠리컨 청둥오리 오리너구리 토마토 pops push pop";
var pattern = @"\b(\w)\w\1\b";
var matches = Regex.Matches(text, pattern);
foreach (Match m in matches)
    Console.WriteLine("'{0}'", m.Value);
```

이 코드를 실행한 결과는 다음과 같습니다.

```
'기러기'
'토마토'
'pop'
```

역참조 구문을 사용해 '앞뒤가 같은 문자'를 표현했습니다. 앞서 봤던 예와 마찬가지로 (\w)와 \1을
사용합니다. 이 두 개의 문자 사이에 단어를 구성하는 문자가 한 개가 있으면 문제에서 주어진 조건을
만족합니다. 다시 말해 다음 정규 표현식을 통해 길이가 3이고 앞뒤가 같은 문자인 단어를 나타낼 수
있습니다.

```
@"(\w)\w\1"
```

이 정규 표현식의 앞뒤에 \b를 썼습니다. \b는 \w와 \W와의 경계 위치와 일치하므로 "pops"와는
일치하지 않습니다. \b 대신 \s를 사용한다면 행의 시작 지점과 행의 끝 지점에 있는 단어가 일치하지
않으므로 주의해야 합니다.

연습 문제

문제 10.1

지정된 문자열이 휴대폰용 전화번호인지 여부를 판정하는 메서드를 정의합니다. 전화번호는 반드시 하이픈(-)으로 구분돼야
합니다. 그리고 시작 지점의 세 문자는 "090", "080", "070" 중 하나라고 가정합니다.

문제 10.2

텍스트 파일을 읽어 들이고 세 문자 이상으로, 그리고 숫자만으로 구성된 부분 문자열을 구하는 코드를 작성합니다.

문제 10.3

다음과 같은 문자열 배열에서 단어 "time"이 포함된 문자열을 구하고 time의 시작 위치를 모두 출력합니다. 대/소문자를 구분하지 않고 검색합니다.

```
var texts = new[] {
    "Time is money.",
    "What time is it?",
    "It will take time.",
    "We reorganized the timetable.",
};
```

문제 10.4

텍스트 파일을 읽어 들이고 version="v4.0"라고 적힌 부분을 version="v5.0"로 치환해서 같은 파일에 저장합니다. 그리고 입력 파일에서 = 앞뒤에 임의 개수의 공백 문자가 존재할 수도 있습니다. 출력할 때는 = 앞뒤에 있는 공백을 삭제합니다. "version"은 "Version"일 가능성도 있습니다.

문제 10.5

HTML 파일을 읽어 들이고 ⟨DIV⟩나 ⟨P⟩처럼 태그가 대문자로 적힌 것을 ⟨div⟩나 ⟨p⟩ 같이 소문자 태그로 변환하기 바랍니다. 가능하면 ⟨DIV class="myBox" id="myId"⟩처럼 속성이 적힌 경우도 적절히 대처하기 바랍니다. 속성에는 '⟨'나 '⟩'가 포함되지 않는 것을 전제로 합니다.

문제 10.6

다섯 문자로 구성된 회문[8]에 매칭되는 정규 표현식을 써보기 바랍니다. 숫자나 기호만으로 구성된 회문을 제외하려면 어떻게 해야 할지 생각해 봅니다.

---

8 (옮긴이) 앞에서부터 읽으나 뒤에서부터 읽으나 모두 말이 되게 쓴 것.

11장

XML 파일 처리

이번 장에서는 LINQ to XML을 사용해 XML 파일을 처리하는 방법을 설명합니다. LINQ to XML은 LINQ 쿼리식을 지원하는 XML을 처리하기 위해 .NET 프레임워크에 포함된 기능이며 간결한 코드로 XML을 처리할 수 있다는 특징이 있습니다. LINQ to Objects를 이해하면 LINQ to XML을 짧은 시간에 습득할 수 있습니다.

11.1 예제 XML 파일

이번 장에서 다룰 XML 파일(novelists.xml)을 살펴보겠습니다. 이 XML에는 세계적인 소설가에 관한 데이터가 저장돼 있습니다.

예제 11.1 XML 파일(novelists.xml)

```xml
<?xml version="1.0" encoding="utf-8"?>
<!-- List 11-1 -->
<novelists>
  <novelist>
    <name eng="Mark Twain">마크 트웨인</name>
    <birth>1835-11-30</birth>
    <death>1910-03-21</death>
    <masterpieces>
```

```
            <title>톰 소여의 모험</title>
            <title>허클베리 핀의 모험</title>
            <title>왕자와 거지</title>
        </masterpieces>
    </novelist>
    <novelist>
        <name eng="O. Henry">오 헨리</name>
        <birth>1862-10-11</birth>
        <death>1910-06-05</death>
        <masterpieces>
            <title>현자의 선물</title>
            <title>마지막 잎새</title>
        </masterpieces>
    </novelist>
    <novelist>
        <name eng="Agatha Christie">아가사 크리스티</name>
        <birth>1890-09-15</birth>
        <death>1976-01-12</death>
        <masterpieces>
            <title>그리고 아무도 없었다</title>
            <title>오리엔트 특급 살인</title>
        </masterpieces>
    </novelist>
    <novelist>
        <name eng="Ernest Hemingway">어니스트 헤밍웨이</name>
        <birth>1899-07-21</birth>
        <death>1961-07-02</death>
        <masterpieces>
            <title>무기여 잘 있거라</title>
            <title>노인과 바다</title>
        </masterpieces>
    </novelist>
    <novelist>
        <name eng="Sidney Sheldon">시드니 셸던</name>
        <birth>1917-02-11</birth>
        <death>2007-01-30</death>
        <masterpieces>
            <title>게임의 여왕</title>
            <title>천사의 분노</title>
        </masterpieces>
    </novelist>
</novelists>
```

11.2 XML 파일 입력

11.2.1 특정 요소를 구한다

일단은 XML 파일에서 특정 요소를 구하는 예로 소설가 이름의 목록을 표시하는 코드를
살펴보겠습니다.

예제 11.2 특정 요소를 구한다

```
using System.Linq;
using System.Xml.Linq;

    ...
    var xdoc = XDocument.Load("novelists.xml");
    var xelements = xdoc.Root.Elements();
    foreach (var xnovelist in xelements) {
        XElement xname = xnovelist.Element("name");
        Console.WriteLine(xname.Value);
    }
```

LINQ to XML을 이용하려면 System.Linq와 System.Xml.Linq 네임스페이스를 using해야 합니다.
XDocument 클래스는 LINQ to XML에서 이용하는 클래스이며 XML을 나타내는 클래스입니다. XML
파일을 읽어 들이려면 이 XDocument 클래스에 있는 **Load라는 정적 메서드**를 사용합니다. 반환값의 형은
XDocument입니다.

XDocument 객체를 생성한 후에 Root.Elements()를 통해 루트 바로 아래에 있는 요소를 모두
구합니다. 이 점이 LINQ to XML을 사용하는 데 중요한 포인트입니다. Elements 메서드의 반환값은
IEnumerable<XElement>입니다. 이 예에서는 <novelist> 요소의 목록을 구합니다.

foreach 문 안에서 <novelist> 요소(XElement 형)를 하나씩 꺼내서 **Element 메서드**를 사용해 name 요소를
구합니다. 실제 문자열 요소를 구하려면 **Value 속성**을 사용합니다.

LINQ to Objects와 결정적으로 다른 점은 각 요소를 속성을 통해 지정할 수 없다는 점입니다.
Element("xxxxx")처럼 태그 이름을 문자열로 지정해야 합니다. 그리고 LINQ to XML에서도 지연
실행이 작용하므로 Root.Elements 메서드를 호출할 때 XDocument 객체가 저장하고 있는 XML 트리 구조
안에서 모든 요소를 꺼낼 수 있는 것은 아닙니다. 실제로 foreach 문의 안쪽에서만 소설가의 이름을
구할 수 있는 것입니다.

다음은 이 코드를 실행한 결과입니다.

```
마크 트웨인
오 헨리
아가사 크리스티
어니스트 헤밍웨이
시드니 셸던
```

11.2.2 특정 요소를 형변환해서 구한다

예제 11.2에서 본 것처럼 XElement에 있는 Value 속성을 통해 요소의 값을 꺼낼 경우 꺼낼 수 있는 형은 string 형입니다. 문자열 이외의 형으로 구하려면 Value 속성을 통해 꺼낸 XElement 객체를 Element 메서드를 사용해 형변환합니다.

예를 들면, birth 요소값을 DateTime 형으로 구하려면 다음의 예제 11.3처럼 구현합니다.

예제 11.3 특정 요소를 형변환해서 구한다

```
var xdoc = XDocument.Load("novelists.xml");
foreach (var xnovelist in xdoc.Root.Elements()) {
    var xname = xnovelist.Element("name");          ◀──── name 요소를 꺼낸다
    var birth = (DateTime)xnovelist.Element("birth");   ◀──── DateTime으로 변환한다
    Console.WriteLine("{0} {1}", xname.Value, birth.ToShortDateString());
}
```

XElement 객체는 bool, int, long, double, Decimal, DateTime, DateTime, Offset, TimeSpan 등으로 형변환할 수 있습니다. 다음은 이 코드를 실행한 결과입니다.

```
마크 트웨인 1835-11-30
오 헨리 1862-10-11
아가사 크리스티 1890-09-15
어니스트 헤밍웨이 1899-07-21
시드니 셸던 1917-02-11
```

11.2.3 속성을 구한다

XML에 있는 속성을 구하려면 XElement 클래스에 있는 **Attribute 메서드**를 사용합니다. 다음에 나온 XML 요소에서 eng="Mark Twain" 부분이 XML의 속성입니다.

```
<name eng="Mark Twain">마크 트웨인</name>
```

이 소설가의 영문 이름을 구하는 코드는 다음과 같습니다. eng 속성이 존재하지 않을 경우도 있다고 가정해서 null 조건 연산자를 사용했습니다.

예제 11.4 속성을 구한다

```
var xdoc = XDocument.Load("novelists.xml");
foreach (var xnovelist in xdoc.Root.Elements()) {
    var xname = xnovelist.Element("name");
    XAttribute xeng = xname.Attribute("eng");        ◀──── eng 속성을 구한다
    Console.WriteLine("{0} {1}", xname.Value, xeng?.Value);
}
```

이 코드를 실행한 결과는 다음과 같습니다.

```
마크 트웨인 Mark Twain
오 헨리 O. Henry
아가사 크리스티 Agatha Christie
어니스트 헤밍웨이 Ernest Hemingway
시드니 셸던 Sidney Sheldon
```

Attribute 메서드의 반환값은 XAttribute 형입니다. 속성값을 문자열의 형태로 구하려면 Value 속성을 사용합니다. 형변환을 사용해 다음과 같이 쓸 수도 있습니다.

```
string xeng = (string)xname.Attribute("eng");        ◀──── 문자열의 형태로 구한다
```

11.2.4 조건을 지정해 XML 요소를 구한다

조건을 지정해서 XML 요소를 구하려면 LINQ to Objects처럼 **Where 메서드**를 이용합니다. 아래는 1900년 이후에 출생한 세계적인 소설가의 이름을 구하는 코드입니다.

예제 11.5 조건을 지정해 XML 요소를 구한다

```
var xdoc = XDocument.Load("novelists.xml");
var xnovelists = xdoc.Root.Elements()
                    .Where(x => ((DateTime)x.Element("birth")).Year >= 1900);
foreach (var xnovelist in xnovelists) {
    var xname = xnovelist.Element("name");
```

```
    var birth = (DateTime)xnovelist.Element("birth");
    Console.WriteLine("{0} {1}", xname.Value, birth.ToShortDateString());
}
```

Where 메서드의 인수가 조금 복잡한데 본질적인 부분은 LINQ to Objects와 다르지 않습니다. 예제 11.5를 실행하면 다음과 같은 결과가 나옵니다.

```
시드니 셸던 1917-02-11
```

11.2.5 XML 요소를 정렬한다

요소를 정렬하려면 OrderBy 메서드를 사용합니다. 이 부분도 LINQ to Objects와 같습니다. 예제 11.6은 영문 알파벳순으로 정렬하는 코드입니다.

예제 11.6 XML 요소를 정렬한다

```
var xdoc = XDocument.Load("novelists.xml");
var xnovelists = xdoc.Root.Elements()
    .OrderBy(x => (string)(x.Element("name").Attribute("eng")));
foreach (var xnovelist in xnovelists) {
    var xname = xnovelist.Element("name");
    var birth = (DateTime)xnovelist.Element("birth");
    Console.WriteLine("{0} {1}", xname.Value, birth.ToShortDateString());
}
```

다음은 이 코드를 실행한 결과입니다.

```
아가사 크리스티 1890-09-15
어니스트 헤밍웨이 1899-07-21
마크 트웨인 1835-11-30
오 헨리 1862-10-11
시드니 셸던 1917-02-11
```

11.2.6 중첩된 자식 요소를 구한다

XML은 계층 구조를 이루고 있습니다. 이런 구조로 중첩돼 있는 자식 요소를 구하려면 어떻게 해야 할까요? 예를 들면 대표작을 나타내는 masterpieces 요소에는 다음과 같이 자식 요소인 title이 존재합니다.

```
    ...
  <masterpieces>
    <title>톰 소여의 모험</title>
    <title>허클베리 핀의 모험</title>
    <title>왕자와 거지</title>
  </masterpieces>
    ...
  <masterpieces>
    <title>현자의 선물</title>
    <title>마지막 잎새</title>
  </masterpieces>
```

예제 11.7은 title 요소를 구하는 코드입니다.

예제 11.7 중첩된 자식 요소를 구한다

```
var xdoc = XDocument.Load("novelists.xml");
foreach (var xnovelist in xdoc.Root.Elements()) {
    var xname = xnovelist.Element("name");
    var works = xnovelist.Element("masterpieces")
                         .Elements("title")
                         .Select(x => x.Value);
    Console.WriteLine("{0} - {1}", xname.Value, string.Join(", ", works));
}
```

다음에 나온 부분 코드는 대표작을 구하는 부분입니다.

```
var works = xnovelist.Element("masterpieces")
                     .Elements("title")
                     .Select(x => x.Value);
```

첫 Element 메서드에서 masterpieces 요소를 구했습니다. 두 번째 행에 있는 Elements 메서드로
해당 자식 요소인 title 요소를 모두 구해서 세 번째 행에서 Select 메서드로 해당 문자열 부분을
구했습니다. works 변수의 형은 IEnumerable<string>입니다. 이 코드를 실행한 결과는 다음과 같습니다.

```
마크 트웨인 - 톰 소여의 모험, 허클베리 핀의 모험, 왕자와 거지
오 헨리 - 현자의 선물, 마지막 잎새
아가사 크리스티 - 그리고 아무도 없었다, 오리엔트 특급 살인
어니스트 헤밍웨이 - 무기여 잘 있거라, 노인과 바다
시드니 셸던 - 게임의 여왕, 천사의 분노
```

11.2.7 자손 요소를 구한다

11.2.6절 '중첩된 자식 요소를 구한다'에서는 Element 메서드와 Elements 메서드를 조합해서 title 요소를 구했는데 여러 요소에 걸쳐 있는 자손 요소를 구하려면 XElement 클래스에 있는 **Descendants** 메서드를 사용합니다. 이렇게 하면 더욱 쉽게 구할 수 있습니다.

모든 title 요소를 구하는 코드는 다음과 같습니다.

예제 11.8 자손 요소를 구한다

```
var xdoc = XDocument.Load("novelists.xml");
var xtitles = xdoc.Root.Descendants("title");
foreach (var xtitle in xtitles) {
    Console.WriteLine(xtitle.Value);
}
```

이 코드를 실행한 결과의 일부는 다음과 같습니다.

```
톰 소여의 모험
허클베리 핀의 모험
왕자와 거지
현자의 선물
마지막 잎새
그리고 아무도 없었다
...
```

그리고 이렇게 구한 title이 누구의 작품인지 알고 싶다면 Parent 속성을 사용해 부모 요소를 찾아야 합니다.

11.2.8 익명 클래스의 객체 형태로 요소를 구한다

Select 메서드를 이용하면 XML 데이터를 C#의 클래스 형태로 구할 수 있습니다. 지금은 name, birth, death라는 세 요소를 익명 클래스의 객체 형태로 구해보겠습니다.

예제 11.9 익명 클래스의 객체 형태로 요소를 구한다

```
var xdoc = XDocument.Load("novelists.xml");
var novelists = xdoc.Root.Elements()
                    .Select(x => new {    ◀── 클래스 이름을 지정하지 않고 객체를 생성했다
                        Name = (string)x.Element("name"),
```

```
                    Birth = (DateTime)x.Element("birth"),
                    Death = (DateTime)x.Element("death")
                });
foreach (var novelist in novelists) {
    Console.WriteLine("{0} ({1}-{2})",
                    novelist.Name, novelist.Birth.Year, novelist.Death.Year);
}
```

속성을 사용해서 데이터에
접근할 수 있다 ↵

Select 메서드를 이용해 익명 클래스의 객체 형태로 요소를 구했습니다. 메서드 안에서 모든 것이
해결됐는데 여러 요소를 다룰 때는 이처럼 익명 클래스를 사용하면 이후에 나오는 코드를 일반적인
객체와 동일하게 취급할 수 있습니다. 이 코드를 실행하면 다음과 같은 결과가 나옵니다.

```
마크 트웨인 (1835-1910)
오 헨리 (1862-1910)
아가사 크리스티 (1890-1976)
어니스트 헤밍웨이 (1899-1961)
시드니 셸던 (1917-2007)
```

11.2.9 사용자 지정 클래스의 객체 형태로 요소를 구한다

익명 클래스가 아닌 사용자 지정 클래스의 객체 형태로도 구할 수 있습니다. XML의 요소에
대응하는 사용자 지정 클래스를 정의하고 Select 메서드를 위한 객체를 생성할 때 이 사용자 지정
클래스를 지정하면 됩니다. 예를 들면, 사용자 지정 클래스인 Novelist를 다음과 같이 정의했다고
가정하겠습니다.

```
class Novelist {
    public string Name { get; set; }
    public string KanaName { get; set; }
    public DateTime Birth { get; set; }
    public DateTime Death { get; set; }
    public IEnumerable<string> Masterpieces { get; set; }
}
```

이 Novelist 클래스에 포함된 객체에 XML의 novelist 요소에 들어 있는 내용을 넣는 코드를
살펴보겠습니다.

예제 11.10 사용자 지정 클래스의 객체 형태로 요소를 구한다

```csharp
public IEnumerable<Novelist> ReadNovelists() {
    var xdoc = XDocument.Load("novelists.xml");
    var novelists = xdoc.Root.Elements()
                        .Select(x => new Novelist {
                            Name = (string)x.Element("name"),
                            KanaName = (string)(x.Element("name").Attribute("kana")),
                            Birth = (DateTime)x.Element("birth"),
                            Death = (DateTime)x.Element("death"),
                            Masterpieces = x.Element("masterpieces")
                                            .Elements("title")
                                            .Select(title => title.Value)
                                            .ToArray()
                        });
    return novelists.ToArray();
}

...
var novelist = ReadNovelists();
foreach (var novelist in novelists) {
    Console.WriteLine("{0} ({1}-{2}) - {3}",
        novelist.Name, novelist.Birth.Year, novelist.Death.Year,
        string.Join(", ", novelist.Masterpieces));
}
```

이처럼 사용자 지정 클래스를 사용하면 읽어 들인 결과를 메서드의 바깥쪽에서 이용할 수 있으므로 일반적인 C# 객체 형태로 소설가 데이터를 취급할 수 있습니다.

그리고 이 메서드는 Novelist 객체의 배열을 반환했는데 Masterpieces 속성도 ToArray 메서드를 사용해 배열로 변환했다는 점에 주목하기 바랍니다. 마지막에 나온 다음과 같은 코드만으로는 완전한 배열로 변환할 수 없습니다.

```csharp
return novelists.ToArray();
```

만일 Masterpieces 속성을 설정하는 부분에서 다음과 같이 ToArray가 빠져 있다면 Masterpieces에 대입되는 것은 쿼리식이므로 쿼리가 바로 실행되지 않습니다.

```csharp
Masterpieces = x.Element("masterpieces")
                .Elements("title")
                .Select(title => title.Value)
```

따라서 Masterpieces의 요소를 참조할 때마다 LINQ to XML의 쿼리가 실행됩니다. Masterpieces에 대한 ToArray 메서드는 novelists를 완전한 배열로 만드는 데 필요한 처리이므로 이 점을 잊지 말기 바랍니다.

예제 11.10을 실행한 결과는 다음과 같습니다.

```
마크 트웨인 (1835-1910) - 톰 소여의 모험, 허클베리 핀의 모험, 왕자와 거지
오 헨리 (1862-1910) - 현자의 선물, 마지막 잎새
아가사 크리스티 (1890-1976) - 그리고 아무도 없었다, 오리엔트 특급 살인
어니스트 헤밍웨이 (1899-1961) - 무기여 잘 있거라, 노인과 바다
시드니 셸던 (1917-2007) - 게임의 여왕, 천사의 분노
```

11.3 XML 객체를 생성한다

11.3.1 문자열로부터 XDocument를 생성한다

이제까지는 XDocument.Load 메서드를 사용해 XML 파일을 읽어 들였지만 **XDocument.Parse 메서드**를 사용하면 XML 형식의 문자열로부터 XDocument 객체를 생성할 수도 있습니다. 다음 코드를 보기 바랍니다.

예제 11.11 문자열로부터 XDocument를 생성한다

```
string xmlstring =
@"<?xml version=""1.0"" encoding=""utf-8"" ?>
 <novelists>
    <novelist>
       <name eng=""Agatha Christie"">아가사 크리스티</name>
       <birth>1890-09-15</birth>
       <death>1976-01-12</death>
       <masterpieces>
          <title>그리고 아무도 없었다</title>
          <title>오리엔트 특급 살인</title>
       </masterpieces>
    </novelist>
 </novelists>";
var xdoc = XDocument.Parse(xmlstring);
```

Parse 메서드로 XDocument 객체를 생성한 후에는 이제까지 설명한 XML 관련 처리와 같은 방식으로 구현할 수 있습니다.

그리고 @가 붙은 축자 문자열 리터럴을 사용하면 도중에 줄바꿈을 넣을 수 있습니다. 이 방법은 여러 행에 걸친 문자열 리터럴을 기술할 때 유용합니다. 축자 문자열 리터럴 안에 큰따옴표(")를 넣고 싶다면 큰따옴표를 두 번 연속("")으로 쓰면 됩니다.

11.3.2 문자열로부터 XElement을 생성한다

XElement.Parse 메서드를 사용하면 XDocument 객체가 아닌 XElement 객체를 생성할 수도 있습니다[1].

예제 11.12 문자열로부터 XElement를 생성한다

```
string elmstring =
@"<novelist>
    <name kana=""O. Henry"">오 헨리</name>
    <birth>1862-10-11</birth>
    <death>1910-06-05</death>
    <masterpieces>
        <title>현자의 선물</title>
        <title>마지막 잎새</title>
    </masterpieces>
  </novelist>";
XElement element = XElement.Parse(elmstring);
```

이 XElement를 가지고 다음과 같은 코드를 실행하면 읽어 들인 XML 객체에 요소를 추가할 수도 있습니다.

```
var xdoc = XDocument.Load("novelists.xml");
xdoc.Root.Add(element);
```

11.3.3 함수 생성 기능으로 XDocument 객체를 조합한다

'함수 생성'이라는 방법을 통해 XDocument를 조합할 수도 있습니다. 함수 생성 기능은 LINQ to XML에 있는 기능이며 new XElement(...)를 조합해서 단일문으로 XElement 객체를 생성합니다. 다음 코드는 소설가 두 명에 대한 XML 요소를 조합해서 XDocument 객체를 생성한 예입니다.

---

1 XDocument는 XML 문서 전체를 나타내는 클래스이고 XElement는 XML 안에 있는 요소(대응되는 시작 태그와 종료 태그로 감싼 부분)를 나타내는 클래스입니다.

예제 11.13 함수 생성으로 XDocument 객체를 조합한다

```csharp
var novelists = new XElement("novelists",
    new XElement("novelist",
        new XElement("name", ">마크 트웨인", new XAttribute("eng", "Mark Twain")),
        new XElement("birth", "1835-11-30"),
        new XElement("death", "1910-03-21"),
        new XElement("masterpieces",
            new XElement("title", "톰 소여의 모험"),
            new XElement("title", "허클베리 핀의 모험"),
            new XElement("title", "왕자와 거지")
        )
    ),
    new XElement("novelist",
        new XElement("name", "어니스트 헤밍웨이", new XAttribute("eng", "Ernest Hemingway")),
        new XElement("birth", "1899-07-21"),
        new XElement("death", "1961-07-02"),
        new XElement("masterpieces",
            new XElement("title", "무기여 잘 있거라"),
            new XElement("title", "노인과 바다")
        )
    )
);
var xdoc = new XDocument(novelists);
```

XElement 객체를 생성하는 코드 자체가 실제 XML의 구조와 같다는 것이 주목할 점입니다. 위의 코드에서는 함수 생성 기능을 통해 조합한 XElement를 XDocument의 생성자에 넘겨주어 XDocument 객체를 생성했습니다.

이렇게 생성한 xdoc 객체를 XML 형식으로 나타낸 것은 다음과 같습니다.

```xml
<novelists>
  <novelist>
    <name eng="Mark Twain">&gt;마크 트웨인</name>
    <birth>1835-11-30</birth>
    <death>1910-03-21</death>
    <masterpieces>
      <title>톰 소여의 모험</title>
      <title>허클베리 핀의 모험</title>
      <title>왕자와 거지</title>
    </masterpieces>
```

```
    </novelist>
    <novelist>
      <name eng="Ernest Hemingway">어니스트 헤밍웨이</name>
      <birth>1899-07-21</birth>
      <death>1961-07-02</death>
      <masterpieces>
        <title>무기여 잘 있거라</title>
        <title>노인과 바다</title>
      </masterpieces>
    </novelist>
  </novelists>
```

11.3.4 컬렉션으로부터 XDocument를 생성한다

컬렉션으로부터 XDocument를 생성할 수도 있습니다. 다음 예제에서는 List<Novelist>로부터 XDocument를
생성합니다.

예제 11.14 컬렉션으로부터 XDocument를 생성한다

```csharp
// Novelist의 목록을 준비한다
var novelists = new List<Novelist> {
    new Novelist {
        Name = "마크 트웨인",
        EngName = "Mark Twain",
        Birth = DateTime.Parse("1835-11-30"),
        Death = DateTime.Parse("1910-03-21"),
        Masterpieces = new string[] { "톰 소여의 모험", "허클베리 핀의 모험", },
    },
    new Novelist {
        Name = "어니스트 헤밍웨이",
        EngName = "Ernest Hemingway",
        Birth = DateTime.Parse("1899-07-21"),
        Death = DateTime.Parse("1961-07-02"),
        Masterpieces = new string[] { "무기여 잘 있거라", "노인과 바다", },
    },
        ...
};

// Linq to Objects를 사용해 목록의 내용을 XElement 시퀀스로 변환한다
var elements = novelists.Select(x =>
    new XElement("novelist",
```

```
            new XElement("name", x.Name, new XAttribute("kana", x.KanaName)),
            new XElement("birth", x.Birth),
            new XElement("death", x.Death),
            new XElement("masterpieces", x.Masterpieces.Select(t => new XElement("title", t)))
        )
);

// 가장 위에 있는 novelists 요소를 생성한다
var root = new XElement("novelists", elements);

// root 요소를 지정해서 XDocument 객체를 생성한다
var xdoc = new XDocument(root);
```

LINQ to Objects를 사용해 Novelist 클래스[2]의 컬렉션으로부터 XElement 시퀀스(novelist 요소의 시퀀스)를 만들었습니다.

그리고 XElement의 생성자에 이 시퀀스를 인수로 넘겨주고 최상위에 있어야 할 novelists 요소를 생성해서 root 변수에 넣었습니다. 이 root 변수를 XDocument 생성자에 전달해서 XDocument 객체를 생성했습니다.

11.4 XML을 편집하고 저장한다

11.4.1 요소를 추가한다

XDocument 객체에 요소를 추가하려면 **Add 메서드**를 사용합니다.

예제 11.15 요소를 추가한다

```
var element = new XElement("novelist",
    new XElement("name", "찰스 디킨스", new XAttribute("eng", "Charles Dickens")),
    new XElement("birth", "1812-02-07"),
    new XElement("death", "1870-06-09"),
    new XElement("masterpieces",
      new XElement("title", "올리버 트위스트"),
      new XElement("title", "크리스마스 캐럴")
    )
  );
```

---

2 Novelist 클래스는 11.2.9절 '사용자 지정 클래스의 객체 형태로 요소를 구한다'에서 정의한 것입니다.

```
var xdoc = XDocument.Load("novelists.xml");
xdoc.Root.Add(element);
// 이후는 확인용 코드다
foreach (var xnovelist in xdoc.Root.Elements()) {
    var xname = xnovelist.Element("name");
    var birth = (DateTime)xnovelist.Element("birth");
    Console.WriteLine("{0} {1}", xname.Value, birth.ToShortDateString());
}
```

XElement 클래스의 생성자를 사용해 XElement 객체를 생성했습니다. 이 객체를 다음과 같은 코드를 통해 Root 바로 아래(novelists 요소)에 추가했습니다. 추가되는 위치는 마지막 부분입니다.

```
xdoc.Root.Add(element);
```

이 코드를 실행한 결과는 다음과 같습니다.

```
마크 트웨인 1835-11-30
오 헨리 1862-10-11
아가사 크리스티 1890-09-15
어니스트 헤밍웨이 1899-07-21
시드니 셸던 1917-02-11
찰스 디킨스 1812-02-07
```

그리고 시작 지점에 추가하고 싶다면 다음과 같이 **AddFirst** 메서드를 사용합니다.

```
xdoc.Root.AddFirst(element);
```

11.4.2 요소를 삭제한다

요소를 삭제하려면 XElement 클래스에 있는 **Remove** 메서드를 사용합니다.

예제 11.16 요소를 삭제한다

```
var xdoc = XDocument.Load("novelists.xml");
var elements = xdoc.Root.Elements()
              .Where(x => x.Element("name").Value == "찰스 디킨스");
elements.Remove();    ◄──── elements 자신을 XDocument에서 삭제한다
```

조건에 일치한 요소를 찾아내서 그 요소를 삭제했습니다. 이 예제에서는 Where 메서드를 통해 발견된 요소가 한 개뿐이었지만 여러 요소가 발견된 경우에는 발견된 모든 요소가 삭제됩니다.

List<T>에 있는 Remove 메서드를 사용하듯이 다음과 같은 코드를 기대할 수도 있지만 이런 코드는 쓰면 안 되고 예제 11.16에 나온 것처럼 '자기 자신을 삭제하는 코드'를 써야 합니다.

✖   xdoc.Root.Remove(element);

11.4.3 요소를 치환한다

요소를 다른 요소로 치환하려면 ReplaceWith 메서드를 사용합니다. 다음에 나온 코드는 어떤 조건에 일치하는 요소를 다른 요소로 치환합니다.

예제 11.17 요소를 치환한다(1)

```
var xdoc = XDocument.Load("novelists.xml");
var element = xdoc.Root.Elements()
            .Single(x => x.Element("name").Value == "마크 트웨인");
string elmstring =
    @"<novelist>
        <name eng=""Mark Twain"">마크 트웨인</name>
        <birth>1835-11-30</birth>
        <death>1910-03-21</death>
        <masterpieces>
        <title>도금시대</title>
        <title>아서 왕 궁정의 코네티컷 양키</title>
        </masterpieces>
    </novelist>";
var newElement = XElement.Parse(elmstring);
element.ReplaceWith(newElement);      ◀─── element를 newElement로 치환한다
```

이번 예제에서는 Single 메서드를 사용해 "마크 트웨인"이라는 요소를 찾고 ReplaceWith 메서드를 통해 요소를 치환했습니다. Remove 메서드처럼 자기 자신을 다른 것으로 치환하는 방식으로 해결했습니다.

> **[Memo]** LINQ에 있는 Single 메서드와 First 메서드의 차이
>
> LINQ에 있는 Single 메서드와 First 메서드는 시퀀스 안에서 하나의 요소를 구하는 메서드인데 Single 메서드는 해당 요소가 여러 개 있을 경우에는 예외를 발생시킵니다. 그러나 First 메서드는 처음 발견된 요소를 하나만 반환합니다. 따라서 Single 메서드는 시퀀스 안에 해당 요소가 확실히 하나만 존재할 때 이용합니다.

만일 masterpieces 요소만 치환할 것이라면 다음과 같이 구현할 수도 있습니다.

예제 11.18 요소를 치환한다(2)

```
var xdoc = XDocument.Load("novelists.xml");
var element = xdoc.Root.Elements()
                .Single(x => x.Element("name").Value == "마크 트웨인")
                .Element("masterpieces");
var newElement = new XElement("masterpieces",
    new XElement("title", "도금시대"),
    new XElement("title", "아서 왕 궁정의 코네티컷 양키")
);
element.ReplaceWith(newElement);
```

치환할 요소의 값이 문자열일 경우에는 string 형인 Value 속성을 사용하면 쉽게 치환할 수 있습니다.

예제 11.19 요소를 치환한다(3)

```
var xdoc = XDocument.Load("novelists.xml");
var element = xdoc.Root.Elements()
                .Select(x => x.Element("name"))
                .Single(x => x.Value == "마크 트웨인");
element.Value = "마크 트웨인";    ◀── Value 속성에 대입하면 치환된다
```

11.4.4 XML 파일에 저장한다

XDocument에 있는 내용을 XML 형식의 파일에 출력하려면 XDocument 클래스에 있는 **Save 메서드**를 이용합니다.

예제 11.20 XDocument 객체를 저장한다

```
var xdoc = XDocument.Load("novelists.xml");
xdoc.Save("newNovelists.xml");
```

위에 나온 코드는 novelists.xml을 읽어 들이고 그 내용을 그대로 newNovelists.xml에 저장합니다. 이제까지 본 요소를 추가하고 삭제하고 치환하는 처리를 실행한 후에 Save 메서드를 호출하면 수정된 내용을 파일에 반영할 수 있습니다.

공백과 줄바꿈을 제외한 XML 파일을 작성한다

XML 파일을 취급하는 일반적인 방법은 다음과 같습니다.

1. 줄바꿈과 들여쓰기된 XML 파일을 읽어 들이고 공백을 유지하지 않고 XDocument를 생성한다

2. XDocument에 대해 임의의 처리를 수행한다

3. 필요하다면 들여쓰기가 적용된 XML 파일을 저장한다

그리고 이것이 LINQ to XML의 기본적인 동작입니다. 그러나 다른 프로그램과 데이터를 주고받을 때 들여쓰기나 줄바꿈이 필요 없을 때도 있습니다. 그럴 때는 Save 메서드의 두 번째 인수에 SaveOptions.DisableFormatting을 전달해서 줄바꿈이나 들여쓰기를 억제시킬 수 있습니다.

예제 11.21 공백과 줄바꿈을 제외한 XML 파일을 작성한다

```
xdoc.Save("newNovelists.xml", SaveOptions.DisableFormatting);
```

작성된 파일을 실제로 살펴보면 공백 문자(줄바꿈 포함)가 삭제됐다는 것을 알 수 있습니다.

11.5 XML에서 쌍 정보를 다룬다

11.5.1 쌍 정보 목록을 XML로 변환한다

많은 응용 프로그램에서 이름과 값이라는 쌍으로 구성된 정보를 취급해야 할 때가 있습니다. LINQ to XML에서는 이름과 값의 쌍을 쉽게 저장하는 메서드가 있으므로 다음과 같은 XML을 쉽게 작성할 수 있습니다.

```
<?xml version="1.0" encoding="utf-8"?>
<settings>
  <option>
    <enabled>true</enabled>
    <min>0</min>
    <max>100</max>
    <step>10</step>
  </option>
</settings>
```

이 XML에는 option 요소에 자식 요소만 있고 자손 요소는 없습니다. 이런 XML일 경우에는 SetElementValue 메서드를 사용합니다.

예제 11.22 쌍 정보를 XML에 저장한다

```
var option = new XElement("option");
option.SetElementValue("enabled", true);
option.SetElementValue("min", 0);
option.SetElementValue("max", 100);
option.SetElementValue("step", 10);
var root = new XElement("settings", option);
root.Save("sample.xml");
```

SetElementValue 메서드를 통해 이름과 값을 쌍으로 저장하는 XElement를 요소에 추가했습니다. 인수에 태그의 이름과 값을 지정하기만 하면 됩니다. 이렇게 생성한 option 객체(XElement 객체)를 자식 요소로 해서 settings 요소를 생성하고 Save 메서드로 저장하면 완성됩니다.

11.5.2 쌍 정보를 속성의 형태로 저장한다

쌍 정보를 (자식 요소가 아닌) 속성 형태로 저장할 수도 있습니다. 속성 형태로 저장하려면 SetAttributeValue 메서드를 사용합니다. 사용법은 SetElementValue 메서드와 같습니다.

예제 11.23 쌍 정보를 속성의 형태로 저장한다

```
var option = new XElement("option");
option.SetAttributeValue("enabled", true);
option.SetAttributeValue("min", 0);
option.SetAttributeValue("max", 100);
option.SetAttributeValue("step", 10);
var root = new XElement("settings", option);
root.Save("sample.xml");
```

완성된 XML 파일은 다음과 같습니다.

```
<?xml version="1.0" encoding="utf-8"?>
<settings>
  <option enabled="true" min="0" max="100" step="10" />
</settings>
```

속성을 사용하는 편이 읽기 쉽기도 하고 에디터로 편집하기도 편하므로 이런 형식을 사용하는 경우가 많습니다.

11.5.3 쌍 정보를 읽어 들인다

XML 파일에 저장된 쌍 정보를 읽어 들이는 코드를 살펴보겠습니다. 일반적인 XML 파일이므로 이제까지 설명한 내용을 토대로 해서 코드를 작성할 수 있을 것입니다.

일단 다음 코드는 자식 요소의 형태로 값을 저장한 XML을 읽어 들이는 코드입니다.

예제 11.24 XML 파일에서 쌍 정보를 읽어 들인다

```
var xdoc = XDocument.Load("sample.xml");
var option = xdoc.Root.Element("option");
Console.WriteLine((bool)option.Element("enabled"));
Console.WriteLine((int)option.Element("min"));
Console.WriteLine((int)option.Element("max"));
Console.WriteLine((int)option.Element("step"));
```

다음은 속성의 형태로 기술돼 있는 XML 파일을 읽어 들이는 코드입니다.

예제 11.25 XML 파일에서 쌍 정보를 읽어 들인다(속성의 형태로)

```
var xdoc = XDocument.Load("sample.xml");
var option = xdoc.Root.Element("option");
Console.WriteLine((bool)option.Attribute("enabled"));
Console.WriteLine((int)option.Attribute("min"));
Console.WriteLine((int)option.Attribute("max"));
Console.WriteLine((int)option.Attribute("step"));
```

11.5.4 Dictionary 객체를 XML로 변환한다

쌍 정보라고 하면 역시 딕셔너리(7장 '딕셔너리 처리')를 빼놓을 수 없을 것입니다. 이번에는 딕셔너리로 관리되고 있는 쌍 정보를 XML 파일에 출력하는 코드를 살펴보겠습니다.

예제 11.26 Dictionary 객체를 XML 파일에 저장한다

```
var dict = new Dictionary<string, string> {
    ["IAEA"] = "국제 원자력 기구",
    ["IMF"] = "국제통화기금",
```

```
    ["ISO"] = "국제 표준화 기구",
};
var query = dict.Select(x => new XElement("word",
                new XAttribute("abbr", x.Key),
                new XAttribute("korean", x.Value)));
var root = new XElement("abbreviations", query);
root.Save("abbreviations.xml");
```

위의 코드는 LINQ to Objects에 있는 Select 메서드를 사용해 Dictionary를 XElement 시퀀스로 변환합니다. 이 XElement는 "abbr"과 "korean"이라는 두 가지 속성을 가지고 있습니다.

이렇게 구한 시퀀스를 XElement의 생성자에 있는 두 번째 인수에 넘겨주면 abbreviations 요소를 생성할 수 있습니다. 마지막으로 XElement에 있는 Save 메서드로 파일에 출력합니다. 위의 코드를 실행해서 출력한 XML 파일은 다음과 같습니다.

```
<?xml version="1.0" encoding="utf-8"?>
<abbreviations>
  <word abbr="IAEA" korean="국제 원자력 기구" />
  <word abbr="IMF" korean="국제통화기금" />
  <word abbr="ISO" korean="국제 표준화 기구" />
</abbreviations>
```

11.5.5 XML 파일로부터 Dictionary 객체를 생성한다

이번에는 XML을 딕셔너리로 변환해보겠습니다. 입력 파일은 예제 11.26에서 작성한 XML 파일을 사용합니다. 이 XML 파일을 가지고 다음과 같은 코드를 실행하면 딕셔너리로 변환할 수 있습니다.

예제 11.27 XML 파일로부터 Dictionary 객체를 생성한다(1)

```
var xdoc = XDocument.Load("abbreviations.xml");
var pairs = xdoc.Root.Elements()
                .Select(x => new {
                    Key = x.Attribute("abbr").Value,
                    Value = x.Attribute("korean").Value
                });
var dict = pairs.ToDictionary(x => x.Key, x => x.Value);
foreach (var d in dict) {
    Console.WriteLine(d.Key + "=" + d.Value);
}
```

Select 메서드를 사용해 XML 데이터를 Key와 Value의 쌍(익명 클래스)으로 구성된 시퀀스로 변환합니다. 이 pairs 시퀀스에 대해 ToDictionary라는 확장 메서드를 사용해 Dictionary<string, string>로 변환합니다. 이 코드를 실행한 결과는 다음과 같습니다.

```
IAEA=국제 원자력 기구
IMF=국제통화기금
ISO=국제 표준화 기구
```

다음과 같은 XML 파일을 읽어 들이는 방법도 생각해보겠습니다.

```xml
<?xml version="1.0" encoding="utf-8"?>
<abbreviations>
    <IAEA>국제 원자력 기구</IAEA>
    <IMF>국제통화기금</IMF>
    <ISO>국제 표준화 기구</ISO>
</abbreviations>
```

이 XML 파일의 특징은 태그 이름을 보기만 해서는 무엇이 지정된 것인지 미리 알 수 없다는 점입니다. 이런 XML 파일도 LINQ to XML을 사용하면 딕셔너리로 변환할 수 있습니다.

예제 11.28 XML 파일로부터 Dictionary 객체를 생성한다(2)

```
var xdoc = XDocument.Load("abbreviations.xml");
var pairs = xdoc.Root.Elements()
                .Select(x => new {
                    Key = x.Name.LocalName,    ◀── XML 태그 이름을 구한다
                    Value = x.Value            ◀── 요소(문자열)를 구한다
                });
var dict = pairs.ToDictionary(x => x.Key, x => x.Value);
foreach (var d in dict) {
    Console.WriteLine(d.Key + "=" + d.Value);
}
```

Select 메서드를 사용해 XML 데이터를 Key와 Value의 쌍으로 구성된 시퀀스로 변환합니다. Name. LocalName을 통해 XML의 요소 이름(태그 이름)을 구합니다. 이 pairs 시퀀스에 대해 ToDictionary라는 확장 메서드를 호출해서 Dictionary<string, string>으로 변환합니다. 이 코드를 실행한 결과는 다음과 같습니다.

IAEA=국제 원자력 기구
IMF=국제통화기금
ISO=국제 표준화 기구

연습 문제

문제 11.1

다음과 같은 XML 파일이 있습니다. 이 XML 파일에 관해 1~4와 같은 코드를 작성합니다.

```xml
<?xml version="1.0" encoding="utf-8" ?>
<ballSports>
    <ballsport>
        <name chinese="籠球">농구</name>
        <teammembers>5</teammembers>
        <firstplayed>1891</firstplayed>
    </ballsport>
    <ballsport>
        <name chinese="排球">배구</name>
        <teammembers>6</teammembers>
        <firstplayed>1895</firstplayed>
    </ballsport>
    <ballsport>
        <name chinese="野球">야구</name>
        <teammembers>9</teammembers>
        <firstplayed>1846</firstplayed>
    </ballsport>
</ballSports>
```

1. XML 파일을 읽어 들이고 경기 이름과 팀 인원 수의 목록을 표시합니다.

2. 처음 시작된 연도를 순서대로 출력합니다.

3. 인원 수가 가장 많은 경기 이름을 표시합니다.

4. 축구에 관한 정보를 추가해서 새로운 XML 파일을 출력합니다. 파일 이름은 마음대로 지정해도 됩니다.

그리고 축구에 관한 정보는 자신이 직접 조사하기 바랍니다. 성실하게 조사하는 것도 프로그래머에게 필요한 업무입니다.

문제 11.2

다음과 같은 XML 파일이 있습니다.

```xml
<?xml version="1.0" encoding="utf-8" ?>
<seoulku>
    <word>
        <chinese>鐘路</chinese>
        <korean>종로</korean>
    </word>
    <word>
        <chinese>江南</chinese>
        <korean>강남</korean>
    </word>
    <word>
        <chinese>松坡</chinese>
        <korean>송파</korean>
    </word>
    <word>
        <chinese>西大門</chinese>
        <korean>서대문</korean>
    </word>
</seoulku>
```

이 XML 파일을 다음과 같은 형식으로 변환해서 다른 파일에 저장합니다.

```xml
<?xml version="1.0" encoding="utf-8"?>
<seoulku>
  <word chinese="鐘路" korean="종로" />
  <word chinese="江南" korean="강남" />
  <word chinese="松坡" korean="송파" />
  <word chinese="西大門" korean="서대문" />
</seoulku>
```

12장

직렬화와 역직렬화

직렬화(Serialization)란 네트워크를 통해 다른 곳으로 전송할 수 있는 형식이나 파일에 저장할 수 있는 형식으로 객체를 변환하는 것을 말합니다. 그리고 직렬화한 데이터를 본래의 객체로 되돌리는 변환을 **역직렬화**(Deserialization)라고 합니다.

이 직렬화와 역직렬화를 이용하면 응용 프로그램끼리 데이터를 주고받거나 저장한 객체의 내용을 나중에 다시 복원해서 처리를 계속할 수 있습니다.

직렬화에는 바이너리 직렬화, XML 직렬화, JSON 직렬화 등등이 있지만 이번 장에서는 일반적인 XML 직렬화와 JSON 직렬화라는 두 가지를 설명하겠습니다.

12.1 객체를 XML 데이터로 저장하고 복원한다

동일한 응용 프로그램 안에서 객체의 내용을 XML 형식으로 저장하고 나중에 다시 복원해서 이용하려면 DataContractSerializer 클래스를 사용하면 편리합니다. DataContractSerializer 클래스를 이용하려면 System.Runtime.Serialization 어셈블리[1]를 프로젝트의 참조에 추가합니다.

---

1 .NET 프레임워크 3.5에서 이용하려면 System.ServiceModel.Web을 프로젝트의 참조에 추가합니다.

12.1.1 객체의 내용을 XML 형식으로 저장한다

객체의 내용을 XML 직렬화해서 파일에 저장하려면 DataContractSerializer 클래스에 있는 **WriteObject** 메서드를 이용합니다. 지금은 다음과 같은 Novel 클래스(소설 정보 클래스)를 직렬화하는 방법에 관해 설명하겠습니다.

예제 12.1 Novel 클래스[2]

```csharp
public class Novel {
    public string Title { get; set; }
    public string Author { get; set; }
    public int Published { get; set; }
    public override string ToString() {
        return string.Format("[Title={0}, Author={1}, Published={2}]",
                            Title, Author, Published);
    }
}
```

객체의 내용을 XML 형식으로 직렬화하려면 DataContractSerializer 클래스에 있는 **WriteObject** 메서드를 이용합니다. 위에 나온 Novel 클래스의 객체를 직렬화하는 전형적인 코드는 다음과 같습니다.

예제 12.2 DataContractSerializer를 사용해 직렬화한다

```csharp
using System.Runtime.Serialization;
using System.Xml;
    ...
    var novel = new Novel {
        Author = "제임스 P. 호건",
        Title = "별의 계승자",
        Published = 1977,
    };
    var settings = new XmlWriterSettings {
        Encoding = new System.Text.UTF8Encoding(false),
        Indent = true,
        IndentChars = "  ",
    };
    using (var writer = XmlWriter.Create("novel.xml", settings)) {
        var serializer = new DataContractSerializer(novel.GetType());   ← GetType 메서드로 novel 객체의
        serializer.WriteObject(writer, novel);                                형을 구해서 인수에 넘겨준다
    }
```

---

2 ToString 메서드를 오버라이드했는데 이것은 객체의 내용을 간단히 확인할 수 있도록 정의한 것입니다. 직렬화와 직접적인 관계는 없습니다.

public으로 지정되어 읽고 쓰기가 가능한 속성과 필드를 대상으로 직렬화하도록 기본적으로 정해져 있습니다[3]. 일반적으로는 public으로 지정된 필드는 정의하지 않으므로 실질적으로는 public으로 지정된 읽고 쓰기 가능한 속성이 직렬화하는 대상이 됩니다.

위의 코드에서는 XmlWriter 객체를 생성할 때 **XmlWriterSettings**를 지정해 태그마다 줄바꿈과 들여쓰기를 넣었습니다. 이 코드를 실행한 결과는 다음과 같습니다.

```
<?xml version="1.0" encoding="utf-8"?>
<Novel xmlns:i="http://www.w3.org/2001/XMLSchema-instance" xmlns="http://schemas.datacontract
.org/2004/07/Section01">
  <Author>제임스 P. 호건</Author>
  <Published>1977</Published>
  <Title>별의 계승자</Title>
</Novel>
```

12.1.2 직렬화한 XML 데이터를 복원한다

DataContractSerializer 클래스를 사용해 XML 직렬화한 데이터를 역직렬화해서 본래의 객체의 상태로 되돌리려면 DataContractSerializer 클래스에 있는 **ReadObject 메서드**를 사용해 다음과 같이 구현합니다.

예제 12.3 DataContractSerializer를 사용해 역직렬화한다

```
using (var reader = XmlReader.Create("novel.xml")) {    ◀──── typeof 연산자를 통해 복원할 형을 지정한다
    var serializer = new DataContractSerializer(typeof(Novel));
    var novel = serializer.ReadObject(reader) as Novel;
    Console.WriteLine(novel);
}
```

ReadObject 메서드의 인수로 XmlReader 객체를 전달해서 어디부터 역직렬화할지를 지정합니다. 이 코드를 실행한 결과는 다음과 같습니다.

```
[Title=별의 계승자, Author=제임스 P. 호건, Published=1977]
```

---

3 DataContract 속성과 DataMember 속성을 사용해 직렬화의 대상으로 지정할 수도 있습니다.

DataContractSerializer를 사용해 역직렬화할 때 주의해야 할 점은 **XML의 네임스페이스가 일치하지 않으면 역직렬화할 수 없다**는 점입니다. 동일한 응용 프로그램 안에서 직렬화와 역직렬화를 수행할 때는 문제없지만 다른 응용 프로그램에서 XML 파일을 다룰 때는 이렇게 하면 역직렬화하지 못합니다. DataContract 속성을 이용하면 XML의 네임스페이스를 명시할 수도 있지만 직렬화의 대상이 되는 클래스에 있는 멤버에 배열이나 딕셔너리와 같은 컬렉션이 있을 경우에는 별도로 사용자 지정 클래스를 정의해야 하므로 코드가 복잡해집니다.

따라서 응용 프로그램 간에 연계해서 XML 파일을 직렬화/역직렬화할 경우에는 DataContract Serializer를 이용하지 않는 것이 좋습니다. 응용 프로그램 간의 연계에 관해서는 12.2절 '응용 프로그램 간에 XML 데이터를 주고받는다'에 나오는 XmlSerializer 클래스를 사용해 직렬화/역직렬화하는 것이 바람직합니다.

12.1.3 컬렉션 객체를 직렬화/역직렬화한다

컬렉션을 직렬화하려면 DataContractSerializer 객체를 생성할 때 컬렉션 객체의 형을 제대로 지정해서 앞서 이야기한 방법으로 직렬화/역직렬화할 수 있습니다. 지금은 Novel 객체의 배열을 예로 들어 저장/복원하는 코드를 보며 설명하겠습니다.

예제 12.4 컬렉션을 직렬화한다

```csharp
var novels = new Novel[] {
    new Novel {
        Author = "제임스 P. 호건",
        Title = "별의 계승자",
        Published = 1977,
    },
    new Novel {
        Author = "허버트 조지 웰즈",
        Title = "타임머신",
        Published = 1895,
    },
};
using (var writer = XmlWriter.Create("novels.xml")) {
    var serializer = new DataContractSerializer(novels.GetType());   // ← novels 객체의 형을 지정한다
    serializer.WriteObject(writer, novels);
}
```

위의 예제에서 XmlWriterSettings는 지정하지 않았습니다. 지정하지 않을 경우에는 기본으로 정해진 동작을 실행하게 되어 줄바꿈이나 들여쓰기를 넣지 않습니다. 다음은 이 코드를 실행한 결과입니다.

```
<?xml version="1.0" encoding="utf-8"?><ArrayOfNovel xmlns:i="http://www.w3.org/2001/XMLSchema-instance" xmlns="http://schemas.datacontract.org/2004/07/Section01"><Novel><Author>제임스 P. 호건</Author><Published>1977</Published><Title>별의 계승자</Title></Novel><Novel><Author>허버트 조지 웰즈</Author><Published>1895</Published><Title>타임머신</Title></Novel></ArrayOfNovel>
```

역직렬화한 객체를 복원하는 코드는 다음과 같습니다. DataContractSerializer의 생성자에서 배열의 형을 지정하고 ReadObject 메서드를 통해 구한 객체를 Novel 형의 배열로 형변환했습니다.

예제 12.5 컬렉션 객체로 역직렬화한다

```
using (XmlReader reader = XmlReader.Create("novels.xml")) {
    var serializer = new DataContractSerializer(typeof(Novel[]));
    var novels = serializer.ReadObject(reader) as Novel[];   ◀── 복원할 형을 typeof 연산자를 통해 지정한다
    foreach (var novel in novels) {
        Console.WriteLine(novel);
    }
}
```

다음은 이 코드를 실행한 결과입니다.

```
[Title=별의 계승자, Author=제임스 P. 호건, Published=1977]
[Title=타임머신, Author=허버트 조지 웰즈, Published=1895]
```

12.2 응용 프로그램 간에 XML 데이터를 주고받는다

응용 프로그램 간에 XML 형식의 데이터를 주고받으려면 **XmlSerializer 클래스**를 이용하는 것이 편리합니다. XmlSerializer 클래스를 이용하려면 System.Xml 어셈블리를 참조에 추가하기 바랍니다.

12.2.1 XmlSerializer를 사용해 직렬화한다

객체를 XML 직렬화하는 예를 하나 들겠습니다. 앞서 나온 Novel 클래스의 객체를 직렬화하는 코드를 살펴보겠습니다.

예제 12.6 XmlSerializer를 사용해 직렬화한다

```csharp
using System.Xml;
using System.Xml.Serialization;
    ...
var novel = new Novel {
    Author = "제임스 P. 호건",
    Title = "별의 계승자",
    Published = 1977,
};
using (var writer = XmlWriter.Create("novel.xml")) {
    var serializer = new XmlSerializer(novel.GetType());
    serializer.Serialize(writer, novel);
}
```

XmlSerializer 생성자의 인수에는 직렬화할 클래스의 형에 관한 정보를 전달합니다. 변수에 지정한 **XmlWriter**를 Serialize 메서드를 호출할 때 인수에 넘겨주어 파일에 출력합니다. 그러면 다음과 같은 XML 파일이 작성됩니다[4].

```xml
<?xml version="1.0" encoding="utf-8"?>
<Novel xmlns:xsi="http://www.w3.org/2001/XMLSchema-instance"
    xmlns:xsd="http://www.w3.org/2001/XMLSchema">
  <Title>별의 계승자</Title>
  <Author제임스 P. 호건</Author>
  <Published>1977</Published>
</Novel>
```

직렬화의 대상이 되는 데이터는 DataContractSerializer와 마찬가지로 public이며 읽고 쓰기가 가능한 속성과 필드입니다. 접근 수준이 private나 protected인 속성과 필드는 직렬화의 대상이 되지 않습니다.

파일이 아닌 문자열 변수에 XML 형식의 문자열을 넣고 싶다면 다음과 같이 구현합니다.

```csharp
var sb = new StringBuilder();
using (var writer = XmlWriter.Create(sb)) {
    var serializer = new XmlSerializer(novel.GetType());
    serializer.Serialize(writer, novel);
}
var xmlText = sb.ToString();
```

---

4 읽기 쉽도록 줄바꿈과 들여쓰기를 넣었습니다. 실제 파일에는 줄바꿈과 들여쓰기가 들어 있지 않습니다.

그리고 다음과 같이 구현하면 메모리 스트림에 출력할 수도 있습니다. MemoryStream 클래스의 객체를 XmlWriter.Create 메서드의 인수에 전달해서 메모리 스트림으로 출력할 수 있습니다[5].

```
var stream = new MemoryStream();
using (var writer = XmlWriter.Create(stream)) {
    var serializer = new XmlSerializer(novel.GetType());
    serializer.Serialize(writer, novel);
}
```

12.2.2 XmlSerializer를 사용해 역직렬화한다

역직렬화하려면 XmlSerializer 클래스에 있는 Deserialize 메서드를 이용합니다.

예제 12.7 XmlSerializer를 사용해 역직렬화한다

```
using (var reader = XmlReader.Create("novel.xml")) {
    var serializer = new XmlSerializer(typeof(Novel));
    var novel = serializer.Deserialize(reader) as Novel;
    Console.WriteLine(novel);
}
```

변수에 지정한 XmlReader를 Deserialize 메서드의 인수에 전달해서 파일을 읽어 들이고 Novel 객체를 복원했습니다. Deserialize 메서드가 반환하는 값의 형은 Object이므로 본래의 형(Novel)으로 형변환돼야 합니다. 이 코드를 실행한 결과는 다음과 같습니다.

```
[Title=별의 계승자, Author=제임스 P. 호건, Published=1977]
```

파일이 아닌 XML 형식의 문자열을 역직렬화할 경우에는 다음과 같이 구현합니다. xmlText 변수에 XML 형식의 문자열이 저장돼 있다고 가정하겠습니다.

```
using (var reader = XmlReader.Create(new StringReader(xmlText))) {
    var serializer = new XmlSerializer(typeof(Novel));
    var novel = serializer.Deserialize(reader) as Novel;
    Console.WriteLine(novel);
}
```

---

5   9장 '파일 처리'에서는 파일을 스트림으로 취급하는 FileStream 클래스를 사용했는데 MemoryStream 클래스를 사용하면 메모리 상에 있는 데이터를 스트림으로 취급할 수 있습니다.

12.2.3 XmlIgnore 속성으로 직렬화의 대상에서 제외한다

응용 프로그램끼리 연계할 때 일부 속성을 직렬화의 대상에서 제외해야 할 경우가 있습니다. XmlSerializer를 사용해 XML 직렬화할 때 **XmlIgnore 속성**을 사용하면 특정 속성을 직렬화의 대상에서 제외할 수 있습니다.

예를 들면, 다음과 같이 클래스를 정의하면 Published 속성은 직렬화의 대상에서 제외되어 XML 파일에 출력되지 않습니다.

예제 12.8 XmlIgnore 속성을 추가한 Novel 클래스

```
public class Novel {
    public string Title { get; set; }
    public string Author { get; set; }
    [XmlIgnore]
    public int Published { get; set; }
    public override string ToString() { …… }
}
```

12.2.4 속성으로 요소 이름(태그 이름)을 기본값에서 수정한다

다른 응용 프로그램과 데이터를 주고받을 때 XML의 요소 이름(태그 이름)을 클래스의 속성과는 다른 이름으로 정하고 싶을 때가 있습니다[6]. 그럴 때 이용할 수 있는 것이 **XmlRoot 속성**과 **XmlElement 속성**입니다. XmlRoot 속성을 클래스에 추가하면 루트 요소 이름을 수정할 수 있습니다. 요소 이름을 수정하려면 XmlElement 속성에 있는 ElementName 속성값을 설정합니다.

다음과 같은 클래스 정의의 예를 살펴보겠습니다. 이 예제에서는 요소 이름을 모두 소문자로 썼습니다.

예제 12.9 XmlElement 속성과 XmlRoot 속성을 추가한 Novel 클래스

```
[XmlRoot("novel")]
public class Novel {
    [XmlElement(ElementName="title")]
    public string Title { get; set; }

    [XmlElement(ElementName="author")]
    public string Author { get; set; }
```

---

6 XML에서는 태그 이름을 파스칼(Pascal) 표기법이 아니고 낙타(Camel) 표기법(18.2.1절 '파스칼 표기법과 낙타 표기법을 적절히 사용한다')으로 지정하는 것이 일반적입니다.

```
    [XmlElement(ElementName="published")]
    public int Published { get; set; }

    public override string ToString() { …… }
}
```

이 클래스에 대해 예제 12.6에 나온 직렬화 코드를 실행하면 다음과 같은 XML이 생성됩니다.

```
<?xml version="1.0" encoding="utf-8"?>
<novel xmlns:xsi="http://www.w3.org/2001/XMLSchema-instance"
       xmlns:xsd="http://www.w3.org/2001/XMLSchema">
  <title>별의 계승자</title>
  <author>제임스 P. 호건</author>
  <published>1977</published>
</novel>
```

12.2.5 XmlSerializer를 사용해 컬렉션을 직렬화한다

컬렉션을 직렬화할 수도 있습니다. 일단 배열을 직렬화하는 코드를 살펴보겠습니다.

다음과 같은 클래스를 새로 정의합니다.

예제 12.10 컬렉션을 직렬화하기 위한 NovelCollection 클래스

```
[XmlRoot("novels")]
public class NovelCollection {
    [XmlElement(Type = typeof(Novel), ElementName = "novel")]
    public Novel[] Novels { get; set; }
}
```

NovelCollection 클래스는 Novels 속성(Novel 형 배열)을 포함하고 있습니다. 이 Novels 속성에 **XmlElement 속성**을 추가하고 해당 요소의 형과 요소 이름을 지정합니다.

컬렉션을 직렬화하려면 예제 12.6에 나온 것과 같은 코드로 직렬화할 수 있습니다. 컬렉션이라고 해서 특별한 코드를 작성할 필요는 없습니다. 클래스를 정의하는 부분만 다를 뿐입니다. 이 NovelCollection 객체를 직렬화하는 코드는 다음과 같습니다.

예제 12.11 컬렉션을 직렬화한다

```
var novels = new Novel[] {
    new Novel {
        Author = "제임스 P. 호건",
        Title = "별의 계승자",
        Published = 1977,
    },
    new Novel {
        Author = "허버트 조지 웰즈",
        Title = "타임머신",
        Published = 1895,
    },
};
var novelCollection = new NovelCollection {
    Novels = novels
};
using (var writer = XmlWriter.Create("novels.xml")) {
    var serializer = new XmlSerializer(novelCollection.GetType());
    serializer.Serialize(writer, novelCollection);
}
```

이 코드를 실행하면 다음과 같은 XML이 출력됩니다.

```xml
<?xml version="1.0" encoding="utf-8"?>
<novels xmlns:xsi="http://www.w3.org/2001/XMLSchema-instance"
        xmlns:xsd="http://www.w3.org/2001/XMLSchema">
  <novel>
    <title>별의 계승자</title>
    <author>제임스 P. 호건</author>
    <published>1977</published>
  </novel>
  <novel>
    <title>타임머신</title>
    <author>허버트 조지 웰즈</author>
    <published>1895</published>
  </novel>
</novels>
```

그렇다면 다음과 같은 직렬화의 대상이 되는 클래스에 배열의 속성이 정의돼 있을 경우에는 어떻게 해야 할까요?

```
public class Novelist {
    public string Name { get; set; }
    public string[] Masterpieces { get; set; }
}
    ...
    var novelist = new Novelist {
        Name = "아서 C. 클라크",
        Masterpieces = new string[] {
            "2001 스페이스 오디세이",
            "유년기의 끝",
        }
    };
    using (var writer = XmlWriter.Create("novelist.xml")) {
        var serializer = new XmlSerializer(novelist.GetType());
        serializer.Serialize(writer, novelist);
    }
```

이렇게 정의하고 XmlSerializer 클래스에 있는 Serialize 메서드로 직렬화한 경우에는 string[]의 각 요소에 대응되는 태그 이름이 지정되지 않으므로 다음과 같은 XML이 작성돼 버립니다.

```
<?xml version="1.0" encoding="utf-8"?>
<Novelist xmlns:xsi="http://www.w3.org/2001/XMLSchema-instance"
          xmlns:xsd="http://www.w3.org/2001/XMLSchema">
  <Name>아서 C. 클라크</Name>
  <Masterpieces>
    <string>2001 스페이스 오디세이</string>    ◀──── string이라는 태그 이름은 바람직하지 않다
    <string>유년기의 끝</string>
  </Masterpieces>
</Novelist>
```

응용 프로그램 간에 연계를 생각한다면 string이라는 태그 이름은 바람직하지 않습니다. **XmlArray 속성과 XmlArrayItem 속성**을 사용하면 태그 이름을 수정할 수 있습니다.

예제 12.12 XmlArray 속성과 XmlArrayItem 속성을 이용한다

```
[XmlRoot("novelist")]
public class Novelist {
    [XmlElement(ElementName = "name")]
    public string Name { get; set; }

    [XmlArray("masterpieces")]
```

```
    [XmlArrayItem("title", typeof(string))]
    public string[] Masterpieces { get; set; }
}
```

위와 같이 정의하면 다음과 같이 태그 이름을 수정할 수 있습니다. 예제 12.12에서는 책 체목의 태그 이름을 수정함과 동시에 모든 태그 이름을 낙타 표기법으로 지정했습니다.

```
<?xml version="1.0" encoding="utf-8"?>
<novelist xmlns:xsi="http://www.w3.org/2001/XMLSchema-instance"
          xmlns:xsd="http://www.w3.org/2001/XMLSchema">
  <name>아서 C. 클라크</name>
  <masterpieces>
    <title>2001 스페이스 오디세이</title>
    <title>유년기의 끝</title>
  </masterpieces>
</novelist>
```

12.2.6 XmlSerializer를 사용해 컬렉션을 역직렬화한다

예제 12.11에서 작성한 XML 파일을 역직렬화하는 코드를 살펴보겠습니다. 이제까지 나온 역직렬화 코드와 본질적인 차이는 없습니다.

예제 12.13 컬렉션을 역직렬화한다

```
using (var reader = XmlReader.Create("novels.xml")) {
    var serializer = new XmlSerializer(typeof(NovelCollection));
    var novels = serializer.Deserialize(reader) as NovelCollection;
    foreach (var novel in novels.Novels) {
        Console.WriteLine(novel);
    }
}
```

위 코드를 실행한 결과는 다음과 같습니다.

```
[Title=별의 계승자, Author=제임스 P. 호건, Published=1977]
[Title=타임머신, Author=허버트 조지 웰즈, Published=1895]
```

[Memo] 어느 클래스를 사용해야 할까?

이번 장에서는 XML 파일을 처리하는 것에 관해 LINQ to XML, XmlSerializer, DataContractSerializer라는 세 가지 방법을 설명했는데 사용법에 관해 필자가 생각하는 지침은 다음과 같습니다. 참고하기 바랍니다.

DataContractSerializer

직렬화할 때 XML의 형식을 모두 시스템에 맡겨도 문제가 없을 경우에 이용합니다. 객체를 저장하고 복원하는 데는 이 클래스를 이용하는 것이 편리합니다. 이미 XML 형식이 정해져 있다면 자신이 생각한 형식으로 지정하기 위해 복잡한 코드를 써야 할 때도 있습니다.

XmlSerializer

응용 프로그램 간에 데이터를 주고받을 때 이 클래스를 이용합니다. 속성을 사용하면 다양한 XML 구조에 유연하게 대처할 수 있습니다.

LINQ to XML

다른 응용 프로그램이 작성한 비교적 복잡한 XML을 읽어 들이고 수정하는 데 이용합니다. 또는 필요한 항목이 한정돼 있을 때(특정 요소 이름만 이용하고 싶거나 조건에 맞는 요소만 이용하고 싶을 때) 이 클래스를 이용합니다.

12.3 JSON 데이터를 직렬화하고 역직렬화한다

JSON(JavaScript Object Notation)은 가벼운 데이터 기술 언어 중 하나입니다. 자바스크립트 언어에 사용되는 객체 표기법을 기반으로 하는데 이것은 다른 언어에서도 이용할 수 있는 데이터 형식입니다. JSON은 다양한 소프트웨어 간(특히 웹 응용 프로그램)에 데이터를 주고받을 때 사용됩니다.

.NET 프레임워크에는 JSON 데이터를 직렬화/역직렬화하는 기능을 지원하는 DataContractJson Serializer라는 클래스가 마련돼 있습니다. 이 DataContractJsonSerializer 클래스를 이용하려면 DataContractSerializer와 마찬가지로 System.Xml과 System.Runtime.Serialization이라는 두 가지 어셈블리를 프로젝트의 참조에 추가해야 합니다.

12.3.1 JSON 데이터로 직렬화한다

DataContractJsonSerializer 클래스를 사용해 JSON 형식으로 직렬화하는 방법은 기본적으로 DataContractSerializer 클래스를 사용해 XML을 직렬화하는 법과 같지만 JSON의 키 이름을 소문자로 만들기 위해 직렬화의 대상이 되는 클래스에는 다음과 같이 **DataContract 속성**과 **DataMember 속성**을 사용합니다.

예제 12.14 속성을 지정한 Novel 클래스

```csharp
[DataContract(Name = "novel")]
public class Novel {
    [DataMember(Name = "title")]
    public string Title { get; set; }

    [DataMember(Name = "author")]
    public string Author { get; set; }

    [DataMember(Name = "published")]
    public int Published { get; set; }

    public override string ToString() { …… }
}
```

객체를 JSON 데이터로 직렬화하려면 DataContractJsonSerializer 클래스에 있는 **WriteObject 메서드**를 사용합니다.

예제 12.15 JSON 데이터를 직렬화한다

```csharp
var novels = new Novel[] {
    new Novel {
        Author = "아이작 아시모프",
        Title = "나는 로봇이야",
        Published = 1950,
    },
    new Novel {
        Author = "조지 오웰",
        Title = "1984",
        Published = 1949,
    },
};
using (var stream = new FileStream("novels.json", FileMode.Create, FileAccess.Write)) {
    var serializer = new DataContractJsonSerializer(novels.GetType());
    serializer.WriteObject(stream, novels);
}
```

위의 코드를 실행하면 다음과 같은 JSON 파일을 얻을 수 있습니다.

```
[{"author":"아이작 아시모프","published":1950,"title":"나는 로봇이야"},
 {"author":"조지 오웰","published":1949,"title":"1984"}]
```

JSON 데이터를 문자열의 형태로 구하려면 MemoryStream에 JSON 데이터를 출력한 후에 ToArray 메서드를 통해 문자 배열로 변환하고 그것을 Encoding 클래스에 있는 GetString 메서드를 통해 문자열로 변환합니다. 코드로 작성한 것은 다음과 같습니다.

```
using (var stream = new MemoryStream()) {
    var serializer = new DataContractJsonSerializer(novels.GetType());
    serializer.WriteObject(stream, novels);
    stream.Close();
    var jsonText = Encoding.UTF8.GetString(stream.ToArray());
    Console.WriteLine(jsonText);
}
```

12.3.2 JSON 데이터를 역직렬화한다

역직렬화하려면 DataContractJsonSerializer 클래스에 있는 ReadObject 메서드를 사용합니다. 다음 코드를 살펴보겠습니다.

예제 12.16 JSON 데이터를 역직렬화한다

```
using (var stream = new FileStream("novels.json", FileMode.Open, FileAccess.Read)) {
    var serializer = new DataContractJsonSerializer(typeof(Novel[]));
    var novels = serializer.ReadObject(stream) as Novel[];
    foreach (var novel in novels)
        Console.WriteLine(novel);
}
```

이 코드를 실행한 결과는 다음과 같습니다.

```
[Title=나는 로봇이야, Author=아이작 아시모프, Published=1950]
[Title=1984, Author=조지 오웰, Published=1949]
```

문자열을 역직렬화하려면 일단 문자열을 Byte 배열로 변환하고 그 Byte 배열로부터 MemoryStream 클래스의 객체를 생성합니다. 이 MemoryStream을 ReadObject 메서드의 인수로 전달해서 JSON 데이터를 역직렬화합니다.

```
byte[] byteArray = Encoding.UTF8.GetBytes(jsonText);
using (var stream = new MemoryStream(byteArray)) {
    var serializer = new DataContractJsonSerializer(typeof(Novel[]));
```

```
    var novels = serializer.ReadObject(stream) as Novel[];
    foreach (var novel in novels)
        Console.WriteLine(novel);
}
```

12.3.3 Dictionary를 JSON 데이터로 직렬화한다

Dictionary 형 객체를 JSON 형식으로 변환할 때는 주의해야 할 점이 있습니다. 그것은

```
{"ODA":"정부개발원조","OECD":"경제 협력 개발 기구"}
```

위와 같은 형식으로 변환할지 아니면

```
[{"Key":"ODA","Value":"정부개발원조"},{"Key":"OECD","Value":"경제 협력 개발 기구"}]
```

이런 형식으로 변환할지를 선택해야 한다는 점입니다. 이 두 가지는 DataContractJsonSerializerSetti
ngs에 있는 UseSimpleDictionaryFormat **속성**을 통해 수정할 수 있습니다. UseSimpleDictionaryFormat
속성을 true로 지정하면 먼저 나온 형식을 선택하게 되고 false로 지정하면 나중에 나온 형식을
선택하게 됩니다. 지금은 먼저 나온 형식으로 변환하는 코드를 살펴보겠습니다.

예제 12.17 Dictionary를 JSON 데이터로 직렬화한다

```
[DataContract]
public class AbbreviationDict {
    [DataMember(Name = "abbrs")]
    public Dictionary<string, string> Abbreviations { get; set; }
}
    ...
    var abbreviationDict = new AbbreviationDict {
        Abbreviations = new Dictionary<string, string> {
            ["ODA"] = "정부개발원조",
            ["OECD"] = "경제 협력 개발 기구",
            ["OPEC"] = "석유 수출국 기구",
        }
    };
    var settings = new DataContractJsonSerializerSettings {
        UseSimpleDictionaryFormat = true,
    };
    using (var stream =
```

```
            new FileStream("abbreviations.json", FileMode.Create, FileAccess.Write)) {
        var serializer = new DataContractJsonSerializer(abbreviationDict.GetType(), settings);
        serializer.WriteObject(stream, abbreviationDict);
    }
```

이 예제에서는 Dictionary 형의 속성을 포함한 AbbreviationDict 클래스를 정의하고 이 객체를 JSON 형식으로 직렬화했습니다. 출력되는 JSON은 다음과 같습니다.

```
{
    "abbrs": {
        "ODA":"정부개발원조",
        "OECD":"경제 협력 개발 기구",
        "OPEC":"석유 수출국 기구"
    }
}
```

읽기 쉽도록 도중에 줄바꿈을 넣었지만 실제로는 줄바꿈과 들여쓰기는 포함되지 않습니다. 이 JSON 데이터가 AbbreviationDict 클래스와 같은 구조를 이루고 있다는 것을 확인하기 바랍니다.

12.3.4 JSON 데이터를 Dictionary로 역직렬화한다

JSON 데이터를 Dictionary 객체로 역직렬화하는 방법은 일반적인 객체를 역직렬화하는 법과 같이 DataContractJsonSerializer 클래스에 있는 **ReadObject 메서드**를 이용합니다. UseSimpleDictionaryFormat 속성을 true로 설정한 DataContractJsonSerializerSettings 객체를 DataContractJsonSerializer의 생성자에 전달하면 앞서 나온 JSON 데이터를 Dictionary 객체로 역직렬화할 수 있습니다. 역직렬화하는 코드는 다음과 같습니다.

예제 12.18 JSON 데이터를 Dictionary로 역직렬화한다

```
var settings = new DataContractJsonSerializerSettings {
    UseSimpleDictionaryFormat = true,
};
using (var stream = new FileStream("abbreviations.json", FileMode.Open, FileAccess.Read)) {
    var serializer = new DataContractJsonSerializer(typeof(AbbreviationDict), settings);
    var dict = serializer.ReadObject(stream) as AbbreviationDict;
    foreach (var item in dict.Abbreviations) {
        Console.WriteLine("{0} {1}", item.Key, item.Value);
    }
}
```

[Column] JSON.NET을 이용한다

ASP.NET MVC에는 Newtonsoft의 **JSON.NET**이 프로젝트 기본 사양으로 포함돼 있습니다. 따라서 ASP.NET MVC인 경우에는 DataContractJsonSerializer가 아니고 JSON.NET을 사용해 JSON 형식으로 직렬화/역직렬화하는 것이 일반적입니다. ASP.NET MVC가 아니라도 JSON.NET을 사용할 수 있으므로 가능하다면 JSON.NET을 이용하는 것도 검토해보기 바랍니다.

다음은 JSON.NET에 있는 JsonSerializer 클래스를 사용한 코드입니다.

```
using Newtonsoft.Json;
using Newtonsoft.Json.Serialization;
...
public class Novel {
    public string Title { get; set; }
    public string Author { get; set; }
    public int Published { get; set; }
    public override string ToString() {
        return string.Format("[Title={0}, Author={1}, Published={2}]",
                            Title, Author, Published);
    }
}


    var novel = new Novel {
        Author = "로버트 A. 하인라인",
        Title = "여름으로 가는 문",
        Published = 1956,
    };


    using (var stream = new StreamWriter(@"sample.json"))
    using (var writer = new JsonTextWriter(stream)) {
        JsonSerializer serializer = new JsonSerializer {
            NullValueHandling = NullValueHandling.Ignore,
            ContractResolver = new CamelCasePropertyNamesContractResolver(),
        };
        serializer.Serialize(writer, novel);
    }
```

위의 코드를 실행하면 다음과 같은 JSON 파일이 작성됩니다.

```
{"title":"여름으로 가는 문","author":"로버트 A. 하인라인","published":1956}
```

"title"과 "author" 등이 소문자로 시작되는 점에 주의하기 바랍니다. 이렇게 소문자로 시작되는 이유는 JsonSerializer에 있는 ContractResolver 속성에 CamelCasePropertyNamesContractResolver 객체를 설정했기 때문입니다. 속성 하나하나에 지정하지 않아도 되므로 편리합니다.

역직렬화하는 코드는 다음과 같습니다.

```
using (var stream = new StreamReader(@"sample.json"))
using (var writer = new JsonTextReader(stream)) {
    JsonSerializer serializer = new JsonSerializer {
        NullValueHandling = NullValueHandling.Ignore,
        ContractResolver = new CamelCasePropertyNamesContractResolver(),
    };
    var novel = serializer.Deserialize<Novel>(writer);
    Console.WriteLine(novel);
}
```

JSON.NET에는 JsonConvert라는 클래스가 있는데 이것을 사용하면 문자열형으로 직렬화할 수도 있고 문자열을 쉽게 역직렬화할 수도 있습니다.

연습 문제

문제 12.1

1. 다음과 같은 Employee 클래스가 정의돼 있습니다. 이 객체를 XML로 직렬화하는 코드와 역직렬화하는 코드를 XmlSerializer 클래스를 사용해 작성합니다. 이때 XML의 요소 이름(태그 이름)은 모두 소문자가 되게 합니다.

```
public class Employee {
    public int Id { get; set; }
    public string Name { get; set; }
    public DateTime HireDate { get; set;  }
}
```

2. 여러 Employee 객체가 배열에 저장돼 있다고 가정합니다. 이 배열을 DataContractSerializer 클래스를 사용해 XML 파일로 직렬화합니다.

3. 2에서 작성한 파일을 읽어 들여 역직렬화합니다.

4. 여러 Employee 객체가 배열에 저장돼 있다고 가정합니다. 이 배열을 DataContractJsonSerializer를 사용해 JSON 파일로 출력합니다. 이때 직렬화의 대상에 Id는 포함하지 않습니다.

문제 12.2

1. XmlSerializer 클래스를 사용해 다음과 같은 XML 파일을 역직렬화해서 Novelist 객체를 생성합니다. 필요하다면 Novelist 클래스에는 적절한 속성을 추가합니다.

```xml
<?xml version="1.0" encoding="utf-8" ?>
<novelist>
  <name>아서 C. 클라크</name>
  <birth>1917-12-16</birth>
  <masterpieces>
    <title>2001 스페이스 오디세이</title>
    <title>유년기의 끝</title>
  </masterpieces>
</novelist>
```

```csharp
public class Novelist {
    public string Name { get; set; }
    public DateTime Birth { get; set; }
    public string[] Masterpieces { get; set; }
}
```

2. 위에 나온 Novelist 객체의 내용을 다음과 같은 JSON 파일로 직렬화하는 코드를 작성합니다.

```json
{"birth":"1917-12-16T00:00:00Z",
 "masterpieces":["2001 스페이스 오디세이","유년기의 끝"],
 "name":"아서 C. 클라크"}
```

※ 힌트: DataContractJsonSerializerSettings에 있는 DateTimeFormat 속성에 "yyyy-MM-dd'T'HH:mm:ssZ"를 지정합니다.

13장

엔터티 프레임워크로 데이터에 접근한다

많은 업무용 응용 프로그램이 SQL Server나 Oracle DB 같은 데이터베이스 관리 시스템(DBMS)을 사용해 데이터를 저장하고 관리합니다. 데이터베이스 관리 시스템이란 응용 프로그램의 요청에 따라 데이터를 저장하고 데이터를 구하고 삭제하는 등의 처리를 수행하는 소프트웨어를 말합니다.

이번 장에서는 데이터베이스를 처리하는 프로그램을 만들어 보겠습니다.

13.1 엔터티 프레임워크에 있는 Code First를 이용한다

예를 들면 기업의 매출 데이터를 관리할 때는 상품, 점포, 매출, 매출관리 담당자 등의 정보를 다루게 되는데, 이 각각의 데이터는 서로 관련이 있기 때문에 일반적인 파일 처리로는 데이터를 관리하기 어렵습니다. 그리고 '빠른 검색 능력', '여러 사람이 동시에 접근 가능', '이상 처리에 대응하는 기능' 등등을 고려하면 이런 프로그램을 개발하는 데 방대한 공수가 투입돼야 할 것입니다. 따라서 데이터를 관리하는 기능을 직접 구현하지 않고 이 부분은 데이터 관리 시스템을 이용하는 방향으로 해서 개발자들은 응용 프로그램이 본래 가져야 할 기능을 개발하는 데 집중할 수 있게 하는 것이 일반적입니다.

C# 프로그램에서 데이터베이스에 접근하려면 **엔터티 프레임워크**(Entity Framework)라는 데이터 접근 기능을 이용합니다(그림 13.1).

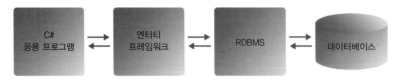

그림 13.1 엔터티 프레임워크의 개념도

엔터티 프레임워크에는 'Model First', 'Database First', 'Code First'라는 세 가지 개발 기법이 마련돼 있는데 이번 장에서는 현재 가장 주목받고 있는 **Code First**[1]에 관해서만 설명하겠습니다.

그리고 Code First를 사용한 경험이 없는 독자도 있을 것이므로 '배우기보다는 익숙해져라'라는 콘셉트를 가지고 엔터티 프레임워크를 이용해 데이터에 접근하는 방법에 관해 튜토리얼 형식으로 설명하겠습니다[2].

13.2 프로젝트를 생성한다

13.2.1 새 프로젝트를 생성한다

1. 비주얼 스튜디오[3]를 시작하고 [파일] → [새로 만들기] → [프로젝트]를 선택합니다.

2. [**새 프로젝트**] 대화상자에서 [**콘솔 앱**]을 선택하고 [**이름**]란에 'SampleEntityFramework'라고 입력하고 [**확인**] 버튼을 클릭합니다(그림 13.2).

---

1 Code First에서는 먼저 C# 코드로 클래스를 정의하고 이 클래스를 이용해 데이터를 자동으로 생성합니다. 따라서 항상 데이터 접근하는 프로그램을 C# 코드를 중심으로 작성할 수 있습니다.

2 이번 장에 나오는 설명에는 비주얼 스튜디오에 포함된 마이크로소프트 SQL Server Express LocalDB를 이용합니다.

3 비주얼 스튜디오 커뮤니티 2017을 사용해서 작업한 모습입니다.

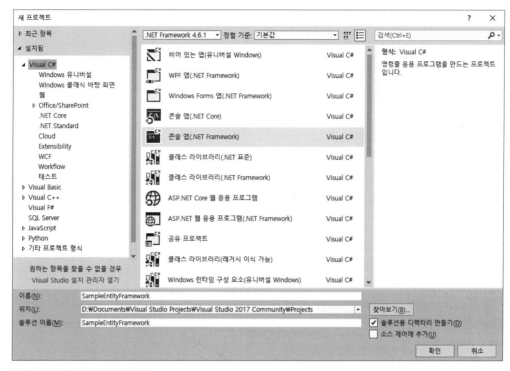

그림 13.2 새로운 프로젝트 이름 입력

13.2.2 NuGet으로 엔터티 프레임워크를 설치한다

1. [솔루션 탐색기]에 있는 [SampleEntityFramework] 프로젝트에 마우스 오른쪽 버튼을 클릭하고 [NuGet 패키지 관리]
   를 선택합니다.

2. NuGet 패키지 관리자 화면의 왼쪽 위에 있는 [찾아보기]를 클릭하고 그 아래에 있는 입력란에 'EntityFramework'라고
   입력합니다.

3. 목록에서 'EntityFramework'를 클릭하고 오른쪽에 있는 [설치] 버튼을 클릭합니다(그림 13.3).

그림 13.3 'EntityFramework'를 설치한다

4. **[미리 보기]** 화면이 나오면 **[OK]** 버튼을 클릭합니다. PC 환경에 따라 이 **[미리 보기]**가 표시되지 않는 경우도 있습니다(그림 13.4).

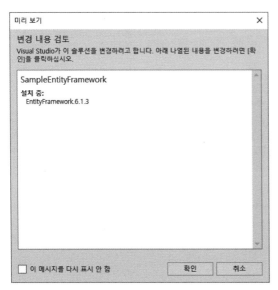

그림 13.4 **[미리 보기]** 화면에서 **[OK]** 버튼을 클릭한다

5. **[라이선스 승인]** 화면이 나오면 **[동의함]** 버튼을 클릭합니다(그림 13.5).

6. 이렇게 하면 엔터티 프레임워크가 설치됩니다. **[솔루션 탐색기]** 프로젝트에 있는 **[참조]** 목록에 'EntityFramework'와 'EntityFramework.SqlServer'가 추가돼 있는 것을 확인하기 바랍니다.

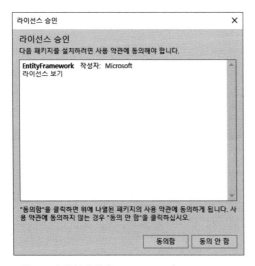

그림 13.5 라이선스에 동의

13.3 엔터티 클래스(모델)를 작성한다

Code First로 개발을 시작할 때는 먼저 엔터티 클래스(모델 클래스)를 정의합니다. 엔터티 클래스란 데이터베이스에 저장된 객체를 나타내는 클래스를 말합니다. 지금은 서적을 나타내는 Book 클래스와 저자를 나타내는 Author 클래스를 정의하겠습니다.

1. [솔루션 탐색기]에서 [SampleEntityFramework] 프로젝트에 마우스 오른쪽 버튼을 클릭하고 [추가] → [새 폴더]를 선택합니다.

2. 폴더 이름을 'Models'라고 지정합니다(그림 13.6).

그림 13.6 새 폴더를 추가하고 이름을 입력한다

3. [Models] 폴더를 클릭하고 [추가] → [클래스]를 선택하고 Book.cs를 추가합니다.

4. 이렇게 생성한 Book.cs를 편집해서 다음에 나오는 예제 13.1처럼 Book 클래스를 정의합니다.

예제 13.1 엔터티 클래스 Book을 정의한다

```csharp
public class Book {
    public int Id { get; set; }
    public string Title { get; set; }
    public int PublishedYear { get; set; }
    public virtual Author Author { get; set; }
}
```

저자를 나타내는 Author 형 속성[4]을 virtual로 지정했습니다. 엔터티 클래스(지금은 Book)에 다른 엔터티 클래스(지금은 Author)가 속성의 형태로 포함될 경우에는 해당 속성을 virtual로 지정해야 합니다.

5. 마찬가지로 Author.cs를 추가하고 다음에 나오는 예제 13.2처럼 Author 클래스를 정의합니다.

---

4 Author라는 이름은 예약어가 아니므로 속성의 형 이름과 속성의 이름을 동일하게 지정할 수 있습니다.

예제 13.2 엔터티 클래스 Author를 정의한다

```
public class Author {
    public int Id { get; set; }
    public string Name { get; set; }
    public DateTime Birthday { get; set; }
    public string Gender { get; set; }
    public virtual ICollection<Book> Books { get; set; }
}
```

Author 클래스에는 ICollection<Book> 형의 Books 속성이 있는데 이 속성을 통해 저자와 해당 저자가 저작한 서적에 관한 정보에 접근할 수 있습니다. 앞서 했던 것처럼 Books 속성도 virtual로 지정했습니다.

[Memo] 기본 키를 지정한다

엔터티 프레임워크에서는 'Id'라는 이름의 속성 또는 클래스 이름과 'Id'를 조합한 이름(BookId)의 속성을 기본 키로 취급합니다.

이 예제에서는 Book 클래스에 있는 Id와 Author 클래스에 있는 Id가 기본 키입니다. 기본 키는 데이터베이스 안에서 해당 객체(데이터 용어로는 '레코드'라고 합니다)를 식별할 수 있게 하는 항목(데이터베이스 용어로는 '칼럼')입니다. 이 Id 칼럼에는 엔터티 프레임워크에 의해 IDENTITY라는 속성이 추가됩니다. IDENTITY 속성이 지정된 칼럼은 레코드가 추가될 때마다 자동으로 번호가 매겨집니다.

13.4 DbContext 클래스를 생성한다

13.4.1 BooksDbContext 클래스를 생성한다

1. [솔루션 탐색기]에서 [Models] 폴더에 마우스 오른쪽 버튼을 클릭하고 [추가] → [새 항목]을 선택합니다.

2. 가장 왼쪽의 [데이터]를 선택하고 가운데의 [ADO.NET 엔터티 데이터 모델]을 선택한 후 이름을 'BooksDbContext'라고 입력하고 [추가] 버튼을 클릭합니다(그림 13.7).

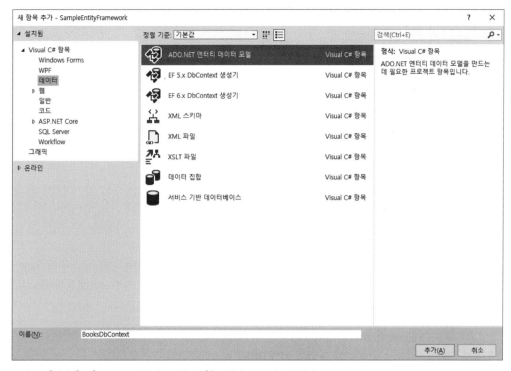

그림 13.7 [데이터] → [ADO.NET 엔터티 데이터 모델]을 선택하고 이름을 입력한다

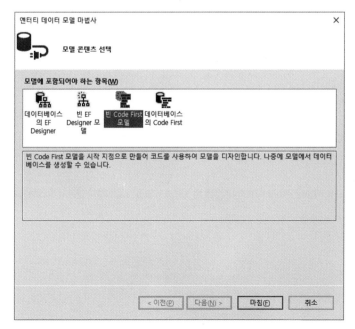

그림 13.8 엔터티 데이터 모델 마법사에서 [빈 Code First 모델]을 선택한다

3. **[엔터티 데이터 모델 마법사]** 대화상자에서 **[빈 Code First 모델]**을 선택하고 **[마침]** 버튼을 클릭합니다(그림 13.8).

4. 이렇게 하면 BooksDbContext.cs가 Models 폴더에 추가됩니다. 다음에 나오는 예제 13.3처럼 Books 속성과 Authors 속성을 BooksDbContext 클래스에 추가합니다.

예제 13.3 DbContext 클래스 정의

```csharp
public class BooksDbContext : DbContext {
    public BooksDbContext()
        : base("name=BooksDbContext") {
    }
    public DbSet<Book> Books { get; set; }
    public DbSet<Author> Authors { get; set; }
}
```

응용 프로그램은 DbContext를 상속한 클래스(지금은 BooksDbContext 클래스)를 이용해 데이터베이스에 접근할 것입니다. DbSet<T>는 엔터티 컬렉션을 나타내는 클래스이며 이 Books와 Authors라는 두 개의 속성을 통해 데이터에 접근할 것입니다.

13.4.2 데이터베이스 접속 문자열을 확인한다

1. 프로젝트에 있는 App.config 파일을 열고 다음과 같이 데이터베이스에 접속하기 위한 문자열이 적혀 있는지 확인합니다.

예제 13.4 App.config에 포함된 connectionStrings[5]

```xml
<connectionStrings>
  <add name="BooksDbContext"
    connectionString="data source=(LocalDb)\MSSQLLocalDB;
      initial catalog=SampleEntityFramework.Models.BooksDbContext;
      integrated security=True;MultipleActiveResultSets=True;
      App=EntityFramework"
    providerName="System.Data.SqlClient" />
</connectionStrings>
```

2. 이렇게 해서 데이터를 처리하는 코드를 작성할 준비를 마쳤습니다. 한 번 빌드해서 오류가 발생하지 않는지 확인하기 바랍니다.

---

5 지면 관계상 도중에 줄바꿈을 넣었습니다. 소스에는 한 줄로 적혀 있습니다.

13.5 데이터를 추가한다

아직 데이터베이스에 데이터가 존재하지 않으므로 데이터베이스에 데이터를 추가하는 코드를
작성해보겠습니다.

13.5.1 데이터를 추가한다

1. Program.cs에 있는 Program 클래스에 InsertBooks 메서드를 추가합니다.

예제 13.5 데이터 추가 코드

```csharp
using SampleEntityFramework.Models;
    ...

static void InsertBooks() {
    using (var db = new BooksDbContext()) {
        var book1 = new Book {
            Title = "별의 계승자",
            PublishedYear = 1977,
            Author = new Author {
            Birthday = new DateTime(1941, 6, 27),
            Gender = "M",
            Name = "제임스 P. 호건",
        }
    };
    db.Books.Add(book1);
    var book2 = new Book {
        Title = "타임머신",
        PublishedYear = 1895,
        Author = new Author {
            Birthday = new DateTime(1866, 9, 21),
            Gender = "M",
            Name = "허버트 조지 웰즈",
        }
    };
    db.Books.Add(book2);
    db.SaveChanges();   ◀—— 데이터베이스를 업데이트한다
    }
}
```

위의 코드에서 두 권의 서적을 데이터베이스에 등록했습니다. 일단 BooksDbContext 객체를 생성해서 데이터베이스에 접근할 준비를 합니다. 그리고 Book 객체를 생성하고 db.Books.Add 메서드를 통해 한 권의 서적을 추가했습니다. 저자 (Author)에 관한 정보를 Book 클래스에 있는 속성에 설정한다는 점에 주목하기 바랍니다. 두 번째 서적도 같은 방식으로 추가합니다. 마지막으로 **SaveChanges 메서드**로 데이터베이스를 업데이트합니다. 이 메서드를 호출하지 않으면 데이터베이스가 업데이트되지 않으므로 주의하기 바랍니다.

using 문을 사용했으므로 using 블록에서 빠져나왔을 때 BooksDbContext 객체가 삭제되어 데이터베이스와의 접속도 해제됩니다.

그리고 Book 클래스에 있는 Id의 값은 자동으로 번호가 매겨지므로 Book 클래스를 생성할 때 값을 설정하지 않았습니다. 매겨진 번호 값을 참조하려면 다음과 같이 SaveChanges 메서드를 호출한 후에 Id 속성을 참조하면 자동으로 매겨진 값을 구할 수 있습니다.

```
db.SaveChanges();
Console.WriteLine($"{book1.Id} {book2.Id}");
```

2. Main 메서드에 InsertBooks 메서드를 호출하는 코드를 추가합니다(예제 13.6).

예제 13.6 InsertBooks 메서드를 호출한다

```
static void Main(string[] args) {
    InsertBooks();
}
```

3. F5 키를 눌러서 디버그를 실행합니다. 조금 기다리면 프로그램이 끝나고 콘솔 창이 닫힙니다. 오류가 없다면 콘솔 창은 자동으로 닫힙니다.

13.5.2 생성된 DB를 확인한다

1. 데이터베이스가 생성됐는지 확인합니다. 탐색기를 열어서 다음과 같은 폴더로 이동합니다.

"C:\Users\〈사용자 이름〉\"

2. 이 폴더에 다음과 같은 두 개의 파일(SQL Server의 데이터베이스 파일)이 생성된 것을 확인합니다.

SampleEntityFramework.Models.BooksDbContext.mdf
SampleEntityFramework.Models.BooksDbContext_log.ldf

3. 비주얼 스튜디오의 메뉴에서 **[보기]** → **[SQL Server 개체 탐색기]**를 선택합니다(그림 13.9).

그림 13.9 [SQL Server 개체 탐색기]를 선택한다

4. [SQL Server 개체 탐색기]에서 그림 13.10과 같은 트리를 펼치고 dbo.Authors와 dbo.Books라는 두 개의 테이블이 데이터베이스에 생성됐는지 확인합니다.

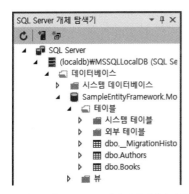

그림 13.10 [SQL Server 개체 탐색기]에서 테이블이 작성됐는지 확인한다

dbo.Authors 테이블에 Author 객체들이 저장돼 있고 dbo.Books 테이블에 Book 객체들이 저장돼 있을 것입니다. dbo.__MigrationHistory라는 테이블은 엔터티 프레임워크가 자동으로 생성한 테이블입니다.

5. dbo.Authors 테이블에 마우스 오른쪽 버튼을 클릭해서 [데이터 보기]를 선택합니다. 그림 13.11과 같이 Authors 테이블에 데이터가 저장됐다는 것을 확인합니다.

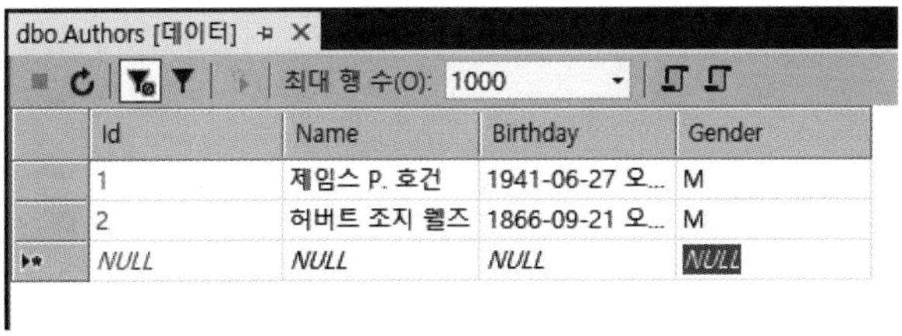

	id	Name	Birthday	Gender
	1	제임스 P. 호건	1941-06-27 오...	M
	2	허버트 조지 웰즈	1866-09-21 오...	M
▸▪	NULL	NULL	NULL	NULL

그림 13.11 Authors 테이블에서 데이터를 확인한다

6. 마찬가지로 Books 테이블의 내용도 확인합니다(그림 13.12).

그림 13.12 Books 테이블에서 데이터를 확인한다

Books 테이블에는 Author_Id라는 칼럼이 존재할 것입니다. 이 칼럼은 엔터티 프레임워크가 자동으로 추가한 칼럼입니다. 이 칼럼이 Book과 Author를 연관시킵니다. **'별의 계승자'**의 Author_Id는 1이며 이것은 Authors 테이블에서 Id가 1인 레코드를 가리키고 있습니다. 다시 말하면 이렇게 해서 **'별의 계승자'**의 저자가 **'제임스 P. 호건'**이라는 것을 알게 되는 것입니다.

[Column] 데이터베이스를 다시 생성할 때 조작하는 순서

비주얼 스튜디오 2017 개발 환경에서 데이터베이스를 다시 생성하려면 다음과 같은 순서로 조작합니다.

1. 메뉴에서 [도구] → [NuGet 패키지 관리자] → [패키지 관리자 콘솔]을 선택합니다.

2. 패키지 관리자 콘솔이 표시됩니다. 여기에 다음과 같은 명령을 입력해서 SQL Server Express LocalDB의 인스턴스(MSSQLLocalDB)를 정지시킵니다(그림 13.13).

```
sqllocaldb.exe stop MSSQLLocalDB
```

```
PM> sqllocaldb.exe stop MSSQLLocalDB
LocalDB 인스턴스 "MSSQLLocalDB"이(가) 중지되었습니다.
```

그림 13.13 'sqllocaldb.exe stop MSSQLLocalDB'를 실행한 결과

3. 그리고 다음과 같은 명령을 입력해서 SQL Server Express LocalDB의 인스턴스(MSSQLLocalDB)를 삭제합니다(그림 13.14).

```
sqllocaldb.exe delete MSSQLLocalDB
```

```
PM> sqllocaldb.exe delete MSSQLLocalDB
LocalDB 인스턴스 "MSSQLLocalDB"이(가) 삭제되었습니다.
```

그림 13.14 'sqllocaldb.exe delete MSSQLLocalDB'를 실행한 결과

4. 탐색기를 열고 'C:\Users\사용자\' 폴더를 열어서 다음의 두 파일을 삭제합니다.

```
SampleEntityFramework.Models.BooksDbContext.mdf
SampleEntityFramework.Models.BooksDbContext_log.ldf
```

이렇게 하면 이번 장에 나온 예제 프로그램을 처음부터 실행할 수 있게 됩니다. 그리고 위에 나온 설명에서는 편의상 패키지 관리자 콘솔에서 명령을 실행했지만 명령 프롬프트에서도 이 명령을 실행하면 같은 결과가 나옵니다.

13.6 데이터를 읽는다

이제 데이터베이스에 있는 내용을 읽는 코드를 작성해보겠습니다.

1. 다음에 나오는 메서드를 Program 클래스에 추가합니다.

예제 13.7 데이터를 구하는 GetBooks 메서드

```
static IEnumerable<Book> GetBooks() {
    using (var db = new BooksDbContext()){
        return db.Books
            .Where(book => book.Author.Name.StartsWith("제임스"))
            .ToList();
    }
}
```

엔터티 프레임워크에서도 LINQ를 이용할 수 있습니다. 엔터티 프레임워크에서 이용할 수 있는 LINQ를 'LINQ to Entities' 라고 하며 LINQ to Objects와 거의 같은 방식으로 구현할 수 있습니다. Where 메서드에 조건을 지정해서 필요한 데이터 를 구하는 것이 전형적인 방식입니다. 그리고 조건을 지정한 람다식에서는 관련 엔터티인 Author 속성을 참조하고 있다는 점에 주목하기 바랍니다.

이렇게 LINQ를 구현하면 SQL(Structured Query Language)이라는 데이터베이스 쿼리 언어로 번역되어 실행됩니다. 엔 터티 프레임워크를 이용하면 SQL문을 작성하지 않고도 데이터베이스를 조작할 수 있습니다.

2. 다음과 같이 DisplayAllBooks 메서드를 Program 클래스에 추가하고 Main 메서드가 DisplayAllBooks 메서드를 호 출하도록 수정합니다.

예제 13.8 GetBooks 메서드 호출

```
static void Main(string[] args) {
    DisplayAllBooks();
}
```

```
static void DisplayAllBooks() {
   var books = GetBooks();
   foreach (var book in books) {
      Console.WriteLine($"{book.Title} {book.PublishedYear}");
   }
   Console.ReadLine();
}
```

3. F5 키를 눌러 실행합니다. 그럼 다음과 같은 결과가 나옵니다.

> 별의 계승자 1977

그리고 만일 GetBooks 메서드의 마지막 부분에 있는 ToList()가 없다면 DisplayAllBooks 메서드 안에 있는 Console.WriteLine 부분에서 예외가 발생할 것입니다. LINQ to Entities의 쿼리도 LINQ to Objects와 마찬가지로 지연 실행됩니다. 다시 말해 ToList를 호출하지 않으면 foreach에서 요소에 접근했을 때 데이터베이스에 접근한다는 것입니다. 그러나 GetBooks 메서드에서 빠져나왔을 때는 BooksDbContext(DbContext를 상속한 클래스)가 삭제돼 있는 상태이므로 데이터베이스에 접근하지 못하게 됩니다.

따라서 GetBooks 메서드에서는 ToList 메서드를 호출해서 데이터베이스에서 데이터를 메모리로 읽어 들입니다. 이렇게 하면 Main 메서드에서 예외가 발생하지 않게 됩니다.

13.7 또 데이터를 추가한다

처음에 설명한 방법과 다른 방법으로 데이터베이스에 데이터를 추가해보겠습니다.

13.7.1 Authors만 추가한다

1. 다음과 같이 AddAuthors 메서드를 Program 클래스에 추가하고 AddAuthors 메서드가 Main 메서드에서 호출되도록 구현합니다.

예제 13.9 저자 데이터를 추가한다(1)

```
static void Main(string[] args) {
   AddAuthors();
}

private static void AddAuthors() {
   using (var db = new BooksDbContext()){
      var author1 = new Author {
         Birthday = new DateTime(1890, 09, 15),
```

```
            Gender = "F",
            Name = "애거사 크리스티"
        };
        db.Authors.Add(author1);
        var author2 = new Author {
            Birthday = new DateTime(1812, 02, 07),
            Gender = "M",
            Name = "찰스 디킨스"
        };
        db.Authors.Add(author2);
        db.SaveChanges();
    }
}
```

2. F5 키를 눌러 프로그램을 실행합니다.

3. 13.5.2절의 5번 항목에 나온 방법대로 'SQL Server 개체 탐색기'에서 Authors 테이블에 들어 있는 내용을 확인해보면 4명의 저자가 등록돼 있을 것입니다(그림 13.15). 4명의 저자가 표시돼 있지 않았다면 '[Shift] + [Alt] + [R]'을 눌러서 상태를 업데이트하기 바랍니다.

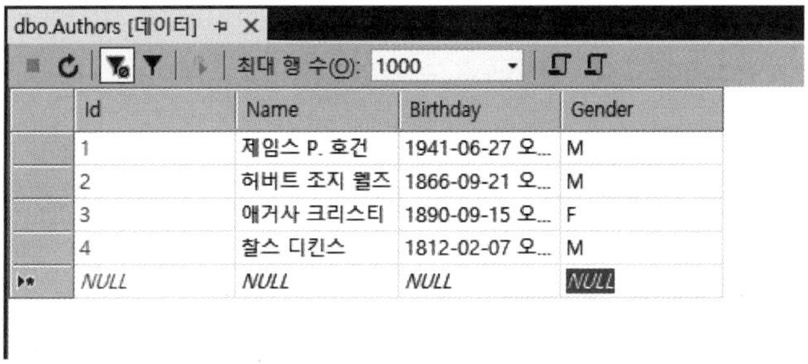

그림 13.15 Authors 테이블에 추가된 데이터를 확인한다

13.7.2 이미 등록된 Author를 사용해 서적을 추가한다

앞서 등록한 저자(애거사 크리스티와 찰스 디킨스)가 집필한 서적을 등록해보겠습니다.

1. 다음과 같이 AddBooks 메서드를 Program 클래스에 추가하고 Main 메서드에서는 AddBooks 메서드를 호출하도록 구현합니다.

예제 13.10 저서 데이터를 추가한다(2)

```
static void Main(string[] args) {
    AddBooks();
}
```

```
private static void AddBooks() {
    using (var db = new BooksDbContext()) {
        var author1 = db.Authors.Single(a => a.Name == "애거사 크리스티");
        var book1 = new Book {
            Title = "그리고 아무도 없었다",
            PublishedYear = 1939,
            Author = author1,
        };
        db.Books.Add(book1);
        var author2 = db.Authors.Single(a => a.Name == "찰스 디킨스");
        var book2 = new Book {
            Title = "두 도시 이야기",
            PublishedYear = 1859,
            Author = author2,
        };
        db.Books.Add(book2);
        db.SaveChanges();
    }
}
```

이 예제에서는 고정적인 이름으로 Author를 검색하고 검색한 결과를 Book 객체에 설정했지만 실제 응용 프로그램에서는 저자 목록 안에서 선택한 객체를 Book에 있는 Author 속성에 설정하도록 구현할 것입니다.

2. F5 키를 눌러서 프로그램을 실행합니다.

3. [SQL Server 개체 탐색기]에서 Books 테이블의 내용을 확인해보면 4권의 서적이 등록돼 있을 것입니다(그림 13.16).

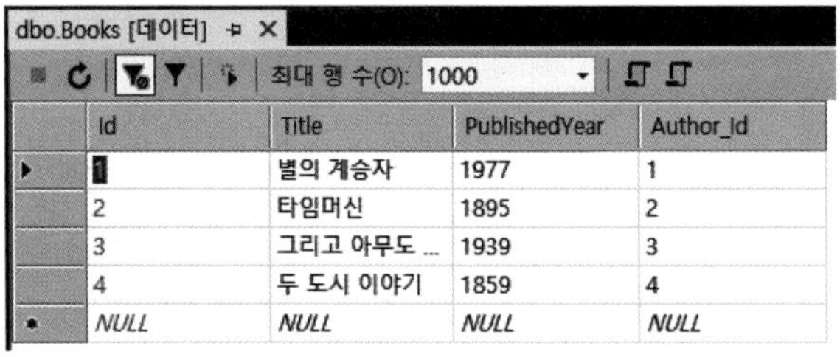

Id	Title	PublishedYear	Author_Id
1	별의 계승자	1977	1
2	타임머신	1895	2
3	그리고 아무도 ...	1939	3
4	두 도시 이야기	1859	4
NULL	NULL	NULL	NULL

그림 13.16 Books 테이블에 추가된 데이터를 확인한다

여기까지 실습했다면 이제 코드만 보면서 진행해도 될 것 같으므로 튜토리얼 형식의 설명은 마칩니다.

13.8 데이터를 수정한다

데이터베이스에 등록돼 있는 데이터를 수정하는 코드를 살펴보겠습니다. 데이터베이스에서 업데이트하고 싶은 Book 객체를 구하고 이 Book 객체에 있는 PublishedYear 값을 수정합니다. 마지막에 SaveChanges 메서드를 호출하고 데이터베이스를 업데이트합니다.

예제 13.11 데이터를 수정한다(업데이트)

```
private static void UpdateBook() {
    using (var db = new BooksDbContext()) {
        var book = db.Books.Single(x => x.Title == "별의 계승자");
        book.PublishedYear = 2016;
        db.SaveChanges();
    }
}
```

코드를 보면 알겠지만 SaveChanges 메서드를 호출한다는 것 외에는 특별한 것이 없습니다. 일반적인 컬렉션 안에 있는 객체의 내용을 수정하는 것과 거의 같은 방법으로 구현할 수 있습니다.

13.9 데이터를 삭제한다

데이터를 삭제하려면 Remove 메서드를 사용합니다.

예제 13.12 데이터를 삭제한다

```
private static void DeleteBook() {
    using (var db = new BooksDbContext()) {
        var book = db.Books.SingleOrDefault(x => x.Id == 10);
        if (book != null) {
            db.Books.Remove(book);
            db.SaveChanges();
        }
    }
}
```

Remove 메서드에 넘겨주는 객체는 데이터베이스에서 구한 객체입니다. 데이터를 삭제하는 코드에서도 SaveChanges 메서드를 호출하는 것 외에는 컬렉션 안에 있는 객체를 삭제하는 것과 거의 같은 방법으로 구현할 수 있습니다.

13.10 수준 높은 쿼리

앞서 Where나 Single 메서드를 사용해서 데이터를 구하는 코드에 대해 설명했지만 조금 더 수준 높은 방법으로 데이터를 구하는 예제를 소개하겠습니다[6].

- **집필한 서적이 두 권 이상인 저자를 구한다**

```
var authors = db.Authors
            .Where(a => a.Books.Count() >= 2);
foreach (var author in authors) {
    Console.WriteLine($"{author.Name} {author.Gender} {author.Birthday}");
}
```

- **서적을 출판연도, 저자 이름 순서(각각 오름차순)로 정렬해서 구한다**

```
var books = db.Books
            .OrderBy(b => b.PublishedYear)
            .ThenBy(b => b.Author.Name);
foreach (var book in books) {
    Console.WriteLine($"{book.Title} {book.PublishedYear} {book.Author.Name}");
}
```

- **각 발행연도에 해당하는 서적 수를 구한다**

```
var groups = db.Books
            .GroupBy(b => b.PublishedYear)
            .Select(g => new {
                Year = g.Key,
                Count = g.Count()
            });
foreach (var g in groups) {
    Console.WriteLine($"{g.Year} {g.Count}");
}
```

- **집필한 서적이 가장 많은 저자 한 명을 구한다**

```
var author = db.Authors
            .Where(a => a.Books.Count() ==
```

---

6 ThenBy, GroupBy 메서드에 관해서는 15장 'LINQ를 자유자재로 사용한다'를 참조하기 바랍니다.

```
            db.Authors.Max(x => x.Books.Count()))
        .First();
Console.WriteLine($"{author.Name} {author.Gender} {author.Birthday}");
```

13.11 관련 엔터티를 한꺼번에 읽어 들인다

다음과 같은 코드를 작성했다고 하겠습니다.

예제 13.13 읽어 들이지 않은 속성을 참조하는 잘못된 코드

✖
```
static void Main(string[] args) {
    foreach (var book in GetBooks()) {
        Console.WriteLine($"{book.Title} {book.Author.Name}");
    }
}

static IEnumerable<Book> GetBooks() {
    using (var db = new BooksDbContext()) {
        return db.Books
                .Where(b => b.PublishedYear > 1900)
                .ToList();
    }
}
```

이 코드를 실행하면 Main 메서드에 있는 Author.Name를 참조하는 부분에서 다음과 같은 예외가
발생합니다.

처리되지 않은 예외: System.ObjectDisposedException: ObjectContext 인스턴스가 삭제되었으므로 연결이
필요한 작업에 더 이상 사용할 수 없습니다.

이것은 ToList()로 메모리 상에 읽어 들일 수 있는 것은 Book 객체뿐이며 관련된 Author 객체는 메모리
상에 읽어 들여지지 않기 때문입니다. Main 메서드에서는 리스트에 저장된 Book 객체의 Author 속성을
참조하는 시점에서 데이터베이스로부터 Author 객체를 구하려고 시도합니다. 그러나 이 시점은
BooksDbContext(DbContext 클래스) 객체가 이미 삭제된 이후이므로 따라서 데이터베이스에 접근할 수
없어 예외가 발생하는 것입니다.

이 예외가 발생하지 않게 하려면 다음과 같이 Include 메서드를 사용해 관련 객체를 명시적으로 읽어 들여야 합니다.

예제 13.14 관련된 엔터티도 한꺼번에 읽어 들이는 코드

```
using System.Data.Entity;
  ...
  static IEnumerable<Book> GetBooks() {
    using (var db = new BooksDbContext()) {
      return db.Books
            .Where(b => b.PublishedYear > 1900)
            .Include(nameof(Author))
            .ToList();
    }
  }
```

Include 메서드의 인수에는 함께 읽어 들일 엔터티 이름도 지정합니다. nameof 연산자는 C# 6.0 버전에 추가된 연산자이며 컴파일될 때 식별자의 이름을 문자열로 만듭니다. Include("Author")와 동일한 의미입니다. 위의 코드를 실행하면 다음과 같은 결과가 나옵니다.

```
별의 계승자 제임스 P. 호건
갈색 양복의 사나이 애거사 크리스티
침니스의 비밀 애거사 크리스티
애크로이드 살인 사건 애거사 크리스티
블루 트레인의 수수께끼 애거사 크리스티
세븐 다이얼스 미스터리 애거사 크리스티
목사관의 살인 애거사 크리스티
신비의 사나이 할리 퀸 애거사 크리스티
```

13.12 데이터 주석과 자동 마이그레이션

13.12.1 데이터 주석

데이터베이스의 칼럼에는 필수 항목이나 최대 문자 수와 같은 제약을 추가할 수 있습니다. 엔터티 프레임워크에서는 System.ComponentModel.DataAnnotations 네임스페이스에 정의돼 있는 속성 클래스를 사용해 이를 지정할 수 있습니다. 엔터티 프레임워크에서는 이 속성 클래스를 '데이터 주석'이라고 합니다.

Required 속성

Required 속성은 특정 속성이 필수 항목이라는 것을 엔터티 프레임워크에 알립니다. 예를 들면, Book 클래스에 있는 Title 속성에 Required 속성을 추가하면 Title 속성은 필수 항목으로 취급됩니다.

```
[Required]
public string Title { get; set; }
```

Book 클래스에 있는 Title 속성에 Required 속성이 추가된 상태에서 다음과 같은 코드를 실행하면 Title이 설정돼 있지 않으므로 System.Data.Entity.Validation.DbEntityValidationException 예외가 발생합니다.

```
using (var db = new BooksDbContext()) {
    var author = db.Authors.Single(a => a.Name == "애거사 크리스티");
    var book = new Book {
        PublishedYear = 2000,
        Author = author,
    };
    db.Books.Add(book);
    db.SaveChanges();
    Console.WriteLine($"{book1.Id} {book2.Id}");
}
```

MaxLength 속성과 MinLength 속성

MaxLength 속성과 MinLength 속성은 항목의 최대 문자 수와 최소 문자 수를 엔터티 프레임워크에 지시합니다. 다음 예에서는 저장할 수 있는 문자 수를 30자로 제한함과 동시에 필수 항목으로 설정했습니다.

```
[MaxLength(30)]
[Required]
public string Name { get; set; }
```

13.12.2 자동 마이그레이션

개발 도중에 데이터베이스에 새로운 항목이 필요해지거나 항목에 추가된 최대 문자 수와 같은 제약을 수정해야 할 때가 있습니다. 엔터티 프레임워크에는 C# 코드를 수정하면 자동으로 데이터베이스의 구조를 수정하는 기능이 마련돼 있습니다. 이를 **자동 마이그레이션**이라고 합니다.

이 자동 마이그레이션 기능은 기본 사양에서는 유효화돼 있지 않습니다. 실제로 데이터베이스를 생성한 후 앞서 설명한 데이터 주석을 속성에 추가하거나 새로운 속성을 엔터티 클래스에 추가할 경우 이제까지 나온 코드에서는 다음과 같은 예외가 발생할 것입니다.

```
System.InvalidOperationException: 데이터베이스를 생성한 후에 'BooksDbContext' 컨텍스트의 배경에
있는 모델이 수정되었습니다.
```

엔터티 클래스가 수정된 것이 실제 데이터베이스에 반영되려면 엔터티 프레임워크에 포함된 자동 마이그레이션 기능을 사용합니다. 이렇게 하면 엔터티 클래스가 수정된 내용을 데이터베이스에 반영할 수 있습니다. 아래에서 이 작업의 절차를 살펴보겠습니다.

1. 다음과 같은 Configuration 클래스를 Models 폴더에 추가합니다.

예제 13.15 Configuration 클래스

```
internal sealed class Configuration :
                DbMigrationsConfiguration<BooksDbContext> {
    public Configuration() {
        AutomaticMigrationsEnabled = true;
        AutomaticMigrationDataLossAllowed = true;
        ContextKey = "SampleEntityFramework.Models.BooksDbContext";
    }
}
```

2. BooksDbContext 클래스의 생성자에 Database.SetInitializer 메서드를 호출하는 행을 추가합니다.

예제 13.16 BooksDbContext 클래스의 생성자

```
public BooksDbContext()
    : base("name=BooksDbContext") {
    Database.SetInitializer(
        new MigrateDatabaseToLatestVersion<BooksDbContext, Configuration>());
}
```

이렇게 해서 자동 마이그레이션을 실행할 준비가 끝났습니다. 이후에는 엔터티 클래스를 수정하고 프로그램을 실행하면 데이터베이스에 해당 수정 사항이 반영됩니다.

시험 삼아 Book 클래스를 다음과 같이 수정해보겠습니다.

예제 13.17 수정 Book 클래스

```
public class Book {

    public int Id { get; set; }

    [Required]
    public string Title { get; set; }

    [MaxLength(16)]
    public string Publisher { get; set; }

    public int? PublishedYear { get; set; }

    public virtual Author Author { get; set; }
}
```

다음과 같은 세 부분을 수정했습니다.

- Title 속성에 Required 속성을 추가했습니다.

- Publisher 속성을 추가했습니다.

- PublishedYear의 형을 int에서 int?로 수정했습니다[7].

그리고 나서 BooksDbContext를 통해 데이터베이스에 접근하면 Books 테이블의 정의가 수정됩니다. 예를 들어, 다음과 같은 코드를 실행해보겠습니다.

```
using (var db = new BooksDbContext()) {
    var count = db.Books.Count();
    Console.WriteLine(count);
}
```

[SQL Server 개체 탐색기]에서 Books 테이블의 칼럼을 펼쳐보면 테이블이 수정돼 있는 것을 알 수 있습니다(그림 13.17).

---

7 값형에 ?를 붙이면 null 값을 허용하는 Nullable 형이 됩니다. 자세한 내용은 '[Column] null 키워드와 nullable 형식(null 허용 형식)'을 참조하기 바랍니다.

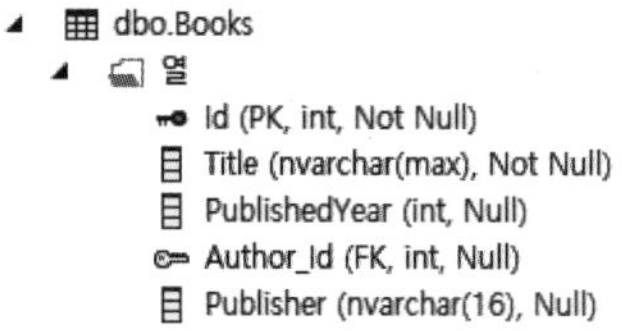

```
▲  ▦ dbo.Books
   ▲  ◁ 열
         ➽ Id (PK, int, Not Null)
         目 Title (nvarchar(max), Not Null)
         目 PublishedYear (int, Null)
         ⊶ Author_Id (FK, int, Null)
         目 Publisher (nvarchar(16), Null)
```

그림 13.17 테이블이 수정돼 있다

새로 추가한 Publisher 항목은 string 형(참조형)이며 null을 허용하므로 기존에 있는 서적의 Publisher
값에는 NULL이 설정됩니다(그림 13.18).

	Id	Title	PublishedYear	Author_Id	Publisher
▶	1	별의 계승자	2016	1	*NULL*
	2	타임머신	1895	2	*NULL*
	3	그리고 아무도 ...	1939	3	*NULL*
	4	두 도시 이야기	1859	4	*NULL*
	5	갈색 양복의 사...	1924	3	*NULL*

그림 13.18 새로 추가한 Publisher 항목에 NULL이 있는 것을 확인한다

[Column] 엔터티 프레임워크에서 Log를 출력한다

엔터티 프레임워크를 이용하면 SQL 문을 작성하지 않고도 데이터베이스를 조작할 수 있는데 어떤 SQL이 발행됐는지
확인하고 싶을 때가 있을 것입니다. 그럴 때는 DbContext에 있는 Database.Log 속성을 사용하면 발행된 SQL을 확인할
수 있습니다.

```
using (var db = new BooksDbContext()) {
    db.Database.Log = sql => { Debug.Write(sql); };
    ...
}
```

위의 코드는 Debug 클래스를 사용해 SQL의 내용을 비주얼 스튜디오에 있는 [출력] 창에 표시합니다. Debug 클래스는
debug 모드로 빌드했을 때만 유효하게 작용합니다. Release 모드로 빌드했을 경우에는 Debug 클래스에 관련된 호출은
무시됩니다.

연습 문제

문제 13.1

본문에서 이용한 데이터베이스를 이용해 다음과 같은 코드를 작성합니다.

1. 다음과 같은 두 명의 저자와 네 권의 서적을 추가합니다.

이름	생년월일	성별
스티븐 킹	1947년9월21일	남성
윌리엄 골딩	1911년9월19일	여성

제목	발행년	저자
샤이닝	1977	스티븐 킹
밀물을 타고	1948	애거사 크리스티
크리스마스 캐럴	1843	찰스 디킨스
파리대왕	1954	윌리엄 골딩

2. 모든 서적 정보를 저자 이름과 함께 표시하는 코드를 작성하고 위의 1에서 제공한 데이터가 제대로 추가됐는지 확인합니다.

3. 제목이 가장 긴 서적을 구합니다. 여러 권 있을 경우에는 모두 표시합니다.

4. 발행연도가 오래된 순서로 서적을 세 권만 구하고 해당 서적의 제목과 저자 이름을 구합니다.

5. 각 저자의 서적 제목과 발행연도를 표시합니다. 그리고 저자는 생일이 늦은 순서(내림차순)로 나열합니다.

14장

그 밖의 프로그래밍의 정석

이번 장에서는 이전 장에서 소개하지 못했지만 알고 있으면 좋을 만한 내용을 설명하겠습니다. 프로세스를 시작하는 법, 버전 정보를 구하는 법, 구성 파일에서 데이터를 구하는 법, Http 통신, ZIP 파일 처리, 협정 세계시와 시간대 처리에 관해 설명합니다.

14.1 프로세스를 시작한다

System.Diagnostics 네임스페이스에 정의돼 있는 **Process 클래스**를 이용하면 프로세스[1]를 시작하고 끝내고 감시할 수 있습니다.

14.1.1 프로그램을 시작한다

Process 클래스에 있는 **Start라는 정적 메서드**를 사용해 '메모장'을 시작하는 코드를 살펴보겠습니다.

예제 14.1 프로그램을 시작한다

```
private void RunNotepad() {
    var path = @"%SystemRoot%\system32\notepad.exe";
```

---

1   프로세스란 간단히 말하면 실행 중인 프로그램을 가리키는 단어입니다.

```
    var fullpath = Environment.ExpandEnvironmentVariables(path);
    Process.Start(fullpath);
}
```

`Environment.ExpandEnvironmentVariables` 메서드는 환경 변수에서 `%SystemRoot%`, `%windir%`, `%Temp%`가 있는 부분을 환경 변수가 나타내는 값으로 치환합니다.

14.1.2 프로세스가 끝나기를 기다린다

앞서 나온 코드는 프로그램을 시작하고 그대로 두기 때문에 '메모장'이 끝나도 그 사실을 알 수 없습니다. 응용 프로그램을 시작하기만 하면 된다면 이 상태로도 문제될 것은 없지만 가끔 프로그램이 끝나기를 기다려야 할 때도 있습니다. 프로그램이 끝나기를 기다리려면 Process 클래스에 있는 **WaitForExit 메서드**를 사용합니다.

예제 14.2 프로세스가 끝나기를 기다린다

```
private static int RunAndWaitNotepad() {
    var path = @"%SystemRoot%\system32\notepad.exe";
    var fullpath = Environment.ExpandEnvironmentVariables(path);
    using (var process = Process.Start(fullpath)) {
        if (process.WaitForExit(10000))
            return process.ExitCode;
        throw new TimeoutException();
    }
}
```

`Process.Start` 메서드가 반환하는 객체에 대해 `WaitForExit` 메서드를 호출하면 프로그램이 끝나는 것을 기다릴 수 있습니다. 인수에는 프로세스가 끝날 때까지 대기하는 시간(밀리초 단위)을 지정합니다. 지정한 시간 내에 프로세스가 끝났다면 `true`가 반환되고 시간 내에 끝나지 않았다면 `false`가 반환됩니다. 위의 예제에서는 10초가 지나도 끝나지 않을 경우 `TimeoutException` 예외를 발생시키게 했습니다.

그러나 이 코드의 경우 '메모장'이 끝날 때까지 제어가 이 프로그램에 돌아오지 않습니다. 예를 들면 이 코드를 WindowsForms 응용 프로그램에서 실행했다면 프로세스가 끝날 때까지 사용자는 이 프로그램을 조작할 수 없게 됩니다. `Exited` 이벤트를 이용하면 이 문제를 해결할 수 있습니다. 다음 코드로 알아보겠습니다.

예제 14.3 Exited 이벤트를 이용해 프로세스를 시작한다

```
private void RunNotepad() {
    label1.Text = "";
    var path = @"%SystemRoot%\system32\notepad.exe";
    var fullpath = Environment.ExpandEnvironmentVariables(path);
    var process = Process.Start(fullpath);
    process.EnableRaisingEvents = true;
    process.Exited += (sender, eventArgs) => {
        this.Invoke((Action)delegate {
            label1.Text = "종료";
        });
    };
}
```

프로세스를 시작한 직후에 **EnableRaisingEvents 속성**을 true로 지정해서 Exited 이벤트를 활성화했습니다. 이렇게 하면 프로세스가 끝났을 때 Exited 이벤트가 발생합니다. Exited 이벤트 핸들러[2] 안에서 Invoke 메서드[3]를 호출하고 레이블에 **"종료"**라는 문자열을 표시합니다.

14.1.3 ProcessStartInfo 클래스를 사용해 섬세하게 제어한다

ProcessStartInfo 클래스를 이용하면 더욱 섬세하게 제어할 수 있습니다. ProcessStartInfo 클래스에는 표 14.1과 같은 속성이 마련돼 있습니다.

표 14.1 ProcessStartInfo 클래스에 있는 속성

속성	형	설명
Arguments	string	프로세스에 전달할 인수
WindowStyle	ProcessWindowStyle	창 상태를 설정한다
WorkingDirectory	string	시작할 프로세스의 작업 디렉터리를 설정
Verb	string	도큐멘트에 대해 실행할 동작 "Open", "Print", "Edit", "Play" 등

이와 같은 속성을 사용한 예제 코드 두 개를 살펴보겠습니다.

---

2 이벤트 핸들러를 등록하려면 += 연산자를 사용합니다.

3 Invoke 메서드에 관해서는 16장 '비동기/병렬 프로그래밍'에서 설명하겠습니다.

첫 번째 코드는 창 크기를 최대화하는 프로그램을 시작하는 예입니다. startInfo.Arguments에 메모장으로 열고 싶은 파일 이름을 지정하고 startInfo.WindowStyle에는 시작할 때 적용할 창의 스타일(지금은 최대화)을 지정합니다.

예제 14.4 프로그램을 최대화해서 시작하는 예

```
var path = @"%SystemRoot%\system32\notepad.exe";
var fullpath = Environment.ExpandEnvironmentVariables(path);
var startInfo = new ProcessStartInfo {
    FileName = fullpath,
    Arguments = @"D:\temp\Sample.txt",
    WindowStyle = ProcessWindowStyle.Maximized
};
Process.Start(startInfo);
```

두 번째 코드는 Verb 속성을 사용해 wav 파일을 재생하는 예입니다. 이것은 탐색기에서 wav 파일에 마우스 오른쪽 버튼을 클릭하고 팝업 메뉴에서 [재생]을 선택하는 것과 같은 작업을 수행합니다.

예제 14.5 Verb 속성을 이용한 예

```
var startInfo = new ProcessStartInfo {
    FileName = @"C:\Windows\Media\Alarm01.wav",
    WindowStyle = ProcessWindowStyle.Normal,
    Verb = "Play",
};
Process.Start(startInfo);
```

14.2 버전 정보를 구한다

14.2.1 어셈블리 버전을 구한다

빌드했을 때 생성되는 어셈블리 파일(dll이나 exe)에는 어셈블리 버전 번호가 포함돼 있습니다. 어셈블리를 식별하기 위해 이용되는 이 버전 번호는 다음에 나온 것처럼 네 개의 부분으로 구성된 문자열로 표현됩니다.

〈메이저 버전〉.〈마이너 버전〉.〈빌드 번호〉.〈리비전 번호〉

"3.2.421.0"이라는 버전이 있다면 3은 메이저 버전, 2는 마이너 버전, 421은 빌드 번호, 0은 리비전 번호를 나타냅니다.

이 어셈블리 버전은 비주얼 스튜디오에서 프로젝트의 속성 페이지에서 설정할 수 있고 이렇게 설정된 버전 번호는 `AssemblyInfo.cs` 안에 있는 `AssemblyVersion` 속성에 반영됩니다.

```
[assembly: AssemblyVersion("3.2.421.0")]
```

예제 14.6은 현재 실행 중인 코드를 저장하고 있는 어셈블리의 어셈블리 버전을 구하는 예입니다.

`Assembly.GetExecutingAssembly` 메서드로 현재 실행 중인 코드를 저장하고 있는 어셈블리를 구하고 `Version` 속성을 통해 어셈블리 버전을 구합니다.

예제 14.6 어셈블리 버전을 구한다

```
using System;
using System.Reflection;
using System.Diagnostics;
    ...
  var asm = Assembly.GetExecutingAssembly();
  var ver = asm.GetName().Version;
  Console.WriteLine("{0}.{1}.{2}.{3}",
      ver.Major, ver.Minor, ver.Build, ver.Revision);
```

14.2.2 파일의 버전을 구한다

비주얼 스튜디오 프로젝트의 속성 페이지에서는 어셈블리 버전 외에 파일 버전도 설정할 수 있습니다. 이 파일 버전은 `AssemblyInfo.cs` 안에 있는 `AssemblyFileVersion` 속성에 대응됩니다.

```
[assembly: AssemblyFileVersion("2.0.4.1")]
```

파일 버전을 구하는 코드는 다음과 같습니다.

예제 14.7 파일 버전을 구한다

```
var location = Assembly.GetExecutingAssembly().Location;
var ver = FileVersionInfo.GetVersionInfo(location);
Console.WriteLine("{0} {1} {2} {3}",
                ver.FileMajorPart, ver.FileMinorPart,
                ver.FileBuildPart, ver.FilePrivatePart);
```

위 코드에 있는 Assembly.GetExecutingAssembly().Location은 현재 실행 중인 어셈블리(즉 자기 자신)의 경로를 구하는 코드입니다. 이 경로를 FileVersionInfo.GetVersionInfo 메서드의 인수에 전달해서 FileVersionInfo 객체를 구합니다. FileVersionInfo 클래스에서 각각의 버전을 나타내는 속성 이름이 Version 클래스와는 다릅니다.

14.2.3 UWP 패키지 버전(제품 버전)을 구한다

UWP(Universal Windows Platform)[4] 응용 프로그램에서 버전 번호를 취급하려면 패키지 버전을 이용합니다. Package.appxmanifest 파일(UWP 응용 프로그램의 프로젝트에 포함돼 있음)을 더블클릭하면 매니페스트 디자이너가 표시되는데 매니페스트 디자이너에 있는 [패키지] 페이지에서 패키지 버전을 설정합니다.

이렇게 설정한 패키지 버전을 구하는 코드는 다음과 같습니다.

예제 14.8 UWP 응용 프로그램에서 패키지 버전을 구한다

```
var version = Windows.ApplicationModel.Package.Current.Id.Version;
textBlock.Text = string.Format("{0}.{1}.{2}.{3}",
                version.Major, version.Minor, version.Build, version.Revision);
```

14.3 응용 프로그램의 구성 파일을 구한다

응용 프로그램의 구성 파일이란 응용 프로그램 고유의 다양한 설정 정보를 기록한 XML 형식의 파일을 말합니다. 이 구성 파일을 사용하면 응용 프로그램을 다시 빌드하지 않고 응용 프로그램의 동작 설정을 수정할 수 있습니다.

응용 프로그램 구성 파일의 파일 이름은 파일이 실행 파일 형식인 경우에는 응용 프로그램 이름에 ".config" 확장자가 붙은 이름이 됩니다. 예를 들면, myApp.exe라는 이름의 응용 프로그램이라면 myApp.exe.config입니다[5]. ASP.NET이라면 Web.config가 구성 파일의 이름이 됩니다. Web.config라는 이름은 변경되지 않습니다.

---

4 UWP는 모든 윈도우 10 장치(PC, 태블릿, 폰 등)를 지원하는 응용 프로그램을 동작시키는 기능입니다.
5 비주얼 스튜디오의 프로젝트 상에서는 app.config입니다. 빌드하면 이름이 수정되어 출력됩니다.

응용 프로그램의 구성 파일에는 .NET 프레임워크가 읽어 들일 설정 정보 외에도 응용 프로그램이 이용하는 설정 정보도 포함시킬 수 있습니다. 지금은 응용 프로그램이 이용하는 설정 정보를 구하는 방법을 설명하겠습니다.

14.3.1 appSettings 정보를 구한다

응용 프로그램 고유의 정보를 구성 파일에 기록하는 가장 간단한 방법은 appSettings 섹션을 사용하는 설정입니다. 다음에 나온 것처럼 key와 value라는 두 개의 속성을 사용해 설정 정보를 기록합니다. key에 지정하는 값은 반드시 일관성이 있는 값이어야 합니다.

```xml
<?xml version="1.0" encoding="utf-8"?>
<configuration>
  <appSettings>
   <add key="EnableTrace" value="true" />
   <add key="Timeout" value="30000" />
  </appSettings>
</configuration>
```

구성 파일을 읽어 들이려면 System.Configuration 어셈블리[6]에 있는 **ConfigurationManager 클래스**를 이용합니다. 위에 나온 구성 파일에 있는 appSettings의 내용을 가져오는 코드는 다음과 같습니다.

예제 14.9 appSettings 정보를 구한다

```
var enableTraceStr = ConfigurationManager.AppSettings["EnableTrace"];
var enableTrace = bool.Parse(enableTraceStr);
var timeoutStr = ConfigurationManager.AppSettings["Timeout"];
int timeout = int.Parse(timeoutStr);
```

ConfigurationManager.AppSettings["키 이름"]이라고 쓰면 이에 대응되는 value 값을 구할 수 있습니다. 지정한 키가 존재하지 않으면 null이 반환됩니다. 구한 값의 형은 string이므로 값을 숫자값 형태로 다루려면 int.Parse 메서드를 통해 숫자값으로 변환해야 합니다.

---

6 System.Configuration 어셈블리는 기본 설정에서는 프로젝트의 참조에 추가돼 있지 않으므로 자신이 직접 참조에 추가해야 합니다.

14.3.2 응용 프로그램 설정 정보를 열거한다

ConfigurationManager.AppSettings에 있는 **AllKeys 속성**을 사용하면 foreach 문을 사용해 모든 키를 열거할 수 있으므로 appSettings 섹션 안에 있는 모든 정보를 구할 수도 있습니다.

예제 14.10 appSettings 정보를 모두 구한다

```
using System.Collections.Specialized;
    ...
NameValueCollection appSettings = ConfigurationManager.AppSettings;
foreach (var key in appSettings.AllKeys) {
    string value = appSettings[key];
    Console.WriteLine(value);
}
```

14.3.3 독자적인 형식의 응용 프로그램 설정 정보를 구한다

appSettings는 소량의 설정 정보를 취급하기에는 좋지만 데이터를 구조화할 수 없으므로 대량의 정보를 취급할 때는 사용하기 어렵습니다. 다음에 나온 것처럼 독자적인 형식의 정보를 구성 파일에 기록하고 이를 프로그램에서 읽어 들인다면 편리할 것입니다.

```
<myAppSettings>
<traceOption enabled= true
     filePath="C:\MyApp\Trace.log"
     bufferSize="10240" />
</myAppSettings>
```

이런 기능을 구현하려면 다음과 같은 세 가지 작업을 해야 합니다.

1. 고유의 구성 섹션 클래스를 정의한다

ConfigurationElement 클래스를 상속하고 고유의 구성 섹션 클래스를 정의합니다. 이 클래스에 정의하는 속성이 구성 섹션에 있는 XML 속성에 대응됩니다. XML 속성에 대응되는 속성인 것을 나타내기 위해 속성에는 ConfigurationProperty 속성을 추가합니다. 이렇게 정의한 TraceOption 클래스는 다음과 같습니다.

예제 14.11 구성 섹션 클래스(ConfigurationElement)

```
using System;네
using System.Collections.Generic;
```

```csharp
using System.Configuration;

namespace CSharpPhrase.CustomSection {
   public class TraceOption : ConfigurationElement {
      [ConfigurationProperty("enabled")]
      public bool Enabled {
         get { return (bool)this["enabled"]; }
      }

      [ConfigurationProperty("filePath")]
      public string FilePath {
         get { return (string)this["filePath"]; }
      }

      [ConfigurationProperty("bufferSize")]
       public int BufferSize {
         get { return (int)this["bufferSize"]; }
      }
   }
}
```

지금은 세 개의 속성을 정의했습니다. ConfigurationProperty 속성의 인수로 지정한 것이 구성 섹션(traceOption)의 속성 이름입니다. 속성의 get 접근자에서는 속성의 형으로 형변환한 값을 반환합니다.

그리고 myAppSettings 요소에 대응되는 클래스를 정의합니다. 이 클래스는 ConfigurationSection **클래스**를 상속합니다.

앞서 했던 것처럼 속성에는 ConfigurationProperty 속성을 추가합니다. 이렇게 지정한 문자열이 config 파일의 태그 이름(요소 이름)이 됩니다.

예제 14.12 구성 섹션 클래스(ConfigurationSection)

```csharp
public class MyAppSettings : ConfigurationSection {
   [ConfigurationProperty("traceOption")]
   public TraceOption TraceOption {
      get { return (TraceOption)this["traceOption"]; }
      set { this["traceOption"] = value; }
   }
}
```

이 예제에서는 `MyAppSettings` 클래스에 `TraceOption`이라는 하나의 속성만이 정의돼 있는데 Configuration Element에서 상속된 클래스에 있는 속성을 여러 개 정의할 수 있습니다.

2. config 파일에 설정 정보를 기록한다

config 파일에 있는 `configSections` 요소에 `ConfigurationSection` 클래스(이번 예제에서는 `MyAppSettings`)를 지정하면 고유의 요소를 기록할 수 있습니다. 이 `configSections` 요소는 반드시 configuration 섹션의 처음 부분에 쓰기 바랍니다. 이와 관련된 예를 살펴보겠습니다.

예제 14.13 config 파일 예

```xml
<?xml version="1.0" encoding="utf-8" ?>
<configuration>
  <configSections>
   <section name="myAppSettings"
            type="CSharpPhrase.CustomSection.MyAppSettings, SectionSampleApp"/>
  </configSections>
  <myAppSettings>
   <traceOption enabled="true"
            filePath="C:\MyApp\Trace.log"
            bufferSize="10240" />
  </myAppSettings>
</configuration>
```

section 요소에 있는 name 속성에 지정한 이름이 태그의 이름(요소 이름)입니다. 이번 예제에서는 "myAppSettings"입니다. type 속성에 지정한 것은 네임스페이스도 포함한 형의 이름과 그 형이 포함된 어셈블리 이름입니다.

3. 설정 정보를 구하는 코드를 작성한다

예제 14.13에 나온 구성 파일을 읽어 들이는 코드는 다음과 같습니다.

예제 14.14 구성 파일을 읽어 들이는 예

```csharp
using System.Configuration;
    ...
   var cs = ConfigurationManager.GetSection("myAppSettings") as MyAppSettings;
   var option = cs.TraceOption;
   Console.WriteLine(option.BufferSize);
   Console.WriteLine(option.Enabled);
   Console.WriteLine(option.FilePath);
```

ConfigurationManager.GetSection 메서드로 섹션 정보를 구합니다. 반환값의 형은 object이므로 실제 형인 MyAppSettings 형으로 형변환했습니다. 이렇게 하면 config 파일에 기록한 값을 참조할 수 있습니다. BufferSize, Enabled 같은 속성에는 형이 변환된 값이 들어 있으므로 문자열을 변환 처리할 필요는 없습니다.

14.4 Http 통신

C# 프로그램으로 웹 서버와 Http 통신을 구현하는 방법은 몇 가지 있지만 가장 간단한 방법은 WebClient 클래스[7]를 이용해 통신을 구현하는 방법입니다. WebClient 클래스를 사용하면 웹 서버 상에 있는 웹 페이지를 가져오거나 웹 서버가 공개하는 API를 호출할 수 있습니다.

14.4.1 DownloadString 메서드로 웹 페이지를 가져온다

웹 페이지(HTML)를 가져오려면 WebClient 클래스에 있는 DownloadString 메서드를 사용합니다.

예제 14.15 DownloadString 메서드를 이용한 예

```
var wc = new WebClient();
wc.Encoding = Encoding.UTF8;
var html = wc.DownloadString("https://www.visualstudio.com/");
Console.WriteLine(html);
```

DownloadString 메서드는 페이지 전체를 가져오고 그 결과를 string 형으로 반환합니다. WebClient에 있는 Encoding 속성에는 구할 페이지의 인코딩을 지정합니다. 이것이 제대로 설정되지 않으면 문자가 깨지게 되므로 주의하기 바랍니다.

14.4.2 DownloadFile 메서드로 파일을 내려받는다

DownloadFile 메서드를 사용하면 URL로 지정된 리소스를 파일로 내려받을 수 있습니다. WebClient 인스턴스를 생성하고 DownloadFile 메서드를 호출하기만 하면 됩니다. 첫 번째 인수에는 내려받을 파일의 URL을 전달하고 두 번째 인수에는 저장할 파일의 경로를 전달합니다.

---

7 UWP 응용 프로그램이나 WPF 응용 프로그램에서 이용하는 HttpClient 클래스에 관해서는 16장 '비동기/병렬 프로그래밍'에서 설명하겠습니다.

예제 14.16 DownloadFile 메서드를 이용한 예

```
var wc = new WebClient();
var url = "http://localhost/example.zip";
var filename = @"D:\temp\example.zip";
wc.DownloadFile(url, filename);
```

이 코드는 ZIP 파일을 내려받는데 같은 코드로 HTML 파일이나 이미지 파일도 내려받을 수 있습니다.

14.4.3 DownloadFileAsync 메서드로 비동기 처리한다

작은 파일을 내려받을 경우에는 앞서 나온 코드를 사용하면 되지만 GUI 응용 프로그램에서 큰 파일을 내려받을 경우에는 내려받기가 끝날 때까지 해당 응용 프로그램은 사용자의 행동에 응답할 수 없게 됩니다. 이런 일을 피하려면 파일을 비동기[8]로 내려받아야 합니다. WebClient 클래스를 사용할 때 이런 기능을 구현하려면 **DownloadFileAsync 메서드**를 사용합니다. 이에 관련된 코드를 살펴보겠습니다.

예제 14.17 DownloadFileAsync 메서드를 이용한 예

```
static void Main(string[] args) {
    var wc = new WebClient();
    var url = new Uri("http://localhost/example.zip");
    var filename = @"D:\temp\example.zip";
    wc.DownloadProgressChanged += wc_DownloadProgressChanged;
    wc.DownloadFileCompleted += wc_DownloadFileCompleted;
    wc.DownloadFileAsync(url, filename);
    Console.ReadLine();
}

static void wc_DownloadProgressChanged(object sender,
            DownloadProgressChangedEventArgs e) {
    Console.WriteLine("{0}% {0}/{1}", e.ProgressPercentage,
                e.BytesReceived, e.TotalBytesToReceive);
}

static void wc_DownloadFileCompleted(object sender,
            System.ComponentModel.AsyncCompletedEventArgs e) {
    Console.WriteLine("내려받기가 끝났습니다.");
}
```

---

8 비동기 처리에 관해서는 16장 '비동기/병렬 프로그래밍'에서 자세히 설명하겠습니다.

DownloadProgressChanged 이벤트는 내려받기가 진행되는 상황이 변화했을 때 발생하는 이벤트입니다. DownloadFileCompleted 이벤트는 내려받기가 끝나면 발생합니다.

참고로 이 예제에서는 내려받기를 취소하는 처리는 구현하지 않았지만 CancelAsync 메서드를 호출하면 내려받기를 취소할 수 있습니다. 취소된 경우에는 DownloadFileCompleted 이벤트 핸들러의 인수에서 AsyncCompletedEventArgs.Cancelled 속성을 참조해서 취소됐는지 여부를 알 수 있습니다.

14.4.4 OpenRead 메서드로 웹 페이지를 가져온다

WebClient 클래스에 있는 **OpenRead 메서드**를 사용하면 URL로 지정한 리소스를 스트림의 형태로 취급할 수 있습니다.

예제 14.18 OpenRead 메서드를 이용한 예

```
var wc = new WebClient();
using (var stream = wc.OpenRead(@"http://wikibook.co.kr/list/"))
using (var sr = new StreamReader(stream, Encoding.UTF8)) {
    string html = sr.ReadToEnd();
    Console.WriteLine(html);
}
```

가져오려는 페이지의 URL 문자열을 인수에 지정하고 OpenRead 메서드를 호출합니다. 호출에 성공하면 해당 페이지를 스트림의 형태로 읽어 들이기 위한 Stream 객체가 반환됩니다. Stream 객체를 얻고 나서 그다음은 일반적인 스트림처럼 읽어 들이면 됩니다.

이 예제에서는 ReadToEnd 메서드를 통해 한꺼번에 페이지를 읽어 들이고 그것을 콘솔에 출력했는데 데이터를 가공해도 되고 데이터를 조사하면서 읽어 들일 수도 있을 것입니다.

14.4.5 RSS 파일을 가져온다

WebClient 클래스를 사용해 Http 통신을 구현하는 예를 살펴보겠습니다. 이번에는 RSS 파일을 가져오는 방법을 설명하겠습니다. 이 예제에서는 기상청에서 제공하는 날씨 예보 RSS를 가져오겠습니다. 다음의 페이지에 접속하면 각 지방의 날씨 정보를 얻을 수 있습니다.

http://www.kma.go.kr/weather/lifenindustry/sevice_rss.jsp

시험 삼아 "서울 · 경기도"를 클릭해보겠습니다. 그러면 다음과 같은 URL로 이동하고 브라우저 상에 RSS 정보가 표시됩니다.

```
http://www.kma.go.kr/weather/forecast/mid-term-rss3.jsp?stnId=109
```

이 RSS 파일(XML 형식)을 C# 프로그램을 통해 가져오겠습니다. 다음 코드는 가져온 XML에서 날씨 정보를 골라서 콘솔에 표시합니다.

예제 14.19 RSS 파일을 가져온다

```
public void WeatherRSS() {
    GetWeatherReportFromWethercast();
}

public void GetWeatherReportFromWethercast() {
    using (var wc = new WebClient()) {
        wc.Headers.Add("Content-type", "charset=UTF-8");
        var uriString = @"http://www.kma.go.kr/weather/forecast/mid-term-rss3.jsp?stnId=109";
        var url = new Uri(uriString);
        var stream = wc.OpenRead(url);
        XDocument xdoc = XDocument.Load(stream);
        var nodes = xdoc.Root.Descendants("location");

        // "서울 · 인천 · 경기도"는 한 번만 표시한다
        XElement xprovince = nodes.Elements("province").ElementAt(0);
        Console.WriteLine("[[ " + xprovince.Value + " ]]");

        foreach (var node in nodes) {
            XElement xcity = node.Element("city");
            Console.WriteLine("<" + xcity.Value + ">");

            var xdatas = node.Elements("data");
            foreach (var xwether in xdatas) {
                XElement xtmEf = xwether.Element("tmEf");
                XElement xwf = xwether.Element("wf");
                XElement xtmn = xwether.Element("tmn");
                XElement xtmx = xwether.Element("tmx");

                Console.WriteLine("시각: " + xtmEf.Value);
                Console.WriteLine("날씨: " + xwf.Value);
                Console.WriteLine("최저기온: " + xtmn.Value);
```

```
            Console.WriteLine("최고기온: " + xtmx.Value);
        }
        Console.WriteLine("");
    }
  }
}
```

다음은 이 코드를 실행한 결과입니다.

```
[[ 서울 · 인천 · 경기도 ]]
〈서울〉
시각: 2017-10-15 00:00
날씨: 구름조금
최저기온: 11
최고기온: 22
시각: 2017-10-15 12:00
날씨: 구름조금
최저기온: 11
최고기온: 22
...
```

14.4.6 매개변수를 주고 정보를 얻는다

URL에 매개변수를 넘겨주어 위키피디아로부터 정보를 얻는 방법을 알아보겠습니다. 미디어위키(MediaWiki) API[9]를 사용하면 키워드를 지정해서 위키피디아에 있는 정보를 구할 수 있습니다. 미디어위키 API를 사용하면 사이트에 등록하지 않고도 API를 호출할 수 있어 편리합니다.

예를 들어, 마이크로소프트 윈도우에 관해 검색하고 싶다면 다음과 같이 접속(GET)해서 JSON 형식으로 정보를 얻을 수 있습니다.

```
http://wikipedia.org/w/api.php/w/api?action=query&prop=revisions&format=json&rvprop=content&titl
es=Windows
```

다음 코드는 XML 형식으로 정보를 구하는 예입니다.

---

9 자세한 내용은 http://www.mediawiki.org/wiki/API:Main_page를 참조하기 바랍니다.

예제 14.20 위키피디아 API를 이용한 예

```
public void GetWikipediaData() {
    var keyword = "경복궁";
    var content = GetFromWikipedia(keyword);
    Console.WriteLine(content ?? "찾을 수 없습니다.");
}


private static string GetFromWikipedia(string keyword) {
    var wc = new WebClient();
    wc.QueryString = new NameValueCollection() {
        ["action"] = "query",
        ["prop"] = "revisions",
        ["rvprop"] = "content",
        ["format"] = "xml",
        ["titles"] = WebUtility.UrlEncode(keyword),
    };
    wc.Headers.Add("Content-type", "charset=UTF-8");
    var result = wc.DownloadString("http://ko.wikipedia.org/w/api.php");
    var xmldoc = XDocument.Parse(result);
    var rev = xmldoc.Root.Descendants("rev").FirstOrDefault();
    // 원서에서는 HttpUtility 클래스를 사용했지만 이 예제에서는
    // .NET 프레임워크 4에 추가된 WebUtility를 이용했습니다.
    // .NET 프레임워크 3.5가 타깃이라면 HttpUtility 클래스를 이용하기 바랍니다.
    return WebUtility.HtmlDecode(rev?.Value);
}
```

매개변수를 전달하려면 WebClient 객체에 있는 QueryString 속성에 매개변수 이름과 해당 값 세트의 컬렉션(NameValueCollection 객체)을 설정합니다. 그리고 이렇게 얻은 데이터는 HTML로 인코딩돼 있으므로 HttpUtility.HtmlDecode를 통해 디코딩했습니다.

14.5 ZIP 아카이브 파일을 처리한다

.NET 프레임워크 4.5부터 ZIP 아카이브 파일을 처리하는 클래스가 추가됐습니다. 이 클래스 가운데 중심이 되는 클래스는 **ZipArchive 클래스**와 **ZipFile 클래스**라는 두 개입니다. 이 클래스를 사용하면 ZIP 형식으로 압축된 파일을 쉽게 다룰 수 있습니다.

ZipArchive 클래스를 사용하려면 System.IO.Compression 어셈블리를 참조에 추가합니다. ZipFile 클래스를 사용하려면 System.IO.Compression 어셈블리와 함께 System.IO.Compression.FileSystem 어셈블리를 참조에 추가합니다.

14.5.1 아카이브에 있는 모든 파일을 추출한다

아카이브에 있는 모든 파일을 추출하려면 ZipFile.ExtractToDirectory 메서드를 사용합니다.

예제 14.21 아카이브에 있는 모든 파일을 추출한다

```
var archiveFile = @"D:\Archives\example.zip";
var destinationFolder = @"D:\Temp\zip";
if (!Directory.Exists(destinationFolder)) {
    ZipFile.ExtractToDirectory(archiveFile, destinationFolder);
}
```

두 번째 인수에 지정한 추출할 곳의 디렉터리가 이미 존재하면 System.IO.IOException 예외가 발생하므로 위의 코드에서는 추출할 곳의 디렉터리가 존재하는지 여부를 확인한 후에 ExtractToDirectory를 호출했습니다.

14.5.2 아카이브에 저장돼 있는 파일의 목록을 구한다

아카이브에 저장돼 있는 파일의 목록을 구하는 코드를 살펴보겠습니다.

예제 14.22 아카이브에서 파일의 목록을 구한다

```
var archiveFile = @"D:\Archives\example.zip";
using (ZipArchive zip = ZipFile.OpenRead(archiveFile)) {
    var entries = zip.Entries;
    foreach (var entry in entries) {
        Console.WriteLine(entry.FullName);
    }
}
```

ZipFile 클래스에 있는 **OpenRead 메서드**를 사용하면 ZipArchive의 인스턴스를 생성할 수 있습니다. 이 인스턴스에서 **Entries 속성**을 참조하면 아카이브에 저장된 파일의 목록을 구할 수 있습니다. Entries 속성의 형은 다음과 같습니다. 이후부터는 아카이브에 저장된 파일을 엔트리라고 하겠습니다.

```
System.Collections.ObjectModel.ReadOnlyCollection<ZipArchiveEntry>
```

14.5.3 아카이브에서 임의의 파일을 추출한다

아카이브에서 임의 파일을 추출하는 코드를 살펴보겠습니다.

예제 14.23 아카이브에서 임의의 파일을 추출한다

```
using (var zip = ZipFile.OpenRead(archiveFile)) {
    var entry = zip.Entries.FirstOrDefault(x => x.Name == name);
    if (entry != null) {
        var destPath = Path.Combine(@"d:\Temp\", entry.FullName);
        Directory.CreateDirectory(Path.GetDirectoryName(destPath));
        entry.ExtractToFile(destPath, overwrite: true);
    }
}
```

name 변수에 일치하는 파일 이름을 찾아서 ZipArchiveEntry의 확장 메서드인 **ExtractToFile 메서드**를 통해
파일에 씁니다.

ZipFile.OpenRead로 얻은 객체에 있는 Entries 속성의 형은 ReadOnlyCollection<ZipArchiveEntry>입니다.
ReadOnlyCollection<T>는 IEnumerable<T> 인터페이스를 구현하므로 LINQ를 이용할 수 있습니다.

14.5.4 지정한 디렉터리 안에 있는 파일을 아카이브로 만든다

ZipFile.CreateFromDirectory 메서드를 사용하면 지정한 디렉터리에 있는 파일을 아카이브로 만들 수
있습니다.

예제 14.24 디렉터리 안에 있는 파일을 아카이브로 만든다

```
var sourceFolder = @"d:\temp\myFolder";
var archiveFile = @"d:\archives\newArchive.zip";
ZipFile.CreateFromDirectory(sourceFolder, archiveFile, CompressionLevel.Fastest,
includeBaseDirectory:false);
```

CreateFromDirectory 메서드의 세 번째 인수에는 압축 수준을 지정합니다. 압축 수준은 Fastest(속도
우선 압축), Optimal(최적 압축), NoCompression(무압축) 중 하나입니다.

네 번째 인수는 디렉터리를 포함하는지 여부를 나타내는 bool 형 인수입니다. 디렉터리 이름을 포함할 경우에는 true를 지정하고 디렉터리의 내용만 포함할 경우에는 false를 지정합니다. 위의 코드에서는 true를 지정했으므로 myFolder라는 폴더가 ZIP 아카이브 안에 생성되고 그 아래에 파일이 저장됩니다.

14.6 협정 세계시와 시간대

응용 프로그램의 종류에 따라서는 한국, 미국, 중국과 같은 여러 지역의 시각을 다뤄야 할 때가 있습니다. 8장에서 설명한 DateTime 구조체만으로는 여러 지역의 시각을 취급하기 어렵습니다. .NET 프레임워크 3.5 이후 버전에는 DateTimeOffset **구조체**와 TimeZoneInfo **클래스**가 마련돼 있어 여러 지역의 시각을 지원할 수 있습니다.

DateTimeOffset **구조체**에는 DateTime **구조체**에 있는 기능에 추가로 협정 세계시(UTC)[10]**와의 시간차를 나타내는** Offset **속성이 있습니다.** 예를 들면 DateTimeOffset 객체가 한국 시간을 나타낸다면 Offset 속성은 09:00:00로 설정됩니다. 그러나 런던 시간을 나타낼 경우에는 Offset 속성은 00:00:00입니다.

TimeZoneInfo 구조체는 이름에서 알 수 있듯이 시간대(동일한 표준시를 사용하는 지대)를 다루는 클래스입니다.

14.6.1 현지 시각과 그에 대응되는 UTC를 구한다

현지 시각과 그에 대응되는 UTC를 구하는 코드를 살펴보겠습니다.

예제 14.25 현지 시각과 대응되는 UTC를 구한다

```
// 현지 시각을 구한다
var now = DateTimeOffset.Now;
Console.WriteLine("Now = {0}", now);
// UTC(협정세계시)로 변환한다
var utc = now.ToUniversalTime();
Console.WriteLine("UTC = {0}", utc);
// UTC(협정세계시)를 현지 시각으로 변환한다
var localTime = utc.ToLocalTime();
Console.WriteLine("LocalTime = {0}", localTime);
```

---

10 Coordinated Universal Time의 약자입니다. 이전에는 '그리니치 표준시'(GMT)가 표준시였습니다.

DateTimeOffset 구조체에 있는 **Now 속성**을 통해 현지 시각을 구할 수 있습니다[11]. 현지 시각을 협정 세계시로 변경하려면 **ToUniversalTime 메서드**를 사용합니다. 다시 현지 시각으로 되돌리려면 **ToLocalTime 메서드**를 사용합니다. 이 코드를 실행한 결과는 다음과 같습니다.

```
Now = 2017-10-13 오전 3:30:55 +09:00    ◀── 9시간 차가 있다는 것을 알 수 있다
UTC = 2017-10-12 오후 6:30:55 +00:00    ◀── UTC가 기준이므로 시차는 없다
LocalTime = 2017-10-13 오전 3:30:55 +09:00
```

실행 결과를 보면 현지 시각은 UTC와 9시간 차가 있다는 것을 알 수 있습니다. 그리고 ToUniversalTime 메서드로 구한 시각은 시차가 0이라는 것을 알 수 있습니다.

now 변수와 utc 변수가 나타내는 시각은 같은 시각을 의미한다는 것을 기억하기 바랍니다. 시험 삼아 다음과 같은 코드로 확인해 보겠습니다.

예제 14.26 현지 시각에 대응되는 UTC를 얻을 수 있는지 확인한다

```
// 현지 시각을 구한다
var now = DateTimeOffset.Now;
// UTC(협정 세계시)로 변환한다
var utc = now.ToUniversalTime();
// 현재 시각과 이것을 변환한 UTC를 비교한다
if (now == utc)
    Console.WriteLine("'{0}' == '{1}'", now, utc);
else
    Console.WriteLine("'{0}' != '{1}'", now, utc);
```

이 코드를 실행한 결과는 다음과 같습니다. 동일한 시각이라고 인식한다는 것을 알 수 있습니다.

```
'2017-10-13 오전 3:41:29 +09:00' == '2017-10-12 오후 6:41:29 +00:00'
```

14.6.2 문자열을 DateTimeOffset으로 변환한다

문자열을 DateTimeOffset으로 변환하려면 **DateTimeOffset.TryParse 메서드**를 사용합니다.

예제 14.27 문자열을 DateTimeOffset로 변환한다

```
DateTimeOffset time;
if (DateTimeOffset.TryParse("2016/03/26 1:07:21 +09:00", out time)) {
```

---

11 [제어판] → [시계, 언어 및 국가별 옵션] → [표준 시간대 변경]에 "(UTC+09:00) 서울"이 설정돼 있다면 한국의 현재 시각을 구합니다.

```
    Console.WriteLine("{0} | {1}", time, time.ToUniversalTime());
}
```

사용법은 DateTime.TryParse 메서드와 같습니다. 이 코드를 실행한 결과는 다음과 같습니다.

```
2016-03-26 오전 1:07:21 +09:00 | 2016-03-25 오후 4:07:21 +00:00
```

14.6.3 지정한 지역의 시간대를 구한다

지정한 지역의 시간대에 관한 정보(TimeZoneInfo 객체)를 구하려면 TimeZoneInfo 클래스에 있는
FindSystemTimeZoneById 정적 메서드를 사용합니다. 다음의 코드는 태평양 표준시(Pacific Standard
Time)에 대한 TimeZoneInfo 객체를 구하고 이 객체의 속성값을 표시합니다.

예제 14.28 지정한 지역의 시간대를 구한다

```
TimeZoneInfo tz = TimeZoneInfo.FindSystemTimeZoneById("Pacific Standard Time");
Console.WriteLine("Utc와의 차         {0}", tz.BaseUtcOffset);
Console.WriteLine("시간대 ID         {0}", tz.Id);
Console.WriteLine("정식 이름         {0}", tz.DisplayName);
Console.WriteLine("표준시의 정식 이름    {0}", tz.StandardName);
Console.WriteLine("썸머타임 정식 이름    {0}", tz.DaylightName);
Console.WriteLine("썸머타임을 실시하는가? {0}", tz.SupportsDaylightSavingTime);
```

위의 코드를 실행하면 다음과 같은 내용이 출력됩니다.

```
Utc와의 차          -08:00:00
시간대 ID          Pacific Standard Time
정식 이름          (UTC-08:00) 태평양 표준시 (미국과 캐나다)
표준시의 정식 이름     태평양 표준시
썸머타임 정식 이름     태평양 일광 절약 시간
썸머타임을 실시하는가? True
```

14.6.4 시간대 목록을 구한다

FindSystemTimeZoneById 메서드를 호출할 때 지정할 **시간대 ID**는 어떻게 알 수 있을까요? TimeZoneInfo
클래스에 있는 **GetSystemTimeZones라는 정적 메서드**를 사용하면 우리가 이용할 수 있는 ID의 목록을
구할 수 있습니다.

예제 14.29 시간대의 목록을 구한다

```
// 시간대 Id의 목록을 구한다
var timeZones = TimeZoneInfo.GetSystemTimeZones();
foreach (var timezone in timeZones)
    Console.WriteLine("'{0}' - '{1}'", timezone.Id, timezone.DisplayName);
```

아래는 이 코드를 실행한 결과의 일부입니다.

```
'Dateline Standard Time' - '(UTC-12:00) 날짜 변경선 서쪽'
'UTC-11' - '(UTC-11:00) 협정 세계시-11'
'Aleutian Standard Time' - '(UTC-10:00) 알류샨 열도'
'Hawaiian Standard Time' - '(UTC-10:00) 하와이'
'Marquesas Standard Time' - '(UTC-09:30) 마키저스 제도'
'Alaskan Standard Time' - '(UTC-09:00) 알래스카'
```

14.6.5 지정한 지역의 현재 시각을 구한다

지정한 지역의 현재 시각을 구하는 방법은 TimeZoneInfo를 이미 얻은 경우와 얻지 않은 경우로 나눌 수 있고 이에 따라 구현하는 방법이 다릅니다. 그때그때의 상황에 맞춰 사용하기 바랍니다. 지금은 인도의 현재 시각을 구하는 예를 살펴보겠습니다. 인도의 시간대 ID는 "India Standard Time"입니다.

예제 14.30 지정한 지역의 현재 시각을 구한다(TimeZoneInfo를 얻은 상태인 경우)

```
// 인도의 TimeZoneInfo를 구한다
DateTimeOffset utc = DateTimeOffset.UtcNow;
var timezone = TimeZoneInfo.FindSystemTimeZoneById("India Standard Time");
...
// TimeZoneInfo를 사용해 인도의 현재 시각을 구한다
DateTimeOffset time = TimeZoneInfo.ConvertTime(utc, timezone);
Console.WriteLine("India Standard Time {0} {1}", time, time.Offset);
```

위의 코드를 보면 알 수 있듯이 TimeZoneInfo를 이미 얻은 상태라면 TimeZoneInfo.ConvertTime 메서드를 사용해 해당 지역의 현재 시각을 구합니다.

그러나 TimeZoneInfo를 아직 구하지 않았다면 다음의 예제 14.31처럼 TimeZoneInfo.ConvertTimeBySyst emTimeZoneId 메서드를 사용해 해당 지역의 현재 시각을 구할 수 있습니다.

예제 14.31 지정한 지역의 현재 시각을 구한다(TimeZoneInfo를 아직 얻지 않은 경우)

```
DateTimeOffset utc = DateTimeOffset.UtcNow;
var ist = TimeZoneInfo.ConvertTimeBySystemTimeZoneId(utc, "India Standard Time");
Console.WriteLine("India Standard Time {0} {1}", ist, ist.Offset);
```

14.6.6 한국 시간을 다른 지역의 시간으로 변환한다

DateTime 객체에 한국 날짜와 시간이 저장돼 있을 때 다른 시간대의 시각을 구하려면 다음과 같은 순서로 구현합니다.

먼저 DateTime 객체를 인수로 받는 DateTimeOffset의 생성자를 이용해 DateTime 객체를 DateTimeOffset 객체로 변환합니다. 그리고 나서 ConvertTimeBySystemTimeZoneId 메서드를 호출합니다. 이때 앞서 구한 DateTimeOffset 객체를 인수에 넘겨줍니다. 이렇게 하면 한국 시간을 다른 지역의 시간으로 변환할 수 있습니다. 다음은 이 기능을 구현한 코드입니다.

예제 14.32 한국 시간을 다른 지역의 시간으로 변환한다

```
// 지역 시각(한국 시간)을 구한다
var local = new DateTime(2017, 10, 12, 11, 20, 0);
// DateTimeOffset으로 변환한다
var date = new DateTimeOffset(local);
// "Pacific Standard Time" 시각으로 변환한다
DateTimeOffset pst = TimeZoneInfo.ConvertTimeBySystemTimeZoneId(date, "Pacific Standard Time");
Console.WriteLine(pst);
```

위의 코드는 한국 시간이 "2017년 10월 12일 11시 20분"일 때의 태평양 표준시의 DateTime을 구했습니다. 이 코드를 실행한 결과는 다음과 같습니다.

```
2017-10-11 오후 7:20:00 -07:00
```

14.6.7 A 지역의 시각을 B 지역의 시각으로 변환한다

A 지역의 시각을 B 지역의 시각으로 변환하는 예로 베이징 시각(China Standard Time)을 하와이 시각(Hawaiian Standard Time)으로 변환하는 코드를 보겠습니다.

예제 14.33 A 지역의 시각을 B 지역의 시각으로 변환한다

```
var chinatz = TimeZoneInfo.FindSystemTimeZoneById("China Standard Time");
var chinaTime = new DateTimeOffset(2016, 4, 6, 9, 0, 0, chinatz.BaseUtcOffset);
// chinaTime에 베이징 시각(DateTimeOffset)이 들어 있다
// 이 시각을 "Hawaiian Standard Time" 시각으로 변환한다
var hawaiiTime = TimeZoneInfo.ConvertTimeBySystemTimeZoneId(chinaTime, "Hawaiian Standard
Time");
Console.WriteLine(chinaTime);
Console.WriteLine(hawaiiTime);
```

이 코드를 실행한 결과는 다음과 같습니다.

```
2017-04-06 오전 9:00:00 +08:00
2017-04-05 오후 3:00:00 -10:00
```

일단 DateTimeOffset의 생성자의 마지막 인수에 UTC와의 차(BaseUtcOffset)를 넘겨주어 베이징 시각(2017년 4월 6일 9시)을 나타내는 DateTimeOffset 객체를 구합니다. UTC와의 차를 구하려면 TimeZoneInfo 객체가 필요하므로 생성자를 호출하기 전에 TimeZoneInfo.FindSystemTimeZoneById 메서드를 사용해 "China Standard Time"의 TimeZoneInfo 객체를 구합니다.

TimeZoneInfo 객체가 구해지고 다음은 ConvertTimeBySystemTimeZoneId를 사용하면 완성됩니다.

연습 문제

문제 14.1

파일에 프로그램의 경로와 매개변수가 여러 행에 걸쳐 적혀 있습니다. 이 파일을 읽어 들이고 프로그램을 순서대로 시작하는 프로그램을 작성합니다. 하나의 프로그램이 끝나는 것을 기다렸다가 그다음 프로그램을 시작합니다. 입력할 파일의 형식은 일반적인 텍스트 파일도 XML 파일도 괜찮습니다. 마음에 드는 형식을 채택하기 바랍니다.

문제 14.2

프로그램 자기 자신의 파일 버전과 어셈블리 버전을 표시하는 콘솔 응용 프로그램을 작성합니다.

문제 14.3

본문에 나온 myAppSettings 요소에 다음과 같은 섹션을 추가하고 프로그램이 참조할 수 있도록 만듭니다.

```
<CalendarOption StringFormat="yyyy년MM월dd일(ddd)"
        Minimum="1900/1/1"
        Maximum="2100/12/31"
        MondayIsFirstDay="True" />
```

문제 14.4

자신이 자주 방문하는 웹 페이지에서 HTML을 가져와 파일에 저장하는 프로그램을 작성합니다.

문제 14.5

지정된 ZIP 파일에서 확장자가 .txt인 파일만 추출하는 콘솔 응용 프로그램을 작성합니다. ZIP 파일과 출력되는 쪽 폴더는 다음에 나온 것처럼 매개변수로 지정합니다. 첫 번째 매개변수가 ZIP 파일의 경로이고 두 번째 매개변수가 출력되는 쪽 폴더입니다. 출력되는 쪽 폴더가 존재하지 않는다면 새로 생성합니다.

```
unziptxt.exe d:\temp\sample.zip d:\work
```

문제 14.6

한국(서울) 현지 시각(2020/8/10 16:32:20)에 해당하는 협정 세계시와 싱가폴 현지 시각을 표시하는 코드를 작성합니다.

3부

C# 프로그래밍
관용구/정석 & 패턴

[고급 편]

15장 LINQ 사용
16장 비동기/병렬 프로그래밍
17장 실전 객체지향 프로그래밍
18장 스타일, 네이밍, 주석
19장 좋은 코드를 작성하기 위한 지침

15장

LINQ 사용

지금까지 LINQ를 사용하는 다양한 코드를 살펴봤지만 이번 장에서는 LINQ를 더욱 수준 높게 사용하는 방법을 알아보겠습니다. 여기까지 읽은 독자는 LINQ를 사용한 코드를 읽는 데도 익숙할 것이라고 생각하므로 요점만 설명하고 최대한 많은 코드를 살펴보겠습니다. 이미 소개한 LINQ 메서드 가운데 이번 장에 다시 나오는 것도 있는데 이것들을 조합해서 수준 높은 처리를 구현할 수 있다는 것도 알게 될 것입니다.

15.1 이번 장에서 이용할 서적 데이터

이번 장에서 이용할 데이터의 분야, 데이터[1], 클래스는 표 15.1, 표 15.2와 예제 15.1과 같습니다.

표 15.1 이번 장에서 이용할 서적 분야

ID	분야
1	Development
2	Server
3	Web Design
4	Windows
5	Application

---

1 서적 데이터는 모두 학습을 위해 가상으로 만든 것입니다.

표 15.2 이번 장에서 이용할 서적 데이터

서적	ID	가격	발행연도
Writing C# Solid Code	1	25000	2016
C# 개발 지침	1	38000	2014
Visual C# 다시 입문	1	27800	2016
구문으로 배우는 C# Book	1	24000	2016
TypeScript 초급 강좌	1	25000	2015
PowerShell 실전 레시피	2	42000	2013
SQL Server 완전 입문	2	38000	2014
IIS 웹 서버 운용 가이드	2	31800	2015
마이크로소프트 Azure 서버 구축	2	48000	2016
웹 디자인 강좌 HTML5 & CSS	3	28000	2013
HTML5 웹 대백과	3	38000	2015
CSS 디자인 사전	3	35500	2015
Windows10으로 즐겁게 일하기	4	22800	2016
Windows10의 고수가 되는 법	4	18900	2015
Windows10의 고수가 되는 법2	4	20800	2016
너무 쉬운 Windows10 입문	4	23000	2015
마이크로소프트 Office 박사	5	18900	2015
Word Excel 실전 템플릿 모음집	5	26000	2016
즐겁게 배우는 Excel 초급편	5	28000	2015

예제 15.1 이번 장에서 이용할 클래스

```
public class Category {
    public int Id { get; set; }
    public string Name { get; set; }
    public override string ToString() {
        return $"Id:{Id}, 분야 이름:{Name}";
    }
}

public class Book {
    public string Title { get; set; }
    public int Price { get; set; }
```

```
    public int CategoryId { get; set; }
    public int PublishedYear { get; set; }
    public override string ToString() {
        return $"발행연도:{PublishedYear}, 분야:{CategoryId}, 가격:{Price}, 제목:{Title}";
    }
}

public static class Library {
    // Categories 속성을 통해 나온 분야의 목록을 구할 수 있다
    public static IEnumerable<Category> Categories { get; private set; }

    // Books 속성을 통해 위에 나온 서적 정보를 구할 수 있다
    public static IEnumerable<Book> Books { get; private set; }

    static Library() {
        // Categories와 Books에 데이터를 설정한다. 자세한 구현 내용은 생략.
        ...
    }
}
```

15.2 입력 소스가 한 개인 경우에 LINQ를 이용하는 법

15.2.1 어떤 조건 안에서 최댓값을 구한다

특정 분야 내에서 가장 비싼 가격을 구하는 코드를 살펴보겠습니다.

예제 15.2 어떤 조건 안에서 최댓값을 구한다

```
var price = Library.Books
                .Where(b => b.CategoryId == 1)
                .Max(b => b.Price);
Console.WriteLine(price);
```

Where 메서드로 CategoryId가 1인 서적을 추려내고 Max 메서드로 가장 비싼 가격을 구합니다. 이 코드를 실행하면 "38000"이 출력됩니다.

15.2.2 최솟값인 요소를 한 개만 구한다

최솟값 자체를 구하는 것이 아니고 어떤 값이 최솟값인 요소를 구하는 예입니다. 지금은 제목이 가장 짧은 서적을 하나만 구합니다.

예제 15.3 최솟값인 요소를 하나만 구한다

```
var min = Library.Books
                .Min(x => x.Title.Length);
var book = Library.Books
                .First(b => b.Title.Length == min);
Console.WriteLine(book);
```

일단 제목 길이의 최솟값을 구하고 그 값을 사용해 First 메서드를 통해 조건에 일치하는 서적을 구했습니다. 이 코드를 실행한 결과는 다음과 같습니다.

```
발행연도:2014, 분야:1, 가격:38000, 제목:C# 개발 지침
```

다음과 같이 하나의 문장으로 쓸 수도 있지만 LINQ to Objects에서는 Min 메서드가 여러 번 호출되므로 프로그램의 성능에 좋지 않은 영향을 줍니다[2].

```
var book = Library.Books
                .First(b => b.Title.Length == Library.Books.Min(x => x.Title.Length));
Console.WriteLine(book);
```

그리고 엔터티 프레임워크(13장)에서 위에 나온 쿼리는 특별한 기법을 사용하지 않아도 하나의 SQL 문으로 변환되어 한 번의 쿼리로 결과를 얻을 수 있습니다.

15.2.3 평균값 이상인 요소를 모두 구한다

평균보다 가격이 비싼 서적을 구하는 코드를 살펴보겠습니다. 예제 15.3에 나온 코드와 같은 방법으로 처음에 Average 메서드를 통해 평균값을 구하고 Where 메서드로 평균값보다 비싼 서적을 찾습니다.

---

2 First 메서드는 조건에 일치할 때까지 각 요소에 대해 람다식를 호출하는데, 이렇게 호출할 때마다 Library.Books.Min이 실행됩니다.

예제 15.4 평균값 이상인 요소를 모두 구한다

```
var average = Library.Books
                    .Average(x => x.Price);
var aboves = Library.Books
                    .Where(b => b.Price > average);
foreach (var book in aboves) {
   Console.WriteLine(book);
}
```

이 코드를 실행한 결과는 다음과 같습니다.

```
발행연도:2014, 분야:1, 가격:38000, 제목:C# 개발 지침
발행연도:2013, 분야:2, 가격:42000, 제목:PowerShell 실전 레시피
발행연도:2014, 분야:2, 가격:38000, 제목:SQL Server 완전 입문
발행연도:2015, 분야:2, 가격:31800, 제목:IIS 웹 서버 운용 가이드
발행연도:2016, 분야:2, 가격:48000, 제목:마이크로소프트 Azure 서버 구축
발행연도:2015, 분야:3, 가격:38000, 제목:HTML5 웹 대백과
발행연도:2015, 분야:3, 가격:35500, 제목:CSS 디자인 사전
```

15.2.4 중복을 제거한다

Distinct 메서드를 사용하면 중복을 제거할 수 있습니다. 이번에는 발행연도의 목록을 최신 순서로 구하는 코드를 살펴보겠습니다. 처음 Select 메서드로 발행연도만 구하고 Distinct 메서드로 중복을 제거하고 마지막에 OrderBy 메서드로 정렬합니다.

예제 15.5 중복을 제거한다

```
var query = Library.Books
                   .Select(b => b.PublishedYear)
                   .Distinct()
                   .OrderBy(y => y);     ◀─── y에는 PublishedYear가 전달된다

foreach (var n in query)
   Console.WriteLine(n);
```

발행연도의 목록은 다음과 같습니다.

```
2013
2014
2015
2016
```

15.2.5 여러 개의 키로 나열한다

여러 개의 키로 나열하려면 OrderBy 또는 OrderByDescending 메서드 뒤에 **ThenBy 메서드**나 **ThenByDescending 메서드**를 호출합니다.

예제 15.6 여러 개의 키로 나열한다

```
var books = Library.Books
                   .OrderBy(b => b.CategoryId)
                   .ThenByDescending(b => b.PublishedYear);
foreach (var book in books) {
    Console.WriteLine(book);
}
```

위의 코드에서는 CategoryId, PublishedYear라는 순서로 나열했습니다. PublishedYear는 ThenByDesc ending 메서드로 정렬했으므로 최신 발행연도부터 표시됩니다. 다음은 이 코드를 실행한 결과입니다.

```
발행연도:2016, 분야:1, 가격:25000, 제목:Writing C# Solid Code
발행연도:2016, 분야:1, 가격:27800, 제목:Visual C# 다시 입문
발행연도:2016, 분야:1, 가격:24000, 제목:구문으로 배우는 C# Book
발행연도:2015, 분야:1, 가격:25000, 제목:TypeScript 초급 강좌
발행연도:2014, 분야:1, 가격:38000, 제목:C# 개발 지침
발행연도:2016, 분야:2, 가격:48000, 제목:마이크로소프트 Azure 서버 구축
발행연도:2015, 분야:2, 가격:31800, 제목:IIS 웹 서버 운용 가이드
발행연도:2014, 분야:2, 가격:38000, 제목:SQL Server 완전 입문
... (이하 생략)
```

15.2.6 여러 요소 가운데 어느 하나에 해당하는 객체를 구한다

예를 들면, 2013년이나 2016년에 발행된 서적을 구하고 싶다고 해봅시다. 이때 다음과 같이 구현하면 되겠지만 이 2013이나 2016이라는 값이 프로그램이 실행되고 있는 동안에 사용자가 입력한 값이라고 가정하면 다음과 같은 고정값을 직접 넣은 쿼리는 이용할 수 없을 것입니다.

```
var books = Library.Books
                   .Where(b => b.PublishedYear == 2013 ||
                               b.PublishedYear == 2016);
```

이 경우 배열이나 List<T>에 있는 Contains 메서드를 Where의 조건 안에 쓰면 지정한 여러 요소 중 하나에 해당하는 객체를 구할 수 있습니다.

예제 15.7 Where 메서드에서 Contains를 이용한다

```
var years = new int[] { 2013, 2016 };
var books = Library.Books
                    .Where(b => years.Contains(b.PublishedYear));
```

이 기법은 LINQ to Entities에서도 이용할 수 있습니다.

15.2.7 GroupBy 메서드로 그룹화한다

GroupBy 메서드를 사용하면 지정한 키마다 요소를 그룹화할 수 있습니다. 발행연도를 기준으로 서적을 그룹화하는 예를 살펴보겠습니다.

예제 15.8 발행연도를 기준으로 그룹화한다

```
var groups = Library.Books
                    .GroupBy(b => b.PublishedYear)
                    .OrderBy(g => g.Key);
foreach (var g in groups) {
   Console.WriteLine($"{g.Key}년");
   foreach (var book in g) {
      Console.WriteLine($"  {book}");
   }
}
```

GroupBy 메서드를 통해 구할 수 있는 형은 IEnumerable<IGrouping<TKey, TElement>>이며 위의 코드는 구체적으로는 IEnumerable<IGrouping<int, Book>>입니다. 이를 그림으로 나타내면 그림 15.1과 같습니다.

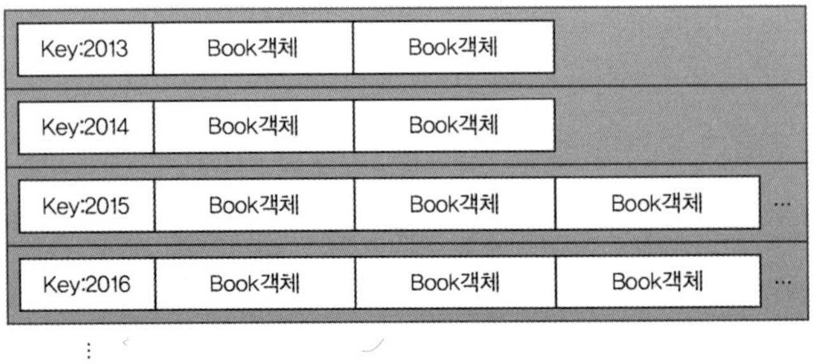

그림 15.1 GroupBy 메서드로 구해지는 객체

IGrouping에 있는 Key 속성에는 GroupBy 메서드에 지정한 PublishedYear 값이 들어 있으므로 이 값을 사용해 OrderBy 메서드로 발행연도 순으로 나열했습니다. 이렇게 구한 결과를 이중 foreach로 처리하고 그 결과를 출력합니다. 바깥 쪽에 있는 foreach에서 각 발행연도의 서적 그룹을 꺼내고 안쪽 foreach에서는 서적 그룹에서 한 권씩 서적을 꺼냅니다.

이 코드를 실행한 결과는 다음과 같습니다.

```
2013년
  발행연도:2013, 분야:2, 가격:42000, 제목:PowerShell 실전 레시피
  발행연도:2013, 분야:3, 가격:28000, 제목:웹 디자인 강좌 HTML5 & CSS
2014년
  발행연도:2014, 분야:1, 가격:38000, 제목:C# 개발 지침
  발행연도:2014, 분야:2, 가격:38000, 제목:SQL Server 완전 입문
2015년
  발행연도:2015, 분야:1, 가격:25000, 제목:TypeScript 초급 강좌
  발행연도:2015, 분야:2, 가격:31800, 제목:IIS 웹 서버 운용 가이드
  발행연도:2015, 분야:3, 가격:38000, 제목:HTML5 웹 대백과
(이하 생략)
```

각 그룹에서 최댓값을 가진 객체를 구한다

GroupBy 메서드를 응용한 예로 '각 발행연도 그룹에서 가장 가격이 비싼 서적을 구하는 코드'를 작성해보겠습니다.

예제 15.9 각 발행연도 그룹에서 가장 가격이 비싼 서적을 구한다

```
var selected = Library.Books
                    .GroupBy(b => b.PublishedYear)
                    .Select(group => group.OrderByDescending(b => b.Price)
                                        .First())
                    .OrderBy(o => o.PublishedYear);
foreach (var book in selected) {
   Console.WriteLine($"{book.PublishedYear}년 {book.Title} ({book.Price})");
}
```

이 코드에서는 GroupBy 메서드를 호출한 후에 Select 메서드를 통해 새로운 객체의 시퀀스를 만듭니다. Select 메서드에 넣은 람다식의 인수 group은 IEnumerable<Book>이므로 이를 가격순으로 정렬하고 그중에서 첫 Book 객체를 First 메서드로 구하면 가장 가격이 비싼 서적을 구할 수 있습니다. 마지막으로 OrderBy로 발행연도 순으로 정렬합니다.

이 코드를 실행한 결과는 다음과 같습니다.

```
2013년 PowerShell 실전 레시피 (42000)
2014년 C# 개발 지침 (38000)
2015년 HTML5 웹 대백과 (38000)
2016년 마이크로소프트 Azure 서버 구축 (48000)
```

OrderBy/OrderByDescending에서는 정렬할 키값이 같을 경우 본래의 시퀀스 순서가 유지됩니다. 2014년에 발행된 "SQL Server 완전 입문"도 가격이 38,000원이지만 그보다 앞에 있는 "C# 개발 지침"이 표시됐습니다.

15.2.8 ToLookup 메서드로 그룹화한다

LINQ에는 GroupBy 메서드 외에 그룹화하는 메서드가 하나 더 있습니다. 바로 ToLookup 메서드입니다.

예제 15.10 ToLookup으로 발행연도별로 그룹화한다

```
var lookup = Library.Books
                .ToLookup(b => b.PublishedYear);
var books = lookup[2014];   ◀── 키를 지정해서 구한 객체는 여러 요소를 저장하는 컬렉션이다
foreach (var book in books) {
    Console.WriteLine(book);
}
```

위의 코드에 있는 ToLookup 메서드는 PublishedYear를 키로 사용해 ILookup형[3]을 생성합니다. ILookup 형은 Dictionary 형처럼 키를 지정해서 접근할 수 있습니다(7장 딕셔너리 처리). Dictionary 형과 다른 점은 Dictionary 형이 키를 단일값에 할당하지만 ILookup 형은 키에 대응하는 값이 컬렉션에 할당된다는 점입니다.

ToLookup 메서드는 키를 가지고 무작위로 접근해야 할 경우에 매우 편리합니다. 키에 해당하는 요소는 여러 개 존재할 가능성이 있으므로 위의 코드에 있는 lookup[2014]를 통해 구할 수 있는 형은 IEnumerable<Book>입니다. ToLookup 메서드는 ToList 메서드와 마찬가지로 점(.)으로 연결되는 메서드의 마지막에 이용하는 메서드라고 기억하기 바랍니다.

---

3 자세한 내용은 https://msdn.microsoft.com/ko-kr/library/bb534291.aspx를 참조하기 바랍니다.

위 코드를 실행한 결과는 다음과 같습니다.

```
발행연도:2014, 분야:1, 가격:38000, 제목:C# 개발 지침
발행연도:2014, 분야:2, 가격:38000, 제목:SQL Server 완전 입문
```

15.3 입력 소스가 여러 개 있을 때 LINQ를 사용하는 법

13장에 나온 엔터티 프레임워크의 예에서는 클래스 사이의 관련성이 클래스의 속성의 형태로 표현됐습니다. 따라서 속성을 통해 다른 클래스(테이블)에 있는 데이터를 참조하는 쿼리를 작성할 수 있었습니다.

그러나 이번 장에 나온 Book 클래스와 Category 클래스는 논리적으로는 분야의 ID를 가지고 관련 지었지만 클래스에 있는 속성으로는 관련성을 정의하지 않습니다. 이런 경우에도 LINQ를 사용하면 두 개의 클래스를 관련 지어 쿼리를 작성할 수 있습니다.

15.3.1 두 개의 시퀀스를 결합한다

Join 메서드를 사용하면 두 개의 시퀀스를 지정된 키로 묶어서 하나의 시퀀스로 만들 수 있습니다. 다음에 나오는 코드는 서적 목록(Books)과 분야 목록(Categories)을 분야 ID로 결합하고 서적 이름, 분야 이름, 발행연도 세 개를 하나의 객체의 형태로 구합니다.

예제 15.11 Books와 Categories를 분야 ID로 결합한다

```
var books = Library.Books
                .OrderBy(b => b.CategoryId)
                .ThenBy(b => b.PublishedYear)
                .Join(Library.Categories,
                    book => book.CategoryId,
                    category => category.Id,
                    (book, category) => new {
                        Title = book.Title,
                        Category = category.Name,
                        PublishedYear = book.PublishedYear
                    }
                );
foreach (var book in books) {
    Console.WriteLine($"{book.Title}, {book.Category}, {book.PublishedYear}");
}
```

먼저 OrderBy와 ThenBy로 정렬하고 나서 Join 메서드로 결합합니다. Join 메서드가 받는 네 개의 인수는 다음과 같습니다.

- 첫 번째 인수: 결합할 두 번째 시퀀스

- 두 번째 인수: 대상 시퀀스의 결합에 사용할 키

- 세 번째 인수: 두 번째 시퀀스의 결합에 사용할 키

- 네 번째 인수: 결합한 결과로 얻어지는 객체를 생성하는 함수

다음은 이 코드를 실행한 결과의 일부입니다.

```
C# 개발 지침, Development, 2014
TypeScript 초급 강좌, Development, 2015
Writing C# Solid Code, Development, 2016
Visual C# 다시 입문, Development, 2016
구문으로 배우는 C# Book, Development, 2016
PowerShell 실전 레시피, Server, 2013
SQL Server 완전 입문, Server, 2014
... (이하 생략)
```

Join 메서드로 구한 객체를 단순화한다

Join 메서드를 응용한 예로 '2016년에 발행된 분야의 목록'을 작성해보겠습니다.

예제 15.12 2016년에 발행된 분야의 목록을 구한다

```
var names = Library.Books
                .Where(b => b.PublishedYear == 2016)
                .Join(Library.Categories,
                    book => book.CategoryId,
                    category => category.Id,
                    (book, category) => category.Name)
                .Distinct();
foreach (var name in names) {
    Console.WriteLine(name);
}
```

일단 Where 메서드로 2016년에 발행된 서적만 골라냅니다. 이렇게 골라낸 서적의 목록과 분야의 목록을 Join 메서드로 결합합니다. 우리가 구해야 하는 것은 분야 이름뿐이므로 Join 메서드의 마지막 인수에는 category의 Name 속성만 반환하는 람다식을 넘겨줍니다. 마지막 과정으로 Distinct 메서드로

중복을 제거하면 2016년에 발행된 분야의 목록을 구할 수 있습니다. 이 코드를 실행한 결과는 다음과 같습니다.

```
Development
Server
Windows
Application
```

15.3.2 두 개의 시퀀스를 그룹화해서 결합한다

분야 ID로 두 개의 시퀀스를 결합할 때 분야 ID로 그룹화하고 싶을 때가 있습니다. 이때는 GroupJoin 메서드를 사용합니다. Join과 GroupBy를 함께 실행하는 것입니다.

예제 15.13 GroupJoin으로 그룹화한다

```
var groups = Library.Categories
                    .GroupJoin(Library.Books,
                        c => c.Id,
                        b => b.CategoryId,
                        (c, books) => new { Category = c.Name, Books = books });
foreach (var group in groups) {
   Console.WriteLine(group.Category);
   foreach (var book in group.Books) {
      Console.WriteLine($"  {book.Title} ({book.PublishedYear}年)");
   }
}
```

위의 코드는 결과를 보면서 의미를 이해하는 것이 좋을 것 같습니다. 일단 이 코드를 실행한 결과를 살펴보겠습니다.

```
Development
  Writing C# Solid Code (2016년)
  C# 개발 지침 (2014년)
  Visual C# 다시 입문 (2016년)
  구문으로 배우는 C# Book (2016년)
  TypeScript 초급 강좌 (2015년)
Server
  PowerShell 실전 레시피 (2013년)
  SQL Server 완전 입문 (2014년)
```

```
  IIS 웹 서버 운용 가이드 (2015년)
  마이크로소프트 Azure 서버 구축 (2016년)
Web Design
  웹 디자인 강좌 HTML5 & CSS (2013년)
  HTML5 웹 대백과 (2015년)
   …(이하 생략)
```

Join 메서드와 마찬가지로 분야 ID로 두 개의 시퀀스를 결합했는데 Join 메서드와의 차이점은 '결합한 결과가 2차원의 표 형식이 되는 것이 아니고 분야 아래에 여러 서적이 늘어서는 계층 형식으로 결합된다'라는 점입니다.

GroupJoin 메서드로 구한 객체를 임의의 형으로 만든다

GroupJoin 메서드의 네 번째 인수 안에서는 두 개의 인수를 받아 임의의 객체를 생성할 수 있으므로 코드를 다음과 같이 작성할 수도 있습니다.

예제 15.14 GroupJoin 메서드로 구한 객체를 임의의 형으로 만든다

```
var groups = Library.Categories
                .GroupJoin(Library.Books,
                      c => c.Id,
                      b => b.CategoryId,
                      (c, books) => new {
                          Category = c.Name,
                          Count = books.Count(),
                          Average = books.Average(b => b.Price)
                      });
foreach (var obj in groups) {
   Console.WriteLine($"{obj.Category} 책 수량:{obj.Count} 평균 가격:{obj.Average:0.0}원");
}
```

위의 코드는 분야별 평균 가격을 보여줍니다.

```
Development 책 수량:5 평균 가격:27960.0원
Server 책 수량:4 평균 가격:39950.0원
Web Design 책 수량:3 평균 가격:33833.3원
Windows 책 수량:4 평균 가격:21375.0원
Application 책 수량:3 평균 가격:24300.0원
```

[Column] Zip 메서드 사용법

두 개의 배열이 있고 각 요소는 같은 인덱스에 의해 어떤 연관이 있다고 가정하겠습니다. LINQ에 있는 **Zip 메서드**를 사용하면 이 두 개의 배열로부터 다른 배열을 만들 수 있습니다.

지금은 한국어 요일 표기와 영어 요일 표기라는 두 개의 배열이 있고 이 두 개를 하나로 만들어 "월(MON)", "화(TUE)" ... 배열을 만드는 예를 살펴보겠습니다.

예제 15.15 Zip 메서드를 사용한 예

```
var jWeeks = new List<string> {
    "월", "화", "수", "목", "금", "토", "일"
};
var eWeeks = new List<string> {
    "MON", "TUE", "WED", "THU", "FRI", "SAT", "SUN"
};
var weeks = jWeeks.Zip(eWeeks, (s1, s2) => string.Format("{0}({1})", s1, s2));
weeks.ToList().ForEach(Console.WriteLine);
```

LINQ에 있는 Zip 메서드는 사용할 기회가 그다지 없겠지만 중요할 때 강력한 능력을 발휘하므로 기억해두기 바랍니다.

[Column] LINQ에 있는 집합 연산자

LINQ에는 합집합, 곱집합, 차집합을 연산하는 집합 연산자가 있습니다. 각각을 간단한 코드를 작성해서 실행한 결과를 보면서 설명하겠습니다.

합집합: Union 메서드

Union 메서드는 두 개의 시퀀스 가운데 적어도 하나에 포함되는 요소를 모아서 시퀀스를 만듭니다. 이때 요소는 중복되지 않습니다.

예제 15.16 합집합 코드의 예

```
var animals1 = new [] { "기린", "사자", "코끼리", "얼룩말", "팬더", };
var animals2 = new[] { "사자", "코알라", "기린", "고릴라", };
var union = animals1.Union(animals2);
foreach (var name in union)
    Console.Write($"{name} ");
```

예제 15.16을 실행한 결과는 다음과 같습니다.

```
기린 사자 코끼리 얼룩말 팬더 코알라 고릴라
```

결과를 보면 알 수 있듯이 Union 메서드는 일단 animals1을 처음부터 순서대로 열거하고, 이어서 animals2 가운데 animals1에 포함되지 않는 요소를 순서대로 열거합니다.

곱집합: Intersect 메서드

Intersect 메서드는 두 개의 시퀀스 모두에 포함되는 요소를 모아서 시퀀스를 만듭니다.

예제 15.17 곱집합 코드의 예

```
var intersect = animals1.Intersect(animals2);
foreach (var name in intersect)
    Console.Write($"{name} ");
```

예제 15.17을 실행한 결과는 다음과 같습니다.

```
기린 사자
```

Intersect 메서드는 animals1의 순서를 유지하면서 요소를 열거합니다.

차집합: Except 메서드

Except 메서드는 대상이 되는 시퀀스 안에서 다른 쪽 시퀀스에 속하는 요소를 제외한 시퀀스를 만듭니다.

예제 15.18 차집합 코드의 예

```
var expect = animals1.Except(animals2);
foreach (var name in expect)
    Console.Write($"{name} ");
```

예제 15.18을 실행한 결과는 다음과 같습니다.

```
코끼리 얼룩말 팬더
```

Except 메서드도 Intersect 메서드와 마찬가지로 animals1의 순서를 유지하면서 요소를 열거합니다.

연습 문제

문제 15.1

본문에서 이용한 Book, Category, Library 클래스를 이용해 다음과 같은 코드를 작성합니다.

1. Library 클래스에 생성자를 추가하고 이번 장의 처음 부분에 나온 서적의 분야 데이터와 서적 데이터의 값을 Categories 속성과 Books 속성에 설정하는 코드를 작성합니다.

2. 가장 가격이 비싼 서적을 추출하고 그 서적의 정보를 콘솔에 출력합니다.

3. 발행연도별로 서적의 수를 세어 그 결과를 콘솔에 출력합니다.

4. 발행연도, 가격 순서(각각 값이 큰 순서로)로 정렬하고 그 결과를 콘솔에 출력합니다. 출력 예는 다음과 같습니다.

```
2016년 48,000원 마이크로소프트 Azure 서버 구축(Server)
2016년 27,800원 Visual C# 다시 입문(Development)
2016년 26,000원 Word Excel 실전 템플릿 모음집(Application)
   ...
```

5. 2016년에 발행된 서적의 분야 목록을 구해서 콘솔에 출력합니다.

6. GroupBy 메서드를 사용해 분야별로 서적을 분류하고 분야 이름을 알파벳 순서로 나열해서 그 결과를 콘솔에 출력합니다. 출력 예는 다음과 같습니다.

```
#Application
 너무 쉬운 Windows10 입문
 Word Excel 실전 템플레이트 모음집
 즐겁게 배우는 Excel 초급편
#Development
 Writing C# Solid Code
 C# 개발 지침
    ...
```

7. 분야가 "Development"인 서적을 발행연도로 분류하고 그 결과를 콘솔에 출력합니다. 출력 예는 다음과 같습니다.

```
#2014년
 C# 개발 지침
#2015년
 TypeScript 초급 강좌
#2016년
 Writing C# Solid Code
 Visual C# 다시 입문
 구문으로 배우는 C# Book
```

8. GroupJoin 메서드를 사용해 네 권 이상 발행된 분야 이름을 구하고 그 분야의 이름을 콘솔에 출력합니다.

16장

비동기/병렬 프로그래밍

응용 프로그램의 응답성을 확보하는 데 **비동기 처리**는 필수적이라고 할 수 있습니다. 그리고 멀티 CPU의 성능을 끌어올리는 데도 비동기 처리와 **병렬 처리**는 없어서는 안 된다고 할 수 있습니다.

이번 장에서는 비동기 처리와 병렬 처리의 기초에 관해 알아보겠습니다.

16.1 비동기 처리와 병렬 처리의 필요성

예를 들어, WindowsForms 응용 프로그램에서 버튼이 클릭됐을 때 시간이 소요되는 처리를 호출한다고 가정하겠습니다. 대량의 파일을 읽어들이거나 네트워크에서 데이터를 내려받을 경우 지금까지 설명한 방법으로는 해당 처리가 끝날 때까지 응용 프로그램이 사용자의 요구에 응답할 수 없습니다. 그 결과로 사용자에게 '불편한 응용 프로그램이구나'라는 인상을 주게 될 것입니다. 비동기 프로그래밍을 구현하면 응용 프로그램이 시간이 소요되는 처리를 실행하고 있을 때도 사용자의 요구에 응답할 수 있습니다(그림 16.1).

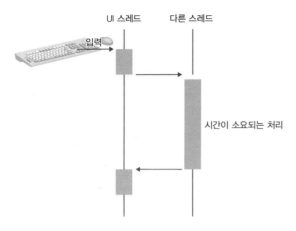

그림 16.1 UI 비동기 처리

그리고 좀 더 짧은 시간 안에 처리를 끝내기 위해 여러 개의 처리를 병렬로 실행하고 싶을 때가 있습니다. 그럴 때는 병렬 프로그래밍이 도움이 됩니다(그림 16.2).

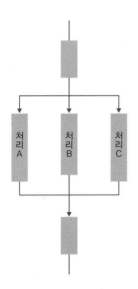

그림 16.2 병렬 처리

이 책에서는 일단 UI를 멈추지 않기 위한 비동기 처리 프로그래밍을 그 역사를 포함해서 설명하겠습니다. 후반부에서는 여러 개의 처리를 동시에 실행하는 병렬 처리에 관해서도 알아보겠습니다.

16.2 async/await 이전의 비동기 프로그래밍

C# 5.0부터 async/await라는 키워드가 도입되어 비동기 프로그래밍을 더 쉽게 할 수 있게 됐습니다. 일단 C#에서 비동기 프로그래밍이 어떻게 진화해왔는지 알아보겠습니다.

16.2.1 스레드를 이용한 비동기 처리

다음과 같은 WindowsForms 프로그램 코드를 예로 들어 비동기 처리에 관해 생각해보겠습니다.

```
using System.Threading;
...

private void button1_Click(object sender, EventArgs e) {
    label1.Text = "";
    Cursor = Cursors.WaitCursor;
    DoLongTimeWork();      // 시간이 소요되는 처리
    label1.Text = "종료";
    Cursor = Cursors.Arrow;
}
```

이 코드에서 볼 수 있는 문제점을 이야기하자면 DoLongTimeWork 처리가 동작하고 있는 동안에는 프로그램이 '응답 없음' 상태가 돼버린다는 점입니다. 이 동안에는 창을 이동할 수도 최소화할 수도 없습니다.

이 문제를 해결할 수 있는 것이 **Thread 클래스**입니다. Thread 클래스를 이용하면 같은 프로세스 안에서 여러 개의 처리를 병행해서 동작시킬 수 있습니다. 병행해서 동작하는 하나의 처리 단위를 **스레드**라고 합니다. 위의 코드를 Thread 클래스를 사용해서 수정해보겠습니다.

예제 16.1 Thread 클래스를 이용한 비동기 처리

```
private void button1_Click(object sender, EventArgs e) {
    label1.Text = "";
    var th = new Thread(DoSomething);
    th.Start();      ◀──── DoSomething이 비동기로 실행된다
}

private void DoSomething() {
    DoLongTimeWork();      // 시간이 소요되는 처리
```

```
    label1.Invoke((Action) delegate () {
        label1.Text = "종료";
    });
}
```

Thread 클래스의 생성자 인수에 비동기로 실행할 메서드를 지정합니다. 그러고 나서 Start 메서드로 스레드를 시작합니다. 이렇게 하면 UI와는 다른 별도의 스레드에서 DoSomething 메서드를 실행합니다. 따라서 DoSomething 메서드를 실행하는 도중에도 응용 프로그램이 멈추는 일이 없게 됩니다.

DoSomething 메서드는 자신이 해야 할 처리가 끝나면 마지막으로 Label에 "종료"라고 표시하고 싶지만 아쉽게도 폼 위에 있는 컨트롤은 UI 스레드로부터 접근한 것이 아니면 받아들이지 않는다는 제약이 있습니다. 따라서 Invoke 메서드[1]를 사용해 UI 스레드 쪽에서 Label에 "종료"라고 표시하게 합니다. 그리고 delegate 키워드 앞에 (Action)이라고 썼는데 이것은 Invoke 메서드의 인수에 delegate를 넘겨줄 때 항상 써야 한다는 것이라고 생각하면 됩니다. (Action) 부분을 (MethodInvoker)라고 써도 동일한 결과가 나옵니다.

Thread를 사용한 코드는 이처럼 매우 장황하게 구현할 수밖에 없다는 것이 큰 단점이었습니다. 그리고 DoSomething 안에서 본래의 처리 로직과 UI 처리가 결합된다는 문제도 있었습니다.

16.2.2 BackgroundWorker 클래스를 사용한 비동기 처리

Thread를 사용한 비동기 코드의 단점을 보충하기 위해 .NET 프레임워크 2.0부터 도입된 것이 **BackgroundWorker 클래스**입니다. 이 BackgroundWorker 클래스를 사용하면 이벤트[2]를 사용해 비동기 처리를 구현할 수 있습니다.

비주얼 스튜디오에 있는 코드 어시스트 기능[3]을 이용하면 이벤트 핸들러를 쉽게 등록[4]할 수 있으므로 비교적 간단한 코드를 작성해서 비동기 처리를 구현할 수 있습니다.

---

1 Invoke 메서드를 이용하면 지정한 델리게이트를 UI 스레드 상에서 실행할 수 있습니다.
2 '버튼이 클릭됐다', '마우스가 이동했다'와 같이 프로그램 실행 중에 발생하는 사건을 '이벤트'라고 하고 해당 이벤트에 대응되어 동작하는 메서드를 '이벤트 핸들러'라고 합니다. 이벤트에는 사용자의 요구를 처리하는 일에 관련된 것과 '어떤 처리를 시작했다', '어떤 처리가 끝났다', '지정된 시간을 경과했다'와 같이 사용자와는 관련이 없는 것 모두가 포함됩니다.
3 +, =라고 입력한 후 k 키, Tab 키를 연달아 누르면 이벤트 핸들러가 자동으로 삽입됩니다.
4 이벤트 핸들러를 등록하려면 += 연산자를 사용합니다.

예제 16.2 BackgroundWorker 클래스를 이용한 비동기 처리

```csharp
private BackgroundWorker _worker = new BackgroundWorker();

public Form1() {
    InitializeComponent();
    _worker.DoWork += _worker_DoWork;
    _worker.RunWorkerCompleted += _worker_RunWorkerCompleted;
}

private void _worker_DoWork(object sender, DoWorkEventArgs e) {
    DoLongTimeWork();      // 시간이 소요되는 처리
}

private void _worker_RunWorkerCompleted(object sender, RunWorkerCompletedEventArgs e) {
    label1.Text = "종료";
}

private void button1_Click(object sender, EventArgs e) {
    label1.Text = "";
    _worker.RunWorkerAsync();
}
```

button1_Click 메서드에서 RunWorkerAsync를 호출했습니다. RunWorkerAsync 메서드가 호출되면 DoWork 이벤트에 등록한 메서드인 _worker_DoWork(이벤트 핸들러)가 비동기로 실행됩니다. _worker_DoWork 메서드가 처리를 끝내면 RunWorkerCompleted 이벤트에 등록된 _worker_RunWorkerCompleted 메서드가 호출되어 "종료"라는 문자열이 폼에 표시됩니다.

그리고 BackgroundWorker 클래스에는 ProgressChanged 이벤트도 있으므로 진행 상황을 표시하는 이벤트 핸들러를 구현할 수도 있습니다. 다음에 나오는 코드는 ProgressChanged 이벤트를 이용해 StatusStrip 컨트롤에 배치한 ToolStripProgressBar에 진행 상황을 표시하는 예입니다.

예제 16.3 BackgroundWorker로 진행 상황을 표시하는 예

```csharp
public partial class Form1 : Form {

    private BackgroundWorker _worker = new BackgroundWorker();

    public Form2() {
        InitializeComponent();
        _worker.DoWork += _worker_DoWork;
```

```
    _worker.RunWorkerCompleted += _worker_RunWorkerCompleted;
    _worker.ProgressChanged += _worker_ProgressChanged;
    _worker.WorkerReportsProgress = true;
}


// 본래의 처리를 수행한다
private void _worker_DoWork(object sender, DoWorkEventArgs e) {
    var collection = Enumerable.Range(1, 200).ToArray();
    int count = 0;
    foreach (var n in collection) {
        // n에 대한 처리를 수행한다
        DoWork(n);
        // 몇 퍼센트까지 처리됐는지를 구한다
        var per = count * 100 / collection.Length;
        // 프로그레스 바를 업데이트하기 위해 처리 상황을 알린다
        _worker.ReportProgress(Math.Min(per, toolStripProgressBar1.Maximum), null);

        count++;
    }
}


// 프로그레스 바를 업데이트한다
private void _worker_ProgressChanged(object sender, ProgressChangedEventArgs e) {
    toolStripProgressBar1.Value = e.ProgressPercentage;
}


// 처리가 끝났을 때 호출된다
private void _worker_RunWorkerCompleted(object sender, RunWorkerCompletedEventArgs e) {
    toolStripProgressBar1.Value = toolStripProgressBar1.Maximum;
    toolStripStatusLabel1.Text = "완료";
}


private void button1_Click(object sender, EventArgs e) {
    toolStripStatusLabel1.Text = "";
    // 처리를 시작한다
    _worker.RunWorkerAsync();
}
}
```

16.2.3 Task 클래스를 이용한 비동기 처리

.NET 프레임워크 4.0부터는 비동기 처리를 위한 **Task 클래스**가 새로 도입됐습니다. Thread 클래스를 대체하는 것입니다. Thread 클래스를 사용했을 때는 스레드를 생성/삭제하는 데 비용이 든다는 문제가 있었지만 Task 클래스는 그 문제를 해소함과 동시에 더욱 수준 높은 기능을 제공합니다.

Task 클래스를 사용한 간단한 예를 살펴보겠습니다.

예제 16.4 Task 클래스를 사용한 비동기 처리

```
using System.Threading.Tasks;
  ...
  private void button1_Click(object sender, EventArgs e) {
    toolStripStatusLabel1.Text = "";
    Task.Run(() => DoSomething());
  }

  private void DoSomething() {
    DoLongTimeWork();    // 시간이 소요되는 처리
    statusStrip1.Invoke((Action)(() => {
      toolStripStatusLabel1.Text = "종료";
    }));
  }
```

Task.Run 메서드에서 DoSomething 메서드를 비동기로 호출합니다. DoSomething 메서드 안에서는 Invoke 메서드의 인수에 람다식을 넣었는데 앞서 이야기한 Thread에 관련된 예제 코드와 본질적으로는 큰 차이가 없습니다.

예제 16.4에 나온 예에서는 Task 클래스를 사용하는 장점을 잘 알 수 없지만 Task 클래스에 있는 **ContinueWith 메서드**를 사용하면 Invoke 메서드를 호출할 필요가 없습니다. 다음은 ContinueWith 메서드를 사용해서 수정한 코드입니다.

예제 16.5 Task.ContinueWith 메서드를 사용한 예

```
private void button2_Click(object sender, EventArgs e) {
  toolStripStatusLabel1.Text = "";
  var currentContext = TaskScheduler.FromCurrentSynchronizationContext();
  Task.Run(() => {
    DoSomething();
  })
  .ContinueWith(task => {
```

```
        toolStripStatusLabel1.Text = "종료";
    }, currentContext);
}


private void DoSomething() {
    // 시간이 소요되는 처리
}
```

Run 메서드의 인수에 구현한 부분이 비동기로 처리된 후에 ContinueWith 부분이 UI 스레드 상에서 처리됩니다. TaskScheduler.FromCurrentSynchronizationContext를 통해 얻어진 객체를 ContinueWith 메서드의 두 번째 인수에 넘겨주면 ContinueWith 부분 안에 있는 처리가 UI 스레드에서 수행됩니다. 두 번째 인수를 생략하면 UI 스레드와는 다른 처리를 수행합니다.

코드의 양은 많아졌지만 DoSomething 메서드는 이처럼 UI로부터 완전히 독립된 메서드가 됐습니다. 그리고 이렇게 하면 본래의 처리만 구현하면 되고 단위 테스트도 하기 쉬워집니다.

16.3 async/await를 이용한 비동기 프로그래밍

C# 5.0부터 도입된 async 키워드와 await 키워드는 비동기 프로그래밍을 강력하게 지원합니다. 이 두 개의 키워드를 사용하면 앞서 이야기한 Task 클래스를 이용한 비동기 처리를 더욱 간단히 구현할 수 있습니다.

16.3.1 이벤트 핸들러를 비동기로 만든다

이전 절에 나온 Task 클래스를 사용한 코드를 async/await 키워드를 사용해 수정해보겠습니다. 지금은 WindowsForms 응용 프로그램을 다루고 있지만 WPF 응용 프로그램에도 기본적으로 같은 방법으로 구현할 수 있습니다.

예제 16.6 이벤트 핸들러를 비동기로 만든다(1)

```
private async void button1_Click(object sender, EventArgs e) {
    toolStripStatusLabel1.Text = "";
    await Task.Run(() => DoSomething());
    toolStripStatusLabel1.Text = "종료";
}
```

```
// 반환값이 없는 동기 메서드
private void DoSomething() {
    ... // 시간이 소요되는 처리
}
```

button1_Click 메서드에 **async 키워드**가 추가됐다는 점에 주목하기 바랍니다. async로 수식된 메서드는 비동기 메서드가 됩니다. 이 비동기 메서드 안에서 await 키워드를 사용할 수 있습니다. **async 키워드로 수식되지 않은 메서드에서는 await 키워드를 이용할 수 없습니다.**

await 키워드는 지정한 Task가 끝날 때까지 이후의 처리를 중단하고 지정한 Task가 끝나면 그 이후의 처리를 계속합니다. await 키워드에 이어서 Task 객체를 지정합니다[5]. 마치 동기 처리인 것 같은 코드지만 Task.Run으로 시작된 처리가 동작하고 있는 동안에도 UI가 멈추지 않습니다. 다시 말하면 예제 16.6은 실질적으로 예제 16.5와 같은 일을 하고 있다고 할 수 있습니다.

그리고 위의 코드에서 button1_Click 안에 있는 Task.Run 행을 분해해서 쓴 것은 다음과 같습니다. await 키워드는 Task 객체에 대해서 쓸 수 있다는 점을 기억하기 바랍니다.

```
Task task = Task.Run(() => DoSomething());
await task;
```

그리고 만일 DoSomething 메서드 안에 있는 처리가 단순한 것이라면 다음과 같이 구현할 수 있습니다.

```
private async void button1_Click(object sender, EventArgs e) {
    toolStripStatusLabel1.Text = "";
    await Task.Run(() => {
        DoLongTimeWork();    // 시간이 소요되는 처리
    });
    toolStripStatusLabel1.Text = "종료";
}
```

지금까지 봤던 DoSomething 메서드는 void 형이었지만 반환값을 반환하는 메서드에도 이용할 수 있습니다. 다음 코드를 보겠습니다.

---

5 Task.Run 메서드의 반환값은 Task 객체입니다.

예제 16.7 이벤트 핸들러를 비동기로 만든다(2)

```
private async void button1_Click(object sender, EventArgs e) {
    toolStripStatusLabel1.Text = "";
    var elapsed = await Task.Run(() => DoSomething());
    toolStripStatusLabel1.Text = $"{elapsed}밀리초";
}

// 반환값이 있는 동기 메서드
private long DoSomething() {
    var sw = Stopwatch.StartNew();
    DoLongTimeWork();    // 시간이 소요되는 처리
    sw.Stop();
    return sw.ElapsedMilliseconds;
}
```

Task.Run을 통해 비동기로 호출한 처리가 끝나면 그 결과가 elapsed 변수에 대입됩니다.

16.3.2 비동기 메서드를 정의한다

이제까지 본 DoSomething 자체를 비동기 메서드로 만들고 싶을 때가 있습니다. 비동기 메서드로 만들려면 메서드에 async 키워드를 지정하고 반환값을 **Task 형**으로 지정해야 합니다. 반환값이 없는 메서드일 경우에는 Task 형으로 지정하고 반환값이 있다면 **Task〈TResult〉 형**으로 지정합니다.

일단 반환값이 없는 비동기 메서드의 예를 예제 16.8에서 살펴보겠습니다.

예제 16.8 비동기 메서드를 정의한다(반환값이 없을 경우)

```
private async void button1_Click(object sender, EventArgs e) {
    toolStripStatusLabel1.Text = "";
    await DoSomethingAsync();
    toolStripStatusLabel1.Text = "종료";
}

// 비동기 메서드 - DoSomethingAsync는 아무것도 반환하지 않는다
private async Task DoSomethingAsync() {
    await Task.Run(() => {
        DoLongTimeWork();    // 시간이 소요되는 처리
    });
}
```

DoSomethingAsync가 Task 객체를 반환하는 비동기 메서드가 됐으므로 button1_Click 안에서는 이제 Task.Run이 필요없습니다.

그리고 async로 수식하기만 하면 await 키워드를 사용하지 않는 메서드는 비동기 메서드가 되지 않습니다. 따라서 다음과 같은 메서드를 구현하면 비동기 처리되지 않고 UI 처리가 멈춰버리므로 주의하기 바랍니다.

✖
```
private async Task DoSomethingAsync(int milliseconds) {
    DoLongTimeWork();    // 시간이 소요되는 처리
}
```

반환값이 있을 경우에는 비동기 메서드의 반환값의 형을 Task<TResult> 형으로 지정합니다. 예제 16.9를 살펴보겠습니다.

예제 16.9 비동기 메서드를 정의한다(반환값이 있을 경우)

```
private async void button1_Click(object sender, EventArgs e) {
    toolStripStatusLabel1.Text = "";
    var elapsed = await DoSomethingAsync(4000);
    toolStripStatusLabel1.Text = $"{elapsed}밀리초";
}

// 비동기 메서드 - DoSomethingAsync는 long 형 값을 반환한다
private async Task<long> DoSomethingAsync(int milliseconds) {
    var sw = Stopwatch.StartNew();
    await Task.Run(() => {
        DoLongTimeWork();    // 시간이 소요되는 처리
    });
    sw.Stop();
    return sw.ElapsedMilliseconds;
}
```

16.4 HttpClient를 이용한 비동기 처리(async/await 응용 예)

async/await를 이용한 비동기 처리를 응용한 예로 HttpClient를 이용한 비동기 처리에 관해 설명합니다. HttpClient는 .NET 프레임워크 4.5에 추가됐습니다.

16.4.1 HttpClient를 사용한 간단한 예

다음은 HttpClient 클래스를 사용한 비동기 처리의 예입니다.

예제 16.10 HttpClient 클래스를 사용한 비동기 처리

```
private async void button_Click(object sender, RoutedEventArgs e) {
    var text = await GetPageAsync(@"http://www.bing.com/");
    textBlock.Text = text;
}

private HttpClient _httpClient = new HttpClient();

private async Task<string> GetPageAsync(string urlstr) {
    var str = await _httpClient.GetStringAsync(urlstr);
    return str;
}
```

이 HttpClient 클래스가 공개하는 Get 계통의 메서드는 모두 비동기 메서드입니다. 비동기 메서드라는 것을 알리기 위해 메서드 이름에는 GetStringAsync처럼 마지막에 Async가 붙습니다.

await 키워드를 사용하는 메서드는 반드시 async 키워드로 메서드를 수식해야 하므로 GetPageAsync 메서드도 button_Click 메서드도 async를 붙여 비동기 메서드로 지정합니다.

그리고 HttpClient 객체를 인스턴스화하는 것은 한 번만 할 것을 권장합니다[6]. 요청할 때마다 HttpClient 클래스를 인스턴스화하면 부하가 많은 환경에서는 인스턴스를 Dispose하더라도 이용할 수 있는 소켓 수를 모두 사용해버려 예외가 발생할 경우가 있습니다.

16.4.2 HttpClient를 응용한다

14장에서 소개한 위키피디아 데이터에 접근하는 코드를 HttpClient를 사용하는 방식으로 수정해보겠습니다. WPF 응용 프로그램으로 수정했는데 GetFromWikipediaAsync 메서드는 Windows Forms와 같은 다른 유형의 응용 프로그램에도 그대로 이용할 수 있습니다.

---

6 참고 URL: https://www.infoq.com/news/2016/09/HttpClient

예제 16.11 HttpClient 클래스를 이용한 비동기 처리(위키피디아 API를 이용)

```
private async void button1_Click(object sender, RoutedEventArgs e) {
    textBlock.Text = "";
    var text = await GetFromWikipediaAsync("청정실");
    textBlock.Text = text;
}

private HttpClient _httpClient = new HttpClient();

private async Task<string> GetFromWikipediaAsync(string keyword) {
    // UriBuilder와 FormUrlEncodedContent를 사용해 매개변수를 붙인 URL을 조합한다
    var builder = new UriBuilder("https://ko.wikipedia.org/w/api.php");
    var content = new FormUrlEncodedContent(new Dictionary<string, string>() {
        ["action"] = "query",
        ["prop"] = "revisions",
        ["rvprop"] = "content",
        ["format"] = "xml",
        ["titles"] = keyword,
    });
    builder.Query = await content.ReadAsStringAsync();

    // HttpClient를 사용해 위키피디아에 있는 데이터를 가져온다
    var str = await _httpClient.GetStringAsync(builder.Uri);

    // 가져온 XML 문자열에서 LINQ to XML을 사용해 필요한 정보를 꺼낸다
    var xmldoc = XDocument.Parse(str);
    var rev = xmldoc.Root.Descendants("rev").FirstOrDefault();
    return WebUtility.HtmlDecode(rev?.Value);
}
```

HttpClient 클래스에서는 NameValueCollection을 직접 매개변수에 넘겨줄 수 없으므로 System.Net.Http 네임스페이스에 있는 FormUrlEncodedContent 클래스를 사용해 매개변수를 조합합니다. ReadAsString Async 메서드가 URI 인코딩을 수행하므로 명시적으로 인코딩할 필요는 없습니다.

16.5 UWP에서의 비동기 IO 처리

UI의 응답성을 확보하기 위해 **UWP 앱**[7]용 .NET 라이브러리에 있는 많은 기능이 비동기 메서드 방식으로 제공됩니다. 파일 IO 처리도 그중 하나입니다. UWP 앱에서 이용할 수 있는 파일 IO 클래스는 모든 기능이 비동기 메서드로 구성돼 있습니다. 따라서 UWP 앱에서는 9장 '파일 처리'에서 소개한 클래스를 이용할 수 없습니다. 이번에는 UWP 앱에서 텍스트 파일을 입출력하는(비동기로) 방법을 설명하겠습니다.

16.5.1 파일 피커를 사용해 파일에 접근한다

UWP 앱에서는 파일 피커[8]를 사용해 사용자가 지정한 파일에 접근합니다. 다음 코드는 파일 피커로 지정한 텍스트 파일의 모든 행을 읽어 들이는 예입니다.

예제 16.12 파일 피커를 사용해 파일에 접근한다

```
using System.IO;
using Windows.Storage;
using Windows.Storage.Pickers;

  ...

  private async void button_Click(object sender, RoutedEventArgs e) {
    var texts = await GetLinesAsync();
    textBlock.Text = texts[0];
  }

  private async Task<string[]> GetLinesAsync() {
    var picker = new FileOpenPicker {
      ViewMode = PickerViewMode.Thumbnail,
      SuggestedStartLocation = PickerLocationId.DocumentsLibrary,
    };
    picker.FileTypeFilter.Add(".txt");
    StorageFile file = await picker.PickSingleFileAsync();
    var texts = await FileIO.ReadLinesAsync(file);
    return texts.ToArray();
  }
```

---

7 UWP(Universal Windows Platform) 앱은 모든 Windows 10 장치(PC, 태블릿, 폰 등)에서 동작하는 응용 프로그램입니다.
8 파일을 선택할 때 표시되는 대화상자를 '파일 피커'라고 합니다.

GetLinesAsync 메서드에서 처리하는 방법을 살펴보겠습니다.

1. FileOpenPicker 객체를 생성한다

2. FileOpenPicker 클래스에 있는 PickSingleFileAsync 비동기 메서드를 호출해 파일 피커를 표시해서 사용자가 파일을 선택할 수 있게 한다

3. 파일 선택이 끝나면 사용자가 선택한 파일의 정보(StorageFile 객체)가 file 변수에 들어간다

4. Windows.Storage.FileIO 클래스에 있는 ReadLinesAsync라는 정적 메서드를 호출해서 모든 행을 읽어 들인다. **ReadLinesAsync 정적 메서드**의 인수에는 FileOpenPicker로 구한 StorageFile 객체를 넘겨준다

16.5.2 로컬 폴더에 텍스트 파일을 출력한다

UWP 앱이 이용할 수 있는 로컬 폴더에 텍스트 파일을 출력하는 예입니다.

예제 16.13 로컬 폴더에 텍스트 파일을 출력한다

```
private async button1_Click(object sender, RoutedEventArgs e) {
    await WriteTexts("sample.txt");
}

private async Task WriteTexts(string filename) {
    var lines = new string[] {
        "동해물과 백두산이",
        "마르고 닳도록",
        "하느님이 보우하사",
        "우리나라 만세",
    };

    StorageFolder storageFolder = ApplicationData.Current.LocalFolder;
    StorageFile file = await storageFolder.CreateFileAsync(filename,
        CreationCollisionOption.ReplaceExisting);
    await FileIO.WriteLinesAsync(file, lines);
}
```

ApplicationData.Current.LocalFolder로 로컬 폴더의 StorageFolder 객체를 가져온 후 StorageFolder 객체의 CreateFileAsync 메서드로 StorageFile 객체를 구합니다.

마지막으로 FileIO.**WriteLinesAsync** 메서드로 텍스트 파일을 한꺼번에 씁니다. 인수에는 Storage Folder 객체와 출력할 텍스트 배열을 전달합니다.

참고로 UWP 앱에서는 WindowsForms 응용 프로그램과는 달리 프로그램에서 지정한 임의의 장소에 있는 파일에 접근할 수 없습니다.

16.5.3 로컬 폴더에 있는 텍스트 파일을 읽어 들인다

로컬 폴더에 있는 텍스트 파일을 읽어 들이는 예입니다. 16.5.2절 '로컬 폴더에 텍스트 파일을 출력한다'와의 차이점은 WriteLinesAsync 메서드 대신 **ReadLinesAsync 메서드**를 호출한다는 점입니다.

예제 16.14 로컬 폴더에 있는 텍스트 파일을 읽어 들인다

```
private async void button2_Click(object sender, RoutedEventArgs e) {
    var lines = await ReadLines("sample.txt");
    textBlock.Text = String.Join("\n", lines);
}

private async Task<IEnumerable<string>> ReadLines(string filename) {
    StorageFolder storageFolder = ApplicationData.Current.LocalFolder;
    StorageFile file = await storageFolder.GetFileAsync(filename);
    var lines = await FileIO.ReadLinesAsync(file);
    return lines;
}
```

16.5.4 앱을 설치한 폴더에서 파일을 읽어 들인다

UWP 앱을 설치한 폴더에서 파일을 읽어 들이는 코드를 살펴보겠습니다. 이 예에서는 앱을 설치한 폴더 아래의 AppData 폴더에 있는 sample.txt라는 파일을 읽어 들입니다.

예제 16.15 앱을 설치한 폴더에서 파일을 읽어 들인다

```
private async void button3_Click(object sender, RoutedEventArgs e) {
    var lines = await ReadLinesFromInstallFile();
    textBlock.Text = String.Join("\n", lines);
}

private async Task<IEnumerable<string>> ReadLinesFromInstallFile() {
    StorageFolder installedFolder = Package.Current.InstalledLocation;
    StorageFolder dataFolder = await installedFolder.GetFolderAsync("AppData");
    StorageFile sampleFile = await dataFolder.GetFileAsync("sample.txt");
    var lines = await FileIO.ReadLinesAsync(sampleFile);
    return lines;
}
```

16.6 병렬 처리 프로그래밍

요즘 출시되는 CPU는 연산 처리를 수행하는 코어를 여러 개 탑재하고 있어 여러 개의 처리를 병렬로 실행할 수 있습니다. 여러 개의 코어를 잘 활용하면 처리를 빠르게 실행할 수 있습니다.

지금까지 설명한 비동기 처리는 UI 처리가 멈추지 않게 하기 위한 것이었지만 이번 절에서 설명할 병렬 처리는 여러 개의 처리를 동시에 실행해서 속도를 높이기 위한 것입니다.

16.6.1 PLINQ로 병렬 처리한다

일단 Parallel LINQ(PLINQ)를 이용한 병렬 처리 프로그래밍에 관해 설명합니다. PLINQ를 사용하면 LINQ to Objects의 쿼리 처리를 쉽게 병렬화할 수 있습니다.

AsParallel과 AsOrdered 메서드

다음과 같은 LINQ to Objects 코드가 있다고 가정하겠습니다.

```
var selected = books.Where(b => b.Price > 500 && b.Pages > 400)
                .Select(b => new { b.Title });
```

데이터 소스인 books 변수에 **AsParallel 메서드**를 붙이면 병렬화할 수 있습니다.

예제 16.16 PLINQ로 병렬 처리한다

```
var selected = books.AsParallel()
                .Where(b => b.Price > 500 && b.Pages > 400)
                .Select(b => new { b.Title });
```

이때 주의해야 할 점은 데이터 소스의 순서를 보장할 수 없다는 점입니다. 처리가 병렬로 실행되므로 이렇게 되는 것은 당연한 결과라고 할 수 있습니다. 순서를 보장하고 싶다면 AsParallel 메서드에 이어서 **AsOrdered 메서드**를 호출합니다. 이렇게 하면 순서를 보장할 수 있으므로 LINQ to Objects오 동일한 결과를 얻을 수 있습니다. 그러나 순서를 보장하기 위해 불필요한 처리를 실행해야 하므로 그만큼 성능은 떨어집니다.

예제 16.17 PLINQ로 병렬 처리한다(순서를 보장한다)

```
var selected = books.AsParallel()
                    .AsOrdered()
                    .Where(b => b.Price > 500 && b.Pages > 400)
                    .Select(b => new { b.Title });
```

이처럼 PLINQ는 매우 간단한 코드로 병렬화할 수 있는데 유감스럽게도 이제까지 이 책에 나온 예제 코드는 병렬화하는 데 너무 많은 비용이 들어가므로 속도 향상을 꾀하기 힘듭니다. PLINQ가 유효하게 되는 경우는 다음의 두 가지입니다.

1. **병렬화할 하나하나의 처리에 걸리는 시간이 긴 경우**

2. **데이터 소스의 양이 많을 경우**

특히 1의 경우는 소량의 데이터라도 처리 속도가 큰 폭으로 향상될 수 있습니다. 예를 들면, 하나의 처리에 20밀리초가 걸린다고 가정해 봅시다. 데이터 소스의 수가 1000개일 때 병렬 처리하면 처리가 끝날 때까지 20초가 걸립니다. 이를 8 코어가 탑재된 컴퓨터로 병렬화하면 단순 계산으로 2.5초에 끝나게 되어 처리 속도가 향상될 것이라고 기대할 수 있습니다. 그러나 실제로는 병렬화 자체에 드는 비용이 더해지기도 하고 일반적으로 다른 프로그램도 CPU를 이용하고 있기 때문에 이 정도까지 속도가 빨라진다고는 할 수 없습니다.

2의 경우는 서버와 같이 많은 코어를 가진 컴퓨터에서 대량의 데이터를 한꺼번에 처리하려고 할 때 유효합니다. 코어 수가 적은 컴퓨터에서는 기대한만큼의 속도 향상으로 이어지지 않습니다.

동시에 실행되는 태스크의 최대 수를 지정한다

PLINQ는 병렬화가 필요하다고 판단하면 특별한 코드를 작성하지 않아도 자동으로 각 코어에 처리를 할당합니다. 기본 설정에서는 동시에 실행되는 태스크의 최대 수는 512입니다. **WithDegreeOfParallelism 메서드**를 사용하면 이 값을 변경할 수 있습니다.

예를 들면, PLINQ를 사용해 대량의 데이터를 처리하는 프로그램을 24개의 코어를 가진 서버 컴퓨터에서 실행한다고 가정하겠습니다. 그러나 기본 설정에서는 모든 코어를 사용하게 되므로 다른 프로그램이 동작하는 것을 방해하게 됩니다. 이럴 때 `WithDegreeOfParallelism` 메서드를 사용해 동시에 실행되는 태스크의 최대 수를 줄이면 다른 응용 프로그램이 일정한 CPU 시간을 확보할 수 있습니다. 다음 코드는 태스크의 최대 수를 16으로 제한하는 예입니다.

예제 16.18 PLINQ로 동시 실행되는 태스크의 최대 수를 제한한다

```
var selected = books.AsParallel()
                    .WithDegreeOfParallelism(16)
                    .Where(b => b.Price > 500 && b.Pages > 400)
                    .Select(b => new { b.Title });
```

ForAll 메서드로 병렬 처리한다

PLINQ에는 LINQ to Objects에는 없는 **ForAll** 메서드가 마련돼 있습니다. 컬렉션 요소에 대해 foreach를 사용해서 처리하는 경우는 자주 있습니다. ForAll 메서드를 사용하면 이런 루프 처리도 병렬화할 수 있습니다.

예제 16.19 ForAll 메서드 병렬

```
var selected = books.AsParallel()
                    .Where(b => b.Price > 500);
selected.AsParallel().ForAll(book => {
    Console.WriteLine(book.Title);
});
```

위의 코드에서는 ForAll 안에 있는 람다식이 병렬로 실행됩니다. 앞서 이야기한 것처럼 속도 향상을 기대할 수 있는 것은 'ForAll 안에서 처리할 하나하나의 처리 비용이 클 때' 또는 '처리할 데이터가 대량으로 있을 때' 뿐입니다. 그리고 병렬로 동작하기 때문에 실행 순서도 보장되지 않으므로 이 점에도 주의해야 합니다.

16.6.2 Task 클래스를 이용한 병렬 처리

비동기 처리에서 설명한 Task 클래스는 병렬 처리할 때도 이용할 수 있습니다. 이 Task 클래스와 async/await를 사용하면 '여러 개의 처리를 병렬로 실행하고 모든 처리가 끝날 때까지 기다리는' 코드도 간단히 작성할 수 있습니다[9].

아래에 GetPrimeAt5000, GetPrimeAt6000이라는 두 개의 메서드가 정의돼 있습니다. 이 두 개의 메서드를 병렬 처리한다고 가정하겠습니다.

---

9 Parallel.Invoke를 사용해 병렬 처리할 수도 있지만 반환값을 다룰 수 없으므로 이 책에서는 설명하지 않습니다.

예제 16.20 Task 클래스를 이용한 병렬 처리(병렬 처리할 메서드를 정의)

```csharp
// 5000번째 소수를 구한다
private static int GetPrimeAt5000() {
    return GetPrimes().Skip(4999).First();
}


// 6000번째 소수를 구한다
private static int GetPrimeAt6000() {
    return GetPrimes().Skip(5999).First();
}


// 위의 두 메서드가 호출하는 하위 메서드
// 일부러 효율이 나쁜 알고리즘으로 구현했습니다
static IEnumerable<int> GetPrimes() {
    for (int i = 2; i < int.MaxValue; i++) {
        bool isPrime = true;
        for (int j = 2; j < i; j++) {
            if (i % j == 0) {
                isPrime = false;
                break;
            }
        }
        if (isPrime)
            yield return i;
    }
}
```

이 두 개의 메서드를 병렬로 호출하고 모든 것이 끝날 때까지 기다린 후에 결과를 출력하는 코드는
다음과 같습니다.

예제 16.21 Task 클래스를 이용한 병렬 처리(메서드 호출과 대기)

```csharp
var sw = Stopwatch.StartNew();
var task1 = Task.Run(() => GetPrimeAt5000());
var task2 = Task.Run(() => GetPrimeAt6000());
var prime1 = await task1;
var prime2 = await task2;
sw.Stop();
Console.WriteLine(prime1);
Console.WriteLine(prime2);
Console.WriteLine($"실행 시간: {sw.ElapsedMilliseconds}밀리초");
```

다음은 필자의 PC에서 실행한 결과입니다.

```
48611
59359
실행 시간 : 475
```

두 개의 Task.Run이 실행된 후에 await로 기다린다는 점이 중요합니다. 이 부분을 다음과 같이 구현하면 병렬 처리가 실행되지 않습니다.

✖
```
var prime1 = await Task.Run(() => GetPrimeAt5000());
var prime2 = await Task.Run(() => GetPrimeAt6000());
```

이렇게 병렬로 처리해서 실제로 얼마나 빨라졌는지를 알아보기 위해 다음과 같이 병렬로 처리하지 않는 코드를 실행해서 비교해보겠습니다.

```
var sw = Stopwatch.StartNew();
var prime1 = GetPrimeAt5000();
var prime2 = GetPrimeAt6000();
sw.Stop();
Console.WriteLine(prime1);
Console.WriteLine(prime2);
Console.WriteLine($"실행 시간: {sw.ElapsedMilliseconds}밀리초");
```

병렬로 처리하지 않는 코드를 실행한 예입니다.

```
48611
59359
실행 시간: 768밀리초
```

필자의 컴퓨터에서는 병렬로 처리했을 때 1.6배 정도 빠르다는 것을 알 수 있습니다.

병렬로 처리하는 태스크의 개수가 적거나 그 개수가 고정돼 있을 경우에는 예제 16.21에 나온 방법으로 구현하면 되지만 태스크의 개수가 많을 경우에는 병렬하는 개수만큼 await를 써넣어야 하므로 귀찮습니다. 이 경우에는 await와 **Task.WhenAll 메서드**를 사용해 모든 태스크가 끝나기를 기다릴 수 있습니다.

예제 16.22 WhenAll 메서드로 모든 태스크가 끝나기를 기다린다

```
var tasks = new Task<int>[] {
    Task.Run(() => GetPrimeAt5000()),
    Task.Run(() => GetPrimeAt6000()),
};
var results = await Task.WhenAll(tasks);
foreach (var prime in results)
    Console.WriteLine(prime);
```

WhenAll 메서드를 사용하면 각 Task의 반환값을 배열 형태로 받을 수 있습니다. 이번 예에서는 int[]입니다.

16.6.3 HttpClient를 병렬 처리한다

병렬로 처리하는 예를 하나 더 보겠습니다. HttpClient 클래스를 사용해 두 개의 웹 페이지의 내용을 동시에 가져오는 코드입니다.

예제 16.23 HttpClient를 병렬 처리한다

```
private async void button1_Click(object sender, EventArgs e) {
    var tasks = new Task<string>[] {
        GetPageAsync(@"https://msdn.microsoft.com/magazine/"),
        GetPageAsync(@"https://msdn.microsoft.com/ja-jp/"),
    };
    var results = await Task.WhenAll(tasks);

    // 각각 앞의 300문자를 표시한다
    textBox1.Text =
        results[0].Substring(0, 300) +
        Environment.NewLine + Environment.NewLine +
        results[1].Substring(0, 300);
}

private readonly HttpClient _httpClient = new HttpClient();

private async Task<string> GetPageAsync(string urlstr) {
    var str = await _httpClient.GetStringAsync(urlstr);
    return str;
}
```

이렇게 하면 두 페이지의 내용을 가져오는 처리를 병렬로 실행할 수 있습니다. 병렬 처리는 자주 이용하는 것은 아니지만 순서에 의존하지 않는(IO 처리나 네트워크 처리가 포함된) 처리를 연속으로 수행할 경우에는 처리를 병렬화해서 실행 시간을 단축할 것을 검토하기 바랍니다.

[Column] 데드락을 피한다

다음과 같은 비동기 메서드가 정의돼 있다고 가정해 봅시다.

```csharp
private async Task<long> DoSomethingAsync() {
    var result = await Task.Run(() => {
        long sum = 0;
        for (int i = 1; i <= 10000000; i++) {
            sum += i;
        }
        return sum;      ◄── 반환한 값이 result에 대입된다
    });
    return result;
}
```

이 DoSomethingAsync 메서드를 호출하는 코드를 다음과 같이 작성했습니다. DoSomethingAsync 메서드는 비동기 메서드지만 처리에 그다지 많은 시간이 걸리는 것이 아니므로 동기로 처리하려고 작성한 코드입니다. Result 속성은 비동기 메서드가 끝나는 것을 기다리고 그 결과를 구하는 속성입니다.

✖
```csharp
private void button1_Click(object sender, EventArgs e) {
    var result = DoSomethingAsync().Result;
    label1.Text = result.ToString();
}
```

이 코드를 실행하면 프로그램이 멈춰버립니다. 자세한 설명은 생략하겠지만 비동기 처리 특유의 데드락[10]이 발생하는 것이 원인입니다. 이 데드락이란 WindowsForms 외에도 WPF나 ASP.NET에서도 발생하는 문제입니다. 이것이 발생하지 않게 하려면 동기 처리로 통일하든지 비동기 처리로 통일해야 합니다.

동기 처리로 통일한다

다음과 같이 동기 메서드인 DoSomething을 정의하고 button1_Click에서는 DoSomething 메서드를 호출하게 해서 완전히 동기로 처리하는 것이 하나의 방법입니다.

---

10 여러 개의 스레드(또는 프로세스)가 서로 상대방이 사용하고 있는 자원이 해제되길 기다리게 되어 처리가 영원히 진행되지 않게 되는 것을 말합니다.

```
private long DoSomething() {
    long sum = 0;
    for (int i = 1; i <= 10000000; i++) {
        sum += i;
    }
    return sum;
}
```

그리고 DoSomethingAsync 메서드도 계속 이용해야 한다면 다음과 같이 DoSomethingAsync 메서드에서 DoSomething 메서드를 호출하게 하면 코드가 중복되지 않습니다.

```
private async Task<long> DoSomethingAsync() {
    var result = await Task.Run(() => DoSomething());
    return result;
}
```

비동기 처리로 통일한다

동기 처리로 통일하는 방법은 DoSomething 메서드를 자신이 직접 정의할 수 있는 경우에만 적용할 수 있는 방법입니다. DoSomethingAsync 메서드가 .NET 프레임워크에서 제공하는 메서드일 경우에는 이 방법을 적용할 수 없습니다. 이 경우에는 async/await를 사용해 비동기 처리로 작성할 수밖에 없습니다.

```
private async void button1_Click(object sender, EventArgs e) {
    var result = await DoSomethingAsync();
    label1.Text = result.ToString();
}
```

그리고 다음과 같이 작성할 수도 있지만 코드가 복잡해집니다. 실행하는 작업은 실질적으로 위의 코드와 같으므로 좋은 방법이라고는 할 수 없습니다.

```
private void button1_Click(object sender, EventArgs e) {
    var currentContext = TaskScheduler.FromCurrentSynchronizationContext();
    Task.Run(() => {
        return DoSomethingAsync().Result;
    })
    .ContinueWith(task => {
        label1.Text = task.Result.ToString();
    }, currentContext);
}
```

연습문제

문제 16.1

.NET 프레임워크 4.5 이후 버전에 있는 StreamReader 클래스에는 비동기 처리를 수행하는 ReadLineAsync 메서드가 추가돼 있습니다. 이 메서드를 사용해 텍스트 파일을 비동기로 읽어 들이는 코드를 작성합니다. 응용 프로그램의 형태는 WindowsForms나 WPF 가운데 편한 것을 선택합니다.

문제 16.2

특정 디렉터리에 있는 C# 소스 파일(하위 디렉터리 포함)의 내용을 모두 검색해서 async와 await 키워드를 함께 이용하는 파일을 열거합니다. 열거할 때는 파일의 전체 경로를 표시합니다. 표시하는 순서는 정하지 않겠습니다.

병렬로 처리한 경우와 병렬로 처리하지 않은 경우라는 두 가지 버전을 작성하고 속도 차이가 어느 정도 발생하는지 조사합니다.

[Column] lock 구문을 이용한 배타 제어

병렬 처리 프로그래밍에서는 여러 개의 스레드/태스크가 하나의 데이터/리소스에 접근해야 할 경우가 있습니다. 이런 경우에는 해당 데이터에 부정합이 발생하지 않도록 반드시 lock 구문을 사용해서 제어해야 합니다.

lock 구문에 의해 잠긴 코드를 다른 스레드가 실행하려고 하면 객체가 해제되기를 기다립니다(처리가 lock 구문을 빠져나가면 객체가 해제됩니다).

lock 구문을 사용한 전형적인 코드는 다음과 같습니다.

```
private static object _lockObject = new Object();   ◀── 어떤 경우에도 Object는 고정해도 된다

private int _data;   ◀── 여러 스레드가 참조할 변수

// 병렬로 처리할 메서드
public Task DoSomething() {
    ...
    lock(_lockObject) {   ◀── _lockObject를 배타적으로 잠금
        ... // 여기서 _data에 접근한다
    }   ◀── _lockObject를 해제한다
    ...
}
```

실전 객체지향 프로그래밍

1장에서 객체지향 프로그래밍의 기초에 관해 설명했지만 이번 장에서 다시 객체지향 프로그래밍에 초점을 맞춰 이야기하겠습니다. 이번 장에서 다룰 주제는 객체지향 프로그래밍의 중요한 개념 중 하나인 **다형성(polymorphism)**입니다. 일단 다형성에 관해 기초적인 내용을 알아보고 다형성을 응용한 예로 GoF 디자인 패턴[1] 가운데 다형성을 활용한 '템플릿 메서드(Template Method) 패턴'과 '전략(Strategy) 패턴'이라는 두 가지 패턴에 관해 설명하겠습니다.

이제 막 프로그래밍을 시작한 독자는 이번 장을 한 번 읽어서는 이 두 패턴을 이해하기 어려울 것입니다. 서두르지 말고 천천히 읽어 나가기 바랍니다. 그리고 실제로 코드를 입력하고 실행해보면서 코드의 의미를 이해하기 바랍니다.

17.1 다형성 기초

다음과 같은 세 개의 클래스가 있다고 하겠습니다.

```
class GreetingMorning {
    public string GetMessage() {
```

---

1 디자인 패턴이란 소프트웨어 세계에서 선배 엔지니어들이 고안해낸 것이며 재이용하기 쉽게 설계한 패턴을 말합니다. 서적 《Design Patterns: Elements of Reusable Object-Oriented Software》(한국어판: 《GoF의 디자인 패턴: 재사용성을 지닌 객체지향 소프트웨어의 핵심요소》)가 출판된 것을 계기로 디자인 패턴이 널리 사용되기 시작했습니다. 이 서적의 공저자 네 명을 GoF(Gang of Four)라고 부르며 이 서적에 소개된 23종류의 패턴을 'GoF 패턴'이라고 합니다.

```
      return "Good morning";
   }
}

class GreetingAfternoon {
   public string GetMessage() {
      return "Good Afternoon";
   }
}

class GreetingEvening {
   public string GetMessage() {
      return "Good night";
   }
}
```

List<Object> 형 변수 list에 이 세 가지 클래스의 객체가 들어 있다고 한다면 다음과 같은 코드가 실행될까요?

```
foreach (object obj in list) {
   string msg = obj.GetMessage();
   Console.WriteLine(msg);
}
```

유감스럽게도 실행되지 않을 것입니다. 컴파일조차 실패할 것입니다. 이를 제대로 실행하려면 어떻게 해야 할까요? 상속 기능을 사용하는 방법과 인터페이스를 사용하는 방법이 있습니다. 이제 이 두 가지 방법에 관해 이야기하면서 객체지향 프로그래밍에서 중요한 개념인 다형성에 관해 설명하려고 합니다.

17.1.1 상속을 사용해 다형성을 구현한다

상속을 사용한 코드를 살펴보겠습니다. 먼저 GreetingBase라는 클래스를 정의합니다. abstract가 붙은 클래스는 '추상 클래스'라고 하며 new로 인스턴스를 생성할 수 없는 클래스입니다. 이 클래스를 상속해서 new로 인스턴스를 생성할 수 있는 클래스를 정의한다는 것을 전제로 하기 때문에 처음에는 new로 인스턴스를 생성할 수 없게 돼 있는 것입니다.

예제 17.1 GreetingBase 클래스

```
abstract class GreetingBase {
  public virtual string GetMessage() {
    return "";
  }
}
```

그리고 이 클래스로부터 앞서 나온 세 가지 클래스를 상속합니다.

예제 17.2 GreetingBase의 구상 클래스

```
class GreetingMorning : GreetingBase {
  public override string GetMessage() {
    return "Good morning";
  }
}

class GreetingAfternoon : GreetingBase {
  public override string GetMessage() {
    return "Good Afternoon";
  }
}

class GreetingEvening : GreetingBase {
  public override string GetMessage() {
    return "Good night";
  }
}
```

각 서브 클래스에서는 override 키워드를 사용해 GetMessage 메서드를 다시 정의했습니다. 이렇게 하면 GetMessage 메서드를 가지고 있는 세 가지 클래스를 통일해서 취급할 수 있게 됩니다. 이 세 가지 클래스를 이용하는 코드는 다음과 같습니다.

예제 17.3 다형성을 사용한 코드 예

```
var greetings = new List<GreetingBase>() {
  new GreetingMorning(),
  new GreetingAfternoon(),
  new GreetingEvening(),
};
foreach (var obj in greetings) {
```

```
    string msg = obj.GetMessage();
    Console.WriteLine(msg);
}
```

List<T>의 요소의 형이 세 가지 클래스를 상속한 부모 클래스인 GreetingBase라는 점에 주목하기 바랍니다. foreach 안에서는 GreetingMorning도 GreetingAfternoon도 GreetingEvening도 모두 같은 GreetingBase로 간주되어 처리됩니다. 이때 호출되는 GetMessage 메서드는 GreetingBase에 있는 GetMessage 메서드가 아니고 실제 인스턴스인 GetMessage 메서드입니다.

이 예에서는 obj의 실제 형이 GreetingMorning이면 GreetingMorning의 GetMessage를 호출하고 GreetingEvening이면 GreetingEvening의 GetMessage 메서드를 호출합니다. 이처럼 **다른 형의 객체를 같은 것으로 간주하고 해당 객체의 형에 따라 동작을 전환하는 것, 다시 말해 메서드가 다양한 동작을 할 수 있게 하는 것을 다형성**이라고 합니다.

그리고 처음에 나온 GreetingBase는 다음과 같이 쓸 수도 있습니다.

예제 17.4 GetMessage를 추상 메서드로 만든 예

```
abstract class GreetingBase {
    public abstract string GetMessage();
}
```

메서드를 virtual로 지정한 경우에는 서브 클래스에서 GetMessage를 오버라이드하지 않는다는 선택지가 있지만 메서드를 abstract로 지정한 경우에는 실제 처리가 정의되지 않은 상태이므로 서브 클래스에서 반드시 GetMessage 메서드를 오버라이드하고 처리를 구현해야 합니다. 서브 클래스에서 GetMessage 메서드를 오버라이드하지 않으면 빌드 과정에서 오류가 발생합니다.

17.1.2 인터페이스를 사용해 다형성을 구현한다

인터페이스를 사용해도 같은 것을 만들어 낼 수 있습니다. 일단 IGreeting 인터페이스를 정의합니다. 인터페이스 방식으로 구현할 때는 public과 같은 접근 수식자를 메서드에 붙일 수 없습니다.

예제 17.5 IGreeting 인터페이스

```
interface IGreeting {
    string GetMessage();
}
```

이 IGreeting을 사용해 다음과 같이 세 개의 Greeting 클래스를 정의합니다.

예제 17.6 IGreeting 인터페이스를 구현한 구상 클래스

```
class GreetingMorning : IGreeting {
  public string GetMessage() {
    return "Good morning";
  }
}

class GreetingAfternoon : IGreeting {
  public string GetMessage() {
    return "Good Afternoon";
  }
}

class GreetingEvening : IGreeting {
  public string GetMessage() {
    return "Good night";
  }
}
```

이러한 클래스를 이용하는 코드는 다음과 같습니다.

예제 17.7 다형성을 사용한 코드

```
var greetings = new List<IGreeting>() {
  new GreetingMorning(),
  new GreetingAfternoon(),
  new GreetingEvening(),
};
foreach (var obj in greetings) {
  string msg = obj.GetMessage();
  Console.WriteLine(msg);
}
```

이용하는 쪽 코드는 List의 요소의 형이 IGreeting으로 바뀌었을 뿐 상속을 구현했을 때와 같습니다. foreach 문에서는 구체적인 형이 아닌 IGreeting 인터페이스에 대해 프로그래밍했습니다.

이렇게 해서 다형성을 이해했을 테지만 독자 중에는 이런 지식이 어떻게 활용되는지 알고 싶은 분도 있을 것입니다. 그래서 다형성을 어디에 활용할 수 있는지 다음 절에서 더욱 구체적으로 설명하겠습니다.

17.2 템플릿 메서드 패턴

17.2.1 라이브러리와 프레임워크

라이브러리란 응용 프로그램이 호출하는 부품을 모아 놓은 것을 말하며 라이브러리는 호출되는 쪽입니다. 라이브러리는 프로그램의 구조에 직접 관여하지 않으므로 응용 프로그램의 구조는 프로그래머의 재량으로 자유롭게 정할 수 있습니다. 응용 프로그램 개발자의 입장에서는 개발의 자유도가 높다는 장점이 있지만 여러 사람이 함께 개발할 경우에는 프로그래머마다 코드가 달라질 수 있습니다. 따라서 코드가 자주 중복되기도 합니다.

그러나 프레임워크는 라이브러리와는 입장이 정반대입니다. 응용 프로그램 프로그래머가 작성한 코드를 프레임워크 쪽이 호출합니다. 따라서 응용 프로그램은 프레임워크가 정한 규칙에 따라야 합니다. 자유도는 낮지만 코드의 양이 줄고 코드의 구조가 통일되며 생산성이 향상되어 일정한 품질을 확보할 수 있다는 장점이 있습니다. 그리고 프레임워크를 잘 구성한다면 프로그래밍 작업에 더욱 집중할 수 있다는 장점도 있습니다.

이 프레임워크를 개발하는 데 자주 이용되는 것이 **템플릿 메서드**라는 디자인 패턴입니다. 이제 여기서는 템플릿 메서드를 이용한 작은 프레임워크와 그것을 이용하는 응용 프로그램을 작성하면서 템플릿 메서드 패턴에 관해 더 자세히 알아보겠습니다.

17.2.2 텍스트 파일을 처리하는 프레임워크

텍스트 파일을 다루는 콘솔 응용 프로그램에 관해 생각해보겠습니다.

다음의 코드를 읽어보기 바랍니다.

```
static void Main(string[] args) {
  using (var sr = new StreamReader(args[0], Encoding.UTF8)) {
    int Count = 0;
    while (!sr.EndOfStream) {
      string line = sr.ReadLine();
      Count++;
    }
    Console.WriteLine(Count);
  }
}
```

이것은 텍스트 파일의 행 개수를 세는 프로그램인데 텍스트 파일을 읽어 들여서 어떤 처리를 실행하는 프로그램은 이 밖에도 여러 종류를 생각해볼 수 있습니다.

- 텍스트 파일을 읽어 들이고 그 내용을 그대로 콘솔에 출력한다

- 텍스트 파일을 읽어 들이고 문자 개수를 세어 그 결과를 콘솔에 출력한다

- 텍스트 파일을 읽어 들이고 "LINQ"라는 문자열이 포함돼 있는지 확인한다

- 텍스트 파일을 읽어 들이고 메일 주소로 판단되는 것만을 선택해서 다른 파일에 출력한다

모두 텍스트 파일을 읽어 들여 어떤 처리를 수행하는 프로그램입니다. 이 같은 응용 프로그램은 모두 다음과 같은 코드(유사 코드)로 표현할 수 있을 것입니다.

```
...        ◀──── 초기 처리
Open File
while (파일 끝) {
    한 줄을 처리
    ...    ◀──── 한 행에 대한 처리를 수행한다
}
Close File
...        ◀──── 뒷처리
```

이 유사 코드는 거의 공통으로 적용됩니다. 이를 C#으로 작성해보겠습니다.

```
Initialize(filename);
using (var sr = new StreamReader(filename)) {
    while (!sr.EndOfStream) {
        string line = sr.ReadLine();
        Execute(line);
    }
}
Terminate();
```

이 코드를 공통으로 만들려고 하는데 응용 프로그램이 부품을 호출한다는 일반적인 라이브러리 방식에서는 이를 공통화할 수 없습니다. 예제 코드를 마련하고 그것을 참고해서 각자 프로그램을 작성하는 수밖에 없습니다. 그러나 이제까지 살펴본 다형성을 활용하면 이를 공통으로 이용할 수 있는 형태로 만들 수 있습니다.

17.2.3 텍스트 파일을 처리하는 프레임워크를 구현한다

이제 템플릿이 될 클래스(처리 흐름을 공통화하는 클래스)를 살펴보겠습니다. 서두르지 말고 천천히 이 코드를 읽기 바랍니다.

예제 17.8 TextProcessor 클래스

```csharp
using System;
using System.Collections.Generic;
using System.Linq;
using System.Text;
using System.IO;

namespace TextFileProcessor {
  public abstract class TextProcessor {

    public static void Run<T>(string fileName) where T: TextProcessor, new() {
      var self = new T();
      self.Process(fileName);
    }

    private void Process(string fileName) {
      Initialize(fileName);
      using (var sr = new StreamReader(fileName)) {
        while (!sr.EndOfStream) {
          string line = sr.ReadLine();
          Execute(line);
        }
      }
      Terminate();
    }

    protected virtual void Initialize(string fname) { }
    protected virtual void Execute(string line) { }
    protected virtual void Terminate() { }
  }
}
```

TextProcessor 클래스는 abstract를 붙였으므로 TextProcessor 클래스로부터 상속된다는 것을 전제로 한 클래스입니다.

Run이라는 정적 메서드는 형의 인수를 전달받는 제네릭 메서드입니다. where T: TextProcessor는 형 T가 TextProcessor이거나 TextProcessor를 상속한 서브 클래스임을 나타냅니다. 그 뒤에 있는 new()는 형 T가 인수를 가지지 않는 생성자로 인스턴스를 생성할 수 있다는 것을 나타냅니다. 이 Run 메서드 안에서는 형 인수 T의 인스턴스를 생성하고 Process 메서드를 호출합니다.

Process 메서드에서는 Initialize, Execute, Terminate라는 세 개의 메서드를 호출합니다. 이 부분이 다형성을 활용한 부분입니다. 소스코드 상에서는 자기 자신(TextProcessor 클래스)에게 있는 메서드를 호출하지만 실제로 동작할 때는 생성된 인스턴스에 있는 메서드가 호출됩니다. 다형성의 본질인 **다른 형을 동일시한다**'라는 개념이 여기에 적용된 것입니다.

Initialize, Execute, Terminate라는 세 개의 메서드는 protected virtual로 지정돼 있으므로 서브 클래스에서 오버라이드해서 구체적인 처리를 구현합니다. 아무런 작업도 하지 않아도 된다면 오버라이드하지 않아도 됩니다.

이 TextProcessor 클래스는 클래스 라이브러리 형식의 어셈블리에 저장하겠습니다. 비주얼 스튜디오에서 새 프로젝트를 생성할 때 [클래스 라이브러리](클래스 라이브러리 뒤에 괄호 표기가 붙어 있지 않은 것)를 선택합니다. 이름은 'TextFileProcessor'라고 정합니다. 프로젝트를 생성했다면 새 클래스를 추가하고 예제 17.8에 나온 TextProcessor 클래스를 정의합니다. 자동으로 생성된 Class1.cs는 필요없으므로 삭제합니다.

그리고 [솔루션 빌드]를 실행합니다. 그러면 TextFileProcessor 클래스 라이브러리(TextFileProcessor .dll)가 만들어집니다.

17.2.4 프레임워크를 이용한다(응용 프로그램 작성)

이전 절에서 작성한 TextFileProcessor 클래스 라이브러리(TextFileProcessor.dll)를 이용해 텍스트 파일의 행 개수를 세는 콘솔 응용 프로그램을 작성해보겠습니다.

LineCounter라는 콘솔 응용 프로그램 프로젝트를 새로 작성하고 앞서 나온 TextFileProcessor 라이브러리를 프로젝트의 참조에 추가해둡니다. 참조에 추가하려면 [솔루션 탐색기]에 있는 프로젝트의 [참조] 폴더에 마우스 오른쪽 버튼을 클릭하고 [참조 추가]를 선택합니다. 그리고 [참조 관리자] 대화상자의 오른쪽 아래에 있는 [찾아보기] 버튼을 클릭합니다. [참조할 파일 선택] 대화상자가 열리면 추가하려는 DLL 파일을 선택하고 [추가] 버튼을 클릭합니다. 이렇게 하면 해당 DLL이 참조에 추가됩니다.

LineCounter 프로그램의 코드는 다음과 같습니다.

예제 17.9 TextFileProcessor.dll을 이용한 응용 프로그램

```
using System;
using System.Collections.Generic;
using System.Linq;
using System.Text;
using TextFileProcessor;    ◀─── TextProcessor 클래스를 이용하기 위해 필요하다

namespace LineCounter {
  class Program {
    static void Main(string[] args) {
      TextProcessor.Run<LineCounterProcessor>(args[0]);
    }
  }

  class LineCounterProcessor : TextProcessor {
    private int _count;

    protected override void Initialize(string fname) {
      _count = 0;
    }

    protected override void Execute(string line) {
      _count++;
    }

    protected override void Terminate() {
      Console.WriteLine("{0}줄", _count);
    }
  }
}
```

이 콘솔 응용 프로그램 프로젝트의 소스에서는 LineCounterProcessor 클래스에 Initialize, Execute, Terminate라는 세 개의 메서드를 정의했는데 이 메서드를 호출하는 코드는 존재하지 않습니다. 이 메서드를 호출하는 것은 클래스 라이브러리 쪽에 있는 TextFileProcessor 클래스입니다.

여기서는 부모 클래스(TextProcessor)에서 코드의 틀(템플릿)을 마련하고 서브 클래스(LineCounter Processor)에서 부모 클래스에 있는 메서드를 오버라이드해서 서브 클래스 고유의 기능을 구현했습니다. 이런 패턴을 **템플릿 메서드 패턴**이라고 합니다. 템플릿 메서드 패턴을 이용하면 서브

클래스를 정의하기만 하면 되고 전체적인 처리의 흐름을 작성할 필요가 없기 때문에 '닮았지만 조금 다른 코드'가 양산되지 않게 됩니다. .NET 프레임워크 안에서도 이 템플릿 메서드 패턴이 많이 이용됩니다.

지금 작성한 클래스 중에서 템플릿 메서드 패턴에 관련된 클래스를 선택해서 그림으로 나타낸 것이 그림 17.1입니다.

클래스 다이어그램은 클래스 간의 정적인 구조를 나타내는 그림입니다. 이 다이어그램을 보면 클래스 간의 관계를 시각적으로 이해할 수 있습니다. 그림 17.1에서 직사각형으로 표현한 것이 클래스입니다. 직사각형은 세 개로 분할돼 있는데 위에서부터 순서대로 클래스 이름, 속성(속성, 필드), 처리(메서드)를 나타냅니다. abstract인 멤버는 기울임체로 표시했습니다. 머리가 △인 화살표는 상속을 나타냅니다. 화살표 방향으로 'ㅇ는 ㅁ를 알고 있다'라고 기억하면 이해하기 쉬울 것입니다. 소스코드를 보면 TextProcessor는 LineCounterProcessor를 모르지만 LineCounterProcessor는 TextProcessor를 알고 있다고 이해할 수 있습니다.

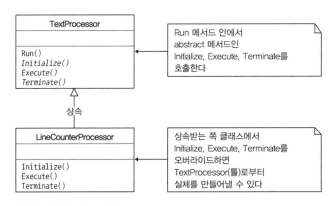

그림 17.1 템플릿 메서드 패턴

다시 이야기하지만 프레임워크 쪽(TextProcessor)이 응용 프로그램 프로그래머가 작성한 클래스(LineCounterProcessor)에 있는 메서드를 호출합니다. 범용적인 코드인 TextProcessor를 만든 사람과 그 범용적인 코드를 이용하는 사람(LineCounterProcessor를 만드는 사람)이라는 관계가 성립됩니다. 일반적인 라이브러리와는 반대인 점에 주목하기 바랍니다.

17.2.5 프로그램을 실행한다

일단 LineCounter 프로젝트를 빌드합니다. 디버그 모드에서 빌드하면 프로젝트가 있는 폴더 아래의 bin\debug에 LineCounter.exe 파일이 생성됩니다. 이 LineCounter.exe를 실행하려면 명령 프롬프트에서 LineCounter.exe가 있는 디렉터리로 이동해서 다음과 같이 입력합니다. 이제 현재 디렉터리에 있는 Sample.cs 파일을 읽어 들이고 행의 개수를 표시할 것입니다.

```
LineCounter Sample.cs
```

비주얼 스튜디오에서 디버깅할 경우에는 LineCounter 프로젝트의 속성을 설정하는 페이지를 열고 [디버그] 탭에 있는 [명령줄 인수]란에 'D:\temp\hello.cs'와 같이 읽어 들이고 싶은 파일을 지정하면 디버깅할 수 있습니다.

이 설명을 이해할 수 있다면 TextProcessor를 사용해 '공백을 모두 삭제하고 그 결과를 콘솔에 출력하는 프로그램'도 작성할 수 있을 것입니다. 이번 장의 마지막 부분에 나오는 연습문제에 TextProcessor 클래스를 사용해 텍스트를 고유의 방식으로 처리하는 프로그램을 작성하는 문제를 실었으므로 반드시 도전해보기 바랍니다.

17.3 전략 패턴

17.3.1 거리 환산 프로그램을 다시 생각해본다

2장에서 거리 환산 프로그램을 작성했는데 이번 장에서는 조금 더 실용적인 거리 환산 프로그램을 작성해보겠습니다. 거리 환산 프로그램을 사용해 '미터에서 야드로', '야드에서 피트로', '인치에서 미터로' 등등 다양하게 환산(변환)할 수 있습니다. 각 변환을 if 문으로 경우를 나눠서 작성한다면 매우 힘들 것이라는 것을 쉽게 상상할 수 있을 것입니다. 그렇다면 코드를 어떻게 작성해야 할까요? 나중에 마일도 변환하고 싶어진다면 어떻게 해야 할까요?

예를 들어, 야드에서 피트로 변환하는 방법을 생각해보겠습니다. 야드를 그냥 피트로 변환할 수도 있지만 일단 야드에서 미터로 변환하고 나서 미터에서 피트로 변환해도 동일한 결과가 나옵니다. 인치에서 피트로 변환할 경우에도 인치에서 미터로 변환하고 그것을 피트로 변환해도 결과를 구할 수 있습니다. 다시 말해 어떤 변환이라도 일단 미터로 변환한 후에 처음에 목표로 정한 단위로 변환할 수 있습니다.

이런 개념으로 16야드가 몇 피트인지를 구하는 코드는 다음과 같이 작성할 수 있을 것입니다.

```
var fromConverter = new YardConverter();
var toConverter = new FeetConverter();
double meter = fromConverter.ToMeter(16);
double feet = toConverter.FromMeter(meter);
```

132인치를 야드로 변환하는 코드는 다음과 같이 작성할 수 있을 것입니다.

```
var fromConverter = new InchConverter();
var toConverter = new YardConverter();
double meter = fromConverter.ToMeter(132);
double yard = toConverter.FromMeter(meter);
```

두 코드는 거의 같습니다. 다른 점은 이용하는 클래스뿐입니다. 다시 말해 이용하는 클래스를 교체하면 어떤 변환이라도 같은 코드를 사용할 수 있다는 것입니다. 이렇게 하면 모든 조합의 코드를 작성하지 않아도 됩니다.

YardConverter나 InchConverter를 상속하는 부모 클래스가 있고 그것이 ConverterBase 클래스라고 가정하면 다음과 같이 일반화할 수 있습니다.

```
ConverterBase fromConverter = new XxxConverter();
ConverterBase toConverter = new YyyConverter();
double meter = fromConverter.ToMeter(16);
double result = toConverter.FromMeter(meter);
```

XxxConverter와 YyyConverter 부분에 구체적인 클래스 이름을 쓰지 않으려면 어떻게 해야 할지는 나중에 생각하기로 하고 일단은 InchConverter와 같은 변환 클래스를 정의해보겠습니다.

17.3.2 Converter에 공통되는 메서드와 속성을 정의한다

YardConverter나 InchConverter가 공통으로 가지는 메서드와 속성을 선택해서 ConverterBase 클래스에 정의하겠습니다. 이 클래스로부터 YardConverter와 같은 클래스를 상속하기로 합니다.

예제 17.10 ConverterBase 클래스

```csharp
public abstract class ConverterBase {
    // 미터와의 비율(이 비율을 곱하면 미터로 변환된다)
    protected abstract double Ratio { get; }

    // 거리의 단위 이름(예를 들어 미터 , 피트 등)
    public abstract string UnitName { get; }

    // 미터로부터 변환
    public double FromMeter(double meter) {
        return meter / Ratio;
    }

    // 미터로 변환
    public double ToMeter(double feet) {
        return feet * Ratio;
    }
}
```

FromMeter, ToMeter라는 두 개의 메서드는 모든 서브 클래스에서 공통으로 이용하는 메서드입니다. 이러한 구체적인 처리 코드가 있기 때문에 IConverter라는 인터페이스가 아닌 클래스로 지정한 것입니다.

그리고 ConverterBase 클래스의 인스턴스를 직접 생성하지는 않을 것이므로 abstract를 붙여 추상 클래스로 지정했습니다. ConverterBase 클래스에서 Ratio라는 속성이 미터와의 비율을 나타내는데 이 클래스에 구체적인 값을 넣어둘 수 없으므로 abstract로 지정해서 서브 클래스에서 반드시 구현하게 합니다. UnitName 속성도 마찬가지로 서브 클래스에서 내용을 정의할 것이므로 abstract로 지정했습니다.

FromMeter 메서드와 ToMeter 메서드는 Ratio의 값이 정해지면 어떤 서브 클래스에서도 동일한 로직을 통해 계산할 수 있으므로 상속하는 부모인 ConverterBase 클래스에서 내용을 정의했습니다.

17.3.3 Converter의 구상 클래스를 정의한다

부모 클래스를 정의했으므로 YardConverter와 같은 구상 클래스를 상속하겠습니다. 지금은 미터, 피트, 인치, 야드라는 네 개의 변환 클래스를 정의합니다.

예제 17.11 ConverterBase 클래스의 구상 클래스

```csharp
public class MeterConverter : ConverterBase {
    protected override double Ratio { get { return 1; } }
    public override string UnitName { get { return "미터"; } }
}

public class FeetConverter : ConverterBase {
    protected override double Ratio { get { return 0.3048; } }
    public override string UnitName { get { return "피트"; } }
}

public class InchConverter : ConverterBase {
    protected override double Ratio { get { return 0.0254; } }
    public override string UnitName { get { return "인치"; } }
}

public class YardConverter : ConverterBase {
    protected override double Ratio { get { return 0.9144; } }
    public override string UnitName { get { return "야드"; } }
}
```

네 개의 서브 클래스에서는 상속해준 부모 클래스에 있는 abstract 멤버를 오버라이드했습니다. 각 클래스의 차이를 일목요연하게 볼 수 있습니다. MeterConverter 클래스도 정의돼 있습니다. 이 클래스를 정의해두면 '피트에서 미터로 그리고 미터에서 인치로' 같은 방식으로 변환할 수 있습니다.

17.3.4 거리를 단위 변환하는 클래스를 정의한다

각 Converter 클래스를 정의했으므로 이번에는 이 응용 프로그램이 본래 가져야 할 기능인 '거리를 단위 변환하는' 클래스를 정의하겠습니다. 이 클래스의 이름은 DistanceConverter라고 지정합니다.

예제 17.12 DistanceConverter 클래스

```csharp
public class DistanceConverter {
    public ConverterBase From { get; private set; }
    public ConverterBase To { get; private set; }

    public DistanceConverter(ConverterBase from, ConverterBase to) {
        From = from;
        To = to;
    }
```

```
    public double Convert(double value) {
      var meter = From.ToMeter(value);
      return To.FromMeter(meter);
    }
}
```

생성자에는 YardConverter나 FeetConverter 같은 구체적 인스턴스가 인수로 전달되고 그 값이 From과 To 속성에 설정됩니다. Convert 메서드에서는 이 두 개의 속성을 사용해 거리를 단위 변환 처리합니다.

어디에도 구체적인 클래스 이름은 찾을 수 없습니다. From과 To 속성의 형이 ConverterBase라 지정돼 있고 이 추상 클래스에 대해 프로그래밍했습니다. 이것이 다형성을 사용한 부분이라고 할 수 있습니다.

그리고 구체적인 변환 로직(야드를 미터로 변환하는 등)은 이 클래스 안 어디에도 없습니다. 이 로직은 생성자의 인수에 지정하는 두 개의 Converter 클래스 안에 구현돼 있습니다. 다시 말해 생성자의 인수에 무엇을 넘겨주는가에 따라 변환 로직이 달라지는 것입니다. 실행되는 동안에 알고리즘을 교체할 수 있는 이 같은 패턴을 **전략(Strategy) 패턴**이라고 합니다. 이 패턴은 알고리즘 부분을 다른 클래스의 형태로 독립시켰으므로 유연하고 확장성이 풍부한 구조입니다.

전략 패턴에 관련된 클래스를 선택해서 그림 17.2에 나타냈습니다.

그림 17.2에 있는 DistanceConverter에서 ConverterBase로 가는 화살표는 From과 To라는 두 개의 속성이 ConverterBase 객체(실제로는 이것의 서브 클래스의 객체)를 저장하고 있다는 것을 나타냅니다.

일반적인 전략 패턴에서 전환하는 알고리즘은 하나지만 이 예에서는 미터로 변환하는 것과 미터에서 다른 것으로 변환하는 두 개의 알고리즘을 전환하는 방식을 통해 다양한 거리로 변환할 수 있습니다.

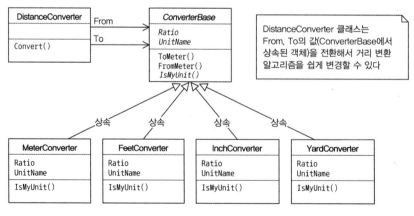

그림 17.2 전략 패턴

다음은 이 DistanceConverter를 사용한 예입니다.

```
// 100야드를 피트로 변환한다
var from = new YardConverter();
var to = new FeetConverter();
var converter = new DistanceConverter(from, to);
var result = converter.Convert(100);
```

이 책에 나온 예에서는 Ratio 값만 다르고 계산식은 모든 클래스에서 같습니다. 따라서 ToMeter 메서드와 FromMeter 메서드는 상속하는 부모 클래스에 구현했지만 만일 알고리즘이 크게 달라진다면 ToMeter와 FromMeter를 abstract 메서드로 지정해서 각 서브 클래스에서 ToMeter와 FromMeter를 구현하게 할 것입니다. 일반적인 전략 패턴은 각 서브 클래스에 알고리즘을 구현하므로 이번 장에 나온 ConverterBase는 조금 특수한 경우라고 할 수 있습니다.

17.3.5 객체 생성을 한 곳에서 관리한다

그리고 from이나 to의 인스턴스를 생성하는 것에 관해 생각해보겠습니다. 전략 패턴과는 직접적인 관계가 없지만 실제 응용 프로그램에서는 알고리즘을 구현한 전략 클래스(ConverterBase의 서브 클래스)의 인스턴스를 어떻게 생성하고 DistanceConverter에 어떻게 넘겨주는지도 중요하므로 콘솔 응용 프로그램을 예로 들어 이에 관해 생각해보겠습니다[2].

일단 프로그램이 실행되는 모습을 살펴보겠습니다(그림 17.3).

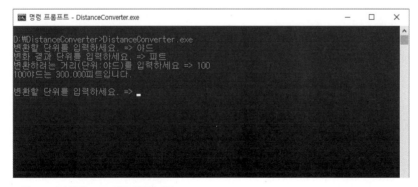

그림 17.3 거리 환산 프로그램을 실행한 예(1)

---

2 GUI 응용 프로그램인 경우에는 드롭다운 리스트에서 선택하는 형식이 될 것입니다.

이 예에서 볼 수 있듯이 사용자가 입력한 "야드"나 "피트" 같은 단위로부터 이에 해당하는 인스턴스를 생성하는 기능이 필요합니다. 그래서 다음과 같이 Converter 클래스의 인스턴스를 구하는 코드를 작성해보겠습니다.

```
var converter = ConverterFactory.GetInstance("야드");
```

GetInstance 메서드에서는 인수로 받은 문자열에 대응되는 Converter 클래스를 찾아서 해당 인스턴스를 반환합니다. 이 메서드 안에 다음과 같이 구현해도 되지만 변환할 단위의 개수가 늘어나면 그때마다 if 문의 개수가 늘어야 하므로 바람직한 방법이라고 말할 수 없습니다.

```
ConverterBase = from;
if (unit == "야드")
    from = new YardConverter();
else if (unit == "피트")
    from = new FeetConverter();
```

몇 가지 해결책이 있지만 지금은 ConverterBase에 IsMyUnit이라는 메서드를 추가하고 "야드" 같은 단위 이름이 자신의 것이라고 판단하도록 구현해서 if 문을 없애겠습니다. 다음 코드는 이렇게 수정한 ConverterBase와 이 클래스의 서브 클래스입니다. 'feet'나 'inch' 같은 영어 단어도 지원하도록 구현했습니다.

예제 17.13 ConverterBase와 서브 클래스

```
public abstract class ConverterBase {
    public abstract bool IsMyUnit(string name);
    protected abstract double Ratio { get; }
    public abstract string UnitName { get; }
    public virtual double FromMeter(double meter) {
      return meter / Ratio;
    }
    public virtual double ToMeter(double feet) {
      return feet * Ratio;
    }
}

public class MeterConverter : ConverterBase {
    public override bool IsMyUnit(string name) {
      return name.ToLower() == "meter" || name.ToLower() == "meter" || name == UnitName;
    }
```

```
   protected override double Ratio { get { return 1; } }
   public override string UnitName { get { return "미터"; } }
}

public class FeetConverter : ConverterBase {
   public override bool IsMyUnit(string name) {
     return name.ToLower() == "feet" || name == UnitName;
   }
   ...
}

public class InchConverter : ConverterBase {
   public override bool IsMyUnit(string name) {
     return name.ToLower() == "inch" || name == UnitName;
   }
   ...
}

public class YardConverter : ConverterBase {
   public override bool IsMyUnit(string name) {
     return name.ToLower() == "yard" || name == UnitName;
   }
   ...
}
```

'야드'나 '인치' 같은 단위 이름에 대응하는 Converter 클래스의 인스턴스를 생성하는 ConverterFactory를
다음과 같이 정의합니다.

예제 17.14 ConverterFactory 클래스

```
static class ConverterFactory {
   // 미리 인스턴스를 생성하고 배열에 넣어둔다
   private static ConverterBase[] _converters = new ConverterBase[] {
     new MeterConverter(),
     new FeetConverter(),
     new YardConverter(),
     new InchConverter(),
   };

   public static ConverterBase GetInstance(string name) {
     return _converters.FirstOrDefault(x => x.IsMyUnit(name));
   }
}
```

GetInstance 메서드는 '피트'나 '인치' 같은 단위 이름을 인수로 받아 _converters 배열 안에서 그 이름에 해당하는 Converter 객체를 찾아서 호출한 쪽에 반환합니다.

GetInstance 메서드 안에서 호출되는 IsMyUnit 메서드는 코드 상에서는 ConverterBase 형 메서드지만[3] 실제로 호출되는 메서드는 구체적인 클래스(MeterConverter 등)에 있는 IsMyUnit입니다. 이 부분에도 다형성이 사용되고 있습니다.

만일 새로운 MileConverter 클래스를 추가한다면 이 ConverterFactory 클래스의 _converters 변수를 초기화하는 부분에 한 행만 추가하면 됩니다. 그러면 그 밖의 수정은 하지 않아도 새로운 마일 단위 변환을 지원할 수 있게 됩니다.

17.3.6 프로그램을 완성한다

모든 준비가 끝났으므로 Main 메서드를 작성해서 프로그램을 완성하겠습니다.

예제 17.15 DistanceConverter의 Program 클래스

```csharp
class Program {
    static void Main(string[] args) {
        while (true) {
            var from = GetConverter("변환할 단위를 입력하세요.");
            var to = GetConverter("변환 결과 단위를 입력하세요.");
            var distance = GetDistance(from);

            var converter = new DistanceConverter(from, to);
            var result = converter.Convert(distance);
            Console.WriteLine($"{distance}{from.UnitName}는 {result:0.000}{to.UnitName}입니다.\n");
        }
    }

    static double GetDistance(ConverterBase from)
    {
        double? value = null;
        do {
            Console.Write($"변환하려는 거리(단위:{from.UnitName})를 입력하세요 => ");

            var line = Console.ReadLine();
```

---

3 _converters변수는 ConverterBase[ ]형이므로 람다식에 있는 x는 ConverterBase형입니다.

```
            double temp;
            value = double.TryParse(line, out temp) ? (double?)temp : null;
        } while (value == null);
        return value.Value;
    }

    static ConverterBase GetConverter(string msg) {
        ConverterBase converter = null;
        do {
            Console.Write(msg + " => ");
            var unit = Console.ReadLine();
            converter = ConverterFactory.GetInstance(unit);
        } while (converter == null);
        return converter;
    }
}
```

프로그램을 실행한 모습은 그림 17.4와 같습니다.

그림 17.4 거리 환산 프로그램을 실행한 예(2)

예제 17.15에 나온 코드에도 YardConverter 같은 구체적인 클래스 이름이 나오지 않습니다. 이처럼 다형성을 잘 사용하면 구체적인 클래스 이름이 코드 상에 나타날 일이 거의 없습니다. 다시 말해 새로운 거리 단위를 변환하는 기능을 추가할 때도 예제 17.15에 나온 코드에는 전혀 손을 댈 필요가 없다는 이야기입니다. 실제로 기존 클래스에서 수정할 곳은 ConverterFactory뿐입니다. 따라서 기능을 추가할 때 코드를 망가뜨릴 위험이 거의 없습니다.

연습 문제

문제 17.1

17.2절 '템플릿 메서드 패턴'에 나온 TextProcessor 클래스를 사용해 텍스트 파일 안에 있는 전각 숫자를 모두 반각 숫자로 치환하고 이렇게 치환한 결과를 콘솔에 출력하는 프로그램을 작성합니다.

문제 17.2

17.3절 '전략 패턴'에 나온 거리 환산 프로그램에 기능을 추가해서 마일과 미터를 변환할 수 있게 만듭니다.

문제 17.3

17.2절 '템플릿 메서드 패턴'에 나온 프로그램은 보는 관점에 따라 아래의 그림과 같은 구조로 만들 수도 있습니다.

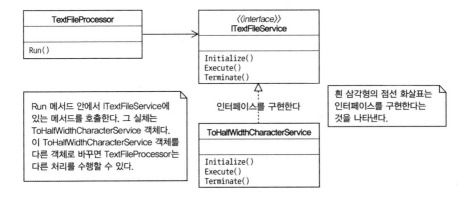

문제 17.1에서 작성한 프로그램을 이 구조에 맞춰 수정합니다. 이때 ITextFileService와 TextFileProcessor는 다음과 같습니다.

```csharp
public interface ITextFileService {
    void Initialize(string fname);
    void Execute(string line);
    void Terminate();
}

public class TextFileProcessor {
    private ITextFileService _service;
```

```
    public TextFileProcessor(ITextFileService service) {
        _service = service;
    }

    public void Run(string fileName) {
        _service.Initialize(fileName);
        using (var sr = new StreamReader(fileName)) {
            while (!sr.EndOfStream) {
                string line = sr.ReadLine();
                _service.Execute(line);
            }
        }
        _service.Terminate();
    }
}
```

18장

스타일, 네이밍, 주석

프로그램의 소스코드는 컴파일러 프로그램이 이해해야 함과 동시에 프로그래머가 읽고 이해할수 있어야 합니다. 프로그램이란 것은 한 번 작성하면 그것으로 끝나는 것이 아니라 그 후에도 몇 년이고 유지보수해야 하는 것이 일반적입니다. 2년, 3년은 물론이고 5년, 10년이라는 긴 세월 동안 유지보수돼온 프로그램도 많습니다. 그렇게 생각하면 '제대로 동작한다'라든가 '처리 속도가 빠르다'라는 것은 물론 '읽기 쉽고 유지보수하기 쉬운' 코드를 작성하는 것도 매우 중요하다는 것을 알 수 있습니다.

지금까지 이 책에서는 .NET 프레임워크에 포함된 기능을 잘 사용하는 방법을 중심으로 설명했지만 이 18장과 19장에서는 **좋은 코드란 읽기 쉽고 유지보수하기 쉬워야 한다**는 관점에서 좋은 코드를 작성하려면 어떻게 해야 하는가에 관해 설명하겠습니다.

그러나 여러분이 속한 프로젝트 또는 회사에서는 이미 네이밍 규약이나 코딩 규약이 정해져 있을 것입니다. 혹시 이 책에 적힌 지침과는 다른 규약이 있을지도 모릅니다. 그럴 경우에는 코드를 통일하는 작업을 우선으로 하고 조직에서 정한 규칙에 따르기 바랍니다.

일단 이번 장에서는 읽기 편한 것에 초점을 맞춰 스타일, 네이밍, 주석에 관한 지침을 이야기 하겠습니다[1].

---

1 이번 장의 내용은 다음과 같은 웹 사이트와 서적을 참고로 했습니다.
 '프레임워크 디자인 지침': https://msdn.microsoft.com/ko-kr/library/ms229042
 《프로그래밍 수련법》(인사이트, 2008)
 《Code Complete 코드 컴플리트 2》(위키북스, 2017)

18.1 스타일에 관한 지침

좋은 코드를 작성하는 첫걸음은 코드의 스타일을 정리하는 것입니다. 이때 중요한 것은 **스타일에 일관성을 부여하는 것**입니다. 그때그때의 기분에 따라 스타일을 바꿔서는 안 됩니다.

코드가 일관된 스타일로 통일되면 읽는 사람이 스트레스를 느끼지 않고 코드를 읽을 수 있습니다. 일단은 스타일을 통일하기 위한 지침에 관해 살펴보겠습니다.

18.1.1 구조를 들여쓰기에 반영한다

프로그래밍 초보자 중에는 들여쓰기가 중요하다는 것을 이해하지 못하는 사람도 있을 것입니다. 실제로 필자도 그중 한 사람이었습니다. 그때 사용했던 언어는 FORTRAN이었는데 '문법적으로 틀림없고 컴퓨터가 이해할 수 있다면 들여쓰기는 하지 않아도 되는 것 아니야?'라고 생각했습니다. '프로그램 코드는 다른 사람도 읽을 수 있어야 한다'라는 것을 이해하지 못했던 것입니다. C#에서 수행하는 들여쓰기는 다른 사람이 읽기 위한 것이기도 하고 프로그램의 구조를 반영한 것이라고 이해하기만 하면 어려운 내용은 아닙니다.

다음은 줄바꿈과 들여쓰기가 엉망인 상태를 나타낸 것입니다.

예제 18.1 스타일이 엉망인 코드

```
✖    if (string.IsNullOrEmpty(filePath)) filePath = GetDefaultFilePath();
      if (File.Exists(filePath)) {
      using (var reader = new StreamReader(filePath, Encoding.UTF8)) {
      while (!reader.EndOfStream) { var line = reader.ReadLine();
       Console.WriteLine(line);
      }}
    }
```

이를 다음과 같이 작성하면 코드를 더욱 빨리 이해할 수 있게 됩니다.

예제 18.2 줄바꿈과 들여쓰기가 적절한 코드

```
if (string.IsNullOrEmpty(filePath))
    filePath = GetDefaultFilePath();
if (File.Exists(filePath)) {
    using (var reader = new StreamReader(filePath, Encoding.UTF8)) {
        while (!reader.EndOfStream) {
            var line = reader.ReadLine();
```

```
        Console.WriteLine(line);
      }
    }
  }
}
```

처음에 나온 예처럼 너무도 극단적으로 엉망인 코드는 보기 드물겠지만 다음과 같이 구조와 들여쓰기가 일치하지 않는 코드는 가끔 볼 수 있습니다.

예제 18.3 구조와 들여쓰기가 일치하지 않는 코드

```
✘   if (string.IsNullOrEmpty(filePath))
        filePath = GetDefaultFilePath();
    if (File.Exists(filePath)) {
        using (var reader = new StreamReader(filePath, Encoding.UTF8)) {
        while (!reader.EndOfStream) {
            var line = reader.ReadLine();
            Console.WriteLine(line);
        }
      }
    }
  }
```

소스코드의 이곳저곳을 고치다 보면 들여쓰기가 망가질 때가 있습니다. 들여쓰기가 망가지면 예를 들어 첫 번째 if 문에 있는 조건이 성립됐을 때 두 번째 if 문이 실행된다고 착각할 수도 있습니다.

이렇게 구조와 들여쓰기가 일치하지 않으면 비주얼 스튜디오에 있는 코드 맞춤 기능을 사용해 코드의 스타일을 정리하기 바랍니다. Ctrl + K를 누르고 이어서 Ctrl + D를 누르면 코드를 전체적으로 정리해줍니다. 그러나 유감스럽게도 객체 이니셜라이저와 컬렉션 이니셜라이저는 이 기능의 대상이 되지 않습니다. 이 부분은 수동으로 스타일을 정리해야 합니다.

그리고 비주얼 스튜디오의 메뉴에서 [도구] → [옵션]을 선택하면 나오는 대화상자에서 [텍스트 편집기] → [C#] → [코드 스타일] → [서식]까지 들어가면 설정 화면이 나오는데 이 화면에서 줄바꿈이나 들여쓰기를 설정하면 비주얼 스튜디오에서 자동으로 정리할 때 적용할 스타일을 설정할 수 있습니다[2](그림 18.1).

---

2   이 책에서 채택한 스타일에 관해서는 서론 부분과 18.1.3절에서 설명합니다. 이 스타일도 지금 설명하고 있는 옵션을 통해 설정할 수 있습니다. 그리고 행의 끝 지점에 {를 배치하려면 '줄바꿈' 설정을 변경합니다.

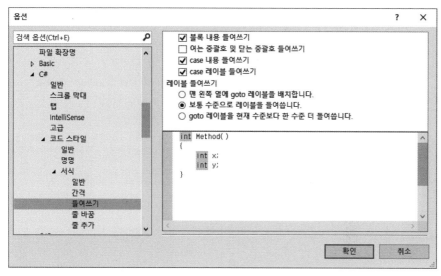

그림 18.1 C#의 서식 설정

18.1.2 괄호를 사용해 정리한다

문법상 본래는 괄호가 필요 없는 부분이라도 괄호를 사용하면 코드를 읽기 쉽게 정리할 수 있습니다.

예제 18.4 괄호 수가 너무 적은 코드

✘   `if (year % 4 == 0 && year % 100 != 0 || year % 400 == 0)`

위의 코드는 괄호가 없어서 우선순위를 알아보기 힘듭니다. 다음과 같이 괄호를 사용해서 정리하면 의미를 이해하기 쉽습니다.

예제 18.5 괄호를 적절히 사용한 코드

`if ((year % 4 == 0 && year % 100 != 0) || (year % 400 == 0))`

18.1.3 공백을 일관성 있게 유지한다

어느 곳에 공백을 사용할지는 각자의 취향에 따라 다르지만 공백을 사용하는 방법도 일관성을 유지하는 것이 중요합니다. 공백도 잘 맞추면 코드를 읽기 쉽게 만들 수 있습니다.

다음에 나온 두 코드를 비교해 봅시다.

예제 18.6 공백 수가 너무 적은 코드

```
✘   var query=xdoc.Root.Elements()
                .Select(x=>new{
                    Key=x.Attribute("abbr").Value,
                    Value=x.Attribute("japanese").Value
                });
    var dict=query.ToDictionary(x=>x.Key,x=>x.Value);
    foreach(var d in dict){
        Console.WriteLine(d.Key+"="+d.Value);
    }
```

예제 18.7 공백을 적절히 사용한 코드

```
var query = xdoc.Root.Elements()
                .Select(x => new {
                    Key = x.Attribute("abbr").Value,
                    Value = x.Attribute("japanese").Value
                });
var dict = query.ToDictionary(x => x.Key, x => x.Value);
foreach (var d in dict) {
    Console.WriteLine(d.Key + "=" + d.Value);
}
```

두 코드 가운데 먼저 나온 코드는 조금 빡빡한 느낌을 주며 읽기 힘들 것 같습니다. 이 예는 짧고 단순한 코드이므로 조금 나은 편이지만 한 행이 긴 코드가 계속 나오는 예라면 훨씬 더 읽기 힘들 것입니다.

그러나 공백을 너무 많이 사용한 코드도 단어 사이가 지나치게 넓어서 읽기 힘듭니다.

예제 18.8 공백이 너무 많은 코드

```
✘   var query = xdoc.Root.Elements ()
                .Select (x => new {
                    Key = x. Attribute ("abbr").Value,
                    Value = x. Attribute ("korean").Value
                });
    var dict = query.ToDictionary (x => x.Key, x => x.Value);
    foreach (var d in  dict) {
        Console.WriteLine (d.Key  +  "="  +  d.Value);
    }
```

참고로 이 책에서는 코드에 다음과 같은 규칙을 적용했습니다.

1. if나 for 같은 제어 흐름 키워드 뒤에는 한 개의 공백을 둔다

2. 클래스를 정의할 때 콜론(:) 앞뒤에 한 개의 공백을 둔다

3. 콤마(,) 뒤에는 한 개의 공백을 둔다

4. for 문 안에 있는 세미콜론(;) 뒤에 한 개의 공백을 둔다

5. +나 * 같은 연산자의 앞뒤에 한 개의 공백을 둔다

6. {}의 앞뒤에 코드를 쓸 경우에는 {}의 앞뒤에 한 개의 공백을 둔다

그러나 이 같은 규칙을 하나하나 기억할 필요는 없으며 반드시 여기에 나온대로 해야 하는 것도 아닙니다. 개발팀 내에서 일관된 규칙을 적용하면 됩니다. 이 공백에 관한 규칙도 비주얼 스튜디오에 설정할 수 있습니다. 메뉴에서 [도구] → [옵션]을 선택해서 대화상자를 열고 [텍스트 편집기] → [C#] → [코드 스타일] → [서식] → [간격]을 선택해서 나오는 화면에서 설정하면 공백을 일관성 있게 적용할 수 있습니다(그림 18.2).

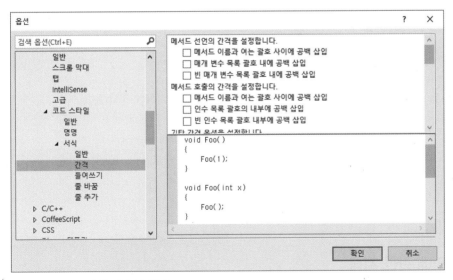

그림 18.2 C#에서 스타일(공백)을 설정한다

18.1.4 한 행에 모든 것을 넣지 않는다

다음과 같은 코드는 읽는 사람에게 왠지 어려운 작업을 하고 있는 것 같은 느낌을 주어 심적 부담이 생기게 할 것 같습니다.

예제 18.9 한 행에 너무 많은 것을 넣은 코드

```
✖  return (new System.Uri(Assembly.GetExecutingAssembly().CodeBase)).LocalPath;
```

위의 코드를 다음과 같이 여러 개의 문으로 분할하면 더욱 짧은 시간 안에 코드를 이해할 수 있을 것입니다.

예제 18.10 한 행에 하나의 명령문이 포함된 코드

```
var assembly = Assembly.GetExecutingAssembly();
var codeBaseUri = new System.Uri(assembly.CodeBase);
return codeBaseUri.LocalPath;
```

LINQ의 확장 메서드를 연결하는 경우에도 한 행에 모든 것을 쓰면 읽기 힘들어집니다.

예제 18.11 LINQ의 확장 메서드를 한 행에 쓴 코드

```
✖  var firstDay = Enumerable.Range(1, 7).Select(d => new DateTime(year, month, d)).First(d =>
   d.DayOfWeek == dayOfWeek);
```

다음 코드처럼 메서드별로 줄바꿈해서 점(.)의 위치를 맞추면 코드를 읽기 쉬워집니다.

예제 18.12 LINQ의 확장 메서드를 점(.)을 기준으로 줄바꿈한 코드

```
var firstDay = Enumerable.Range(1, 7)
                    .Select(d => new DateTime(year, month, d))
                    .First(d => d.DayOfWeek == dayOfWeek);
```

18.2 네이밍에 관한 지침

좋은 이름을 지정한다는 것은 매우 중요합니다. 이름을 잘 지정하면 프로그램을 이해하기 쉬워지고 유지보수하기 편해집니다. 네이밍을 대충하는 사람은 좋은 프로그래머가 될 수 없습니다. 이번 절에서는 좋은 변수 이름과 좋은 속성 이름, 메서드 이름을 지정하는 지침에 관해 자세히 알아보겠습니다. 네이밍이 그만큼 중요하기 때문입니다.

그리고 기존 이름을 수정할 때는 '[Column] 비주얼 스튜디오에 있는 [이름 바꾸기] 기능을 사용한다'를
참조하기 바랍니다.

18.2.1 파스칼 표기법과 낙타 표기법을 적절히 사용한다

C#에서는 변수 이름이나 메서드 이름과 같은 식별자의 형식으로 파스칼(Pascal) 표기법과
낙타(Camel) 표기법이라는 두 가지 형식을 채용합니다.

- **파스칼 표기법**
  식별자의 첫 문자와 이 문자에 연결되는 각 단어의 첫 문자를 대문자로 씁니다.
  파스칼 표기법은 세 문자 이상으로 구성되는 식별자에 사용합니다.

  > Year   Menu   Item   BackColor   BlockSize   FamilyName

- **낙타 표기법**
  식별자의 첫 문자를 소문자로 쓰고 이 문자에 연결되는 각 단어의 첫 문자를 대문자로 씁니다. 다음 예를 보기 바랍니다.

  > year   menu   item   backColor   blockSize   familyName

C#에서는 이 두 가지 형식을 기본으로 하고 있습니다. 이 두 가지 형식을 어떻게 하는지를 표 18.1에
정리했습니다.

표 18.1 파스칼 표기법과 낙타 표기법

식별자	형식	예
네임스페이스	Pascal	System.Text
클래스	Pascal	StringBuilder
인터페이스	Pascal	IEnumerable
구조체	Pascal	DateTime
열거형	Pascal	DayOfWeek
열거값	Pascal	Monday
이벤트	Pascal	MouseHover
메서드	Pascal	GetHashCode
속성	Pascal	ViewBag
상수	Pascal	MaxValue

식별자	형식	예
필드	Camel	currentPosition
인수(매개변수)	Camel	options
로컬 변수	Camel	itemName

이 표를 보면 알겠지만 거의 모든 식별자가 파스칼 표기법입니다. 낙타 표기법을 사용하는 것은 필드, 인수, 로컬 변수 세 가지뿐입니다.

두 문자인 경우에는 조금 특수합니다. 다음의 표 18.2에서 몇 가지 예를 살펴보겠습니다.

표 18.2 파스칼 표기법과 낙타 표기법(두 문자로 구성된 단어)

단어	파스칼 표기법	낙타 표기법
DB(Database)	DB	db
IO(Input/Output)	IO	io
IP(Internet Protocol)	IP	ip
ID(Identity)	Id	id
OK	Ok	ok
go	Go	go
on	On	on

두 문자인 경우에는 파스칼 표기법의 식별자는 두 문자 모두 대문자로 쓰기 바랍니다. 예를 들면, DB(Database), IO(Input/Output), IP(Internet Protocol)가 여기에 해당합니다. go, on과 같이 일반적인 두 문자 단어인 경우에는 파스칼 표기법과 낙타 표기법을 사용하기 바랍니다. ID와 OK는 생략어지만 일반적인 단어라고 간주하고 go 같은 단어와 동일한 규칙을 적용합니다.

그리고 Xml과 같은 세 문자 이상의 머리 글자를 따온 약자는 모든 문자를 대문자로 쓰지 않습니다. 앞서 나온 표 18.1 '파스칼 표기법과 낙타 표기법'을 따르기 바랍니다. 다음에 나오는 18.2.3절 '정확한 철자를 사용한다'도 참조하기 바랍니다.

> **[Memo] 필드를 네이밍하는 규칙**
>
> 클래스에 있는 private 필드를 네이밍하는 방법은 다양합니다. 주로 사용되는 방법은 다음과 같은 네 가지입니다.
>
> **로컬 변수와 같은 낙타 표기법**
>
> ```
> private ControllerContext controllerContext;
> ```
>
> **언더바로 시작한다**
>
> ```
> private ControllerContext _controllerContext;
> ```
>
> **언더바로 끝난다**
>
> ```
> private ControllerContext controllerContext_;
> ```
>
> **m_으로 시작한다**
>
> ```
> private ControllerContext m_controllerContext;
> ```
>
> 일반적인 로컬 변수와 마찬가지로 접두사를 붙이지 않은 첫 번째 예가 일반적이지만 필자는 필드 이름을 언더바로 시작하게 합니다. 그렇게 해야 지역 변수와 명확하게 구별되기 때문입니다. 인텔리센스에서 _를 입력하면 필드만 골라서 표시할 수 있어서 편리합니다. 깃허브에 공개된 엔터티 프레임워크나 ASP.NET MVC와 관련된 소스[3]를 살펴보면 필드 이름은 모두 언더바로 시작되므로 마이크로소프트사에서도 이 방식을 채택하고 있다는 사실을 알 수 있습니다.
>
> 그리고 public인 static 필드는 마이크로소프트에서 첫 문자를 대문자로 쓰는 파스칼 표기법을 적용할 것을 추천합니다.

18.2.2 그것이 나타내는 것을 설명하는 이름을 지정한다

그것이 무엇을 나타내는지 설명하는 이름을 지정한다. 이것이 네이밍의 대원칙입니다.[3]

예를 들어, 현재 날짜를 나타낸다면 today, currentDate 같은 이름이 좋을 것입니다. 그러나 cd, day, date, d, td 같은 변수 이름은 바람직하지 않습니다. 회원 수를 나타내는 변수에 num, nm, cnt 같은 변수 이름을 지정했다면 바람직한 이름이라고 할 수 없습니다. numberOfMembers나 MembersCount라고 지정하면 이것이 무엇인지 금방 알게 됩니다.

---

3 https://github.com/aspnet

새 사용자를 등록하는 메서드라면 UsrIns이나 NewUser보다는 RegisterUser가 적절합니다. 그리고 RegistUser처럼 존재하지 않는 단어[4]를 사용하는 것도 좋지 않습니다. 한 행을 읽어 들이는 메서드라면 Read나 Input보다는 ReadLine이 좋을 것입니다. ReadLn이라고 생략하거나 InputText처럼 모호한 이름은 바람직하지 않습니다.

18.2.3 정확한 철자를 사용한다

클래스 이름, 구조체 이름, 메서드 이름, 속성 이름과 같은 식별자에는 원칙적으로 생략된 단어는 사용하지 않습니다. 다음 이름은 나쁜 예입니다.

✘ Btn	Cnt	Ttl	Clr	Wk	Reg	Exec	Disp

다음과 같이 생략되지 않은 단어를 사용하기 바랍니다.

Button	Count	Total	Clear	Work	Register	Execute	Display

물론 철자도 틀리지 않도록 주의합니다.

✘ Degital	feeld	Horidei	UriBng	Kmkmei	KshnKbn

그리고 표 18.3에 나온 영어 단어의 첫 문자를 딴 용어(두문자어)는 해당 용어가 충분히 널리 알려져 있고 누구나 파악할 수 있는 경우에만 사용하는 것이 좋습니다.

표 18.3 일반적으로 사용되는 두문자어의 예

두문자어	정식 명칭
Html	HyperText Markup Language
Xml	Extensible Markup Language
Ocr	Optical Character Reader
Bcc	Blind Carbon Copy/Copies
IO	Input/Output
IP	Internet Protocol

---

4 regist라는 영어 단어는 존재하지 않습니다.

18.2.4 로컬 변수의 생략형은 오해가 없는 범위 안에서 이용한다

메서드 안에서 이용하는 로컬 변수도 생략형을 사용하지 않는 것이 원칙이지만 로컬 변수는 공개되는 것이 아니므로 메서드, 속성, 인수만큼 엄격하게 제한할 필요는 없습니다.

그러나 최대한 오해를 가져오지 않을 이름을 지정하는 것이 중요합니다. 예를 들면, 초를 나타내는 변수에 min이라고 이름 짓는다면 문맥에 따라서는 minute인지 minimum인지 구별할 수 없는 경우도 있습니다. cont라는 생략형도 content인지 contract인지 금방 구별할 수 없습니다. 어쩌면 count를 생략한 것이라고 보는 사람도 있을 것입니다. rec도 record인지 receive인지 receipt인지 구별되지 않습니다. title을 ttl이라고 생략한다면 total이라고 착각하는 사람도 있을 것입니다. 결국 이런 부분을 제대로 해결하면서 나아가지 않으면 나중에 곤란해지는 것은 자기 자신 또는 유지보수하는 사람이 될 것입니다.

따라서 로컬 변수에도 생략형을 너무 많이 사용하는 것은 좋지 않습니다. 특히 중요한 것은 하나의 생략형을 두 가지 이상의 의미로 사용하지 않는다는 것입니다. 예를 들면, 동일한 소스 파일 안에서 comp를 complete, compare, compress처럼 여러 개의 단어를 생략한 형태로 사용하면 나중에 해당 코드를 읽는 사람이 꽤 고생하게 될 것입니다.

그리고 생략형을 사용할 경우에는 오해를 초래하지 않고 널리 알려진 것을 이용하고 자신이 지어낸 생략형은 사용하지 않기 바랍니다. 그리고 컴퓨터 영역의 클래스(예를 들면 .NET 프레임워크에 속한 클래스)의 로컬 변수 이름을 지정할 때 StringBuilder를 sb, TextWriter를 tw라는 식으로 첫 문자를 사용해서 생략할 경우도 있습니다. 이런 변수는 스코프[5]를 짧게 잡는 것이 중요합니다.

18.2.5 로컬 변수이면서 한 문자 변수는 용도를 정한다

로컬 변수는 더욱 짧은 한 문자 변수를 사용할 경우도 있습니다. 한 문자인 변수 이름은 어떤 특정한 용도로 한정해서 이용합니다. 표 18.4에서 이에 관한 예를 살펴보겠습니다.

표 18.4 한 문자 변수 이름의 예

변수 이름	용도
c	char 형 임시 변수
i	for 문의 루프 변수

---

[5]　변수의 스코프란 해당 변수가 참조될 수 있는 범위를 말합니다.

변수 이름	용도
n	int 형 임시 변수
o	임의 형 객체의 임시 변수
s	string 형의 임시 변수
x	2(3)차원의 X좌표, 람다식 객체를 나타내는 인수
y	2(3)차원의 Y 표
z	3차원의 Z좌표

이처럼 한 문자 변수는 행 개수가 많지 않은 메서드 안에서 임시 변수로 사용한다면 문제될 것이 없지만 메서드가 길어지면 해당 코드가 무엇을 하고 있는지 이해할 수 없게 됩니다. 어쨌든 한 문자 변수를 너무 많이 사용하지 않는 것이 좋습니다. 이름을 생각해내는 것이 귀찮아서 a, b, c라는 변수 이름을 사용하는 것은 절대로 해서는 안 될 일입니다.

18.2.6 변수 이름/속성 이름은 명사가 좋다

변수 이름/속성 이름에는 명사를 지정하는 것이 일반적입니다. 변수 이름/속성 이름을 잘 설명하기 위해 명사 앞에 그것을 수식하는 단어를 붙이는 경우도 있습니다.

```
TaxRate    UnitName    firstNumber    targetYear    selectedColor    currentWord
```

그러나 아무 때나 명사를 붙이면 되는 것이 아닙니다. 부사나 형용사 등을 사용할 때도 있습니다. 예를 들면 current, first, printed 같은 이름을 붙일 때도 있습니다. 요컨대 **무엇을 나타내는 것인지 설명하는 이름**을 지정하는 것이 중요합니다.

그리고 여러 개의 요소를 저장하는 컬렉션 변수나 컬렉션 속성은 복수형으로 지정하는 것이 일반적입니다.

```
items    colors    Employees    Products    Sales
```

18.2.7 bool 형이라는 것을 알게 해주는 이름을 지정한다

bool 형 변수/속성에는 true와 false가 각각 무엇을 의미하는지 명확하게 알 수 있는 이름을 지정합니다. 다음에 나온 것은 나쁜 예입니다. 그것이 bool 형 변수인지 알 수 없음은 물론이고 true, false가 무엇을 가리키는지도 모호합니다.

> ✖ emptyFlag   jobStatus   saveSwitch   execution   checkChildren

이 같은 변수를 다음과 같이 쓰면 bool 형이라는 것을 확실히 알 수 있고 동시에 true와 false가 무엇을 의미하는지 명확하게 알 수 있습니다.

    isEmpty   isBackground   canSave   canExecute   hasChildren

이처럼 bool 형 식별자는 is, can, has로 시작하는 것이 일반적이지만 다음과 같이 is, can, has를 붙이지 않을 때도 있습니다. 이런 이름이라면 true, false가 무엇을 의미하는지 명확하게 알 수 있습니다.

    done   found   success   enabled   created   exists

또 한 가지 이야기하자면 bool 형인 변수 이름에서 주의할 점이 있습니다. 부정적인 이름을 붙이지 않는다는 것입니다. isNotEmpty, notDone, notFound, notExists 같은 이름은 그것이 부정의 값을 가질 때 파악하기 어려워집니다. 다음과 같은 if 문은 읽는 사람을 혼란하게 만듭니다.

> ✖
> ```
> // 끝나지 않지 않으면???
> if (!notDone) {
> }
> ```

18.2.8 메서드 이름에는 동사를 지정한다

메서드에는 동사나 동사구를 지정하기 바랍니다. 일반적으로 무엇을 하는가를 나타내는 동사로 시작합니다. 그렇게 하면 메서드의 기능을 더욱 이해하기 쉬워질 것입니다. 예를 들면 다음과 같은 이름입니다.

    FindEmployee   AddCustomer   SendMessage   GetCurrentStatus   RemoveAt   MoveTo
    ReadFrom

그리고 Document 클래스에서 OpenDocument, CloseDocument라는 이름은 장황합니다. 이 경우에는 Open, Close라고 지정하면 충분합니다.

bool 값을 반환하는 메서드에서는 Is, Has, Can으로 시작하는 것이 일반적입니다.

```
IsLeapYear     IsEndOfMonth     IsLocalUrl     HasAttribute     CanRemove
```

동사를 생략하는 경우도 있습니다. .NET 프레임워크 클래스에는 다음과 같은 메서드가 존재합니다. 이 이름들은 동사가 없어도 의미가 통합니다.

```
ToString     FromFileTime     IndexOf
```

18.2.9 바람직하지 않은 이름

네이밍에 대한 마지막 설명으로 지금까지 예로 든 것 외의 바람직하지 않은 이름에 관해 설명합니다. 여기서 설명하는 바람직하지 않은 네이밍은 피하고 좋은 이름만 사용하기 바랍니다.

✖ 식별자에 숫자를 붙인다

여러 변수를 구별하는 목적으로 이름에 숫자를 붙이지 말기 바랍니다. 예를 들면 name1, name2, name3과 같은 이름은 가급적 사용하지 않는 것이 좋습니다.

대부분 더욱 좋은 다른 이름이 있을 것입니다. 어떤 이름이 적절한지 생각하는 노력을 하기 바랍니다. 이런 작업을 반복하면서 네이밍에 관한 감각도 길러질 것입니다. 만일 아무리 생각해도 떠오르지 않는다면 해당 스코프를 최대한 좁게 만드는 것이 중요합니다.

✖ bool 형에 flag라는 이름을 지정한다

어떤 두 개의 값의 상태를 나타내는 변수에 flag라는 이름이 사용되는 경우가 있습니다. 그러나 이것은 될 수 있으면 다른 이름을 사용하는 것이 좋습니다. 다음과 같은 이름은 막연해서 무엇을 나타내는지 알 수 없습니다.

```
✖   printFlag     saveFlag     numFlag     readFlag     updateFlag
```

예를 들면 이 이름들을 다음과 같은 이름으로 바꾸면 무엇을 의미하는지, 그리고 true일 때 어떤 상태인지 false일 때 어떤 상태인지를 변수 이름을 보고 유추할 수 있습니다.

```
printed     canSave     isNumeric     isReading     shouldUpdate
```

flag와 마찬가지로 switch, kubun과 같은 이름을 사용하지 않는 것이 좋습니다.

✖ 복수형과 단수형을 구별하지 않는다

배열이나 List⟨T⟩ 같은 컬렉션 변수에 단수형 이름을 붙이면 안 됩니다. 예를 들면, 다음과 같이 List⟨Product⟩의 객체에 product라는 이름을 붙였다고 해봅시다.

✖ ` var product = new List<Product>(); `

이렇게 하면 읽는 사람이 오해할 수도 있고 같은 메서드 안에서 단수형 Product 객체 변수를 사용해야 할 때 적절한 이름을 지정할 수 없으므로 더욱 이해하기 어려워집니다. 복수형 객체를 저장하는 컬렉션 객체에는 복수형 이름을 지정하기 바랍니다.

` var products = new List<Product>(); `

이렇게 복수형 이름을 지정하는 데 저항감이 느껴진다면 List나 Collection과 같은 단어를 추가해서 해당 변수가 여러 개의 객체를 저장한다는 것을 나타내는 이름을 적용하기 바랍니다.

✖ 이름에 Info나 Data, Manager를 붙인다

클래스 이름 뒤에 Info나 Data를 붙일 경우에는 정말로 그것이 필요한지 검토해야 합니다. Info나 Data는 의미가 너무 광범위해서 그것이 무엇을 나타내는지 알 수 없습니다.

예를 들면 BookInfo, ProductInfo, MemberData는 대개 Book, Product, Member라고 지정하면 됩니다. 만일 다른 변수와 구별되게 표현하려면 BookMetadata, ProductDetail, MemberCollection과 같은 이름을 지정하는 것이 적절할 것입니다. Info나 Data를 절대로 붙이면 안 된다고 이야기하는 것은 아니지만 다른 이름을 지정할 수 있는지 검토하는 것이 바람직합니다. Detail, Summary, Metadata, Catalog, Category, Attributes, List, Collection 등이 좋습니다.

마찬가지로 BookManager와 같이 클래스 이름 뒤에 Manager를 붙일 때도 그것이 정말로 적절한 이름인지 검토하기 바랍니다. Manager보다 적절한 이름(예를 들면 Factory, Builder, Writer, Reader, Converter, Proxy, Dispatcher, Launcher, Cache, Container)이 있을지도 모릅니다.

✖ 메서드의 이름과 해당 작업이 다르다

기존 프로그램을 유지보수하다 보면 이름과 실제로 하는 작업이 다른 메서드를 마주할 때가 있습니다. Search라는 이름의 메서드인데 그 안에서 추가적인 처리도 수행하고 있거나 Check라는 이름의 메서드인데 데이터도 업데이트하거나 파일에서 데이터를 읽어 들이고 있으면서 이름이 OpenFile인 메서드가 있기도 합니다. 데이터를 읽어 들이는 메서드의 이름이 SetLine인 경우도 있습니다.

여러분은 SetLine이라는 이름이 완전히 반대 의미를 나타낸다고 생각할 텐데 이런 이름을 지정하는 사람도 있다는 것입니다. 이 메서드가 하는 작업이 '읽어 들인 행을 버퍼에 설정(셋팅)하는 것'이라면 이 프로그래머는 What(무엇을 하는가)이 아니고 How(어떻게 하는가)에 신경을 써서 이런 이름을 붙인 것입니다. 더욱 심한 경우는 LineSet이라는 동사(Set을 동사의 의미로 사용해)로 끝나는 이름을 붙이기도 합니다. 그러나 이렇게 하면 동사가 아닌 명사가 되어 '행의 집합'이라는 전혀 다른 의미가 됩니다. 메서드 이름과 해당 작업이 다르면 읽는 사람을 혼란스럽게 합니다. 항상 적절한 이름을 지정하는 것이 중요합니다.

그리고 지침대로 메서드에 동사를 사용했다고 하더라도 다음과 같은 메서드 이름은 바람직하지 않습니다.

✖ PerformWork   OutputData   CheckName   ProcessBook   ManageEmployee

너무도 막연한 이름이며 해당 메서드가 구체적으로 무슨 작업을 하는지 알 수 없습니다. 더욱 구체적인 이름을 지정하기 바랍니다. 적절한 이름을 지정할 수 없다는 것은 메서드가 한 가지 기능만 가지고 있지 않다는 이야기이므로 코드를 개선해서 메서드 이름과 해당 작업을 일치시키기 바랍니다.

> **[Column] 비주얼 스튜디오에 있는 [이름 바꾸기] 기능을 사용한다**
>
> 비주얼 스튜디오에 있는 [이름 바꾸기] 기능을 사용하면 안전하고 쉽게 식별자(클래스 이름, 메서드 이름, 속성 이름, 인수 이름 등)의 이름을 변경할 수 있습니다. [이름 바꾸기] 기능을 사용하는 절차는 다음과 같습니다.
>
> 1. 변경할 식별자 위에 커서를 놓고 Ctrl + R을 두 번 누르거나 마우스 오른쪽 버튼을 클릭하고 [이름 바꾸기]를 선택한다
>
> 2. [이름 바꾸기] 대화상자가 나타난다. 이 상태에서 이름을 수정한다
>
> 3. 대화상자에서 [주석 포함]에 체크를 표시한다
>
> 4. 대화상자에서 [적용] 버튼을 누른다
>
> 이렇게 하면 해당 솔루션에서 해당 이름을 이용하고 있는 부분이 모두 수정됩니다. 비주얼 스튜디오에 있는 문자열 치환 기능을 사용해 이름을 변경하면 실수로 전혀 관계없는 곳을 변경해버리거나 변경돼야 할 곳이 변경되지 않는 일이 발생하지만 [이름 바꾸기] 기능을 사용하면 이런 일이 발생할 걱정은 하지 않아도 됩니다.
>
> 리팩터링[6] 등으로 코드를 개선할 경우에는 변경되는 것을 두려워하지 말고 좋은 이름으로 변경하는 것이 바람직합니다.

18.3 주석에 관한 지침

적절하게 쓴 주석은 프로그램을 읽는 데 도움이 됩니다. 그러나 코드의 내용과 주석의 내용이 다르면 이해하기 어려울 것이며 기능을 수정하거나 추가할 때 버그가 생길 위험이 있습니다. 주석의 품질이 코드의 품질을 좌우하는 경우가 있으므로 주석이라고 해서 가볍게 취급할 수 없습니다.

주석을 쓴 시점에서는 코드와 주석이 일치했다고는 해도 이후에 프로그램을 수정하거나 기능을 추가하는 일이 반복되면 코드가 이렇게 변화하는 동안 주석은 그 변화를 따라가지 못하고 처음 그대로의 모습으로 남아 있게 됩니다. 코드와 주석이 일치하지 않는 상태는 주석이 없는 상태보다도 나쁜 상태라고 할 수 있습니다.

따라서 코드를 고쳤다면 반드시 주석도 검토하고 필요하다면 적절히 주석을 수정하는 것이 매우 중요합니다. 그러나 이 규칙을 지키는 것은 실제로 참 힘든 일입니다. 프로그래밍 작업이 바쁘게 진행되는 동안에는 자꾸 코드만 수정하게 됩니다.

이번 절에서는 코드와 주석의 차이를 없애서 주석을 유용하게 이용하기 위한 지침을 설명하겠습니다.

---

6 소프트웨어의 동작은 그대로 두고 코드 쪽을 이해/수정하기 편하게 개선하는 일을 말합니다.

18.3.1 당연히 알고 있는 것은 주석에 쓰지 않는다

예를 들면, 다음과 같은 주석을 쓰는 일은 무의미하고 단순한 시간낭비입니다.

✘
```csharp
// 영으로 초기화한다
count = 0;

// 무한루프
while (true) {

// 콜론이면
if (c == ':') {

// null을 반환한다
return null;

// Board 인스턴스를 생성한다
var board = new Board(8, 8);

// 공개 속성인 Name을 정의한다
public string Name { get; set; }
```

이 같은 주석은 코드를 보면 알 수 있는 내용을 반복할 뿐이며 당연히 알고 있는 정보를 주는 것입니다. 이런 주석은 전혀 의미가 없습니다.

18.3.2 클래스나 메서드에 쓰는 주석은 개요를 쓴다

주석을 쓰는 목적은 코드를 읽는 데 도움을 주기 위해서입니다. 클래스나 메서드에 코드를 요약하는 주석을 적어두면 코드를 유지보수하는 사람이 코드를 이해하는 데 도움이 됩니다. 메서드에 다음과 같은 주석이 있으면 이 메서드가 어떤 역할을 하는지 금방 파악할 수 있습니다.

```csharp
// 지정한 ID의 사원 정보를 가져온다
public Sawon FindSawon(string id) {
    ...
}
```

그리고 이렇게 개요를 쓴 주석에는 구현에 관한 자세한 설명을 쓰지 않습니다. 예를 들면 다음과 같은 주석은 구현에 관한 자세한 설명을 쓴 주석입니다.

✖
```
// 지정한 ID의 Sawon 객체를 Sawon 배열에서 찾아 그 Sawon 객체의 참조를 반환한다
public Sawon FindSawon(string id) {
    ...
}
```

매우 좋은 주석인 것 같지만 사실은 그렇지 않습니다. Sawon이나 List<Sawon>은 코드를 보면 알 수 있는 정보이고 Sawon 클래스 이름을 Employee로 수정하면 주석도 수정해야 합니다. 배열을 List<T>로 수정할 때도 마찬가지로 주석을 고쳐야 합니다. 그러나 주석이 고쳐진다는 보장은 어디에도 없고 나중에 코드와 주석이 불일치한다는 바람직하지 못한 상태가 될 가능성이 있습니다.

18.3.3 코드를 읽어 알 수 없는 정보를 주석에 쓴다

코드만 읽어서는 알 수 없는 정보가 있습니다. 이런 경우에는 왜 코드를 그렇게 작성했는지 이해할 수 없습니다. 프로그래머의 의도를 설명하는 주석은 해당 코드를 이해하는 데 큰 도움을 줍니다.

예를 들면, 알고리즘의 출처인 URL이나 서적의 페이지 등을 주석에 적어두면 나중에 읽는 사람에게 도움이 됩니다.

```
// XX 알고리즘을 채용했다
// 참고 URL: http//example.com/xx-algorithm.html
```

'왜 그렇게 하는가?'라는 내용도 주석에 쓰면 좋습니다. 이용하고 있는 컴포넌트의 버그를 피하기 위해 작성한 코드라면 해당 사항을 주석에 적어두는 것이 좋습니다. 이런 것은 코드만 읽어서는 알 수 없는 정보이기 때문입니다.

```
// ○○사에서 만든 ExampleLogger(ver1.0.5)의 LogOption을 인수로 받는 생성자는
// 버그가 있으므로 인스턴스를 생성한 후에 SetOption 메서드에서 설정했다
var logger = new ExampleLogger(path);
logger.SetOption(new LogOption {
    AutoFlush = true,
    Buffering = true,
    FireAndForget = true,
    Duration = new TimeSpan(0, 0, 10)
});
```

그리고 코드를 보기만 해서는 금방 알 수 없는 경우도 있습니다. 예를 들면, 다음과 같은 코드는 무엇을 구하는 것인지 금방 알 수 없습니다.

```
Point left = points.Where(p => p.X == points.Min(p2 => p2.X))
                    .First();
```

따라서 다음과 같이 주석을 추가해두면 나중에 코드를 읽을 때 도움이 됩니다.

```
// 가장 왼쪽에 있는 점의 위치를 하나만 구한다
Point left = points.Where(p => p.X == points.Min(p2 => p2.X))
                    .First();
```

이때 중요한 것은 '무엇을 하는가'를 주석에 남기는 것입니다. '어떻게 하는가'가 자세히 적힌 주석은 상세한 구현 내용이 변경됐을 때 전혀 도움이 되지 않습니다.

18.3.4 잘못된 코드에 주석을 쓰기보다는 코드를 수정한다

주석을 쓰는 것이 중요하지만 파악하기 어려운 코드에 주석을 열심히 쓰기보다는 그 노력을 파악하기 쉬운 코드를 작성하는 데 쏟아야 할 것입니다. 특히 변수 이름, 메서드 이름에 적절한 이름을 붙이면 주석을 많이 쓸 필요가 없습니다. 예를 들어 다음과 같은 코드를 보기 바랍니다.

```
✘   // 첫 요청인지 여부를 판단하기 위한 변수다. true이면 첫 처리다
    bool requestFlag = true;
```

첫 처리를 특별하게 취급하고 싶었기 때문에 requestFlag 변수를 마련했는데 여기에 주석이 없으면 어떤 용도로 사용되는지 알 수 없습니다. 따라서 requestFlag 변수의 용도가 무엇인지 설명한 것인데 다음과 같은 변수 이름을 지정하면 주석 자체가 필요없어집니다.

```
bool isFirstRequest = true;
```

그리고 다음과 같은 주석도 이름을 적절히 지정하기만 하면 필요없습니다.

```
✘   // 컬렉션에 이미지가 포함돼 있다면(true이면 포함된 것이다)
    if (collection.CheckImg()) {
```

다음과 같은 메서드 이름이라면 주석이 필요없습니다.

```
if (collection.ContainsImage()) {
```

18.3.5 주석은 필요한 최소한으로 제한한다

지금까지 설명한 지침을 지킨다고 해도 코드와 주석의 불일치는 어쨌든 발생할 것입니다. 이런 바람직하지 못한 상태가 되지 않게 하려면 **주석은 필요한 최소한으로 제한해야 한다**는 것이 필자의 견해입니다.

주석을 쓰는 데 많은 노력을 기울일 것이라면 그 노력을 알아보기 쉬운 코드를 작성하는 데 쏟는 것이 훨씬 건설적입니다. 코드를 보고 이 코드가 무슨 작업을 하는지 알 수 있는 상태라면 주석은 필요한 최소한의 양으로도 충분히 본래의 역할을 수행할 것입니다.

주석이 너무 많은 코드는 반대로 말하면 파악하기 어려운 코드라고 할 수 있습니다. 주석과 코드가 일치한다는 보장은 없으므로 주석이 너무 많은 코드는 오히려 가독성을 떨어뜨립니다.

주석을 쓰는 데도 비용이 들어갑니다. 코드를 수정하면 주석도 검토해야 하므로 주석이 너무 많으면 그만큼 비용도 늘어납니다. 한정된 시간 안에서 어느 부분에 시간을 사용할지에 대한 우선순위를 생각한다면 주석을 쓰기보다는 알아보기 쉬운 코드를 작성하는 데 시간을 들이는 것이 현명한 선택일 것입니다. 주석은 필요한 최소한으로 제한하기 바랍니다.

18.3.6 주석 처리한 코드를 방치하지 않는다

가끔 다음과 같이 코드를 주석 처리한 채로 남겨둔 것을 발견할 때가 있습니다.

✖
```
// this._image.Dispatcher.BeginInvoke(() => {
//     _image.Pixels[(int)pt.Y * this._width + (int)pt.X] = intcolor;
//     _image.Invalidate();
// });
```

이렇게 주석 처리한 것은 코드를 읽는 사람을 헷갈리게 합니다.

'이 코드는 왜 주석 처리됐을까?'

'지우는 것을 잊어버린 걸까?'

'아니야. 임시로 주석 처리해놓고 원상태로 복구하는 것을 잊은 것일지도 몰라.'

'아니면 나중에 추가하려고 작성해둔 코드일까?'

위와 같이 불필요한 생각을 하게 만듭니다.

다음과 같이 쓰면 완전히 필요없는 코드라는 것은 알 수 있지만 분명히 필요없는 코드이므로 남겨두는 데 의미가 없습니다.

```
✖    // 아래 코드는 삭제한다 2015.05.27
```

소스코드 관리 툴을 사용하면 프로그램을 수정한 이력을 관리할 수 있으므로 필요없어진 코드는 삭제해서 코드를 깔끔하고 읽기 쉽게 만들 수 있습니다.

18.3.7 겉모습을 중시한 주석은 쓰지 않는다

고치기 어려운 전형적인 주석 두 가지를 소개하겠습니다.

```
✖    /*-------------------------------------------*
     * 메서드 이름 : GetWeekDays                    *
     * 인수       : DateTime date                  *
     * 반환값      : IEnumerable<DateTime>          *
     * 개요       : 주어진 날짜가 존재하는 주의 월요일부터 금요일까지를 열거한다  *
     *             월이나 년을 넘어가더라도 제대로 열거된다                   *
     *-------------------------------------------*/
```

이 주석의 겉모습은 매우 좋지만 수정하기는 매우 힘듭니다. 오른쪽에 있는 *를 보기 좋게 일직선으로 놓아야 합니다. 이것은 매우 수고스러운 작업일 것입니다. 그러나 수고스러움에 비해 생산해내는 것이 너무 작습니다. 고치기 어려운 이런 주석을 쓰면 안 됩니다.

다음과 같이 행의 끝에 주석을 쓰고 시작 위치를 맞추는 것도 좋은 스타일이라고 할 수 없습니다.

```
✖    static IEnumerable<DateTime> GetWeekDays(DateTime date) {
         int dow = (int)date.DayOfWeek;
         date = date.AddDays(-dow);          // 일요일의 날짜를 구한다
         for (int i = 1; i < 6; i++)         // 1:월~5:금
             yield return date.AddDays(i);   // 월요일에서 금요일까지 반환한다
     }
```

코드를 수정할 때마다 시작 위치를 조정해야 한다는 여분의 작업이 발생할 것입니다. 시작 위치가 어긋나도 괜찮다고 생각하고 행의 끝 지점에 주석을 쓰는 일을 자주 하면 나중에 유지보수하는 사람이 주석이 시작하는 위치를 맞추는 작업에 많은 시간을 들여야 할 수도 있습니다.

이 책에서는 설명의 편의상 행의 끝 지점에 주석을 쓰는 일이 많지만 실제 업무에서는 행의 끝 지점에 주석을 쓰는 스타일은 자리를 맞춰야 하므로 최대한 쓰지 않도록 합니다.

[Column] XML 문서 주석과 비주얼 스튜디오

C#에서는 ///(백슬래시 세 개를 연달아 쓴 것)으로 시작하는 특별한 형식의 주석이 있습니다. 이 주석에는 다음의 예와 같이 XML 요소를 배치합니다.

```
/// <summary>
/// 미터로부터 피트를 구한다
/// </summary>
/// <param name="meter">변환하려는 거리를 미터로 지정한다</param>
/// <returns>구한 거리(단위:피트)</returns>
public static double FromMeter(double meter) {
```

XML 문서 주석을 쓰면 인텔리센스의 힌트에 해당 메서드나 속성을 설명한 글을 표시할 수 있습니다(그림 18.3). 메서드가 오버로드된 경우에는 ↑ 키와 ↓ 키를 사용해 다른 오버로드 메서드의 정보도 표시할 수 있습니다.

그림 18.3 메서드를 선택했을 때 나오는 힌트

매개변수의 설명도 표시하고 싶다면 매개변수 힌트를 표시할 수도 있습니다. 매개변수를 입력할 때 자동으로 힌트가 표시됩니다(그림 18.4).

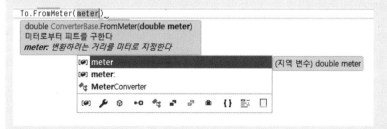

그림 18.4 매개변수를 선택했을 때 나오는 힌트

수동으로 매개변수의 힌트를 표시하고 싶다면 Ctrl + Shift + Space 키를 눌러서 표시할 수 있습니다.

19장

좋은 코드를 작성하기 위한 지침

18장에서는 스타일과 네이밍 같은 코드의 겉모습에 초점을 맞춰 좋은 코드를 작성하기 위한 지침에 대해 이야기했습니다. 이번 장에서는 코드 자체에 초점을 맞춰 어떤 코드를 작성해야 할지 어떤 코드를 작성하면 안 되는지(코딩 상의 안티 패턴[1])에 관해 설명하겠습니다.

특히 어떤 코드를 작성하면 안 되는지에 관해 많은 예를 들어 설명하겠습니다. 나쁜 코딩을 배우는 것은 많은 선배 프로그래머들의 실패를 배우는 것이며 프로그래밍의 고수로 가는 지름길입니다. 이번 장에서 설명하는 지침을 배우고 그것을 실천하면 여러분이 작성하는 코드는 자연스럽게 좋은 코드에 가까워질 것입니다[2].

19.1 변수에 관한 지침

19.1.1 변수의 스코프는 좁게 정한다

변수의 스코프는 최대한 좁게 정합니다. 따라서 변수는 처음 이용되는 장소에서 가까운 곳에 선언하고 초기화해야 한다는 것이 철칙입니다. 예를 들면 for 루프 안에서만 이용하는 변수는 for 루프 바깥이 아니고 for 루프 안에서 선언해야 합니다.

---

1 안티 패턴이란 '이렇게 하면 실패한다'라는 틀린 해결법을 정리한 것으로 반면교사로 이용됩니다.
2 이번 장에서는 다음과 같은 서적을 참고했습니다.
　'프레임워크 디자인 지침': https://msdn.microsoft.com/ko-kr/library/ms229042
　《프로그래밍 수련법》(인사이트, 2008)
　《Code Complete 코드 컴플리트 2》(위키북스, 2017)
　《클린 소프트웨어》(제이펍, 2017)

예제 19.1 루프 바깥에서 변수를 선언해서 스코프가 넓어진 나쁜 예

```
✖  static void PrintFeetToMeterList(int start, int stop) {
     double meter;
     int feet;
     for (feet = start; feet <= stop; feet++) {
       meter = FeetToMeter(feet);
       Console.WriteLine("{0} ft = {1:0.0000} m", feet, meter);
     }
   }
```

스코프가 좁으면 한 번에 주의해야 할 사항이 줄고 코드를 파악하기 쉬워지며 프로그램을 수정했을 때 실수할 위험도 감소합니다. 변수의 스코프가 좁으면 나중에 코드의 일부를 메서드의 형태로 쉽게 추출할 수도 있습니다.

19.1.2 매직 넘버를 사용하지 않는다

매직 넘버란 프로그램 코드 안에 적힌 125나 16과 같이 이를 작성한 프로그래머만 알 수 있는 고정 숫자값을 말합니다. 다음 코드에 있는 5가 무엇을 의미하는지를 코드를 읽었을 때 알 수 없습니다.

```
✖  if (count >= 5)
     ...
```

특히 5라는 숫자값이 이곳저곳에 있거나 다른 목적 때문이라도 5라는 숫자값이 사용됐다면 프로그램을 수정하기가 매우 힘들 것입니다.

다음과 같이 작성하면 무엇을 하고 있는지를 코드를 읽었을 때 파악할 수 있고 5를 3으로 수정하고 싶을 때도 간단히 해결할 수 있습니다.

```
if (count >= MaxRetryCount)
```

매직 넘버를 피하는 수단으로 다음과 같은 두 가지를 생각할 수 있습니다.

1. const를 이용한다

```
const int MaxRetryCount = 5;
```

2. static readonly를 이용한다

```
static readonly int MaxRetryCount = 5;
```

시스템 요건에 좌우되지 않는(다시 말해 나중에 수정될 가능성이 없는) 고정 숫자값이라면 const를 사용합니다. Math.PI나 int.MaxValue가 대표적인 예입니다.

그러나 응용 프로그램을 개발할 때 수정될 가능성이 없는 고정 숫자값은 현실적으로 거의 존재하지 않습니다. 수정될 가능성이 있는 값일 경우에는 static readonly를 사용합니다. const에 관련된 버전 관리 문제('[Column] const에 관련된 버전 관리 문제')를 방지할 수도 있으므로 매직 넘버를 피하는 수단으로 대부분의 경우에 static readonly를 사용합니다. 그리고 readonly인 경우에는 config 파일에 값을 정의해두고 그 값을 프로그램이 실행될 때 설정할 수도 있습니다.

참고로 그 숫자가 무엇을 의미하는지가 명확하고 수정될 가능성이 없을 경우에는 고정 숫자값을 직접 사용해도 됩니다. 다음 코드는 이에 관한 예입니다. 이런 숫자를 상수로 정의하는 것은 의미가 없으며 상수를 도입하면 코드가 쓸데없이 읽기 힘들어지기만 합니다.

```
var average = (a + b) / 2;

var seconds = minutes * 60;

if (month == 12) { …… }

if (index == 0) { …… }
```

19.1.3 한 변수를 계속 쓰면 안 된다

한 변수를 계속해서 돌려쓰면 안 됩니다. 다음 코드는 모르는 사이에 strings 변수의 의미가 변합니다. 이렇게 변수를 돌려쓰는 코드는 읽는 사람이 착각하기 쉽고 유지보수하기 힘듭니다.

예제 19.2 변수 사용

```
✘   var strings = ReadLines();
    var authorsLine = GetAuthorsLine(strings);
    strings = authorsLine.Split(',', ';');
    book.Authors = new Authors(strings);
```

19.1.4 한 변수에 여러 개의 값을 넣으면 안 된다

다음 코드는 한 변수에 여러 개의 값을 넣습니다.

예제 19.3 변수에 여러 개의 값을 넣은 나쁜 예

```
int year = GetYear();
int month = GetMonth();
// 연도와 월이라는 두 개의 정보를 반환하려고 int 형에 함께 넣는다
// 오류가 발생하면 -1을 반환한다
int yearmonth = isError ? -1 : year * 100 + month;
return yearmonth;
```

이 메서드를 호출한 쪽에서는 반환값으로 받은 yearmonth에서 목적한 값을 꺼내기 위해 역으로 연산해야 할 것입니다. 이런 역연산 과정에서 실수할 위험도 있습니다. 변수 공간을 절약해봤자 거기서 얻는 장점은 거의 없습니다. 이런 경우에는 YearMonth 클래스를 정의하거나 튜플(여러 개의 값을 한 곳에 모아서 취급하는 기능[3])을 사용해서 해결하기 바랍니다.

19.1.5 변수 선언은 최대한 늦춘다

변수 선언을 메서드가 시작되는 지점에 모아서 쓰는 사람이 있는데 그것은 좋은 방법이라고 할 수 없습니다. 프로그램을 파악하는 데 방해가 되고 버그가 발생할 위험이 커집니다.

예제 19.4 변수 선언을 메서드가 시작되는 지점에 하는 나쁜 예

```
static List<Sale> ReadSales(string filePath) {
    List<Sale> sales;      ◀──── 초기화하지 않았으므로 var sales;라고는 쓸 수 없다
    string[] lines;
    string[] items;
    Sale sale;

    sales = new List<Sale>();
```

---

3 C# 7.0에서는 튜플을 언어 수준에서 이용할 수 있게 됐습니다. 예를 들면 다음과 같이 구현할 수 있게 된 것입니다.

```
public (int, int) GetYearMonth() {
    int year = GetYear();
    int month = GetMonth();
    return (year, month);
}
```

호출하는 쪽에서는 다음과 같이 구현할 수 있습니다.

```
(var year, var month) = GetYearMonth();
```

```
    lines = File.ReadAllLines(filePath);
    foreach (string line in lines) {
      items = line.Split(',');
      sale = new Sale {
        ShopName = items[0],
        ProductCategory = items[1],
        Amount = int.Parse(items[2])
      };
      sales.Add(sale);
    }
    return sales;
}
```

메서드가 시작되는 지점에 변수를 선언하면 메서드의 일부분만 이용하는 변수라도 읽는 사람은 이 변수가 메서드 전체에서 이용된다고 착각하게 됩니다. 그리고 여러 번의 수정 작업을 거치다 보면 처음에 정한 초깃값과는 다른 값을 대입하는 코드를 삽입할 가능성이 있습니다.

해당 변수를 이용하는 장소에 가까운 곳에서 선언한다면 리팩터링[4]할 때 메서드의 형태로 추출하는 작업도 간편해집니다.

예제 19.5 변수 선언을 적절히 기술한 예

```
static List<Sale> ReadSales(string filePath) {
    var sales = new List<Sale>();
    var lines = File.ReadAllLines(filePath);
    foreach (var line in lines) {
      var items = line.Split(',');
      var sale = new Sale {
        ShopName = items[0],
        ProductCategory = items[1],
        Amount = int.Parse(items[2])
      };
      sales.Add(sale);
    }
    return sales;
}
```

---

4 소프트웨어의 외부적인 동작을 수정하지 않고 알아보기 쉬운 코드로 개선하는 일을 말합니다.

19.1.6 변수의 개수는 적을수록 좋다

동시에 취급하는 변수의 개수가 많으면 코드를 이해하는 데 시간이 걸립니다. 메서드 안에서 다양한 변수를 선언하고 처리를 제어하는 코드는 파악하기 어려움은 물론이고 유지보수하기도 나쁘고 코드를 조금만 수정해도 버그가 생기게 됩니다.

특히 상태를 관리하는 변수가 많으면 코드가 복잡해져 파악하기 어려워집니다. 그렇게 된 경우에는 알고리즘을 다시 살펴보고 메서드 형태로 추출해서 동시에 취급하는 변수의 개수를 최대한 줄이기 바랍니다.

[Column] 부동소수점형끼리 비교한다

부동소수점(double, float)은 과학기술 계산에 이용되는 형입니다. 이 부동소수점형은 매우 작은 값에서 매우 큰 값까지 취급한다는 특징이 있지만 값을 비교할 때는 주의해야 합니다. 다음 코드를 보기 바랍니다.

```
double sum = 0.0;
for (int i = 0; i < 10; i++)
    sum += 0.1;
if (sum == 1.0)
    Console.WriteLine("sum == 1.0");
else
    Console.WriteLine("sum != 1.0");
```

위 코드를 실행하면 다음과 같은 결과가 출력됩니다.

```
sum != 1.0
```

지금은 자세한 설명을 생략하겠지만 부동소수점형에서는 2진수로 수를 표현하기 위해 일반적인 10진수에서는 딱 맞아떨어지는 0.1이나 0.2 같은 값을 정확히 나타낼 수 없습니다. 따라서 0.1을 10번 더해도 그 결과는 1.0이 되지 않습니다. 부동소수점을 비교할 때 == 연산자를 사용하는 것은 위험합니다.

한 가지 해결책은 어떤 허용 범위를 정해서 해당 범위에 있는지 여부를 조사하는 것입니다.

```
if (Math.Abs(sum - 1.0) < 0.000001)
    Console.WriteLine("1.0이라고 간주한다.");
```

이 허용 범위를 어느 정도로 지정할지는 한마디로 이야기할 수 없습니다. 여기에는 충분한 검증이 필요합니다.

또 한 가지 해결책은 double 형이나 float 형 대신 decimal 형을 사용하는 것입니다. decimal 형은 내부 데이터를 10진수로 표현하므로 위와 같은 오차가 발생하지 않습니다. 금액을 계산할 경우에는 decimal 형을 사용하는 것이 바람직합니다.

그러나 decimal 형에도 유효 자릿수가 있으므로 다음과 같이 나누어 떨어지지 않는 수를 취급한다면 역시 오차가 발생합니다.

```
static decimal GetDecimal() {
    return 1m / 3m;
}
    ...
    decimal sum = 0m;
    for (int i = 0; i < 3; i++) {
        sum += GetDecimal();
    }
    Console.WriteLine(sum == 1m);
```

위의 코드를 실행하면 'False'가 출력됩니다. 각 형의 특징을 이해하고 잘 분별해서 사용해야 합니다.

19.2 메서드에 관한 지침

19.2.1 중첩은 얕아야 한다

if, while, for를 깊은 중첩 구조로 구현하면 프로그램을 파악하기 어려워지고 실수하기 쉬워집니다. 특히 여러 개의 if가 연속되는 다단계 if는 파악할 수 없게 될 위험성이 높습니다. 대부분의 프로그래머는 중첩 구조를 더듬어가다가 첫 번째 if 문의 조건이 무엇이었는지 잊게 됩니다.

중첩이 깊은 코드는 다음과 같은 단점이 있습니다.

- 코드를 파악하는 데 시간이 걸린다
- 코드에 문제가 있을 경우에는 디버깅에 시간이 걸린다
- 유지보수에 시간이 걸린다
- 기능을 추가할 때 버그가 발생하기 쉽다
- 기능을 추가할 때 코드가 더욱 복잡해지기 쉽다

메서드 길이와 마찬가지로 중첩의 깊이가 몇 층까지 괜찮은지는 한마디로 말하기 어렵지만 중첩은 많아야 3층 정도로 **제한하는** 것이 바람직합니다. 그 이상 깊어진다면 알고리즘을 다시 살펴보거나 메서드 형태로 추출해서 깊이를 줄여야 합니다.

중첩이 너무 깊은 전형적인 예는 다음과 같습니다.

예제 19.6 중첩이 너무 깊은 코드

```
✘   private string[] GetUpperWords(string path) {
        var list = new List<string>();
        if (String.Compare(Path.GetExtension(path), ".txt", ignoreCase: true) == 0) {
            if (File.Exists(path)) {
                using (var reader = new StreamReader(path, Encoding.UTF8)) {
                    while (!reader.EndOfStream) {
                        var line = reader.ReadLine();
                        if (!string.IsNullOrWhiteSpace(line)) {
                            var matches = Regex.Matches(line, @"\b\w{2,}\b");
                            foreach (Match match in matches) {
                                var word = match.Value;
                                if (word.All(c => char.IsUpper(c)))
                                    list.Add(word);
                            }
                        }
                    }
                }
            }
        }
        return list.ToArray();
    }
```

위의 코드를 중첩이 얕아지게 수정한 코드는 다음과 같습니다.

예제 19.7 중첩이 얕아지게 수정한 코드

```
private string[] GetUpperWords2(string path) {
    var list = new List<string>();
    if (String.Compare(Path.GetExtension(path), ".txt", ignoreCase: true) != 0)
        return list.ToArray();
    if (!File.Exists(path))
        return list.ToArray();
    using (var reader = new StreamReader(path, Encoding.UTF8)) {
        while (!reader.EndOfStream) {
```

```
            var line = reader.ReadLine();
            if (string.IsNullOrWhiteSpace(line))
                continue;
            var words = ExtractWords(line);
            list.AddRange(words);
        }
    }
    return list.ToArray();
}

private IEnumerable<string> ExtractWords(string line) {      ◀━━ 메서드 형태로 독립시킨다
    var matches = Regex.Matches(line, @"\b\w{2,}\b");
    foreach (Match match in matches) {
        var word = match.Value;
        if (word.All(c => char.IsUpper(c)))
            yield return word;
    }
}
```

19.2.2 return 문을 한 개로 정리하려고 애쓰면 안 된다

메서드에 있는 return 문을 한 개로 제한해야 한다고 생각하는 사람이 있는데 그렇게 하는 데는 장점이 하나도 없습니다. 오히려 단점이 많다고 할 수 있습니다. return 문을 하나로 정리하기 위한 플래그 변수를 마련하거나 깊은 중첩을 만들기도 하게 되어 코드가 더욱 복잡해집니다.

다음과 같은 메서드는 인수로 전달된 model을 검증합니다. 틀린 부분이 발견된 시점에서 return 문을 통해 메서드를 빠져나갑니다.

예제 19.8 적절히 return한 코드(1)

```
public bool IsValid(MyModel model) {
    if (model == null)
        return false;
    if (string.IsNullOrEmpty(model.Name))
        return false;
    if (string.IsNullOrEmpty(model.PhoneNo))
        return false;
    if (model.Birthday == null)
        return false;
    return true;
}
```

이를 하나의 return 문으로 정리한 것이 다음 코드입니다.

예제 19.9 return을 하나로 정리하려다 복잡해진 코드(1)

```
✘   public bool IsValid(MyModel model) {
        var result = false;
        if (model != null) {
            if (!string.IsNullOrEmpty(model.Name)) {
                if (!string.IsNullOrEmpty(model.PhoneNo)) {
                    if (model.Birthday != null)
                        result = true;
                }
            }
        }
        return result;
    }
```

return 문을 하나로 정리했기 때문에 중첩이 깊어지고 그래서 오히려 파악하기 어려운 코드가 됐습니다. 네 개의 조건을 && 연산자로 연결하면 중첩은 얕아지지만 코드를 파악하기 어렵다는 점은 해소되지 않습니다.

또 하나의 예를 들어보겠습니다. 이것은 소수를 판정하는 코드입니다. 1과 2를 특별 취급하고 그 밖의 수를 루프 안에서 판정합니다. 루프 안에서 소수라고 판정되면 그 자리에서 return합니다.

예제 19.10 적절히 return한 코드(2)

```
private static bool IsPrime(long number) {
    if (number == 1)
        return false;
    if (number == 2)
        return true;
    var boundary = (long)Math.Floor(Math.Sqrt(number));
    for (long i = 2; i <= boundary; ++i) {
        if (number % i == 0)
            return false;
    }
    return true;
}
```

이를 하나의 return 문으로 정리한 것이 다음 코드입니다.

예제 19.11 return을 하나로 정리해서 복잡해진 예(2)

✖
```
private static bool IsPrime(long number) {
    bool isPrime = false;
    if (number == 1)
        isPrime = false;
    else if (number == 2)
        isPrime = true;
    else {
        var boundary = (long)Math.Floor(Math.Sqrt(number));
        for (long i = 2; i <= boundary; ++i) {
            if (number % i == 0) {
                isPrime = false;
                break;
            }
        }
    }
    return isPrime;
}
```

역시 코드가 복잡해지고 파악하기 어려워졌습니다.

19.2.3 실행 결과의 상태를 int 형으로 반환하면 안 된다

다음과 같이 메서드를 실행한 결과의 상태를 int 형으로 반환하면 안 됩니다.

예제 19.12 실행 결과를 int 형으로 반환한 나쁜 메서드

✖
```
public int RenameFile(string path) {
    if (!File.Exists(path))
        return -1;
    var lastWriteTime = File.GetLastWriteTime(path);
    var folder = Path.GetDirectoryName(path);
    var name = Path.GetFileNameWithoutExtension(path);
    var ext = Path.GetExtension(path);
    var newname = string.Format("{0}_{1:yyyyMMdd}{2}", name, lastWriteTime, ext);
    var newPath = Path.Combine(folder, newname);
    File.Move(path, newPath);
    return 0;
}
```

사용하는 쪽은 0이 정상인지 1이 정상인지 또는 다른 값이 정상인지 판단하기 어려울 것입니다. 이 반환값의 의미가 메서드에 따라 다르다면 더욱 혼란스러울 것입니다. 다음과 같이 bool 값을 반환하게 하는 것이 바람직합니다.

예제 19.13 예제 19.12를 개선해서 실행 결과를 bool 형으로 반환하도록 수정한 메서드

```
public bool RenameFile(string path) {
    if (!File.Exists(path))
        return false;
    ...
    return true;
}
```

19.2.4 메서드는 단일 기능으로 구현한다

메서드를 단일 기능으로 구현한다는 것은 매우 중요한 이야기입니다. 단일 기능 메서드로 구현하는 데는 여러 가지 장점이 있습니다.

- 코드를 파악하기 쉽다
- 코드를 유지보수하기 쉽다
- 코드를 재사용하기 쉽다
- 메서드에 좋은 이름을 지정하기 쉽다.
- 테스트하기 쉽다

메서드가 단일 기능이 아니라면 재사용할 때 방해가 됩니다. 재사용할 수 없어서 동일한 메서드를 여러 개 만들게 되고 프로그램이 점점 복잡해질 것입니다.

'좋은 이름을 지정하기 쉽다'라는 점은 모르고 지나치기 쉬운 내용이지만 매우 중요한 장점입니다. 메서드가 단일 기능이라면 좋은 이름을 지정하기 쉽습니다. 좋은 이름을 지정한다면 해당 메서드를 이용하는 쪽에서 코드를 쉽게 파악할 수 있습니다. 반대로 많은 기능을 포함한 메서드는 좋은 이름을 지정할 수 없어 코드를 파악하기 힘듭니다.

메서드가 단일 기능이라면 테스트하기도 쉬워집니다. 매개변수를 지정해서 다양한 작업을 할 수 있는 만능 메서드를 가끔 보게 되는데 이런 만능 메서드는 매개변수의 조합에 의해 동작이 어떻게 변하는지 파악하기 어려우므로 메서드를 이용하는 쪽에서도 불편을 느낄 것이고 내부에 많은 분기가 있기 때문에 테스트하기 어렵습니다.

19.2.5 메서드를 짧게 구현한다

'메서드를 단일 기능으로 구현한다'라는 대원칙을 지킨다면 메서드는 자동으로 짧아집니다. 짧은 메서드는 이해하기 쉬워 버그가 발생할 위험이 적습니다. 반대로 복잡하고 긴 메서드는 하나의 메서드에서 많은 작업을 하는 경우가 대부분이며 파악하기 어렵습니다.

업무용 응용 프로그램에서는 한 번에 많은 종류의 데이터를 취급해야 할 경우가 많으므로 하나의 메서드가 길어지기 쉽습니다. 그러나 그렇다고 해서 길이가 긴 메서드를 긍정적으로 생각해서는 안 됩니다.

너무 긴 메서드는 무엇을 하고 있는지 파악하기 힘들기 때문에 짧은 메서드에 비해 코드를 수정하는 데 많은 시간이 걸립니다. 이런 메서드는 버그의 온상이 되기 쉽고 문제가 발생했을 때도 해당 문제가 발생한 곳을 찾아내는 데 시간이 걸립니다.

그리고 너무 긴 메서드는 '메서드를 단일 기능으로 구현한다'라는 원칙이 지켜지지 않을 경우가 대부분이므로 적절한 메서드 이름을 지정하기 어렵다는 문제도 있습니다. 메서드가 길어졌다고 느껴지면 메서드를 추출해서 짧고 읽기 쉬운 메서드로 만들기 위해 노력하기 바랍니다.

메서드의 길이에 대해 명확한 기준을 제시하기는 어렵지만 필자는 20행 이내로 제한하려고 노력합니다. 그러나 모든 메서드를 20행 이내로 제한하기는 곤란합니다. 따라서 메서드의 행 개수가 50행에 가까워지면 좋지 않다는 생각을 하기 바랍니다. 50행을 크게 넘어가면 완전히 위험한 상태라고 판단하고 리팩터링을 검토해야 합니다.

19.2.6 만능 메서드를 만들지 않는다

무엇이든지 할 수 있는 만능 메서드를 정의하면 안 됩니다. 이 메서드의 특징은 인수의 값에 따라 내부에서 처리가 분기한다는 점입니다. 이런 메서드는 시간이 지남에 따라 더욱 복잡해질 가능성이 있습니다.

그리고 이 메서드를 이용하는 쪽도 인수의 조합에 의해 어떻게 동작할지 알 수 없어서 자신이 원하는 동작이 나올 때까지 시행착오를 계속해야 할 것입니다. 나중에 이야기할 '속성을 인수 대용으로 사용한다'라는 안티 패턴과 조합하면 이용자에게 더욱 고통을 줄 것입니다.

만능 메서드는 좋은 점이 하나도 없습니다. 대개는 '공통화'라는 명목으로 만능 메서드를 만들게 되는데 이것은 틀린 공통화입니다. '메서드는 단일 기능으로 만든다'라는 대원칙을 잊은 것이라고 할 수 있습니다. 만능 메서드를 만들지 않고 단일 기능 메서드를 여러 개 정의하는 것이 좋습니다.

19.2.7 메서드 인수의 개수는 적을수록 좋다

인수가 너무 많은 메서드는 코드를 파악하기 힘들고 사용하기도 불편합니다. 너무 많은 작업을 하는 '만능 메서드'일 위험도 있습니다. 인수는 세 개 이하로 제한하는 것이 이상적이지만 많은 매개변수가 필요한 경우도 있습니다. 이 경우에는 여러 개의 매개변수를 정리한 옵션 매개변수용 클래스를 정의해서 인수의 개수를 줄이기 바랍니다.

예제 19.14 많은 인수를 포함한 메서드

```
✖   public static bool LaunchApp(string filePath, string[] arguments,
                string workingDirectory, ProcessWindowStyle windowStyle, bool waitForExit,
                TimeSpan waitTime) {
        ...
    }
```

위와 같이 많은 인수가 필요한 경우에는 다음과 같은 클래스를 정의해서 인수의 개수를 줄입니다.

예제 19.15 옵션 매개변수용 클래스를 정의한 예

```
public class LaunchOption {
    public string[] arguments { get; set; }
    public string workingDirectory { get; set; }
    public ProcessWindowStyle windowStyle { get; set; }
    public bool waitForExit { get; set; }
    public TimeSpan waitTime { get; set; }
    public LaunchOption() {
        ...  // 여기서 각 속성의 기본값을 설정한다
    }
}

public static bool LaunchApp(string FilePath, LaunchOption option) {
    ...
}
```

19.2.8 인수에 ref 키워드를 붙인 메서드는 정의하지 않는다

ref 키워드[5]를 사용한 메서드는 거의 틀림없이 엉터리 메서드입니다. 앞서 다음과 같은 메서드를 본 적이 있습니다.

---

5 ref 키워드를 붙인 인수는 참조를 넘겨주므로 메서드 안에서 수정된 인수의 값이 호출한 쪽 메서드로도 반영됩니다. 자세한 내용은 문법 서적을 참조하기 바랍니다.

예제 19.16 ref 키워드를 사용한 엉터리 메서드

```
✖   public void CreateStream(ref Stream stream, string path) {
        if (stream == null) {
            if (!File.Exists(path))
                return;
            stream = new FileStream(path, FileMode.Open, FileAccess.ReadWrite);
        }
        return;
    }
```

미리 Stream이 작성된 경우에도 대응할 수 있게 이와 같은 메서드를 만들었다고 추측되는데 이 메서드를 사용하는 쪽의 입장을 고려하면 매우 사용하기 힘든 메서드라는 것을 알게 될 것입니다.

```
✖   Stream stream = null;      ◄──── 초기화해야 한다
    CreateStream(ref stream, path);   ◄──── stream에는 ref를 붙여야 한다
    if (stream != null) {   ◄──── CreateStream을 호출하면 stream의 값이 설정된다는
        ...                          사실을 알기 어렵다
    }
```

그리고 유지보수하는 사람의 입장에서도 이것은 파악하기 힘든 코드입니다. 예제 19.16에 있는 메서드 안에서 생성된 FileStream 객체가 호출한 쪽으로 반환되는 것을 금방 파악할 수 없습니다. 코드가 조금 더 복잡해지면 더욱 파악하기 어려울 것입니다. ref를 인수에 사용한 메서드는 절대로 정의해서는 안 됩니다.

다음 예에서 개선한 코드를 살펴보겠습니다.

예제 19.17 예제 19.16을 개선해서 ref 키워드를 제외시킨 메서드

```
public Stream CreateStream(string path) {
    if (!File.Exists(path))
        return null;
    return new FileStream(path, FileMode.Open, FileAccess.ReadWrite);
}
```

19.2.9 인수에 out 키워드를 붙인 메서드는 최대한 정의하지 않는다

out 키워드[6]를 사용한 메서드도 좋은 메서드라고 할 수 없는 경우가 대부분입니다. 특히 인수가 한 개이고 이 인수에 out 키워드가 붙어 있는 메서드는 분명히 설계 착오라고 할 수 있습니다. 호출한 쪽에 결과를 반환하려면 메서드의 반환값 형태로 반환해야 합니다. 인수를 경유해서 값을 반환해서는 안 됩니다.

유일하게 out 키워드가 허락되는 것은 TryParse 계통의 메서드입니다. 그 밖의 메서드 정의에서 인수에 out 키워드를 사용하는 것은 자제하기 바랍니다.

19.3 클래스에 관한 지침

19.3.1 필드는 비공개로 지정한다

필드를 공개해서는 안 됩니다. 필드는 반드시 private으로 지정하기 바랍니다. 이제 막 C#을 배운 초보 프로그래머인 경우 다음과 같은 두 코드의 어느 부분이 다른지 명확히 알지 못하는 사람이 대부분일 것입니다.

```
public DateTime Birthday;
public DateTime Birthday { get; set; }
```

극단적인 예를 들어 처음에는 필드를 공개로 지정해두고 나중에 어떤 처리를 구현하려고 할 때 속성을 수정하면 되지 않냐고 생각할 수도 있습니다.

그러나 필드와 속성은 그 배경이 전혀 다릅니다. 간단히 이야기하자면 필드는 내부 데이터이고 속성은 외부와의 인터페이스입니다. 따라서 C# 프로그래밍 규약에서 필드는 공개하지 않고 공개할 경우에는 속성으로 지정할 것을 권장합니다. 그렇다고는 해도 공개 필드와 속성은 실질적으로 아무런 차이가 없다고 생각할 수도 있지만 다음과 같은 차이가 있습니다.

---

6 out 키워드를 인수에 붙이면 ref 키워드와 마찬가지로 인수가 참조하는 방식으로 전달됩니다. ref와 다른 점은 인수가 출력 전용이 되어 호출한 쪽이 메서드에 값을 넘겨줄 필요가 없다는 점입니다. 자세한 내용은 문법 서적 등을 참조하기 바랍니다.

1. 바이너리 호환성이 없다

예를 들면 Person 클래스가 Sub.dll이라는 파일에 정의돼 있다고 가정해 봅시다. 그리고 이 Person 클래스를 Sample. exe가 참조했다고 해봅시다. Person 클래스에 있는 Birthday를 public인 필드에서 속성으로 수정하면 Sample.exe는 Person 클래스를 참조할 수 없게 됩니다. 거대한 시스템인 경우 한 개의 클래스에서 약간의 수정이 가해지면 시스템이 큰 영향을 받기 쉽습니다. 프로그램을 공개할 경우에는 외부와의 인터페이스인 속성으로 통일해서 이런 문제가 발생하는 것을 막을 수 있습니다.

2. .NET 프레임워크에는 속성이 아니면 사용할 수 없는 기능이 있다

.NET 프레임워크의 윈도우 폼이나 WPF, ASP.NET 웹 폼에서는 '데이터 바인딩'이라는 기능이 마련돼 있습니다. 이 바인딩 기능을 사용하면 객체의 내용을 쉽게 화면 컨트롤에 표시할 수 있습니다. 바인딩의 대상이 되는 항목은 속성일 것을 전제로 하므로 필드로 정의한 경우에는 이 기능을 사용할 수 없습니다.

3. 데이터의 호환성이 없어질 경우가 있다

데이터를 직렬화해서 파일 형태로 저장할 경우에는 도중에 필드에서 속성으로 변경하면 데이터를 복원할 수 없게 될 가능성이 있습니다.

작성하고 몇 번 실행했다가 나중에는 사용하지 않을 일회용 프로그램이라면 괜찮겠지만 프로그램이라는 것은 처음 프로그램을 작성한 사람이 생각한 것 이상으로 유지보수를 반복하고 긴 세월 동안 사용하게 될 경우가 많습니다. 다음과 같이 공개한 필드를 속성으로 정의했어야 했다고 나중에 후회할 수도 있습니다.

```
public DateTime Birthday;
```

그리고 C#에서는 속성 이름은 대문자로 시작되는 파스칼 표기법으로 지정하고 필드 이름은 소문자로 시작되는 낙타 표기법으로 지정한다는 규칙이 있습니다. 팀 단위로 개발할 경우에는 대문자로 시작하는 필드가 있다면 팀원끼리 의사소통이 제대로 이뤄지지 않게 됩니다.

언뜻 보기에 아무런 차이가 없을 것 같은 공개 필드와 자동으로 구현된 속성에 대해 이야기하자면 필드는 공개하지 않는다는 객체지향의 대원칙을 반드시 지켜야 합니다.

19.3.2 쓰기 전용 속성은 정의하지 않는다

get 키워드가 없고 set 키워드만 있는 속성은 정의하면 안 됩니다.

예제 19.18 쓰기 전용 속성을 정의한 예

```
✘   public class LogWriter {
      public string Text {
        set {
          ... // Text를 설정하면 그 내용이 파일에 출력된다
        }
```

```
      }
      ...
   }
```

쓰기 전용이라는 것은 그 값을 구할 수단이 없다는 것입니다. 객체 안에 있는 값을 나타내는 것이 속성이므로 값을 알 수 없는 속성은 속성으로서 의미가 없습니다.

만일 get 접근자를 정의하지 않아도 되기 때문에 set만 지정한 속성이 있다면 그것은 속성이라고 할 수 없습니다. 속성이 아니라 메서드의 형태로 정의하기 바랍니다.

19.3.3 연속해서 참조할 때마다 다른 값을 반환하는 속성을 정의하면 안 된다

원칙적으로 이야기하자면 연속해서 호출할 때마다 다른 값이 반환되는 속성을 정의해서는 안 됩니다.

✖
```
public int Value {
   get {
      _index++;
      return _numbers[_index];
   }
}
```

속성이 아니고 다음과 같은 메서드로 정의하면 호출할 때마다 다른 값이 반환돼도 사용자가 이해할 수 있습니다.

```
public int GetNextValue() {
   _index++;
   return _numbers[_index];
}
```

19.3.4 비용이 드는 처리는 속성이 아닌 메서드로 정의한다

비용이 드는 처리를 속성으로 지정하면 안 됩니다. 예를 들면, 속성을 참조할 때마다 파일에 접근하는 코드를 작성하면 안 됩니다.

✖
```
public string ItemName {
   get { ... ( 시간이 걸리는 처리 ) ... }
```

```
    set { ...( 시간이 걸리는 처리 ) ... }
}
```

이런 경우에는 속성이 아니고 다음과 같이 메서드로 정의하기 바랍니다.

```
public string GetItemName() {
}

public void SetItemName(string name) {
}
```

19.3.5 객체가 저장하고 있는 다른 객체를 외부에 노출시키면 안 된다

클래스 내부에 있는 데이터를 그대로 공개하면 참조하고 있는 다른 클래스와의 결합도가 높아져 유지보수하기 어려워집니다. 예를 들면, 다음과 같은 클래스는 클래스 내부에 있는 데이터를 속성 형태로 그대로 공개하는 전형적인 예입니다.

예제 19.19 내부의 데이터를 그대로 노출시키고 있는 클래스

```
✘   public class Order {
        public List<OrderDetail> OrderDetails { get; set; }
        public Order() {
            OrderDetails = new List<OrderDetail>();
        }
        ...
    }
```

Order 클래스를 이용하는 쪽은 OrderDetails 속성을 통해 OrderDetail을 추가, 삭제, 수정 등등 어떤 작업이든 할 수 있습니다. 따라서 Order 클래스를 작성한 사람이 생각하지도 못한 방법으로 사용하게 되어 버그가 발생할 위험이 있습니다. 그리고 Order 클래스를 수정하면 어디에 어떤 영향을 줄지 파악하기 어려우므로 수정하기 곤란해집니다.

OrderDetails를 공개하고 싶다면 예제 19.20처럼 공개할 속성의 형을 인터페이스로 지정하기 바랍니다.

예제 19.20 예제 19.19를 개선해서 인터페이스를 도입한 클래스

```
public class Order {
    public IEnumerable<OrderDetail> OrderDetails { get; private set; }
    public Order() {
        OrderDetails = new List<OrderDetail>();
    }
    ...
}
```

이렇게 하면 실제 객체의 형을 List<OrderDetail>에서 다른 데이터 구조로 바꿔도 다른 곳에 영향을 주지 않을 것이고 클래스 바깥에서 OrderDetails를 수정할 수도 없을 것입니다.

그리고 필드를 private으로 지정했다고 해서 다음과 같은 클래스 내부에 저장된 컬렉션을 해당 형으로 지정된 속성의 형태로 공개하는 클래스도 좋은 코드라고 할 수 없습니다.

✖
```
public class Order {
    private List<OrderDetail> _orderDetails = new List<OrderDetail>();
    public List<OrderDetail> OrderDetails {
        get { return _orderDetails; }
    }
    ...
}
```

List<T>에서 다른 데이터 구조로 수정하기는 어렵고 OrderDetails 속성을 경유해서 _orderDetails 컬렉션의 내용이 수정될 위험이 있습니다. 공개하려면 앞서 이야기한 것처럼 인터페이스를 이용하는 것이 좋습니다.

19.3.6 기저 클래스에 유틸리티 메서드를 포함시키면 안 된다

서브 클래스에서 편리하게 사용할 수 있다는 이유로 공통으로 사용되는 메서드를 아무거나 기저 클래스(상속하는 부모 클래스)로 정의하면 안 됩니다. 그것은 잘못된 상속 방법입니다.

예를 들면, WindowsForms 응용 프로그램에서 고유의 BaseForm 클래스를 정의하고 이 BaseForm 클래스를 상속해서 Form 클래스를 정의했다고 가정해 봅시다. 이때 BaseForm 클래스에 정의할 메서드는 단지 폼에서 실행해야 할 처리뿐입니다. 이곳에 사업상 필요한 로직이나 문자열 처리, 파일 IO와 같은 메서드를 구현하면 안 됩니다.

메서드를 정의할 때는 본래 어느 클래스에 있어야 할 메서드인지 잘 생각해야 합니다. 유틸리티 메서드를 포함하게 된 기저 클래스는 거대해지기 쉽고 유지보수하기 어려워집니다. 그리고 서브 클래스와 결합도가 높아서 상속한 부모 클래스가 약간만 수정돼도 많은 서브 클래스가 영향을 받고 생각지 못한 버그가 발생할 위험이 있습니다.

19.3.7 속성을 인수 대신 사용하면 안 된다

클래스에 있는 속성을 인수 대신 사용하면 안 됩니다.

예제 19.21 속성을 인수 대신 사용한 나쁜 예

```csharp
class Bookshelf {
    private List<Book> _books = new List<Book>();

    public Book Book { get; set; }

    public int Add() {
        _books.Add(Book);
        return _books.Count;
    }
}
```

Add 메서드를 사용하는 쪽의 코드를 살펴보겠습니다.

```csharp
var bookshelf = new Bookshelf();
bookshelf.Book = new Book("톰소여의 모험", "마크 트웨인");
bookshelf.Add();
```

분명하게 부자연스럽다고 할 수 있는 코드입니다. 다음과 같이 Add 메서드의 인수가 값을 Book 형으로 받아들이게끔 하는 것이 맞습니다.

예제 19.22 예제 19.21을 개선한 코드

```csharp
class Bookshelf {
    private List<Book> _books = new List<Book>();
    public int Add(Book book) {
        _books.Add(book);
        return _books.Count;
    }
}
```

이 코드와 같은 경우에는 Bookshelf 클래스에 있는 속성의 형태로 Book이 존재하는 것 자체가 이상하다는 것을 아는 것이 중요합니다. 서가에는 많은 책이 있지만 이제부터 등록될 예정인 한 권의 '책'이 '서가'에 있다는 것이 이상합니다.

어떻게 하는가(How)만을 신경 쓰면 해당 클래스가 본래 무엇을 나타내는 클래스인지 그리고 어떤 속성을 가져야 하는지에 대해 잊게 되어 이렇게 좋지 않은 클래스를 만들게 되는 것입니다.

19.3.8 거대한 클래스를 작성하지 않는다

많은 속성이나 많은 메서드를 포함한 거대한 클래스를 작성하면 안 됩니다.

거대한 클래스는 크게 다음과 같은 세 가지로 구분됩니다.

공개할 메서드가 많다

클래스에 주어진 역할이 너무 많을 가능성이 있습니다. 만능 메서드가 아니라 만능 클래스라고 할 수 있습니다. 이 거대한 클래스를 이용하는 쪽에서 봤을 때 대량의 메서드 중에서 자신이 필요로 하는 메서드를 찾기는 어려운 일이고 만일 비슷한 이름에 동작이 다른 메서드가 있다면 실수로 이렇게 다른 메서드를 이용하게 될 수도 있습니다.

공개할 메서드가 많다는 것은 이 클래스를 이용하고 있는 클래스도 많다는 것입니다. 기능을 추가하거나 수정하면 그 영향이 어디까지 이르게 될 것인지 알아내는 데 시간이 걸리기 때문에 유지보수하기 어려운 프로그램이 됩니다.

공개할 메서드의 수는 적고 private 메서드가 많다

private 메서드가 많다는 것은 클래스가 제대로 분해돼 있지 않다는 것을 나타냅니다. 추상화가 제대로 돼 있지 않다는 것입니다. 다시 말해 본래 다음과 같은 클래스 구조였던 것을 여러 개의 클래스로 나누지 않고 모두 하나의 클래스에 구현했다는 것입니다.

```
// class A는 PartX, PartY, PartZ라는 세 개의 클래스를 사용해서 구현했다
class A {
  private PartX _x;
  private PartY _y;
  private PartZ _z;
  ...
}
```

```
class PartX { …… }

class PartY { …… }

class PartZ { …… }
```

이것은 현실세계에 있는 전기제품이나 기계제품과 같습니다. 일반적으로 현실세계에 있는 제품은 여러 부품으로 구성됩니다. 전기제품에 부품이 없는 경우는 없습니다. 그러나 소프트웨어의 세계에서는 부품을 갖지 않는 큰 클래스를 만들 수 있습니다. 그렇다고 해서 그것을 긍정적으로 생각해서는 안 됩니다.

일부 메서드가 너무 크다

이것은 '공개할 메서드의 수는 적고 private 메서드가 많다'라는 말과 본질적으로 같습니다. 이 경우에도 메서드를 단일 기능을 가진 여러 개의 메서드로 분해하면 private 메서드가 많은 거대 클래스가 됩니다.

어쨌든 1000줄의 코드를 포함하는 하나의 메서드가 있다면 그것은 어딘가가 잘못된 것입니다. 메서드와 마찬가지로 클래스에 주어진 역할은 하나로 지정하는 것이 원칙입니다.

19.3.9 new 수식자를 사용해 상속하는 부모 쪽 메서드를 대체하면 안 된다

다음과 같이 기저 클래스에 있는 메서드를 new 수식자(인스턴스를 생성하는 new 연산자와는 다른 것)를 사용해서 대체하는 일은 없어야 합니다.

예제 19.23 new 수식자를 사용한 나쁜 메서드의 예

✗
```
class MyBookList : List<Book> {
    private List<Book> _deleted = new List<Book>();
    ...
    public new bool Remove(Book item) {
        _deleted.Add(item);
        return base.Remove(item);
    }
}
```

MyBookList는 List<Book>를 상속하고 고유의 서적 리스트를 정의한 코드의 일부입니다. 이때 기저 클래스에 있는 Remove 메서드를 new 수식자로 대체했습니다.

이 MyBookList 클래스를 사용한 코드는 다음과 같습니다.

```
ICollection<Book> books = new MyBookList();
var book = new Book("톰소여의 모험", "마크 트웨인");
books.Add(book);
books.Remove(book);
```

MyBookList 인스턴스를 ICollection<Book> 인터페이스의 books 변수에 대입하고 books.Remove(book)을 호출했습니다. 그러나 이때 호출되는 것은 MyBookList에 있는 Remove 메서드가 아니고 List<Book> 메서드입니다. new 수식자로 대체한 메서드는 17장에서 설명한 다형성을 적용할 수 없습니다.

new 수식자로 메서드를 대체한다는 것은 대개의 경우 틀린 설계입니다. virtual이 지정된 메서드는 서브 클래스에서 대체된다는 것을 전제로 정의된 메서드인데 virtual로 지정되지 않은 메서드는 대체되는 것을 전제로 하지 않은 메서드입니다. 이렇게 대체되는 것을 전제로 하지 않는 메서드를 억지로 대체하는 것이 new 수식자입니다.

new가 지정된 메서드는 오버라이드와는 달리 다형성을 적용할 수 없습니다. 따라서 new 수식자를 사용해서 상속하는 부모 쪽 메서드를 대체해버리면 버그를 심어놓을 위험이 커지고 그 원인을 찾아내는 데 시간이 걸립니다. 왜 이 new 수식자가 C#에 포함됐는지 알 수 없지만 이런 new 수식자를 사용하지 않는 것이 좋습니다.

참고로 MyBookList에 있는 Remove 메서드에 new 수식자를 붙이지 않으면 빌드할 때 다음과 같은 경고가 나옵니다.

```
CS0108 'MyBookList.Remove(Book)'은(는) 상속된 'List<Book>.Remove(Book)' 멤버를 숨깁니다. 숨기려면
new 키워드를 사용하세요.
```

이 경고에 나온대로 new 키워드를 붙이면 경고는 사라집니다. 그러나 이것은 경고만 나오지 않게 된 것일 뿐 위험한 상태라는 것은 변함이 없습니다.

기저 클래스에서 virtual로 지정되지 않은 메서드를 대체하고 싶다면 이것은 상속하는 것 자체가

잘못됐을 가능성이 있습니다. 상속할 것이 아니고 **위임**이라는 기법[7]을 사용하면 이 문제가 해결됩니다.

위임은 객체에 있는 메서드의 처리를 다른 객체가 대신 실행하게 하는 기법입니다. 이렇게 위임하면 상속한 것과 같은 효과를 얻을 수 있습니다. 백문이 불여일견이므로 다음 예제에서 알아보겠습니다.

예제 19.24 위임 기법을 사용한 예

```
class MyBookList : ICollection<Book> {
    private List<Book> _books = new List<Book>();
    private List<Book> _deleted = new List<Book>();

    public int Count {
        get {
            return ((ICollection<Book>)_books).Count;
        }
    }

    public void Add(Book item) {
        ((ICollection<Book>)_books).Add(item);
    }

    public bool Remove(Book item) {
        _deleted.Add(item);
        return ((ICollection<Book>)_books).Remove(item);
    }
    ...
}
```

이 코드를 보면 알 수 있듯이 Count 속성이나 Add 메서드는 private 필드에 있는 _books에 처리를 위임했습니다. Remove 메서드는 고유의 처리를 실행한 후에 _books에 처리를 위임합니다.

앞서 나온 다음의 코드를 실행하면 다형성이 제대로 작용하고 MyBookList에서 정의한 Remove 메서드가 호출됩니다.

---

7 3장에서 delegate 키워드에 대해 설명했는데 이 단어의 의미는 '위임하다/위탁하다'입니다. 그러나 지금 이야기하고 있는 '위임'은 delegate 키워드와는 다릅니다.

```
ICollection<Book> books = new MyBookList();
var book = new Book("톰소여의 모험", "마크 트웨인");
books.Add(book);
books.Remove(book);
```

비주얼 스튜디오의 힘을 빌리면 이처럼 위임 기법을 적용한 코드를 쉽게 구현할 수 있습니다[8]. 일단
다음과 같은 클래스를 정의합니다.

```
class MyBookList : ICollection<Book> {
    private List<Book> _books = new List<Book>();
}
```

이때 ICollection<Book>에 커서를 놓고 Ctrl + .을 누릅니다. 그러면 힌트 메뉴가 나오는데 이 메뉴에서
"'_books'을(를) 통해 인터페이스 구현"을 선택합니다(그림 19.1).

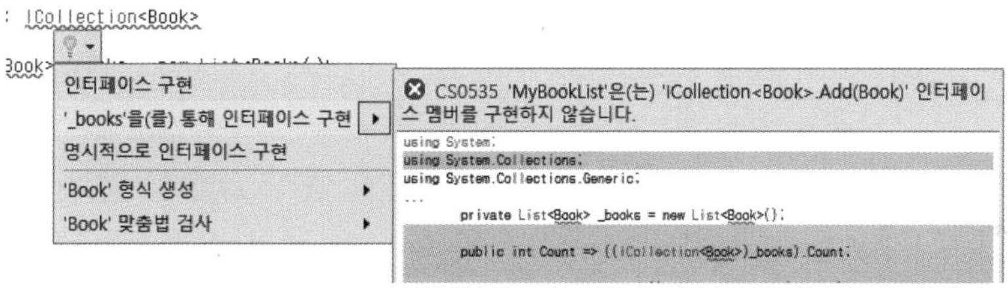

그림 19.1 필드를 통해 인터페이스를 구현한다

이렇게 하면 ICollection<Book>이 구현해야 할 메서드와 속성이 자동으로 생성됩니다. 이 코드를 필요에
따라 수정합니다.

---

8 이 위임 기법을 쉽게 구현할 수 있는 기능은 비주얼 스튜디오 2015부터 이용할 수 있습니다.

[Column] 컴파일할 때 나오는 경고는 무시하면 안 된다

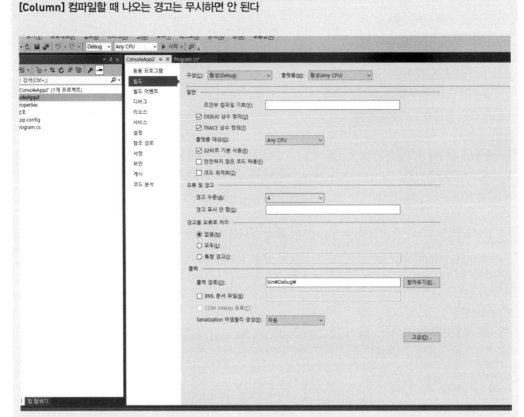

그림 19.2 빌드할 때 나오는 경고의 수준을 설정한다

C# 컴파일러는 문법 오류는 아니지만 실행할 때 문제가 발생할 가능성이 있는 코드나 바람직하지 않은 코드에 대해 경고 메시지를 표시합니다. 이 경고를 무시하면 안 됩니다. 이 경고를 무시해서 대량의 경고가 나오도록 방치하면 정말로 수정해서 해결해야 할 내용을 담은 경고가 나와도 중요한 경고가 대량의 다른 경고에 묻혀 무시될 가능성이 높아집니다. 이 경고를 무시했기 때문에 발생하는 버그도 있습니다.

컴파일러가 알리는 경고는 최대한 해결하려고 노력하기 바랍니다. 어떻게 해결할지 몰라서 방치하는 습관이 생기면 프로그래밍 실력이 늘지 않고 C#을 제대로 이해할 수도 없습니다.

비주얼 스튜디오에서는 이 경고 수준을 5단계(0에서 4까지)로 지정할 수 있습니다. 이 경고 수준은 반드시 최곳값인 4(기본값)로 설정해두기 바랍니다. 경고 수준은 프로젝트의 속성 창에 있는 빌드 탭을 선택해서 설정할 수 있습니다(그림 19.2).

예를 들면 다음과 같은 코드는 results 변수가 선언되고 나서 전혀 사용되지 않았기 때문에 'CS0168 'results' 변수가 선언되었지만 사용되지 않았습니다.'라는 경고가 발생합니다.

```
static IEnumerable<int> TakeEven(int[] numbers) {
    List<int> results;
    foreach (var n in numbers) {
        if (n % 2 == 0) {
            yield return n;
        }
    }
}
```

이 results 변수가 정말로 필요없는 변수라면 삭제해야 합니다. 그러나 어쩌면 본래는 필요하지만 아직 코드를 전부 작성하지 않은 상태일지도 모릅니다. 경고가 나오면 왜 해당 경고가 나왔는지 확실히 이해하고 프로그램을 검토하는 계기로 삼기 바랍니다. 코드를 항상 깔끔한 상태로 유지하는 것이 좋습니다.

19.4 예외 처리에 관한 지침

19.4.1 예외를 대충 해결하면 안 된다

다음과 같이 예외를 대충 해결하는 코드는 버그를 포함하게 될 위험이 있습니다. 예측하지 못한 예외나 원인불명의 예외를 잡고도 아무 일 없었던 것처럼 그대로 처리를 계속하는 것은 위험합니다.

예제 19.25 예외를 대충 해결한 나쁜 예(1)

```
try {
    ...
} catch {
    ;        ←─── 아무것도 하지 않는다
}
```

예제 19.26 예외를 대충 해결한 나쁜 예(2)

```
try {
    ...
} catch (Exception ex) {
    ;          ←─── 아무것도 하지 않는다
}
```

예외를 잡는(catch) 이유는 나쁜 상태에 대처해서 정상 상태로 회복시키고 처리를 계속해야 할 때뿐입니다. 예를 들면 '사용자에게 다시 입력하라고 요청한다', '다시 처리한다', '따로 마련해둔 제2의 방법으로 처리한다' 같은 처리를 catch 블록에 기술해서 처리를 회복시킵니다.

그리고 다음과 같은 두 가지 경우에도 예외를 잡아낼 때가 있지만 이런 경우는 그다지 자주 발생하지 않습니다.

다른 예외를 던진다

어떤 예외가 발생했을 때 해당 상황을 더욱 구체적으로 설명할 수 있는 다른 고유의 예외로 변경해서 이 예외를 다시 던지고 싶을 때가 있습니다. 이런 경우에는 다음과 같은 코드를 작성하기 바랍니다.

```
try {
    ...
} catch (FileNotFoundException ex) {
    throw new MyAppException("파일을 찾을 수 없습니다.", ex);
}
```

그러나 응용 프로그램을 개발할 때는 이 같은 코드를 작성하는 것의 장점이 거의 없다는 것이 필자의 견해입니다. 예외에 관한 정보는 사용자에게 보여주는 것이 아니고 어떤 이상이 발생했는지를 개발자가 확인하기 위한 것입니다. 따라서 어디서 어떤 예외가 발생했는지 알면 고유의 예외로 대체할 필요가 거의 없다고 생각합니다.

예외가 발생했다는 것을 파악하고 싶을 경우

이벤트 로그에 예외를 기록하고 발생한 예외를 다시 던집니다. 그러나 일반적으로는 예외 발생을 축약해서 처리하는 메서드에 로그를 출력하는 코드를 작성합니다. 따라서 응용 프로그램을 개발할 때는 각 메서드 안에서 다음과 같은 예외 처리를 작성할 일은 거의 없을 것입니다.

```
try {
    ...
} catch (FileNotFoundException ex) {
    Log.Write(ex.ToString());
    throw;
}
```

참고로 매우 드문 경우지만 특정 예외가 발생했을 때 그것을 무시하고 처리를 계속하고 싶은 경우도 있습니다. 이 경우에는 어떤 목적으로 해당 예외를 잡아냈고 왜 해당 예외를 무시했는지를 주석으로 남기기 바랍니다.

19.4.2 예외를 throw할 때 InnerException을 삭제해서는 안 된다

다음 코드는 잡아낸 예외를 상위 메서드로 다시 던지는 코드입니다. 잡아낸 예외를 throw 키워드 뒤에 지정했습니다. 이렇게 하면 예외의 스택 트레이스 정보가 사라지므로 디버그 작업에 지장을 줍니다.

예제 19.27 예외를 다시 던지는 잘못된 예

```
✖  try {
      ...
   } catch (FileNotFoundException ex) {
      // 여기서 로그를 출력한다
      throw ex;
   }
```

예외를 다시 던질 경우에는 다음과 같이 throw 키워드만 써서 예외를 던지기 바랍니다.

예제 19.28 예외를 다시 던지는 바른 예

```
try {
   ...
} catch (FileNotFoundException ex) {
   // 여기서 로그를 출력한다
   throw;
}
```

[Column] 비주얼 스튜디오에 있는 코드 메트릭을 사용하는 방법

코드 메트릭이란 소스코드를 유지보수하기 쉬운 정도나 코드가 복잡한 정도를 수치화한 품질 기준입니다. 이 코드 메트릭을 사용하면 개발자가 더욱 객관적으로 코드의 복잡성을 알 수 있습니다. 코드 메트릭은 어느 코드를 개선해야 할지를 판단하는 재료가 되므로 반드시 이 기능을 유용하게 사용해 코드의 품질을 향상시키기 바랍니다.

비주얼 스튜디오의 코드 메트릭은 다음과 같은 다섯 개의 지표가 있으며 클래스와 메서드 단위로 소스코드를 해석해서 각 메트릭별로 수치화해서 나타냅니다. 유지보수하기 쉬운 정도를 나타내는 인덱스는 수치가 높을수록 좋은 결과입니다. 그 밖의 메트릭은 수치가 낮을수록 성적이 좋은 것입니다.

유지 관리 인덱스

코드가 상대적으로 얼마나 유지보수하기 쉬운지를 나타내는 0에서 100까지의 값입니다. 값이 클수록 유지보수 용이성이 좋은 것입니다. 유지보수 용이성이 좋다고 판정되면 녹색이 됩니다. 이 유지보수 용이성 지표의 채점 기준은 패 느슨하므로 녹색 이외의 값이 나오면 확실하게 어떤 부분이 이상하다고 생각하면 됩니다.

순환 복잡성

코드가 구조적으로 얼마나 복잡한지를 나타냅니다. 복잡한 제어 흐름이 있으면 값이 커지며 이것은 코드가 복잡하다는 것을 나타냅니다. 이 값이 크면 경로의 개수가 많다는 것을 나타내고 유지보수하기 곤란함과 동시에 많은 테스트 케이스가 필요하다는 것을 나타냅니다. 이 값이 큰 메서드를 중점적으로 테스트하거나 리팩터링의 대상으로 지정해서 해결해야 합니다.

상속 수준

클래스 계층구조의 뿌리까지 몇 개의 클래스가 정의됐는지를 나타냅니다. 상속이 깊으면(수치가 크면) 상속한 조상 클래스에서 수정된 사항이 많은 클래스에 영향을 주게 되어 유지보수하기가 어려워집니다. 상속할 경우에는 '여기서 상속이 필요한가?'라는 것을 항상 생각하기 바랍니다.

클래스 결합 수준

클래스의 결합도를 나타냅니다. 이 값이 높다면 다른 클래스와의 결합도가 높다는 것을 의미하며 재사용하거나 유지보수하기 어렵다는 것을 나타냅니다.

코드 줄 수

코드에 포함된 줄 수를 나타냅니다. 이 수치는 컴파일 후의 IL 코드(중간언어 코드)에 의한 것이며 소스 파일에 포함된 행의 개수가 아닙니다. 이 값이 클 때는 클래스를 분할해야 합니다.

코드 메트릭을 계산하려면 비주얼 스튜디오 메뉴에서 [분석] → [코드 메트릭 계산] → [솔루션]을 선택합니다. 그림 19.3은 코드 메트릭을 계산한 결과입니다.

계층 구조	유지 관리 인덱스	순환 복잡성	상속 수준	클래스 결합 수준	코드 줄 수
Step04(Debug)		79	18	1	12	31
{} SalesCalculator		79	18		12	31
Program		77	4	1	8	6
Main(string[]) : void		70	3		8	5
Program()		100	1		0	1
Sale		94	7	1	0	7
Amount.get() : int		98	1		0	1
Amount.set(int) : void		95	1		0	1
ProductCategory.get() : string		98	1		0	1
ProductCategory.set(string) : void		95	1		0	1
Sale()		100	1		0	1
ShopName.get() : string		98	1		0	1
ShopName.set(string) : void		95	1		0	1
SalesCounter		67	7	1	9	18
GetPerStoreSales() : IDictionary<string, int>		65	4		7	7
ReadSales(string) : IEnumerable<Sale>		63	2		4	9
SalesCounter(string)		85	1		2	2

그림 19.3 코드 메트릭

19.5 그 밖의 바람직하지 않은 프로그래밍

19.5.1 const를 오용한다

다음은 const를 오용한 예입니다.

예제 19.29 const를 오용한 예

✖
```
class FontStyle {
    public const int Normal = 0;
    public const int Bold = 1;
    public const int Italic = 2;
}
```

const를 사용한 코드에서는 3이나 5와 같이 부적절한 값이 변수에 들어갑니다.

```
// 이것은 프로그래머가 의도한 코드다
int style = FontStyle.Bold

// 이처럼 생각지 못한 값을 넣어도 오류가 발생하지 않는다
int style = 5
```

다음과 같이 열거형을 정의하면 생각지 못한 값이 들어가는 일이 없습니다.

예제 19.30 예제 19.29를 개선해서 enum을 사용하도록 한 예

```
enum FontStyle {
    Normal = 0,
    Bold = 1,
    Italic = 2,
}
```

Normal, Bold, Italic 외의 값을 넣을 수 없으므로 안전성을 높일 수 있습니다.

```
FontStyle style1 = FontStyle.Bold;

FontStyle style2 = 3;   ◄──── 이것은 빌드할 때 오류가 발생한다
```

19.5.2 중복된 코드

동일한 코드가 여러 곳에 있으면 유지보수 용이성이 크게 떨어집니다. 사양이 변경되면 같은 변경 사항을 여러 곳에 적용해야 할 것입니다. 이것은 분명히 노력을 낭비하는 일이며 수정하지 않고 지나치는 곳도 생길 수 있어 위험합니다. 같은 코드가 있다면 그것을 메서드 형태로 추출하거나 해서 중복을 제거하기 바랍니다.

그러나 주의해야 할 점은 비슷하지만 본질적으로 다른 작업을 하는 코드를 억지로 공통화해서는 안 된다는 점입니다. 그렇게 해서 작성된 메서드는 '메서드는 단일 기능이어야 한다'는 기본 원칙이 지켜지지 않을 가능성이 있습니다. 중복된 코드를 삭제하기 위해 추출한 메서드는 반드시 단일 기능이 되도록 구현하기 바랍니다.

참고로 비주얼 스튜디오의 상위 에디션에는 '코드 클론 분석'이라는 기능이 있는데 이를 활용하면 중복된 코드를 간단히 찾아낼 수 있습니다.

19.5.3 복사/붙여넣기 프로그래밍

비슷한 기능이라고 해서 동일한 응용 프로그램 안에 있는 다른 소스코드를 복사/붙여넣기해서 기능을 구현하는 일은 최대한 자제해야 합니다. 쉽게 할 수 있는 일이라고 해서 이를 아무렇게나 하면 비슷한 소스가 양산됩니다. 특히 지저분한 코드를 가져와 붙여넣는 것은 경제에 비유하면 부채가 눈덩이처럼 불어나는 것과 같습니다. 복사한 본래의 코드에 오류가 있다면 모든 코드에 버그가 섞여 들어가게 되고 수정해야 할 때는 모든 코드를 손봐야 합니다.

참고로 복사/붙여넣기 자체가 나쁜 것은 아닙니다. 필자도 기존 코드나 인터넷 상에서 발견한 코드를 복사해서 이용할 때가 있습니다. 여기서 중요한 것은 코드가 중복되지 않게 하는 것입니다. 어느 부분을 공통화할지 그리고 개별적으로 코드를 작성해야 할 곳은 어느 부분인지를 확실히 파악하고 방침을 세운 후에 붙여넣는 것이 바람직합니다.

그리고 복사해온 코드가 무슨 작업을 하는 것인지 제대로 이해하는 것도 중요합니다. 이 부분을 적당히 이해하고 작업하면 필요없는 코드가 함께 복사될 가능성이 있으며 제대로 동작하지 않을 때 대처할 방법도 알 수 없습니다. 무엇보다 자신의 프로그래밍 능력이 향상되지 않는다는 것이 안타까울 것입니다.

19.5.4 Obsolete 속성이 붙은 클래스와 메서드를 계속 사용한다

.NET 프레임워크에는 **Obsolete 속성**이 붙은 클래스나 메서드가 있습니다. Obsolete 속성은 향후 버전에서 폐지될 예정인 클래스나 메서드 그리고 비추천된 클래스나 메서드에 적용되는 속성입니다. 이 같은 클래스나 메서드를 사용한 코드를 빌드하면 빌드 도중에 경고가 나옵니다. 예를 들면, 다음과 같습니다.

```
✖   using System.Configuration;

    ...

    var defaultPath = ConfigurationSettings.AppSettings["DefaultPath"];
```

위 코드를 빌드하면 다음과 같은 경고가 출력됩니다.

```
'ConfigurationSettings.AppSettings'는 오래된 형식입니다. ('This method is obsolete, it has
been replaced by System.Configuration System.Configuration.ConfigurationManager.
AppSettings')
```

대신 무엇을 사용하면 좋을지 경고 메시지에 표시되므로 이 내용을 따라 코드를 수정하기 바랍니다. 위 코드의 경우 System.Configuration 어셈블리를 참조에 추가하고 코드를 다음과 같이 수정하면 경고가 사라집니다.

```
var defaultPath = ConfigurationManager.AppSettings[ DefaultPath ]
```

19.5.5 필요없는 코드를 그대로 남겨둔다

이제는 사용하지 않는 코드를 그대로 남겨두면 안 됩니다. '무슨 일이 발생할지 모르기 때문에' 또는 '왠지 불안하니까' 사용하지 않게 된 기존 코드를(주석 처리조차 하지 않고) 그대로 두는 사람이 있는데 이것은 프로그래머 자신이 거대하고 복잡해서 유지보수할 수도 없는 코드를 만드는 일입니다. 코드를 유지보수할 때는 사용되지 않게 된 코드도 읽어야 하므로 그만큼 유지보수에 비용이 듭니다.

[Column] 프로그래밍의 일반 원칙

프로그래밍의 일반 원칙으로 유명한 KISS, DRY, YAGNI라는 세 가지 원칙을 소개하겠습니다.

KISS 원칙(단순하게 한다)

'Keep It Simple, Stupid' 또는 'Keep It Short and Simple'의 줄임말이며 매우 유명한 원칙입니다. 프로그래밍은 항상 복잡함과 싸우는 일입니다. 프로그램은 유지보수를 거듭할 때마다 점점 복잡해지는 경향이 있습니다. 따라서 불필요한 복잡성을 피해서 단순하게 만드는 것을 목표로 삼아야 합니다. 특이한 처리를 구현한 코드나 복잡한 코드를 피해서 항상 단순하게 만들어야 한다는 점을 명심하기 바랍니다.

DRY 원칙(중복을 없앤다)

DRY 원칙은 'Don't Repeat Yourself'의 줄임말이며 '동일한 작업을 반복하지 말 것'이라는 원칙입니다. 코드에 중복된 부분이 있으면 유지보수할 때 여러 곳을 손봐야 합니다. 수정하지 않고 지나치는 일도 발생할 가능성이 있습니다. 클래스별로 수정 담당자를 정했을 경우에는 두 명이 같은 것을 수정해야 합니다. 한 쪽이 틀리게 수정할 가능성도 있습니다. 코드가 중복되어 좋은 점은 하나도 없습니다. 중복을 줄이기 위해 항상 노력하기 바랍니다. 그러나 본질적으로 다른 코드끼리 억지로 공통화하면 안 됩니다.

YAGNI(필요한 상황이 될 때까지 만들지 않는다)

'You Ain't Gonna Need It'의 줄임말이며 향후에 사용할지도 모른다는 이유로 작성한 코드는 사용되지 않을 가능성도 있는 것입니다. 그렇다면 필요한 상황이 될 때까지 만들지 말자는 원칙입니다. 버그를 발생시키지 않는 가장 좋은 방법은 코드를 작성하지 않는 것입니다. 실제로 코드를 전혀 작성하지 않을 수는 없지만 작성할 코드의 양이 적으면 버그가 발생할 확률도 낮아지므로 프로그램을 빨리 완성할 수 있습니다. 사용하지 않을지도 모르는 코드를 작성하기보다는 정말로 필요한 상황이 됐을 때 해당 코드를 작성하거나 개선하기 바랍니다.

A – C

abstract 406
Action〈T〉 델리게이트 74
AddDays 메서드 201
AddFirst 메서드 283
AddMonths 메서드 202
AddRange 메서드 170
AddYears 메서드 202
Add 메서드 46
AllKeys 속성 345
All 메서드 129
Any 메서드 128
App.config 320
AppendAllLines 220
AppSettings 345
appSettings 섹션 344
ArgumentException 예외 176
AsOrdered 메서드 396
AsParallel 메서드 396
AssemblyInfo.cs 342
AssemblyVersion 속성 342
async 382
as 연산자 114
Attributes 속성 236
Average 메서드 151
await 382
BackgroundWorker 클래스 383
BaseUtcOffset 361
bool 66
break 문 99
CacheSize 속성 247
Cast〈T〉 메서드 252
catch 479
Combine 238
Compare 123
CompareOptions 124
Comparison〈T〉 델리게이트 169
Concat 메서드 169
ConfigurationElement 클래스 345
ConfigurationManager 22
ConfigurationProperty 속성 345
ConfigurationSection 클래스 346
configuration 섹션 347
config 파일 346

const에 관련된 버전 관리 문제 41
const 키워드 38
ContainsKey 메서드 49
ContinueWith 메서드 386
ConvertAll 메서드 74
ConvertTimeBySystemTimeZoneId 메서드 360
ConvertTime 메서드 359
Copy 223
CopyTo 메서드 224
Count 메서드 65
CreateDirectory 228
CreateFileAsync 메서드 394
CreateFromDirectory 메서드 355
CreateSubdirectory 메서드 229
Create 메서드 229
CultureInfo 124

D – F

DataAnnotations 네임스페이스 332
Database.Log 속성 336
DataContractJsonSerializerSettings 309
DataContractJsonSerializer 클래스 305
DataContractSerializer 클래스 293
DataContract 속성 295
DataMember 속성 295
DateTimeFormatInfo 클래스 198
DateTimeOffset 구조체 356
DateTime 구조체 8
Date 속성 200
DayOfWeek 속성 193
DayOfWeek 열거형 194
DayOfYear 속성 204
DaysInMonth 메서드 203
DbContext 클래스 318
DbEntityValidationException 예외 333
DbMigrationsConfiguration 334
DbSet〈T〉 320
Debug 클래스 336
decimal 9
delegate 키워드 68
Delete 메서드 223
Descendants 메서드 275
Deserialize 메서드 299

Dictionary〈TKey, TValue〉 클래스 47
DirectoryInfo 클래스 228
DirectoryNotFoundException 예외 224
Directory 클래스 169
Dispose 메서드 116
Distinct 메서드 167
do-while 구문 99
DownloadFileAsync 메서드 349
DownloadFileCompleted 이벤트 350
DownloadFile 메서드 348
DownloadProgressChanged 이벤트 350
DownloadString 메서드 348
DRY 원칙 486
Element 메서드 270
else-if 93
EndOfStream 속성 213
EndsWith 127
Entity 314
EnumerateDirectories 메서드 233
EnumerateFileSystemInfos 메서드 236
EnumerateFiles 메서드 235
Equals 메서드 180
Except 메서드 378
Exists 메서드 72
Exists 속성 223
ExpandEnvironmentVariables 메서드 339
ExtractToDirectory 메서드 354
ExtractToFile 메서드 355
FileInfo 클래스 222
FileOpenPicker 클래스 394
FileStream 클래스 220
FileSystemInfo 235
FileVersionInfo 클래스 343
File 클래스 44
FindAll 메서드 73
FindIndex 메서드 73
FindLastIndex 메서드 162
FindSystemTimeZoneById 358
Find 메서드 73
FirstOrDefault 메서드 159
First 메서드 160
ForAll 메서드 398
ForEach 메서드 74
foreach 문 45

FormatException 예외 195
Format 메서드 142
FormUrlEncodedContent 클래스 392
for 문 28
FromCurrentSynchronizationContext 387

G - K

GetCreationTime 메서드 226
GetCurrentDirectory 232
GetDayName 메서드 199
GetDirectories 메서드 232
GetDirectoryName 메서드 238
GetEncoding 213
GetEraName 메서드 198
GetExecutingAssembly 메서드 342
GetExtension 메서드 238
GetFileAsync 395
GetFileNameWithoutExtension 메서드 238
GetFileName 메서드 238
GetFileSystemInfos 메서드 235
GetFiles 메서드 169
GetFolderAsync 395
GetFolderPath 240
GetFullPath 238
GetHashCode 메서드 180
GetLastWriteTime 226
GetPathRoot 메서드 238
GetSection 메서드 348
GetShortestDayName 메서드 199
GetStringAsync 391
GetSystemTimeZones 358
GetTempFileName 메서드 239
GetTempPath 메서드 240
GetType 메서드 173
GetVersionInfo 메서드 343
GroupBy 메서드 370
GroupJoin 메서드 375
Groups 속성 255
HashSet〈T〉 클래스 174
HtmlDecode 353
HttpClient 클래스 391
IDisposable 인터페이스 116
IEnumerable〈T〉 인터페이스 56

IGrouping〈TKey 370
ILookup형 372
Include 메서드 332
IndexOf 메서드 126
Insert 메서드 133
Intersect 메서드 378
InvalidOperationException 예외 159
Invoke 메서드 340
IOException 예외 224
IReadOnlyList〈int〉 109
IsLeapYear 메서드 194
IsLower 메서드 128
IsMatch 메서드 246
IsNullOrEmpty 메서드 125
IsNullOrWhiteSpace 메서드 126
is 연산자 114
JapaneseCalendar 클래스 197
Join 메서드 136
JSON 293
JSON.NET 310
JsonSerializer 클래스 310
JsonTextReader 311
JsonTextWriter 310
KeyNotFoundException 예외 176
KeyValuePair 50
KISS 원칙 486

L – P

LastOrDefault 메서드 160
LastWriteTime 속성 226
Last 메서드 160
LINQ 75
LINQ to Entities 325
LINQ to Objects 325
List〈T〉 클래스 43
Load 메서드 278
lock 404
MatchCollection 252
Matches 메서드 251
Match 클래스 251
MaxLength 속성 333
Max 메서드 153
MemoryStream 클래스 299

MinLength 속성 333
MoveTo 메서드 225
Move 메서드 224
nameof 연산자 332
namespace 키워드 17
new 수식자 474
new 연산자 4
NextMatch 메서드 252
Now 속성 192
NuGet 패키지 315
nullable 25
null 조건 연산자 103
null 합체 연산자 103
ObjectDisposedException 331
Object 클래스 21
Obsolete 속성 485
OpenRead 메서드 350
OrderByDescending 메서드 168
OrderBy 메서드 168
out 키워드 467
override 키워드 407
Parallel 396
params 키워드 109
Path 클래스 237
PickSingleFileAsync 394
Position 속성 221
Predicate〈int〉 68
private 키워드 187
ProcessStartInfo 클래스 340
Process 클래스 338

Q – S

QueryString 속성 353
Range 메서드 150
ReadAllLines 메서드 44
ReadLinesAsync 메서드 395
ReadLines 메서드 215
ReadLine 메서드 85
ReadObject 메서드 295
ReadOnlyCollection〈T〉 355
readonly 키워드 107
ReadToEnd 메서드 221
Reference Type 9

ref 키워드 465
RegexOptions 열거형 255
Regex 클래스 243
RemoveAll 메서드 74
Remove 메서드 133
Repeat 메서드 149
ReplaceWith 메서드 284
Replace 메서드 133
Required 속성 333
return 문 94
RSS 파일 350
Run 메서드 386
SaveChanges 메서드 322
Save 메서드 285
Select 메서드 77
SequenceEqual 메서드 158
Serialize 메서드 298
SetAttributeValue 메서드 287
SetCreationTime 메서드 226
SetCurrentDirectory 232
SetElementValue 메서드 287
SetLastWriteTime 226
Single 메서드 284
SkipWhile 메서드 141
Skip 메서드 141
Split 메서드 45
SQL 314
sqllocaldb.exe 324
StartsWith 메서드 126
Start 메서드 339
static 키워드 14
StorageFile 394
StreamReader 클래스 212
StringBuilder 클래스 137
string.Empty 84
StringReader 299
String 클래스 45
SubString 메서드 130
Sum 메서드 152

T − Z

TakeWhile 메서드 163
Take 메서드 162
Task〈TResult〉형 389

Task 클래스 386
TElement〉 370
ThenByDescending 메서드 369
ThenBy 메서드 369
this 키워드 117
Thread 클래스 382
throw 키워드 481
TimeoutException 예외 339
TimeSpan 구조체 8
TimeZoneInfo 클래스 356
ToArray 메서드 82
Today 속성 14
ToDictionary 메서드 178
ToList 메서드 82
ToLocalTime 메서드 357
ToLookup 메서드 372
ToLower 메서드 75
ToString 메서드 138
ToUniversalTime 메서드 357
ToUpper 메서드 134
TrimEnd 메서드 132
TrimStart 메서드 132
try−finally 구문 116
TryParse 메서드 113
typeof 연산자 173
Union 메서드 377
using 지시자 17
using 지시자를 자동으로 삽입 18
UTC 356
UTF−8 213
UTF8 213
UWP 212
Value Type 9
var를 이용하기 위한 지침 62
var 키워드 60
virtual 317
WaitForExit 메서드 339
WebClient 클래스 348
Web.config 343
WhenAll 메서드 400
Where 메서드 76
while 문 97
WithDegreeOfParallelism 메서드 397
WriteAllLines 219
WriteLinesAsync 메서드 394

WriteLine 메서드 14
WriteObject 메서드 294
XAttribute 형 272
XDocument 클래스 270
XElement 클래스 271
XElement 형 270
XmlArrayItem 속성 303
XmlArray 속성 303
XmlElement 속성 300
XmlIgnore 속성 300
XmlReader 객체 295
XmlRoot 속성 300
XmlSerializer 클래스 296
XmlWriter 295
XmlWriterSettings 295
XML 파일 268
XML 파일 입력 270
XML 형식 278
YAGNI 486
yield 키워드 80
ZipArchive 클래스 353
ZipFile 클래스 353
Zip 메서드 377
ZIP 아카이브 파일 353

ㄱ - ㅅ

가변 인수 109
값형 9
객체끼리 비교 144
객체지향 프로그래밍 2
경로 이름 237
곱집합 377
구조체 8
그룹화 253
기본 키 318
기저 클래스 19
낙타(Camel) 표기법 300
네이밍 434
네임스페이스 16
다형성 405
단일 기능 463
데이터베이스 313
델리게이트 66
들여쓰기 93
디렉터리 목록 232
디자인 패턴 405
람다식 69
매직 넘버 131
메서드 체인 77
명명된 인수 123
문자열 검색 250
문자열을 분할 136
문자열을 비교 122
문자열 치환 445
버전 정보 341
변수에 관한 지침 452
병렬 처리 380
비동기 메서드 389
비동기 처리 349, 380
사용자 지정 클래스 179
삼항 연산자 102
상대 경로 238
상속 19
생성자 4
서브 클래스 19
수량자 260
슈퍼 클래스 19
스코프 439
스택 트레이스 정보 115

스트림 220
시간대 358
시간대 ID 358
시그니처 30
시퀀스 80

ㅇ - ㅎ

압축 353
어셈블리 버전 341
엔터티 클래스 317
역참조 구문 265
연산자가 오버로드 145
오버로드 124
옵션 인수 110
응용 프로그램 구성 파일 343
이벤트 핸들러 340
이스케이프 시퀀스 112
익명 메서드 68
익명 클래스 275
인덱서 188
인스턴스 4
인스턴스 메서드 16
인스턴스 속성 16
인코딩 213
인터페이스 55
인터페이스 구현 477
읽기 전용 속성 106
자동 마이그레이션 332
전략(Strategy) 패턴 405
절대 경로 238
정적 메서드 14
정적 멤버 14
정적 속성 14
정적 클래스 14
제네릭 메서드 413
조건 연산자 102
주석에 관한 지침 445
중첩 273
지연 실행 81
집합 연산자 377
차집합 377
참조 추가 23
참조형 9

최단 일치의 수량자 264
최장 일치의 원칙 263
추상 메서드 408
추상 클래스 406
축자 문자열 리터럴 112
캐스트 3
캐시 247
컬렉션 46
코드 스니핏 7
쿼리 구문 83
쿼리 연산자 78
클래스 2
클래스 추가 17
템플릿 메서드(Template Method) 패턴 405
특수 기호 247
파생 클래스 19
파스칼(Pascal) 표기법 300
파일 목록 169
파일 버전 342
패키지 버전 343
합집합 377
해시 코드 181
현재 디렉터리 232
협정 세계시 356
확장 메서드 78